高职高专"十二五"规划教材
21世纪高职高专能力本位型系列规划教材·工商管理系列

商务沟通实务

主编 郑兰先 王双萍

北京大学出版社
PEKING UNIVERSITY PRESS

内 容 简 介

本书根据高等职业教育发展的需要,围绕现代商务人员所必备的综合素质和要求编写而成,内容包括四大模块:商务沟通基本理论、商务沟通基本形式、商务沟通技巧、商务沟通中的礼仪和文化。本书通过精心的内容设计与编排,运用导入案例、知识链接或相关案例、沟通游戏、练习题等多种方式,将不同的知识模块有机组合,并有针对性地设置实训和练习,以便于学生有效掌握相应的技能。

本书涉及知识面广,可作为高职高专院校工商管理、经济贸易、市场营销及相关专业的教材,也可作为成人教育学院、继续教育学院及各类培训机构的教材或参考书。

图书在版编目(CIP)数据

商务沟通实务/郑兰先,王双萍主编.—2版.—北京:北京大学出版社,2015.5
(21世纪高职高专能力本位型系列规划教材·工商管理系列)
ISBN 978-7-301-25684-8

Ⅰ.①商⋯ Ⅱ.①郑⋯②王 Ⅲ.①商业管理—公共关系学—高等职业教育—教材 Ⅳ.①F715

中国版本图书馆CIP数据核字(2015)第084365号

书 名	商务沟通实务(第2版)
著作责任者	郑兰先 王双萍 主编
策划编辑	蔡华兵
责任编辑	李瑞芳
标准书号	ISBN 978-7-301-25684-8
出版发行	北京大学出版社
地 址	北京市海淀区成府路205号 100871
网 址	http://www.pup.cn 新浪微博:@北京大学出版社
电子信箱	pup_6@163.com
电 话	邮购部 62752015 发行部 62750672 编辑部 62750667
印刷者	三河市北燕印装有限公司
经销者	新华书店
	787毫米×1092毫米 16开本 18印张 420千字
	2011年1月第1版
	2015年5月第2版 2016年7月第2次印刷
定 价	36.00元

未经许可,不得以任何方式复制或抄袭本书之部分或全部内容。
版权所有,侵权必究
举报电话:010-62752024 电子信箱:fd@pup.pku.edu.cn
图书如有印装质量问题,请与出版部联系,电话:010-62756370

第二版前言

目前,在对高职经管类专业毕业生的就业情况调查过程中,用人单位反映了一个较为普遍的问题:学生专业知识掌握得较好,但沟通能力较差。针对这一问题,我们对高职经管专业的人才培养方案和课程设置进行了反复研究,发现一个重要原因是教材问题。许多教材只注重理论的介绍和知识体系的完整性,而忽视了学生在实际工作中,特别是在现代商务活动中沟通能力的培养和职业习惯的形成,于是出现了学生虽然系统地学习了专业课程,但仍不能全面地掌握和运用商务过程中所应具备的沟通知识和技能的现象,从而导致其沟通能力较差的结果。

为了全面培养学生的商务沟通能力,实现"商学交融"的教学模式,达到培养具有较强操作能力的工商企业基层管理人员的目标,我们组织了几所重点高职院校的从事教学工作多年的骨干教师,经过多次研究和讨论,精心编制出一本符合高职学生就业特点、实用性强、教学方式多样化的实务教材。

本书第1版自2011年出版以来,印刷4次,市场反映良好,其实用性得到了广大用书师生的认可。此次修订,在保持第1版内容特色的基础上,不仅对内容进行了查缺补漏,而且对版式进行了适当调整,还对一些不适宜的案例和陈旧的内容进行了更新和完善,使得特色更加明显。

本书的特色主要表现在以下三个方面:

一是内容深入浅出,形式生动活泼。本书整体风格通俗易懂,可读性极强,围绕学生感兴趣的沟通主题(如求职沟通、商务演说)展开,并设计沟通游戏让学生切实体验沟通的乐趣。

二是重、难点突出。为了帮助学生尽快进入教学情境,本书每章都穿插典型案例,通过案例来强化知识要点和展开内容体系。在对重、难点进行论述时,适时插入一些资料论据、案例阅读和拓展知识,以帮助学生有效理解和把握知识和技能要点。

三是知识体系完善,技能涵盖全面。全书分四大模块,涵盖商务沟通的基本理论和技能点,内容涉及商务沟通理论、商务沟通技巧、商务礼仪和商务文化,并针对重、难点内容设置相关的技能实训,巩固学生的知识技能。

在使用本书进行教学的过程中,教师应注意通过情景模拟的方式,充分利用沟通游戏和案例分析,采取"教、学、做"一体化相结合的方法,培养学生的沟通意识和沟通能力,促使学生养成良好的沟通行为和习惯。

本书由武汉职业技术学院郑兰先和武汉软件工程职业学院王双萍担任主编。本书具体编写分工为:第1章、第2章由武汉商贸职业学院何晖编写,第3章、第4章由武汉职业技术学院郑兰先、王元凤编写,第5章由武汉商贸职业学院李莹莹、王双萍编写,第6章由武汉商贸职业学院秦琴、王双萍编写,第7章、第8章由武汉职业技术学院李小伟、王双萍编写,第9章、第10章由武汉商贸职业学院余志斌编写。全书由郑兰先统筹组织编写,由王双萍统稿。

本书在编写过程中参考了相关书刊和网站上关于商务沟通理论和技巧的案例、资料和研究成果,并得到了有关院校专家的指导与帮助,在此一并表示感谢!

由于编者水平有限,修订时间仓促,所以书中不足之处在所难免,恳请广大读者批评指正。

编 者
2014年10月

目 录

模块一 商务沟通基本理论

第1章 商务沟通 ································ 3
- 1.1 商务沟通概述 ···························· 4
  - 1.1.1 沟通的概念 ······················ 4
  - 1.1.2 商务沟通 ·························· 5
  - 1.1.3 有效沟通 ·························· 7
  - 1.1.4 沟通障碍 ·························· 8
- 1.2 商务组织的沟通 ······················ 11
  - 1.2.1 商务组织的沟通功能 ······ 11
  - 1.2.2 商务组织的沟通类型 ······ 12
- 练习题 ·· 18
- 思考题 ·· 19

模块二 商务沟通基本形式

第2章 组织沟通 ································ 23
- 2.1 组织沟通概述 ·························· 24
  - 2.1.1 组织沟通的概念 ·············· 25
  - 2.1.2 组织沟通的特点 ·············· 25
- 2.2 沟通中的有效倾听 ·················· 27
  - 2.2.1 倾听的重要性 ·················· 28
  - 2.2.2 听众分析 ·························· 28
  - 2.2.3 倾听者障碍 ······················ 30
  - 2.2.4 倾听的修辞性 ·················· 30
- 2.3 沟通中的非言语信息 ·············· 31
  - 2.3.1 非言语沟通的概念 ·········· 32
  - 2.3.2 非语言沟通的范围 ·········· 32
  - 2.3.3 非语言沟通的特点 ·········· 35
- 2.4 组织沟通的策略 ······················ 36
  - 2.4.1 组织有效沟通四法则 ······ 37
  - 2.4.2 实现组织有效沟通的策略 ······ 38
- 练习题 ·· 43
- 思考题 ·· 43

第3章 群体沟通 ································ 45
- 3.1 群体概述 ·································· 46
  - 3.1.1 群体的特点 ······················ 46
  - 3.1.2 群体的类型 ······················ 47
  - 3.1.3 群体的功能 ······················ 49
- 3.2 团队沟通 ·································· 50
  - 3.2.1 团队的概念 ······················ 51
  - 3.2.2 团队沟通的特点 ·············· 53
  - 3.2.3 影响团队沟通的因素 ······ 53
  - 3.2.4 团队决策的类型 ·············· 55
  - 3.2.5 团队沟通的流程 ·············· 55
  - 3.2.6 团队高效运行的沟通措施 ······ 59
- 3.3 会议沟通 ·································· 60
  - 3.3.1 会议的概念 ······················ 61
  - 3.3.2 会议的类型 ······················ 62
  - 3.3.3 影响会议成效的因素 ······ 63
  - 3.3.4 会议管理技巧 ·················· 64
- 3.4 群体沟通中的头脑风暴法应用 ······ 68
  - 3.4.1 头脑风暴法概述 ·············· 69
  - 3.4.2 头脑风暴法的基本程序 ······ 69
  - 3.4.3 头脑风暴法成功的要点 ······ 70
  - 3.4.4 应用头脑风暴法应注意的问题 ······ 71
  - 3.4.5 参与头脑风暴的好处 ······ 72
- 练习题 ·· 74
- 思考题 ·· 74

第4章 人际沟通 ································ 76
- 4.1 人际沟通概述 ·························· 77
  - 4.1.1 人际沟通的概念 ·············· 77
  - 4.1.2 人际沟通的特点 ·············· 77
  - 4.1.3 人际沟通的作用 ·············· 78
  - 4.1.4 人际沟通的途径 ·············· 79
  - 4.1.5 影响人际沟通的因素 ······ 80
- 4.2 自我沟通 ·································· 83
  - 4.2.1 自我沟通的内容 ·············· 83
  - 4.2.2 如何深入自我沟通 ·········· 84
- 4.3 高效人际沟通的技巧 ·············· 85
  - 4.3.1 说话的技巧 ······················ 86
  - 4.3.2 电话交谈的技巧 ·············· 87
  - 4.3.3 赢得人心的技巧 ·············· 89
  - 4.3.4 表扬的技巧 ······················ 90
  - 4.3.5 批评的技巧 ······················ 91

4.4 提升人际沟通能力的基本策略 ……… 94
    4.4.1 人际沟通中的3种"自我状态" ……………………… 94
    4.4.2 提高沟通能力的基本方法 ……… 95
练习题 ………………………………………… 99
思考题 ………………………………………… 100

模块三　商务沟通技巧

第5章　商务书面沟通 ……………… 103

5.1 商务书面沟通概述 ……………… 104
    5.1.1 书面沟通的概念 ……………… 104
    5.1.2 书面沟通适用情形 …………… 105
    5.1.3 书面沟通中的障碍 …………… 105
5.2 商务书面沟通的基本策略 ……… 105
    5.2.1 正确的沟通对象 ……………… 105
    5.2.2 合适的沟通时机 ……………… 106
    5.2.3 合理的书面沟通方式 ………… 106
5.3 商务文书写作 …………………… 107
    5.3.1 商务文书的特点 ……………… 107
    5.3.2 商务文书写作的意义 ………… 108
    5.3.3 商务文书的种类 ……………… 109
    5.3.4 商务文书写作规范 …………… 109
5.4 商务信函写作 …………………… 112
    5.4.1 商务信函写作的意义 ………… 112
    5.4.2 商务信函的基本格式 ………… 112
    5.4.3 商务信函写作的要求 ………… 114
5.5 商务报告写作 …………………… 117
    5.5.1 商务调研报告的写作 ………… 117
    5.5.2 可行性研究报告的写作 ……… 118
5.6 其他常用商务文书写作 ………… 120
    5.6.1 商务传真的写作 ……………… 120
    5.6.2 请柬、邀请书的写作 ………… 122
    5.6.3 商务合同的写作 ……………… 124
    5.6.4 意向书的写作 ………………… 126
练习题 ………………………………………… 129
思考题 ………………………………………… 129

第6章　商务演说 …………………… 130

6.1 商务演说概述 …………………… 131
    6.1.1 演说的传达手段 ……………… 131
    6.1.2 演说的基本要领 ……………… 133
6.2 演说前的准备 …………………… 137
    6.2.1 演说目的 ……………………… 137
    6.2.2 搭建架构 ……………………… 137
    6.2.3 收集素材 ……………………… 137
    6.2.4 撰写讲稿 ……………………… 138
6.3 演说稿的撰写技巧 ……………… 138
    6.3.1 演说稿的概念 ………………… 138
    6.3.2 演说稿写作的准备 …………… 139
    6.3.3 演说稿的结构 ………………… 140
    6.3.4 演说稿的写作要求 …………… 141
6.4 演说的语言技巧 ………………… 142
    6.4.1 演说语言组织的技巧 ………… 143
    6.4.2 演说语言运用的技巧 ………… 146
    6.4.3 演说时运用肢体语言的技巧 …………………………… 147
    6.4.4 建立演说自信的技巧 ………… 151
练习题 ………………………………………… 153
思考题 ………………………………………… 155

第7章　商务谈判中的沟通 ………… 156

7.1 商务谈判概述 …………………… 157
    7.1.1 商务谈判的概念 ……………… 157
    7.1.2 商务谈判的类型 ……………… 159
7.2 商务谈判的语言技巧 …………… 165
    7.2.1 商务谈判语言的类型 ………… 166
    7.2.2 商务谈判中语言技巧的作用 …………………………… 166
    7.2.3 商务谈判中语言技巧的运用 …………………………… 167
7.3 商务谈判的策略 ………………… 172
    7.3.1 报价策略 ……………………… 172
    7.3.2 让步策略 ……………………… 175
    7.3.3 拖延策略 ……………………… 179
    7.3.4 拒绝策略 ……………………… 181
    7.3.5 "最后通牒"策略 …………… 183
    7.3.6 签约策略 ……………………… 184
练习题 ………………………………………… 188
思考题 ………………………………………… 188

第8章　求职沟通 …………………… 189

8.1 求职沟通概述 …………………… 190
    8.1.1 求职沟通的概念 ……………… 190
    8.1.2 求职沟通的原则 ……………… 192
    8.1.3 如何培养求职沟通的能力 …… 193

8.1.4 如何通过沟通成功求职 …… 194
8.2 求职前的准备 …………………… 198
 8.2.1 求职准备的概念 ………… 198
 8.2.2 求职的心理准备 ………… 198
 8.2.3 求职的知识准备 ………… 201
 8.2.4 就业信息的准备 ………… 202
 8.2.5 着装礼仪的准备 ………… 204
 8.2.6 书面材料和物件的准备 … 206
8.3 求职沟通中的语言技巧 ………… 206
 8.3.1 求职沟通中语言技巧的
   重要性 …………………… 207
 8.3.2 求职电话的语言技巧 …… 207
 8.3.3 自我介绍的语言技巧 …… 209
 8.3.4 面试中的语言技巧 ……… 209
8.4 求职沟通中的策略技巧 ………… 211
 8.4.1 差异性求职策略 ………… 211
 8.4.2 自荐求职策略 …………… 214
 8.4.3 "研究对方,面陈其'过'"
   策略 ……………………… 215
 8.4.4 "'入乡不随俗',坚持主见"
   策略 ……………………… 215
 8.4.5 "迂回前进,侧面进攻"
   策略 ……………………… 215
 8.4.6 "学历不在高,有能力则灵"
   策略 ……………………… 216
练习题 ………………………………… 218
思考题 ………………………………… 218

模块四 商务沟通中的礼仪和文化

第9章 商务沟通中的礼仪 ………… 221

9.1 着装礼仪 ………………………… 222
 9.1.1 服饰礼仪的原则 ………… 222
 9.1.2 人与服饰色彩 …………… 223
 9.1.3 服饰色彩的象征意义 …… 225
 9.1.4 不同场合的着装要求 …… 225
 9.1.5 西服的选择与穿着 ……… 226
 9.1.6 套裙的选择与穿着 ……… 228
 9.1.7 服装配饰佩戴要求 ……… 229
9.2 仪表礼仪 ………………………… 230
 9.2.1 面部的修饰 ……………… 231
 9.2.2 头发的修饰 ……………… 233
 9.2.3 肢体的修饰 ……………… 235

9.3 接待礼仪 ………………………… 236
 9.3.1 来宾的接待 ……………… 236
 9.3.2 常见的接待礼仪 ………… 238
9.4 洽谈礼仪 ………………………… 240
 9.4.1 言之有礼,谈吐文雅 …… 241
 9.4.2 说话不失"分寸" ……… 241
 9.4.3 聆听别人讲话 …………… 241
 9.4.4 向人问询时的礼仪 ……… 241
 9.4.5 得到关心、帮助时的致谢
   礼仪 ……………………… 242
 9.4.6 向人表示歉意的礼仪 …… 242
 9.4.7 学会做个"倾听"高手 … 243
9.5 宴会礼仪 ………………………… 243
 9.5.1 常见的宴请形式 ………… 244
 9.5.2 宴请礼仪的基本原则 …… 245
 9.5.3 宴请的准备工作 ………… 245
 9.5.4 参加宴请的礼仪 ………… 247
 9.5.5 用餐交谈的礼仪 ………… 250
 9.5.6 用餐饮酒的礼仪 ………… 251
 9.5.7 餐后告辞的礼仪 ………… 251
9.6 庆典礼仪 ………………………… 252
 9.6.1 典礼的种类 ……………… 253
 9.6.2 典礼的准备工作 ………… 254
 9.6.3 典礼过程中的礼仪 ……… 254
 9.6.4 颁奖仪式 ………………… 255
 9.6.5 开幕(开业)式礼仪 …… 256
 9.6.6 交接仪式 ………………… 257
 9.6.7 签字仪式 ………………… 258
练习题 ………………………………… 260
思考题 ………………………………… 260

第10章 商务活动中的跨文化沟通 … 261

10.1 跨文化商务沟通概述 ………… 262
 10.1.1 跨文化沟通的表现形式 … 262
 10.1.2 影响跨国文化沟通的主要
    因素 …………………… 264
 10.1.3 有效的跨文化沟通 …… 265
10.2 商务活动中的涉外交往原则 … 267
 10.2.1 维护形象 ……………… 267
 10.2.2 不卑不亢 ……………… 268
 10.2.3 求同存异 ……………… 268
 10.2.4 入乡随俗 ……………… 268

10.2.5 信守信用 …………… 269	10.3.1 迎送的礼仪 …………… 270
10.2.6 热情有度 …………… 269	10.3.2 礼宾次序 …………… 272
10.2.7 尊重隐私 …………… 269	10.3.3 涉外会见会谈 …………… 272
10.2.8 女士优先 …………… 269	10.3.4 参与会谈时注意事项 …… 274
10.2.9 以右为尊 …………… 270	练习题 …………… 276
10.2.10 不宜为先 …………… 270	思考题 …………… 277
10.2.11 爱护环境 …………… 270	
10.3 商务活动中的涉外交往礼仪 …… 270	

参考文献 …………… 278

模块一

商务沟通基本理论

第 1 章

商务沟通

SHANGWU GOUTONG

【学习目标】

1. 掌握商务沟通的概念、构成要素和类型。
2. 掌握有效沟通的概念、有效沟通的障碍因素及如何克服这些障碍。
3. 理解商务沟通的功能。
4. 了解现代商务沟通发展的趋势。

【导入案例】

美国调查机构的研究表明：企业经理 60%～80% 的时间花在各种各样的沟通活动中，主要有参加会议，撰写报告，解释、说明管理程序，布置工作，协调雇员之间、部门之间的工作，评估员工业绩，征求员工意见，推销公司产品或服务，树立公司形象。

许多行业对从业人员的商务沟通能力作了明文规定。例如，美国注册会计师协会坚持认为：注册会计师良好的沟通能力不仅是受教育程度的标志，同时也是该职业所要求的素质。倘若注册会计师不能用简明扼要、通俗易懂的语言表达自己的调研结论，就可能误导客户、投资者、债权人等，从而危及他人的利益。因此，语言沟通能力差的申请者不会被授予注册会计师资格。

施乐公司指出："不能沟通的人在合作的环境中不会有大的作为。"

柯达公司也将商务沟通技能作为选聘雇员的首要条件，因为"如果某人有个好主意但又表达不出来，那么这个好主意对公司来说又有何用？"

资料来源：中国社区卫生服务网，www.chscn.com/

 1.1 商务沟通概述

人类社会发展到一定阶段产生了群体活动和行为，从而产生了管理活动和行为，而在一个群体中，要使每一个群体成员能够在共同的目标下协调一致地努力工作，就绝对离不开沟通。在企业中，管理沟通是企业组织的生命线，管理的过程也就是沟通的过程。通过了解客户的需求，整合各种资源，创造出好的产品和服务来满足客户，从而为企业和社会创造财富。

1.1.1 沟通的概念

在信息经济时代，企业内外部环境的变化日益复杂，全球化、信息化和知识化趋势明显，企业必须在更大的市场背景、更快速的环境变化和更加激烈的竞争态势下生存发展。同时，企业本身的规模越来越大，内部的组织结构和人员构成越来越复杂，对市场和企业自身的把握越来越困难，企业员工之间利益、文化越来越呈现出多元化特征。以上所有问题都必须依赖于良好的沟通来解决。

没有良好的沟通技巧，人们可能无法达到预定的职业目标，而沟通技巧的得当运用可以更好地实现组织目标和个人目标。

在诸如《华尔街杂志》（*Wall Street Journal*）、《国家雇员周刊》（*National Employment Weekly*）之类的杂志中经常出现"应聘的机会来了！"这样的招聘广告，这种广告在众多的招聘网站和其他地方也随处可见。它们无一例外地把"出色的演讲技巧、良好的协作能力"和"与人之间友好相处的能力"作为申请所有管理职位的基本要求。在《哈佛商务评论》（*Harvard Business Review*）、《商业周刊》（*Business Week*）和《财富》（*Fortune*）的调查中指出，沟通技巧是职业升迁中最重要的决定因素之一。

所谓沟通，是指人与人之间的思想和信息的交换，将信息由一个人传达给另一个人，逐渐广泛传播的过程。沟通方式包括语言沟通和非语言沟通：语言沟通包括口头语言沟通和书面语言沟通；非语言沟通包括沟通中使用的音调、身体语言，如面部表情、姿势、手势、抚摸、眼神等。最有效的沟通是语言沟通和非语言沟通相结合的沟通方式。

人们沟通的目的是为了向对方说明事物，陈述事物，引起对方思考，从而影响他人的见解和观点；或是为了表达情感，通过情感交流，使沟通双方产生感应；亦或是建立良好的关系，达成各自的目标。沟通者为达到沟通目的，应当采用有效的沟通技巧。

1.1.2 商务沟通

1. 商务沟通的内涵

商务沟通是个体或组织在商务活动中围绕各种信息所进行的传播、交换、理解、说服工作。商务沟通有其特定的应用范畴，该范畴与其他沟通在某种程度上有所不同，它是一种动态、多渠道的过程，分为内部沟通、外部沟通和组织形式。商务沟通是动态的，它总是随着内部或外部环境的变化而变化，而不会处在静态之中；商务沟通是多渠道的，商务人士通过多种方式相互联系，如电话、传真、发邮件、视频会议、面对面交谈等。多渠道沟通对于商务人士有效地达到商务目的具有非常积极的作用。

内部沟通是指在组织内部进行的沟通。组织内部的信息可以是单向的、双向的，也可以是多向的。沟通渠道是指信息在沟通时流动的通道，也应该是多方面的。这些渠道涉及整个组织纵向的上下层次之间，横向的各个职能部门、职能人员之间以及体系和产品的前后过程之间的单向、双向和多向的沟通。组织的正式沟通渠道通常包括下列几种形式：

（1）下行沟通。下行沟通是指组织中信息从较高层级流向较低层级的一种沟通渠道。这是组织最主要的沟通渠道。这种沟通的目的主要是传递工作指示，包括向下级和员工提供关于顾客要求、产品要求、程序与实务的资料，向下级通报组织的工作业绩，向职工阐明组织的目标，发布组织的规章、制度等，增加下级和员工对工作和任务的了解。

（2）上行沟通。上行沟通是指组织的成员通过一定的渠道与管理层、决策层进行的信息传递与交流。这种沟通的目的是将现场发生的大量正常或异常的信息、目标的完成情况，包括各种报表、请示汇报材料、申诉意见、改进建议、问题反馈等，传递给上一级直至最高层中能对这些信息进行分析、处理的职能人员。下级人员及员工可以通过有效渠道把自己的意见和建议向上级反映，这样既能激发员工参与改进的热情，又能使员工获得一定的心理满足。管理者则需要通过这种方式了解企业的状况、提高管理水平，分析处理生产、经营管理和质量管理体系运行中出现的各种问题。

（3）横向沟通。横向沟通是指组织中同一层级的部门和职能人员之间的信息交流。现代管理的矩阵式管理理论提倡这种沟通。组织对各个层次制定的工作职责要规定"职责、权限和相互关系"，这里的"相互关系"就是指规定横向沟通的内容和方式。这种沟通能够加强组织内部同级单位之间的了解与协调，减少各部门之间的阻隔、矛盾与冲突，提高运行效率。

（4）斜向沟通。斜向沟通是指在正式组织中不同级别又无隶属关系的组织、部门与个人之间的信息交流。管理学是不主张运用"斜向沟通"的，因为这种沟通和"横向沟通"一样可能会破坏统一指挥。但是，由于这种沟通常是业务性的，可以缩短沟通距离、提高工作效率，尤其是综合职能部门和人员可以通过这种沟通掌握全面情况，综合协调处理问题，作出流程调整或改进的建议，因此进行这种沟通还是有必要的。进行斜向沟通前，应尽可能得到直接上级的允许；在沟通结束后，要尽快将沟通结果直接向上级汇报。这里的上级有时是自己的上级，有时是指对方的上级。

(5) 外部沟通。外部沟通是指组织与外部有关机构或个人之间的沟通,包括与客户和潜在客户的沟通、与服务和产品供应商的沟通以及与同行企业、行业协会和政府机构的沟通。一个组织离开了与其他组织或个人的沟通,是不可能独自存在或运转的。

相关案例

很多企业每年在广告上的投入相当大,因为广告是推销产品和提升企业知名度的最直接的方法。如果企业不满意广告的效果,它会淘汰广告代理商并用另一家公司替代。可口可乐公司抱怨麦迪逊公司拿不出真正新颖、对消费者有吸引力的广告,在1992年淘汰了麦迪逊公司,并选择创意艺人公司。

当美国食品大师公司(澳大利亚)决定从市场召回所有澳大利亚境内所属Mars公司和Snickers公司的酒吧产品时,澳大利亚的Mars公司和Snickers公司的地位受到威胁。为了回应这种威胁,公司总裁Weston Webb利用现场新闻会议、热线电话和广告与公众进行沟通,使公众相信Masterfoods公司的产品是受人喜爱的。紧接着他们又运用广告告知Mars酒吧产品的爱好者:公司的产品是安全的。

资料来源:张素红,等.商务交流[M].北京:科学出版社,2006.

2. 商务沟通的要素

完整的商务沟通过程由7个要素组成,即信息源、信息、通道、信息接收者、障碍、反馈和背景,这7个要素的相互关系可用图1.1表示。

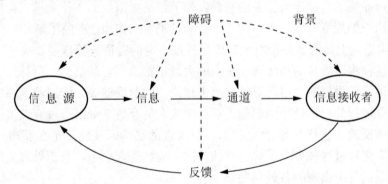

图1.1 商务沟通中各要素关系图

(1) 信息源。即信息发送者,是指有信息并试图进行沟通的人。他们激发沟通过程、决定沟通对象和沟通目的。

(2) 信息。指沟通者试图传递给别人的观念、情感或消息。但个人的感受必须转化为不同的、可以为别人接收的信号。

(3) 通道。指传达沟通信息的方式、途径和媒介。日常工作中所发生的沟通主要是视听沟通。

(4) 信息接收者。在接收携带信息的各种特定的音形符号之后,信息接收者根据自己的经验将音形符号转译成接收者所理解的、信息发送者试图传达的知觉、观念或情感。

(5) 反馈。反馈的作用是使沟通成为一个交互过程。沟通中的每一方都在不断地将信息送回另一方。

(6) 障碍。信息源的信息不充分或不明确,信息没有被有效或正确地转换成可以沟通的信号、误用沟通方式或信息接收者误解信息等都可能造成信息沟通障碍。

（7）背景。指发生沟通的情境和环境等。它影响沟通的每一个因素，同时也是影响整个沟通的关键因素。

1.1.3 有效沟通

著名组织管理学家巴纳德认为，"沟通是把一个组织中的成员联系在一起，以实现共同目标的手段"。

沟通是信息交流的重要手段，也是公共关系的重要途径。在现代企业管理中，组织沟通管理是一种重要的管理工具，它着眼于组织内部的沟通，通过促进组织内部沟通实现管理目的。企业员工之间良好的沟通可以增加工作满意度和工作绩效，并能促使组织活动顺利进行。

沟通从最一般的意义上讲是指人与人之间传达思想和交流情报、信息的过程。有效的沟通意味着信息从发出者完整、准确地传递到接收者那里，接收者并作出相应的、为信息发出者所期望的反应。

沟通是管理的灵魂，有效的沟通决定管理的效率。通过有效的沟通，管理者可以把组织的构想、使命、期望与绩效等信息准确地传递到组织人员，以更有效地实现组织改革、改善管理职能、协调组织成员行为以及使组织适应外部环境的变化等。

有效沟通是企业管理活动中最重要的组成部分。现代管理者均非常重视有效沟通在组织管理中的作用，视其为事业成功的关键所在。管理与沟通密不可分，有效的沟通意味着良好的管理，成功的管理则要通过有效的沟通来实现，管理者与被管理者之间的有效沟通是管理艺术的精髓。沟通是人与人之间或群体之间通过语言、文字、符号或其他表达形式，进行信息传递和交换并获取理解的过程。在所有沟通者之间传递的不仅仅有语言信息，还包括身体动作、表情、态度、观点、思想等的传递。这既说明了有效沟通在管理活动中的重要地位和作用，更说明了真正实现有效沟通并非轻而易举，需要参与沟通的双方付出的努力和心血。

管理活动的实践表明，管理者约70%的时间用于与他人沟通，剩下30%左右的时间用于分析问题和处理相关事务。著名管理学大师彼得·德鲁克就明确地把沟通作为管理的一项基本职能，无论是决策前的调研与论证，还是计划的制定、工作的组织、人事的管理、部门间的协调、与外界的交流都离不开沟通。无数事实证明，优秀的企业必然存在着有效的沟通。

有效沟通是以准确清晰、反馈修正为特征的。首先，信息发送者清晰地表达信息的内涵，以便信息接收者能正确理解；其次，信息发送者重视信息接收者的反应并根据其反应及时修正信息的传递，免除不必要的误解。两者缺一不可，由此可形成一个完整的沟通连环，达成有效沟通。

相关案例

在阿维安卡52航班事故中，飞行员与美国肯尼迪机场之间的无效沟通，导致了一场严重的空难事故。

这趟航班的机长是劳雷阿诺·卡维德斯，大副是毛利西奥·克劳斯。他们从哥伦比亚的麦德林起飞，飞往美国纽约的肯尼迪机杨。当晚美国的气象条件很糟，浓密的大雾导致各地的许多航班无法起飞和降落。肯尼迪机场也因大雾弥漫，导致99个航班无法降落，造成严重的空中交通拥堵的现象。

阿维安卡52航班在空中盘旋了77分钟，仍无法降落，而燃油即将耗尽。机长雷阿诺·卡维德斯命令大副毛利西奥·克劳斯说："赶快告诉机场塔台，我们没有油了！请求紧急降落！"

毛利西奥·克劳斯马上通过电台与塔台联系："爬升高度，保持3000m。嗯，我们的燃油耗尽了，长官。"

但机场塔台的调度人员以为，阿维安卡52航班和其他航班平时都为尽快降落而发出过类似的请求，因此这一次没有同意他们降落的请求。结果惨剧发生了：阿维安卡52航班因燃油耗尽而坠毁，73人遇难。

分析这次空难的原因：飞机本身没有机械故障，一切正常；等待降落的航班实在太多，塔台似乎也没有责任；飞行员也说明了紧急情况，尽到了职责。但飞机却因燃油耗尽而坠毁，机上73名人员全部遇难。

到底是什么地方出了问题？

造成阿维安卡52航班空难的原因，是机组和机场塔台之间的沟通出了问题。达成有效沟通，须具备以下两个必要条件：

（1）信息准确清晰、便于理解——消除信息发送噪声。信息发送者必须清晰地表达信息内容，确保信息接收者可以准确理解信息的内容。如果发送的信息模棱两可、含糊不清、难以理解，对于信息接收者而言没有任何意义。

（2）信息反馈的充分程度——消除信息接收噪声。有效沟通是一个动态的双向的信息传递过程。信息接收者收到的信息如果与自身利益不一致，就有可能对信息发送者的行为动机产生怀疑，甚至误解。信息发送者应该重视信息接收者的反馈信息，及时调整信息传递的内容或方式，再次或多次发送信息，消除误解。只有沟通的双方都充分表达了对每一问题的看法，他们之间的沟通才是有效的沟通。

阿维安卡52航班在燃油即将耗尽的紧急情况下，却轻描淡写地对指挥台说："爬升高度，保持3000m。嗯，我们的燃油耗尽了，长官，"以至于让塔台产生误解：平时，阿维安卡52航班和其他航班都为尽快降落而发出过类似的请求，以为这一次他们也是出于同样的目的。因此，没有同意他们降落的请求，导致发生空难悲剧。

人际沟通看似简单，但是稍不注意，就会造成无效沟通，并因无效沟通带来巨大的灾难。那么，沟通有哪些要素？有效沟通的原理是什么？如何消除沟通的噪声，避免造成难以挽回的损失？如何自觉地、理性地运用人际沟通理论指导自己的沟通实践？

资料来源：李成谊. 新编实用沟通与演讲[M]. 2版. 武汉：华中科技大学出版社，2013.

1.1.4 沟通障碍

沟通是管理的一项重要职能，研究表明，沟通失效是隐藏在每一个失败组织背后最基本的原因之一。沟通不良几乎是每个企业都存在的老毛病，企业的机构越是复杂，其沟通越是困难。

1. 有效沟通的障碍因素分析

1）管理者的问题

作为管理活动的主动行为者，管理者观念和行为不当是组织沟通中的最大障碍，他们对组织沟通的影响远远超过了组织中的其他因素。受传统因素影响的管理者在与下属的沟通过程中仍以家长或权威的形象出现，在与下级的交流过程中表现得主观、武断而且交流单向化无法形成真正的平等交流。管理者基于对自己的利益和喜好的考虑，常常无法容忍对自己不利的信息的存在和散布，下级也基于自己利益和前途考虑而投管理者所好，信息的传递必然是片面而有失公允的。沟通的目的尚未明确，沟通对象仍未完全确定，沟通渠道没有进行深入考虑就作出选择，对沟通的宣传解释还不到位就已匆匆展开，效果显然要大打折扣。

2）沟通渠道上存在的问题

比较重要的沟通最好采用比较正式、清晰、准确的书面文件进行，这样信息就不会在沟通过程中由于其他的原因而流失或歪曲。由于双方的地位和部门以及背景的不同，可能会存在某些职业性的"行话"和专业性术语而构成沟通中的障碍。信息可能会由于沟通渠道过长、中间环节过多而在传递过程中歪曲、丢失。

3）组织机构设置中存在的问题

由于组织中多层制设置的现实存在，客观上存在着地位和职位的高低分别，所以形成了思考问题的角度和利益的差别。组织成员在接收管理者从上向下传递的信息时不仅会考虑其表面的含义，而且会基于管理者的喜好而考虑其深层含义，由此有可能避重就轻，忽视问题的真正所在。

4）信息接收者的障碍因素

一方面，信息接收者在接受信息时会根据自己的需要、动机、经验及个人特点有选择地去接收管理者所传达的信息，使信息对自己更有利；另一方面，大多数的组织成员都安于现状而惰于变革。当信息的传递者想向组织成员灌输一种新的观念甚至准备变革体制时，即使已经作过充分的宣传和解释，但仍可能会由于直接或间接地损害他们既得经济利益或既得权力和地位，或者会由于新的观念和体制引起他们的不安全感，又或者会损害他们的职业认同感并破坏他们的习惯性而遭到抵制。

2. 有效沟通障碍的克服

1）管理者角色的转变

平等的交流是良好、有效地沟通的基础。管理者作为沟通活动的主体行为者，必须切实转变自己家长或权威型的沟通角色，真正实现由过去的"单向的"自上而下传达的方式转向平等的"双向的"既有自上而下，又有自下而上的交流方式。管理者在沟通之前必须对沟通作充分的准备，制定出明确的沟通目标，并由此制定明晰的沟通计划，同时鼓励参与沟通的人员进行协商及信息和材料的收集、分析，并在此基础上进行宣传和解释。

2）选择最佳的信息沟通渠道

在渠道的选择上组织管理者占据主导地位，要根据实际情况选择能予以最恰当表现的沟通渠道，并在语言的运用上根据沟通对象不同而进行相应的调整，但应尽量使用表述精确、直接、明晰的语句，并竭力避免冗长的语句和艰涩的专业术语的运用。另外，沟通过程中应鼓励采用多渠道的信息沟通，但不应该彼此冲突而引起误解。

3）组织机构的设置

一方面，应在纵向上努力减少组织的层级以减少沟通环节，保持信息畅通，减少干扰、延误和失真；同时拓宽信息沟通渠道，通过多渠道的沟通促进信息的交流；横向部门之间则应该加强横向的交流与合作，加强部门之间及部门内部人员之间的联系。另一方面，设置特殊的沟通机构来促进沟通，通过使沟通制度化来真正实现有效沟通。

4）必须注重信息的反馈

信息反馈是沟通过程中一个重要的环节。没有信息的反馈，就不能构成一个完整的沟通过程，不能实现信息的有效沟通。管理者在进行沟通后要注意接收者的理解和反应，通过提问、询问、调查——即跟踪反馈——掌握信息被接收和被理解的程度，并在此基础上对组织的政策作出修正、完善，甚至根本性的改变。组织成员则要通过信息的反馈来了解组织管理者对沟通信息的反应，并以此来对组织及其管理者作出评价。

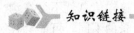 知识链接

良好沟通的6个原则

曾经有人作出结论："一旦组织人数超过七人，沟通就很可能会变得困难或失败。"良好的沟通往往能决定事情成败。很多完善的计划，最后却因沟通不良而功败垂成。

根据前BBC营销经理希伯和英国兰开斯特大学组织心理与健康研究所教授古柏的说法，要做到良好沟通，其实只要遵守以下6个简单原则。

1. 了解你的沟通对象

"知己知彼，百战百胜"，进行沟通前一定要先了解你的沟通对象，才能拟定沟通策略。例如对方的喜好、工作方式，甚至找到能够对其有影响的人等。具体的交流中最好能将心比心，注意要站在对方立场来思考，从而决定怎样表达你的想法最容易被对方接受，如此沟通一定可以事半功倍。

2. 热情地传递坚定信念

如果连自己都不能被说服，又要如何说服他人？面对客户的疑虑、质疑甚至冷漠，我们一定要充分借助自身的热情来带动、感染对方，只要你相信某件事是对的、正确的，那就要充满热情并且坚定地表达出来。这种情感是会感染他人的，也能够增加你的说服力，畏缩迟疑只会让对方怀疑。

3. 多听少说

因为时间、环境的限制，我们往往需要在特定范围内表露来访目的，面对客户的滔滔不绝，我们一定要耐心再耐心，切忌打断。闭上嘴倾听才有可能听到真心话。让沟通对象表达意见是很重要的，如此一来既可以听到对方真正的心声，也能针对提出的疑问进行解释，不要没听几句话就打断对方的陈述，这样只会加速关上彼此的沟通大门。

4. 小心文化差异

这是沟通时常犯的错误之一，很多事情并没有什么绝对的对或错，只是地域或文化上的差异，"不同种类的文化，是根据一系列按照某些基本的尺度或核心的价值特征建立起的变量来表现差异的"。这些变量包括语言文字、思维方式、价值观念、风俗习惯、宗教与法律、审美心理等。当遇到文化差异时，预先了解你的沟通对象就很重要了，可以避免犯下错误。

5. 善用比喻

好故事可以加强印象，如果你的故事能让沟通对象留下深刻印象，事情也就成功一半。若是还能将自己想要达到的形象或目的融入情节中，并让对方产生移情投射作用，其效果更是惊人。但一定要切忌言过其实，比喻应恰当有趣，我们的目的是得到对方的认同，而不是炫耀自身文采。

6. 不断总结检视自身

成功总是属于擅长总结的人，沟通也一样。每天检视自己在沟通上的优缺点，并思考可以如何运用和改进，这样即使有突发状况，也不致慌张失措。

资料来源：王元元. 沟通六策[J]. 知识经济, 2007(1).

1.2 商务组织的沟通

组织是按一定规则和程序为实现其共同目标而集结的群体。组织目标的实现与否取决于组织沟通是否畅通。有效的组织沟通有利于信息在组织内部的充分流动和共享,这样可以提高组织工作效率,增强组织决策的科学性、合理性。

另外,管理心理学告诉我们,组织成员并不是单纯的物质利益追求者,他们同时还有精神层次的需求。有效的组织沟通能提高组织的向心力、凝聚力,能充分调动员工工作的积极性,增强他们的归属感、荣誉感和主人翁的责任感。对组织而言,有效的组织沟通可以达到控制员工、激励员工、传递信息、增强员工之间相互交流这4种基本目的。通过正式渠道的沟通,可以使员工了解组织的政策、工作守则、工作要求,从而达到控制员工的目的。管理者通过沟通明确告诉员工应该做什么、如何来做、如何改进工作,从而来影响员工,鼓励员工努力、创造性地工作,达到激励的目的。工作之余,员工们很想交换关于天气、家庭、国家大事、工作等方面的意见,员工们通过沟通来表达自己的喜怒哀乐。此时,沟通提供了一种释放情感的表达机制,满足了员工的社交需要。

一个企业要想在激烈的市场竞争中站稳脚跟,必须注重日常信息管理工作,及时了解市场需求、竞争对手情况、国家经济政策、最新技术资料等信息,才能使企业在竞争中占尽先机。

1.2.1 商务组织的沟通功能

1. 有利于收集资料与分享信息,实现科学管理

在竞争日益激烈的现代社会中,一个企业要想顺利地开展工作、实现企业的目标,首先必须获得各种有关环境变化的信息,才能使企业制定科学的战略决策,能够在不断变化的环境中求得生存和发展。

有效的沟通可以使企业获得有关外部环境的各种信息与情报,如国际政治对经济环境的影响,国家的经济战略目标、方针、政策及国内外同类企业的现状与发展趋势,消费市场的动态,社会一般价值观念趋向的了解与把握等。

企业内的有效沟通有助于了解员工的合理化建议和思想动态、提高员工的积极性、洞察各部门之间的关系、提高管理的效率。只有及时、全面地掌握企业内部管理过程中活动的各种信息、情报与资料,才能准确地控制、指挥整个企业的运转,实现科学有效的管理。

2. 稳定员工的思想情绪,改善企业内的人际关系

在一个企业内部,无论是部门与部门之间、部门与个人之间还是个人与个人之间,进行有效沟通都是极其重要的。我们常在一些企业中看到科研人员(或部门)与生产人员或者经销人员(或部门)之间关系紧张、矛盾激烈以及内部人际关系失调的局面。究其原因,是缺乏沟通或者沟通方式不当所致。众所周知,无论在日常生活还是在实际工作中,人们互相之间的关系都是非常重要的。

如果一个企业信息沟通渠道堵塞,职工之间的意见难以沟通,就会使人们产生压抑、郁闷的心理。这样不仅影响职工心理健康,还将严重影响企业的正常生产。因此,一个企业若

要顺利发展，必须保证企业内部上下、左右各种沟通渠道的畅通，只有这样才能激励员工的士气、促进人际关系的和谐、提高管理效能。

沟通有利于领导者激励下属、建立良好的人际关系和组织氛围、提高员工的士气。除了技术性和协调性的信息外，企业员工还需要鼓励性的信息。它可以使领导者了解员工的需要，关心员工的疾苦，在决策中就会考虑员工的要求，以提高他们的工作热情。如果领导的表扬、认可或者满意能够通过各种渠道及时传递给员工，就能造成某种工作激励。

3. 调动员工参与管理的积极性，激励员工无私奉献

曾经在企业管理界中引起轰动的四川"潘传中现象"和吴士宏毅然离开微软（中国）有限公司而加入广东TCL集团，再次引起国人的深思：随着社会的不断发展，人们逐渐开始由"经济人"向"社会人""文化人"的角色转变。无论是当局者还是旁观者，随着经济的开放，人们从单纯追求物质待遇和享受过渡到追求精神满足与自我实现，而这种自我实现与精神满足体现在能否直接参与或者多大程度上参与企业的管理。因为，在企业管理中，管理者的知识、经验及观念往往影响着职工的知觉、思维与态度，进而改变他们的行为。特别是管理者为适应发展的需要，必须进行某些改革，只有这样才能实现他们之间的良好合作，促进企业的发展。因此，沟通既可以促进领导改进管理，又可以调动广大职工参与管理的积极性，使职工积极主动地为企业献计献策，有利于增强员工的主人翁责任感，有利于增强企业内部的凝聚力，使企业蓬勃发展。

沟通促使企业员工协调有效地工作。企业中各个部门和各个职务是相互依存的，依存性越大，对协调的需要越高，而协调只有通过沟通才能实现。没有适当的沟通，管理者对下属的了解也不会充分，下属就可能对分配给他们的任务和要求他们完成的工作有错误的理解，使工作任务不能正确圆满地完成，导致企业在效益方面的损失。

4. 激发员工的创新意识，使决策更加合理有效

任何决策都会涉及干什么、怎么干、何时干等问题。每当遇到这些急需解决的问题，管理者就需要广泛地从企业内部的沟通中获取大量的信息情报，然后进行决策，或建议有关人员作出决策，以迅速解决问题。下属人员也可以主动与上级管理人员沟通，提出自己的建议，供领导者作出决策时参考，或经过沟通，取得上级领导的认可，自行决策。企业内部的沟通为各个部门和人员进行决策提供了信息，增强了判断能力。

随着我国管理民主化的不断加强，目前许多企业采取各种各样的形式展开了全方位的沟通活动，如高层接待日、意见箱制度、恳谈餐会、网上建议等，通过各种渠道让员工进行跨部门的讨论、思考、探索，这些过程往往潜藏着无限的创意。所以一个成功的企业，其沟通渠道往往是畅通无阻的。

1.2.2 商务组织的沟通类型

相关案例

我认为沟通形式比内容更重要。根据美国加利福尼亚洛杉矶大学的数据显示，沟通效果55%来自于你的外表，38%取决于你传达的方式，只有7%取决于你传达的内容本身。

我的企业有位采购部的经理，在刚刚获得提升的那段时间里面，他几乎没有时间去吃午饭。在他看来，由于开始承担更多的责任，他必须随时待在办公室里面，他总是随便吃碗泡面就去应

付处理一些重要的事情。我说服他中午坐在餐桌前就餐，并通过这种方式来恢复精力以及内心的平静。于是他开始尝试每天与同事和下属一起共进午餐，并在这个过程中逐渐加深对他们的了解。一段时间后，他跟同事和下属之间的关系大大改善，当他向下属分配任务或者同事向他求助的时候，他们之间可以得到更加迅捷的交流。

当我组织员工开会时，我的方法是：从你要汇报的主题说起，然后我会迅速将其人性化。例如，你可以说，经过大家的努力，公司终于达到了显著的业绩提升，我们为此应该开香槟庆祝；或者是"公司刚刚丢失了几个重要客户，我彻夜难眠，都在想如何避免更多客户的流失"等，因为在公司会议上，一些可以与大家分享的个人体验能帮助你获得更多的认同感。

资料来源：全霁. 沟通的终极目标是增效协作[J]. 经理人，2007(11).

1. 全方位的沟通机制

一般来说，企业的机构越复杂、管理层次越多、职能越不明晰，其沟通的效果就越差，信息在上下传递的过程中往往已经走样。

良好的沟通机制应该是多角度的、双向的、多级的。应该在企业内部建立全方位的沟通机制，形成管理层与部门领导、部门领导与普通员工、管理层与普通员工、普通员工之间的多层次交流对话机制，保持沟通渠道的畅通，要让员工意识到管理层乐于倾听他们的意见，他们所做的一切都在被关注；使每个员工都有参与和发展的机会，从而增强管理者和员工之间的理解、相互尊重和感情交流。

在这一点上，IBM公司的内部沟通经验值得借鉴。IBM公司首先使组织机构扁平化，减少中间环节。高层领导经常深入基层，与普通员工亲切交谈，了解他们的切身感受；同时鼓励员工向上级，甚至直接向公司总裁反映问题，在公司内部形成平等的工作氛围。IBM专门设立了意见箱，为了避免流于形式，意见箱由专人负责整理转交给相关的负责人，每年公司都能够收到数十万张意见卡。

2. 商务沟通类型及其管理

公司内部的沟通方式不外乎两种：正式沟通和非正式沟通。

所谓正式沟通，就是通过固有的组织结构，按照规定的信息传递渠道进行的信息交流和传达。这种沟通方式具有沟通效果好、易于保密、约束力较强等优点，缺点是方式刻板、沟通速度较慢、缺乏相应的反馈和互动交流。

所谓非正式沟通，指的是通过正式沟通以外的渠道交流和传达信息。在实际工作中，公司员工往往会通过非正式渠道获取和反馈大量信息。如果能够对企业内部非正式的沟通渠道加以合理利用和引导，就可以帮助企业管理者获得许多无法从正式渠道取得的信息。

正式沟通的渠道和方式有多种，什么情况下使用何种方式沟通，通过何种渠道沟通，必须有较明确的规定和管理手段。一般地，公司原有的粗放的沟通管理模式，使正式沟通缺乏管理、随意性大，很多正式的沟通未能起到应有的作用，故正式沟通必须整顿、规范。

由于沟通管理的缺乏及其他原因，公司非正式组织较多，非正式沟通较为盛行。重视非正式沟通包含两层意思：①限制其对企业不利的一面的发展，必要时以行政手段对非正式组织进行干涉；②因势利导，用合理的方法引导其往好的方向发展，在正式沟通所不能或不好解决时，让其发挥有效补充的作用。

1) 正式沟通管理

（1）垂直沟通管理。垂直沟通包括上行沟通和下行沟通。在多种沟通方式中，垂直沟通应以直接和双向的沟通效果最好，所以规定：上行沟通的方式以正式会议、员工定期申诉制、工会工作汇报、设置总经理意见箱等为主，正常的汇报以逐级上报为主，特殊情况或汇报上级问题未及时解决时可越级上报；下行沟通的方式以正式会议、企业内部出版物等为主，正常的命令发布遵循逐级发布的方式，除特殊情况尽量不要越级发号施令。

自上而下的、占主导地位的沟通程序效果是不佳的。成功的程序是自上而下与自下而上的沟通达到平衡。上行沟通对组织来说是非常重要的，首先管理者可以了解下属的工作和成绩，了解他们面临的问题、工作计划、工作态度和各种设想；其次，员工有机会向上反映情况。人们因此减轻挫折感，增强参与意识，提高员工士气；同时，也形成了组织内部下行沟通和上行沟通的双向通道。

组织如何激发自下而上的沟通，鼓励员工的沟通？很多公司的做法保证双向沟通，运用电子邮件、领导信箱等系统允许员工提出问题，并得到高层管理者的解答；组织内部也可以设立内部刊物，有问必答，鼓励员工提出自己疑问；开发申诉程序也可使员工的不满很快得到处理。

管理者除了为上行沟通创造条件外，还应该激励人们提供有效信息，对待有益的上行沟通应该加以强化而非惩罚。

定期的领导见面和不定期的群众座谈会就是一种很好的面对面正式沟通渠道，它也能切实地解决上述存在的问题。领导见面会是让那些有思想、有建议的员工有机会直接与主管领导沟通，一般情况下，是由于员工的意见经过多次正常途径的沟通仍未得到有效回复而设立的。群众座谈会则是在管理者觉得有必要获得第一手的关于员工真实思想、情感时，而又担心通过中间渠道会使信息失真而采取的一种领导与员工直接沟通的方法。与领导见面会相比，群众座谈会是由上而下发起的，上级领导是沟通的主动方，而领导见面会则是应下层的要求而进行的沟通。

比较好的方法是实行走动式管理（MBWA，Management by Walking Around），即跨出办公室，在周围走动，经常同员工进行非正式交谈。管理者可以走出办公室，亲自和员工交流信息，坦诚、开放、面对面地沟通，真正思考和反馈员工的建议，将由员工的建议和工作所产生的新观念、新措施进行汇集、整理、发布，真正使员工觉得管理者理解和关注自己的需要。

（2）水平沟通管理。水平沟通管理即企业同一层级的沟通管理：①确定部门负责人每日早会制度，加强部门负责人之间的沟通；②在各部门内部建立横向沟通渠道，增加部门内部工作的协调性；③以业务为中心，由市场部牵头，统一协调与整个业务流程有关的沟通工作，所牵涉的部门积极配合、各负其责。

水平沟通，首先能产生新的共享、协作，解决不同工作部门和单位之间的问题；其次，有助于消除冲突；然后，通过同伴、朋友、同事之间的交流、横向沟通产生社会和情感支撑，所有这些因素都能有助于提高员工的工作积极性和效率。

（3）斜向沟通管理。斜向沟通管理即企业内处于不同层次的，没有直接隶属关系的成员之间的沟通管理。这种沟通需严格加以限制，越级指挥易造成多头领导、下属无所适从、工作难以安排。故规定，越级、越部门不具有指挥权，只有建议权。

2) 非正式沟通管理

非正式沟通管理以工会组织为主，积极了解非正式组织的日常状态，健全壮大工会组织，开展多种方式的活动，吸引员工参与发挥工会组织的作用；同时加强和各非正式组织领导的沟通，及时了解各非正式组织的各种诉求，帮他们排忧解难；增强企业和员工及各非正式组织之间的信任，引导他们向好的方向发展。

闲言碎语在非正式沟通网络——交际中大行其道。一方面帮助人们理解组织，将管理层的正式信息翻译成员工可以理解的"员工语言"，使正式组织未经言明得以传递；另一方面，当毫无干系的流言、荒谬的谣言蔓延时，交际也会给组织带来损害。组织除了建立长期公开渠道和长期信任外，还需要通过一些手段减少谣言的影响或者澄清谣言。

另外，现代组织近年来采用的郊游、联谊会、聚会等形式未尝不是非正式沟通的良好方式。这些渠道既能充分发挥非正式沟通的优点，又因它们都属于一种有计划、有组织的活动而能够易于被组织领导者控制，从而大大减少了信息失真和扭曲的可能性。同时随着社会科学技术的进步，电子网络技术也已被引进组织的沟通领域，这正是组织沟通领域的变革和飞跃。电子网络因其快速、准确的特点，极大地提高了组织沟通的效率；另外，网络也因其"虚拟性"这一特点，为非正式沟通提供了良好的沟通平台。一些企业和组织相继都在自己的网站中设立了论坛、BBS公告等多种非正式的沟通渠道。在这些渠道当中，组织成员的沟通一般是在身份隐蔽的前提下进行的，所以，这些沟通信息能够较为真实地反映组织成员的一些思想、情感和想法。对于组织领导者来说，掌握这些信息资料对他们日后的管理沟通也是大有裨益的。

相关案例

联想从2003年起在全公司范围内实施了"越级面谈"制度，就是要求所有管理者至少"向下看两级"，使自己对团队了解的深度和广度进一步扩大，同时也为员工提供一个越级反映问题的合理渠道。"越级面谈"的形式强调"单独"和轻松，每次面谈都是一对一的，而且地点不选在办公室，以便营造一个非正式的、放松的环境，使沟通双方能更加自如地交流。联想的越级面谈已经形成了一个完整的制度并且纳入了考核体系。

资料来源：裴蓉. 沟通：组织健康的安全阀[J]. 中外管理，2005(7).

3. 无界限沟通管理

全方位的信息共享对于组织来说是至关重要的。原通用电器公司董事长CEO杰克·韦尔奇是倡导无界限沟通的先驱和实行者。一个无界限组织内部没有信息流动的障碍，分割人们的界限消除了，工作、过程、场所、观念、信息、决策和活动被移动到最需要的地方。这并非简单地对信息不设限制和信息加载，它意味着使信息根据需要而足够便捷地流动，从而使组织发挥大于部分的协同效应。

在组织中每个人在下班后潜意识都有有利于公司的想法，但由于担心自己尴尬并没有告诉上司。如何将所有人的这些想法汇集起来，那样的话好处是显而易见的。如果再加上组织与外部利益相关者（包括供应上、客户等）以及全球化视野，范围和成果就更显著了。

无界限沟通组织学习了全世界范围内的最佳作法，在不同的部门之间实现服务共享，同时加强了相互之间的学习，增进了组织内外部的沟通与合作。

4. 培训沟通

人际沟通是人们生活的一部分，是企业沟通的基础。很多沟通发生障碍的原因就是沟通者这方面知识技巧的缺乏。所以，由人力资源部安排对所有员工进行人际沟通知识的培训可以提高全体员工的人际沟通能力。

领导在管理活动中的沟通是领导艺术的一种。在该管理活动中很多沟通障碍是由于领导这方面能力的欠缺造成的。所以，同样由人力资源部安排对所有管理层进行此知识的培训可以提高全体管理层的沟通和领导能力。

【沟通游戏】

荒岛逃生

与人沟通的好坏直接影响一个人所能创造的价值。一个人虽然才华横溢、专业知识一流、才智超群，但沟通能力极差，想要出人头地绝非易事。意大利艺术家莱士·山卓说过："我们每个人都是只有一个翅膀的天使，只有相互拥抱才能飞翔。"可见沟通的重要性。

沟通的最基本表现形式就是"听""说"。如何有效地吸收听到的内容，再通过说的技巧达到最理想的效果呢？这则听与说的游戏也许能带给我们一些启示。

1. 游戏背景

一架私人飞机坠落在荒岛上，只有6人存活，这时逃生工具只有一个能容纳一人的橡皮气球吊篮，没有水和食物。

人物分别是：

（1）孕妇：怀胎8个月。

（2）发明家：正在研究新能源（可再生无污染）汽车。

（3）医学家：今年研究艾滋病的治疗方案，已取得突破性进展。

（4）宇航员：即将远征火星，寻找适合人类居住的星球。

（5）生态学家：负责热带雨林抢救工作。

（6）流浪汉。

2. 游戏方法

针对由谁乘橡皮气球吊篮先离岛的问题，各自陈述理由。第一个人先陈述自己离岛的理由；第二个人先复述第一人的理由，再表明自己的理由；接下来第三个人先复述第一、二个人的理由，再表达自己的理由；依次类推（每人复述和表达的时间控制在3～5分钟之内）。最后由全体人员根据角色扮演者复述别人逃生理由的完整程度与陈述自身离岛理由的充分程度，进行举手表决，决定可先行离岛的人。

3. 游戏目的

通过游戏让人们了解到增强影响力最重要的是要善于听，记住别人的想法；去除聆听时的偏见，吸收对方话语精华；站在对方的观点看问题，这样才不会遗漏重要的内容。对方有了深刻了解后，再通过适当的表达方式达到自己目的。

4. 所需时间

25～30分钟。

5. 相关讨论

（1）从这个游戏中学到了什么？

（2）为什么会出现越往后越难进行表达的情况？

（3）听重要还是说重要？

（4）扮演的角色是否与表达的好坏有直接关系？

（5）怎样才能摆脱角色的束缚，进行好的表达？

（6）这个游戏在现实生活中存在怎样的意义？

6. 点评与启示

在所有的角色当中，扮演流浪汉的人最难找到为自己辩护的理由，而且我们通常会安排他在最后进行复述和表达自己的观点。他已经听过前面5位各自离岛的原因,以至于流浪汉在表达自己离岛的理由时,通常会出乎意料地说:"那我放弃离岛,把这个机会让给其他人。"因为流浪汉觉得自己的理由根本没有其他人充分。可在表决时,却发现大多数人将票投给了流浪汉,这是为什么呢?是因为其他人都是站在自己的角度寻找其他人离岛原因的破绽,而流浪汉却因为这样的"大度"赢得了其他人的同情。

由此可见,在企业组织或者团队当中,要充分了解其他人的意图,就必须用"心"听,在阐述自己观点时应该采取别人能够接受的方式。通常在团队沟通中,"听"比"说"更重要,只有认真倾听对方的意见,才能了解团队成员真正的意图和想法。之所以出现沟通不畅,最重要的是没有站在对方的角度去接受对方的意见,无法专心聆听他人的话语是因为受到偏见因素的影响,自己已经下了结论,认为对方的话不重要,不想再听或是选择性地只听自己想听的话。而是否认真倾听他人观点直接导致了沟通时表达方式的好坏,进而影响到沟通的效果。

资料来源:谢迪森. 沟通游戏[J]. 公关世界, 2003(4).

情 感 传 递

1. 形式

4人一组。

2. 时间

10分钟。

3. 材料

无。

4. 场地

室内。

5. 应用

沟通技巧;应付压力,提高工作的积极性;活跃现场气氛。

6. 目的

在沟通中,情感是影响人与人之间的交流的重要因素。实际上,正如任何一个和他人有亲密接触、交流的人所确信的那样,强烈的感情,尤其是具有负面影响的感情,会像病毒一样感染并传播开来。这个短小的游戏就能够快捷而有效地说明这个现象。

7. 程序

(1) 第一轮。

在一组人中指定一个人为"情绪源",这个人的任务就是通过眨眼睛的动作将不安的情绪传递给屋内的其他三个人。任何一个获得眨眼睛信息的人要把自己当作已经受到不安情绪感染的人。一旦被情绪感染了,他的任务就是要对其他三个人眨眼睛,将情绪感染他们。

当一个受到情绪感染的人已经向其他三个人眨了眼睛时,他继续在屋内转悠,但不要再眨眼睛了。

游戏开始前,让学员站成一圈,并闭上眼睛。在这个由学员组成的圈外走几圈。然后轻轻敲一下某个学员的后背,这个学员就是"情绪源"。让学员们睁开眼睛,在屋内自由散开。学员之间可以相互自我介绍、握手、自由地交谈,他们可以和尽可能多的人交流。

5分钟后,让学员坐下来。让第一个受到情绪感染的人,即"情绪源"站起来,并一直站着;让"情绪源"旁边的三个受到情绪感染的人也站起来;再让这三个人旁边受到情绪感染的人也站起来;如此反复,直到所有人都站起来。

让"情绪源"情绪低落下来。过一段时间,建议那些真正不耐烦的人现在可以坐下来。然后宣布,每个人,即使他们现在还感到低落,也坐下来。

(2) 第二轮。

告诉学员,你已经找到了缓解不安情绪的"灵丹妙药",而且这种"灵丹妙药"是通过真挚柔和的微笑传播的。因为大家现在被不安的情绪控制,急需这种"灵丹妙药"。

让大家再站起来,闭着眼站成一圈。告知大家,你会选一个学员作为"微笑情绪源",他会通过向三个微笑,向他们提供治疗不安情绪的"灵丹妙药"。任何一个得到微笑的人应该对另外三个人微笑,作为回报。

在圈外走几圈,但不要碰任何人的后背。在恰当的时候,假装你已经指定了"微笑情绪源"一样,微笑着说"开始"。

让学员自由活动3分钟。3分钟后,叫停,并请他们坐下。请收到"灵丹妙药"的学员举手。请大家指出他们认为作为"微笑情绪源"的那个人。你会发现,大家会指向许多不同的人。

告诉大家,实际上,科学没有研制出缓解不安情绪的"灵丹妙药",也并没有"微笑情绪源"。

8. 讨论

(1) 有人笑了吗?有人情不自禁地笑了吗?
(2) 回想第一轮,被不安情绪感染时,你有什么感受?
(3) 在被感染后,是否有人真的开始觉得不安了?你是否注意到你的一些非语言或语言行为有所变化并反映了这种不安?
(4) 是否有人尽力避免被感染?怎么避免?
(5) 当微笑被传播时,你的反应有不同吗?
(6) 在这个游戏的过程中,实际上是你想让别人对你微笑的期望促使你接受和给予微笑的。在现实生活中,你的期望是如何影响你的态度和行为的?你是如何养成自我完善的行为的?
(7) 在现实生活中,在你的团队中,感情是如何传递的?当办公室里有人心情很糟糕时,一般会带来什么结果?人们的情绪是如何影响他人的?
(8) 你的心情是如何影响你的同事的?
(9) 什么情绪对大家的工作成绩影响最大?对你个人呢?
(10) 一个团队的负面情绪对日常工作有什么影响?
(11) 在现实生活中,你是如何避免被负面情绪感染的?为了建立自己的免疫系统和抵抗力,你应该做什么?

9. 总结与评估

此游戏很好地说明了在沟通中保持积极情绪的重要性。

单项选择题

1. 综合分析沟通的定义,以下( )强调信息传递的双向性。
   A. 共享派　　　B. 传播派　　　C. 说服派　　　D. 技术派
2. "以诚感人者,人亦诚而立"反映的是商务沟通的( )。
   A. 理解原则　　B. 相容原则　　C. 尊重原则　　D. 连续性原则
3. 以下( )指的是人和人之间信息和感情相互传递的过程。
   A. 人际沟通　　B. 组织沟通　　C. 人际关系　　D. 社会关系
4. 发信者将信息译成可以传递的符号形式的过程是( )。
   A. 反馈　　　　B. 解码　　　　C. 编码　　　　D. 媒介
5. "浇花浇根,交人交心"反映了人际沟通艺术中的( )。
   A. 真诚相处、以心交流　　　　B. 相互尊重、求同存异
   C. 严于律己、宽以待人　　　　D. 设身处地、产生共鸣

6. 沟通的主要形式为面谈、信函、备忘录、会议和报告的是（　　）。
   A. 上行沟通　　　B. 下行沟通　　　C. 斜向沟通　　　D. 平行沟通

思 考 题

1. 什么是商务沟通？商务沟通有哪些类型？
2. 什么是有效沟通？有效沟通有哪些障碍？如何克服？
3. 商务沟通有什么样的功能？举例说明。
4. 现代商务沟通向着什么样的趋势在发展？
5. 有人曾说沟通能力是决定管理人员职场竞争力的关键，你如何看待这个问题？

模块二

商务沟通基本形式

第 2 章
组织沟通
ZUZHI GOUTONG

【学习目标】

1. 掌握组织沟通的概念和特征。
2. 理解有效倾听的重要性、对听众类型的划分。
3. 掌握非言语信息的类型和特点。
4. 掌握组织沟通的策略。

【导入案例】

在商务交际中，人们应当注意身体接触的方式以及身体接触行为与人际关系的文化差异。例如，在社交场合，文化不同，身体接触行为就有许多区别。在英语国家，一般朋友和熟人之间交谈时，要避免身体的任何部位与对方接触，即使是仅仅触摸一下也可能引起不良的反应。中国人的特点是身体接触频繁，而英语国家的人身体接触却较为少见。如果一方无意接触到对方一下，他（她）一般也会说"Sorry！"或"Oh, I'm sorry！"之类的道歉话。因此，讲话的人一般不喜欢别人说话时靠得太近，除非对方显露出喜爱的表示，要求靠近一点。除了轻轻触摸外，再就是当众拥抱的问题。在许多国家，两个妇女见面时拥抱亲热是很普遍的现象，夫妻之间或久别重逢的亲朋好友也常常互相拥抱。两个男人是否相互拥抱，各个国家的习俗不同。阿拉伯、俄国、法国以及东欧和地中海沿岸的一些国家里，两个男人见面后采用热烈拥抱、亲吻双颊来表示欢迎。但在东亚和一些说英语的国家，男人见面一般只是握握手，握手在全世界许多国家都表示同一个意思，即友好。作为见面和告辞时"握手"已被大多数国家接受。但握手并不是一种全球性的礼节，在有些国家，握手仅限于特殊的场合，如在美国只有被第三者介绍后，被介绍双方才可握手；在日本，见面一般礼节是相互鞠躬致意；在东欧一些国家则是相互拥抱、贴面，而不是握手。在交际中，最常见的身体接触行为当然是握手、拥抱和亲吻。除此之外还有其他许多身体接触行为。而作为交际者应谨慎对待，认真了解每一身体接触行为的含义及其文化差异。

"眼睛是心灵的窗户"，眼神的千变万化，表达着人们丰富多彩的内心世界。目光接触是非言语交际的一个重要方面。英语国家的人比中国人目光交流的时间长而且更为频繁。他们认为缺乏目光交流就是缺乏诚意。中国人却为了表示礼貌、尊敬或服从而避免长时间直视对方。在交往中，英语国家的人会因为中国人回看时间过短而反感，认为他们看不起自己，或者认为中国人表情羞羞答答、目光躲躲闪闪；中国人却感到英语国家的人在交流过程中总爱死盯着人，特别是年轻女子对于英语国家的男子这种相视有时就极为反感。所以，在这方面有许多约定俗成的规范：看不看对方、什么时候看、看多久等。因此，商务人员在商务交往中应注意正确使用礼节。

手势也是常用的非言语表达方式。打手势的动作稍有不同就可能与原来的意图不同。对某种手势理解错了，也会引起意外的反应，甚至是意想不到的结果。在日常交往中，人们也有两种基本手势，手掌心朝上，表示真诚或顺从；手掌心向下，表示压制。在日常交际中手势表达可谓繁复，商务人员应细心观察、多多领会。英、美人习惯伸出食指并用食指弯曲这一手势表示"请过来！(Please come over!)"，但在日本等一些亚洲国家这个手势万万使不得，因为他们常以此来召唤一条狗或别的动物，而在大部分中东和远东国家，用一个手指召唤人是对人的极大侮辱。

资料来源：我在大学讲礼仪的日子．商学网，http：//www.9669.biz/．

 2.1 组织沟通概述

美国著名学者奈斯比特说过："未来的竞争是管理的竞争，竞争的焦点在于每个社会组织内部成员之间及其外部组织的有效沟通上"。组织沟通是人力资源管理中最为基础和核心的环节，它关系到组织目标的实现和组织文化的塑造。另外，对员工个人而言，通过有效沟通来协调周围人际关系，这对一个人的事业成功起着至关重要的作用。

组织沟通过程中的两个70%可以直观地反映其重要性：第一个70%是指企业的管理者70%的时间都用在沟通上，如开会、谈判、找下属谈话、约见、拜访、做报告等；第二个70%是指企业中70%的问题是由于沟通障碍引起的，如效率低下、办事不到位、任务目标没实现等。

2.1.1 组织沟通的概念

 **知识链接**

沟通是管理的浓缩

许多世界知名企业都非常重视沟通,并获得了巨大的成功。

美国沃尔玛公司总裁萨姆·沃尔顿曾说过:"如果你必须将沃尔玛管理体制浓缩成一种思想,那可能就是沟通。因为它是我们成功的真正关键之一。"

原通用电器公司总裁杰克·韦尔奇语:"管理就是沟通、沟通、再沟通。"

日本经营之神松下幸之助说:"企业管理过去是沟通,现在是沟通,未来还是沟通。"

资料来源:沃尔顿法则:沟通是管理的浓缩. MBA智库百科.

组织沟通的定义有多种,其主要区别是对组织和沟通的理解不同。有人认为小的单位一起活动以形成组织的过程即为组织沟通。该定义中的组织被理解为是一个开放系统,其间个体为了应对环境而在相互依赖关系的网络中创造或交换信息。管理学家查尔斯·康纳德对组织沟通的定义为:发生在组织内的沟通即为组织沟通。

组织沟通的含义:组织沟通包括组织内部沟通与组织外部沟通两个方面。组织内部沟通主要指上下级之间的沟通、同事之间的沟通以及员工与组织之间的沟通;组织外部的沟通主要指组织与客户或其他组织之间的沟通。

组织沟通与一般的沟通有很多相似之处,但也有其独特内容。查尔斯·康纳德提出:组织沟通与一般意义沟通的区别在于情境和人的维度,组织沟通特定的情境是在工作场所,其对象既是人际关系沟通的一般对象,同时又是工作任务要求的对象,具有双重性。管理这一职能,又要求其主体不仅应具备人际沟通能力,还必须具备管理沟通能力这种职业特征能力。所以,从人和情境两个维度来研究管理者组织沟通,即情境维度研究工作属性和组织文化、人的维度研究人际沟通能力和管理沟通能力。

2.1.2 组织沟通的特点

1. 涌现性

以系统方式存在着的客观事物并不是由各个要素简单机械地堆积而成,而是有机地组织起来的一个整体,表现出整体涌现性功能。在有机整体系统中,各个组成要素既是对立的又是统一的,它们之间存在着相互依存、相互制约的关系。组织沟通作为一个有机系统整体,需要从整体出发,从具体地分析其内部各组成部分之间以及整体与环境之间的相互关系入手,解释和掌握它的整体性质及活动规律。组织沟通特定的情境是在工作场所,工作属性和组织文化是沟通的情境变量,管理者沟通能力是影响组织沟通的人的因素。

2. 层次性

组织沟通不仅可以分为不同的层次,还可以划分出不同的类型。层次和类型实际上是紧密联系的,这种纵横交错,就构成了组织沟通系统普遍联系之网。在情境维度,研究了工作属性和组织文化两个组织因素。从信息功能的角度建构了关联性、困难性、变化性3种工作属性,从通用性、简化性的角度建构了组织文化创新力、凝聚力、领导力、绩效定位、员工定位、分配定位和团队定位 7 个维度。在人的维度，研究了人际沟通能力和管理沟通能力两个二级指标，从沟通能力功能的角度建构了人际沟通能力的沟通技能、沟通认知和沟通倾向三元结构，从心理活动功能的角度建构了管理沟通能力的情感沟通、协调沟通和决策沟通 3 种成分。图 2.1 给出了组织沟通的纵向结构模型。

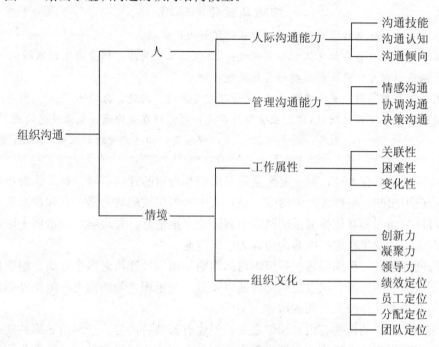

图 2.1　组织沟通的纵向结构模型

3. 开放性

1）环境如何影响沟通能力功能的发挥

在环境中包括与之互动沟通的对象，也包括沟通互动发生的背景。沟通互动是沟通双方的互动过程，沟通过程的进行、沟通效果的好坏取决于沟通双方的共同参与程度，沟通能力水平的高低更是在互动中才能得以体现。同时，管理者所从事工作的属性影响其沟通频率。组织文化作为员工共同具有的价值观念、道德准则等观念形态的总和，其对确定管理者人际情境的基调是非常重要的。组织文化通过在员工之间提供共同理解而便利相互之间信息的交换。沟通所发生的工作属性、社会文化背景等都会影响沟通行为的适当性和有效性准则。因此，在组织沟通因素分析中，不仅要考虑管理者自身沟通能力的特点、参与沟通的程度，还要分析工作属性、组织文化等情境因素。由于沟通情境的复杂多样性和易变性，组织沟通的研究不可能涵盖所有的沟通情境。对此，以组织沟通的实证研究为依据，对沟通情境根据其功能价值进行归类，在各种典型的沟通情境中对参与者的组织沟通进行测量。

相关案例

春秋战国时期，耕柱是一代宗师墨子的得意门生。不过，他老是被墨子责骂。有一次，墨子又责备了耕柱，耕柱觉得自己非常委屈，因为在许多门生之中，大家都公认耕柱是最优秀的人，但又偏偏常遭到墨子指责，让他没面子。

一天，耕柱愤愤不平地问墨子："老师，难道在这么多学生当中，我竟是如此的差劲，以致于要常遭您老人家责骂吗？"墨子听后毫不生气："假设我现在要上太行山，依你看，我应该要用良马来拉车，还是用老牛来拖车。"耕柱回答说："再笨的人也知道要用良马来拉车。"墨子又问："那么为什么不用老牛呢？"耕柱回答说："理由非常简单，因为良马足以担负重任，值得驱遣。"墨子说："你答得一点也没有错，我之所以时常责骂你，也只因为你能够担负重任，值得我一再地教导与匡正你。"

虽然这只是一个很简单的故事，不过从这个故事中，可以给管理者一些有益的启示：沟通是双方的事情，如果任何一方积极主动，而另一方消极应对，那么沟通也是不会成功的。

故事中的墨子和耕柱，如果他们忽视沟通的双向性，结果会怎样呢？在耕柱主动找墨子沟通的时候，墨子要么推诿很忙没有时间沟通，要么不积极配合耕柱的沟通。结果耕柱就会恨上加恨，双方不欢而散，甚至最终出走。如果故事中的墨子在耕柱没有来找自己沟通的情况下，主动与耕柱沟通，然而耕柱却不积极配合，也不说出自己心中真实的想法，结果会怎样呢？双方并没有消除误会，甚至可能使误会加深，最终分道扬镳。

我们发挥沟通的管理作用，一定不要忽视沟通的双向性。管理者首先要有主动与职工沟通的胸怀，但同时更重要的是要引导职工积极与自己沟通，说出自己心中的想法，杜绝"剃头挑子一头热"的现象。

资料来源：颜耘．浅谈沟通在基层管理中的作用及途径[J]．市场周刊•理论研究，2007(8)．

2）沟通能力对沟通情境的反作用

沟通能力对沟通情境的反作用表现在以下 3 个方面：

（1）沟通者的心理活动对外界的开放。由于工作的需要，沟通者不断地与外界进行着信息交换，为了使沟通双方更好地了解自己、相互沟通，沟通者有必要进行适当的自我揭示。

（2）沟通者对外界的开放性是有选择的。沟通者能够根据自己的目的和期望对外界信息有选择地加以反应，同时忽略某些信息。

（3）在沟通过程中，沟通者的积极参与和恰当表现使沟通双方在活动过程中共同发生改变，同时也在改变着沟通情境。

4. 目的性

有效的沟通需要沟通者对自己的沟通目标有明确的认知，适当的沟通更需要其对自己、对他人、对情境有清晰的认知，以便确定在什么时间、什么场合、对什么样的人、以什么样的方式进行沟通，才能以既有效又恰当的沟通方式实现沟通目标，达到自己的沟通目的。如何在沟通情境中表现自己、作出什么样的行为反应，在很大程度上取决于沟通者对人、对事、对情境的认知。

2.2 沟通中的有效倾听

长期以来，人们习惯把"沟通"当成是一种动作性的过程，将"读""说""写"与沟通等同起来，倾听者被划归为"被沟通者"。于是，倾听——这种占据日常沟通时间 40% 的现象，有意无意之间被"忽视"。

2.2.1 倾听的重要性

美国著名的玫琳凯化妆品公司创始人玫琳凯·艾施说:"一位优秀的管理人员应该多听少讲,也许这就是为何上天赐予我们两只耳朵、一张嘴巴的缘故吧。"

1. 倾听可获取重要的信息

通过倾听,可以了解对方要传达的信息,同时感受对方的感情,还可推断对方的性格、目的和诚恳程度。通过提问,人们可澄清不明之处或是启发对方提供更完整的资料。耐心倾听,可减少对方自卫的意识,受到对方的认同,甚至产生同伴、知音的感觉,促进彼此的沟通了解。倾听可以训练以己推人的心态,锻炼思考力、想象力和分析事物的能力。

2. 倾听可掩盖自身弱点

俗话说,"沉默是金""言多必失"。静默可以帮助人们掩盖若干弱点。如果对别人所谈问题一无所知或未曾考虑,保持沉默便可,不用表示自己的立场。

3. 善听才能善言

人们常常因为急于表达自己的观点,根本无心思考虑对方在说些什么,甚至在对方还没有说完的时候,就在心里盘算自己下一步该如何反驳。

4. 倾听能激发对方表达欲望

让说话者觉得自己说的话有价值,他会说出更多更有用的信息。称职的倾听者还会促使对方的思维更加灵活敏捷,启迪对方产生更深入的见解,双方皆受益匪浅。

5. 倾听能发现说服对方的关键

如果沟通的目的是为了说服别人,多听取对方的意见会更加有效。你能从中发现他的出发点和他的弱点,是什么让他坚持己见,这就为说服对方提供了契机;让别人感到你的意见已经充分考虑了他的需要和见解,他们会更愿意接受。

6. 倾听可使你获得友谊和信任

人们大都喜欢发表自己的意见,如果愿意给他一个机会,他们立即会觉得你和蔼可亲、值得信赖。作为一名管理者,无论是倾听上司、下属还是顾客的想法,都可消除他们的不满,获取他们的信任。

2.2.2 听众分析

听众分析意味着了解对方的兴趣、价值和目的。成功的商务沟通很大程度上源于达成共识的能力,这就意味着必须懂得他们怎么想,怎样看待他们的利益,怎样能使他们支持你或至少不阻碍你,也就意味着必须提供他们可信赖的东西。

听众分析是商务沟通中最容易被忽视的挑战,对此应该着手解决以下问题。

1. 我的听众是谁

听众是采取行动想要影响到的人——是购买商品的顾客、上司、同级部门的领导还是公司内的雇员?他们关心什么样的利益?有什么样的性格习惯?对你持什么样的态度?他们的理解能力如何?你可能对他产生什么样的影响?还有什么达成沟通效果更好的方法和技巧吗?他们周围哪些因素影响到此次沟通的效果?能否换对象?

2. 我与听众的关系怎么样

当向听众倡议一个有力的观点时，阐述的观点应该与你们的关系现状相吻合。你是通知他们还是命令他们做某事？许多实际情况介于两者之间，下面提供可采纳的一些经验和规则。

（1）当你完全拥有必要的信息和权威时，用"告知"的风格。例如，要求下属执行一项常规任务。

（2）当你掌握一定的信息，但你的听众拥有决定权时，使用"推销"风格。例如，你想要顾客买你的产品。

（3）当你们试图对某一行动步骤达成共识时，使用"咨询"的风格。例如，劝说你的同事支持你向最高管理层提出建议。

（4）当你的观点是众多人的观点时，使用"联合"的风格。例如，你作为一个各部门战略会议的代表。

3. 听众的态度如何

（1）积极的听众。已支持的听众需要被激发并被告知行动计划，让他们知道他们的重要性及他们能帮你什么，尽你所能地使他们的工作容易并有回报。

（2）中立的听众。这些听众易受理性说服方法的影响，使他们参与到事件和你认为是一种好方法的分析中来。

（3）敌意的听众。这些听众可能永远不会积极支持你，但通过表明你理解他们的观点，并解释为什么你仍相信你的计划，有可能会使他们变为中立。

当作这种分析时，必须特别注意个人和群体的动机。一些人之所以支持你，只因他们是你的朋友，并不与你想法的是非曲直有关。其他人支持你的动机可能会与你自己的动机毫不相干。不管在哪种情形下，你最好坦白地说出自己的想法，虽然也承认你的反对者的担忧及他们意见的优点，但目的是争取更多人的支持。

4. 听众已知道多少

没有比读一份充满陈词滥调的报告更令人厌倦，也没有比听一次完全陌生的演讲更让人沮丧。这两种经历都可能把一个中立者变成敌对者，或把积极支持者变成中立者。沟通之前，对于你的每一位听众，你都应问自己以下一些基本问题。

（1）我应概括哪些熟悉信息作为自己论证的基础？

（2）听众要想理解和判断我的建议，还需要补充哪些信息？

（3）我能否用听众能理解并作出反应的语言来表达？

5. 我的建议是为了听众的利益吗

分析听众意味着首先是分析你自己，然后是你的听众，识别出他们支持你所得到的益处。它们包括：金钱、尊严、省时、友谊的巩固、获得权威、避免冲突或窘迫、提高地位、使工作更容易、处于赢家一边。你应问自己一些关键问题。

（1）为什么这种意见或建议会伤害听众？清楚地找出原因以后，可以增加你对对方的理解和同情。

（2）我能否向我的听众证明，我的建议从众多角度来看，是众多糟糕的策略中最好的，并证明其他可供选择的策略更糟？

（3）识别出听众反对的理由之后，你能否找到缓解对抗的方法？也许你可提出在将来可能得到改善情况的希望。这样做能使你处于听众同盟者的位置。

6. 结论：推销的是利益而非内容

许多管理者相信纯粹的逻辑说服——例如，清晰的成本收益分析——就会说服他人支持某一行动步骤，但许多组织并不按此种方式动作。有力的倡议远远不只是意味着宣布一个清晰锐利的分析结果，它还意味着要解释你的建议与各种听众的担心、利益和观点的关系。

说服的方法只有在这种情况下才能奏效，即这些方法的使用能让你的听众相信，你希望他们所采取的行动将有利于他们自己的利益或是一件大好事。这意味着推销的是利益——听众将会获得什么——而非内容，顾客可能对一种新的管理信息系统的技术毫无兴趣，但他们会对这种系统能使他们省钱、省时非常感兴趣。

2.2.3 倾听者障碍

1. 用心不专

人们常在倾听时关心演讲者的着装、姿势和修辞水平，也常常被一些噪声所打搅，对演讲者所传达的思想反倒不太在意。

2. 急于发言

有人曾说："我们都倾向于把他人的讲话视为打乱我们思维的烦人的东西。"人们容易在他人还未说完的时候，就迫不及待地打断对方，或者心里早已不耐烦，往往不可能把对方的意思听懂、听全。

3. 排斥异议

有些人喜欢听和自己意见一致的人讲话，偏向于和自己观点相同的人。这种拒绝倾听不同意见的人，和任何人沟通都困难。

4. 心理定势

人类的全部活动，都是由积累的经验和以前作用于大脑的信息所决定的。由于人都有根深蒂固的心理定势和成见，很难以冷静、客观的态度接收说话者的信息，这也会大大影响倾听的效果。

5. 厌倦

由于思考的速度比说话的速度快许多，人们很容易在听话时感到厌倦。往往会"寻找"一些事做，占据大脑空闲的空间，这是一种不良的倾听习惯。

6. 不良习惯

习惯在听人说话时东张西望、双手交叉抱在胸前、翘起二郎腿甚至用手不停地敲打桌面。这些动作都会被视为表示："我已经听得不耐烦了。"

2.2.4 倾听的修辞性

1. 状态

状态是倾听的客观投入，首先是人的身体能力，包括耳朵的条件和注意力范围。

2. 假设

假设是主观投入，包括基本兴趣、愿望和偏好。这些假设可以包括一个人喜欢的话题，如运动、古典音乐和融资管理。

3. 意图

意图是指一个人保持专心的理由，这种意图包括完成一项工作、表现得有能力和在组织中创造一种印象，意图也包括个人满意度、智力激励和为进一步接触作准备。

4. 听众

关注说话者取决于他与听众的关系：个体的或组织的、正式的或非正式的、参与的或与个体无关的，说话者可以包括家人和朋友、上司、员工、客户、顾客或立法者。

5. 方式

倾听（与听见相对）的基本类型，包括有意识的、专心的，可以通过记录或录音谈话来强化注意力。但使用录音机记录来拓展倾听类型也会有缺陷：听众不再集中注意力，因为机器会接收信息。倾听的基本类型包括面对面交谈、打电话、电视会议、录像带或录音带。

6. 过程

倾听的过程要求对真正听到的信息持开放的态度并善于理解别人，消除分心或专注于其他语言的和非语言的噪声。

7. 产物

倾听的产物是实际所听到的，是指在人们的意识中被记录下来的东西。对环境和人们自己思维过程的分心会影响人们所听的内容。

8. 评价

评价是实际的倾听——运用人们的注意力引起人们对他人的想法、态度和假设的自我理解，也包括对其他人传递的任何客观信息的理解。评价也包括人们对对方交流的感觉是令人愉快的还是不愉快的、有效的还是无效的、是否值得。

9. 反馈

通过反馈，将人们所听到的与他人所期望的进行核对。当人们要求澄清问题时，反馈会有意识地发生，或者当人们对证实人们的理解或表明人们的误解的非语言暗示作出反应时，反馈会无意识地发生。

2.3 沟通中的非言语信息

在日常生活中，人们表达思想感情、传递信息的交际过程中，在依靠语言手段的同时，也借助了大量的非言语手段。甚至在某些特殊的场合，人们只用非言语手段来进行交际。

国外有学者认为："非言语交际是不用言词表达的、为社会所共知的人的属性和行为，这些属性和行为由发出者有目的地发出或被看成是有目的地发出，由接受者有意识地接受并有可能进行反馈。"经研究，国外学者最保守的估计是65%的信息是由非言语行为传递的，其余35％才是由言语行为传递的。非言语交际是人类交际中不可忽视的一个重要部分，非言语手段的适当运用有助于良好的交流和沟通。

商务交往和日常交往一样，人们的交流离不开语言，正如语言学家大卫·阿贝克隆比指出的：" 我们用发音器官说话，但我们用整个身体交谈。"人们的行为构成了非语言交流的各个部分。

相关案例

青年电影演员陈坤刚成名不久，在一个国际电影节上，遇到一位在国内红极一时的女影星。

陈坤很想结识这位女影星，便走上前去，想很有礼貌地跟她握手，就主动打招呼："你好！我是陈坤，很高兴认识你！"

女影星缓缓地转身，轻蔑地瞟了陈坤一眼，冷冷地"哼"了一声，连握手的意思都没有。陈坤尴尬地笑了笑，没说话，就离开了。他装作淡定的样子往前走，其实心里翻江倒海，激荡着屈辱与愤怒。他强烈地想发奋努力，用成功来证明自己。多年后，陈坤回忆当时的情景，仍刻骨铭心。他说："我至今都记得她'哼'的那一声，要多冷，有多冷！"

几年之后，陈坤终于成为影坛知名的演员。他突然发现，自己理解了那个女影星：她那种轻蔑的眼神，其实是对那种仅凭人气蹿红，却无实力的演员的蔑视和不认可。也许在那个女影星心里，自己是一个靠脸蛋成名的所谓的偶像。那冷漠的一瞥，使陈坤深知，一个演员如果想在业内得到足够的尊重，一定要靠人品、靠实力，而不是靠脸蛋和人气。

到了现在，陈坤有时还会在公开场合与那个女影星见面，但他记恨的情绪已经完全没有了，甚至非常感激她曾经那轻蔑的一瞥——那冷漠眼神，激励着他走到了今天的成功。所以，有时候冷漠或打压也未必是坏事，要看以怎样的心态去面对和承受这一切。

资料来源：李成谊．新编实用沟通与演讲[M]．2版．武汉：华中科技大学出版社，2013．

2.3.1 非言语沟通的概念

非语言沟通在生活中使用十分广泛。尚未形成言语能力的婴儿与父母的沟通，就靠非言语手段：高兴了会笑，尿布湿了不舒服会哭，饿了会吮吸手指，吃饱了会吐出奶嘴……即使在掌握了言语手段后，人们仍然大量使用非言语手段进行沟通。那么，什么是非言语沟通呢？所谓非言语沟通，是指人们借助言语之外的一些手段如表情、手势、身姿、服饰、界域等进行的信息交流活动。沟通双方要对负载着信息内容的非言语因素进行编码或译码，才能使沟通得以进行。

非言语沟通是通过一定的形式来表达特定的内容，形式与内容的结合具有任意性。但是，某种形式与所表达的内容一旦确定，即具有社会性，要求每个社会成员必须遵守。

非言语在沟通中具有十分重要的意义。一些学者在对言语和非言语的沟通中孰轻孰重进行研究之后发现，非言语传达的信息占到信息总量的60％，人们90％的情感是通过非言语形式表达的。人们更倾向于通过非言语形式来表达自身情感和理解他人传递的信息。

2.3.2 非语言沟通的范围

非言语交际手段和言语交际手段不同，并无书面语言和口头语言之分。它包括除了使用言语之外的一切传递信息的方式。从广义上讲，非言语交际手段包括身体动作与姿势、触摸行为、声音暗示、人际距离、服装妆容等。

1. 身势语

身势语又称为身体动作与姿势，是指传递信息者通过自身器官或部位的动作即手势、面部表情、腿部动作、头部动作来达到交流的目的。

（1）手势主要包括手指、手掌和双臂体态语。鉴于手是动作灵活的器官，人们广泛利用手势进行交流。食指靠近嘴唇并与嘴唇交叉成十字形，表示"请安静""不要出声"；将中指和食指叉开或将双臂叉开成 V 形，表示争取胜利的决心或表达胜利的喜悦；双手抱臂体现一种高傲、漠然。

身势语在商务沟通中有着举足轻重的作用，同样的动作、手势、表情、眼神在不同的文化背景下会有完全不同的理解。如"OK"手势，在美国及欧洲广泛使用于各种场合，表示"好"或"是"，但一位西方商人和日本商人谈判结束之后，在签订合同时向对方作了"OK"手势后，却发现日本商人的态度突然变了。在西方人看来，"OK"表示"很高兴我们谈成了这笔交易"，但日本人却理解为"他在向我们提出要钱的暗示"。因为在日本，"OK"手势就像硬币形状一样，表示"钱"的意思。法国人理解"OK"手势为"零"或"不值钱"，在德国和巴西等国，这一手势是非常粗鲁甚至是侮辱性的。

（2）面部表情则通过面部各个器官——眼、眉、口、舌等——的变化来表情达意。法国著名作家罗曼·罗兰说："面部的表情是多少世纪培养成功的'语言'，是比嘴里讲的语言更复杂到千百倍的'语言'。"平时大家最熟悉的面部表情莫过于微笑，例如掩面而笑、抚掌大笑、皮笑肉不笑、捧腹大笑、眉开眼笑都是同一体态动作，但其细致入微的变化却表达出了不同的信息。而哭这一动作，如啼哭、涕泣、啜泣、抽噎、呜咽、号啕大哭、唏嘘等，都大大增强了非语言信息的传递效果。又比如眉飞色舞、眉开眼笑表示喜悦，横眉立目表示愤怒。国外心理学家就发现人的情绪信息，只有 7% 是来自语言行为；而 55% 来自说话者的脸部表情；38% 来自说话者的声音。这组数字也许稍显偏激，但是足以说明脸部表情在人类交际中发挥相当重要的作用。

眼神交流也是交际重要的一部分。眼睛是人类心灵的窗户，凡是心中的一切情感，多半会在眼睛上显露出来。比如瞪眼视人意味着敌视、愤怒、反对、不以为然，眼珠旋转不停（躲避他人的眼光）或避开眼神则是心虚掩饰，斜睨则可以是疑心、不信任、轻蔑、敌视、偷看的意思；睁大双眼意味着惊讶、奇异、意外、害怕，眯着双眼则表露了阴险、怕光亮、倦怠、沉思，一只眼半闭则表达了"我早就晓得他是不可靠的"或"我不相信这件事"。眼神交流在交际中的重要功能同样受到文化的影响。传统中国人看陌生异性时一般避免长时间的凝视以免引起不必要的误会。而法国人则有一种鉴赏似的注视，这种眼光传达了一种非言语信号：虽然我不认识你，但我从心底里欣赏你的美。所以法国男子在公共场合对女士的凝视是人们公认的一种文化准则。中国人在交谈时，双方不一定要不时地直视对方，有时还有意地回避不断的目光接触，以表示谦卑或尊敬。而美国人则强调交谈时应该直视对方表示自己坦荡荡，如果缺乏目光接触则意味着没有兴趣或不信任。

嘴的动作也有丰富的含义。两唇闭紧，一端口角向下可以表示"他一定在骗我"；两唇闭紧，一端口角向上则表示"让我来整他一下"；两唇闭紧，口角两端皆向下表现出固执、拼命；嘴角两端向下、咬下唇则表示失望、懊悔；咧嘴既可能是开心地咧嘴露齿而笑，也有可能是痛苦地龇牙咧嘴；撇嘴则表现出不满或轻视的情绪；咬牙切齿表示凶狠、愤怒、仇恨、忍痛；牙齿作响表示惊惧、寒冷、胆怯。舌头虽然也可表达情感，例如暗中吐舌表示自己秘密被人发觉或惊讶，但是并不常用，因为用舌头作表情，被认为是较不文雅的表示。

总之，面部表情是整体的，在表达"喜、怒、哀、惧、爱、厌、勇、怯"等种种情绪时，脸、嘴、眼等的动作是和谐的，不能单独隔离开来。在非言语交流手段中，面部表情具有较大的共性。

（3）头部的动作是与面部表情相互配合的。动作的种类虽然不多，但是所表现的意义却是特别明显。仰头（昂首）表示骄傲、快乐、得意或不屈服；低头可以表示羞怯、胆小、忧郁、衰弱、悲哀、投降；扭头表示拒绝、倔强、不合作、不以为然；歪头可以表示羞怯、嘲弄、否认；点头表示同意、赞成、鼓励、理解、承认；摇头表否认、反对、不以为然。头部的动作同样受到不同的文化的影响，在保加利亚、土耳其、伊朗和印度的部分地区，人们用摆头或摇头表示肯定。

2. 触摸行为

触摸行为就是通过触觉手段，即身体部位的碰触来传达和接收信息。

1）握手

握手是最常见的触觉手段。无论高级官员还是一般市民，见面时都会握手。其实早在石器时代，原始人相遇，为了表明彼此并无恶意，就放下手中狩猎用的棍棒或石块，让对方摸摸掌心。随着人类的进化，这些手势逐步演变成如今的两手相握。在大多国家，握手已成为一种常用的表示亲热和友好的礼节，一种最普遍而且最简便的问候方式。

2）拥抱

除了握手，在西方国家，见面、久别重逢时拥抱接吻也都是非常自然的触摸手段。例如，足球运动员在进球后会相互热烈拥抱表示祝贺。

3）其他触摸

不同的民族不同文化确定了不同的接触方式，如印度人见面合掌，毛里求斯人见面时行碰鼻礼。佛教徒认为只有活佛才能摸头，因为只有活佛才能行摸顶礼赐福，如果俗人去摸头部，则视为一种亵渎。中国人不能容忍陌生人去触摸他或她的脸，这种行为不仅粗鲁，而且成了一种挑逗。为什么？因为在接触文化（Touch Culture）与非接触文化（Non-touch Culture）两大文化中，阿拉伯人、南欧和西欧人、犹太人及拉丁语系的人属于第一类，美国人、北欧人及东方人属于第二类。不同的文化、不同的宗教决定了不同的接触方式，而这些看似简单的接触则在交际中传递着信息，对触摸行为的正确了解直接决定了交际的成功。

3. 社交距离

美国人类学家爱德华·霍尔把人际距离划分个人距离、亲密距离、社交距离和公众距离。对空间的不同需求区域传递着不同的讯息及人们相互间的密切程度。个人距离（Personal Distance，5～120cm）即双方手臂伸直可以互相接触的距离，通常与朋友交往谈话是在这个距离之内。亲密距离（Intimate Distance，0～45cm）即可以用手互相触摸到的距离，是与少数最亲密的人诸如夫妻情侣之间所保持的距离。社交距离（Social Distance，120～360cm）指一般公事交往的距离，通常用来处理公共关系。公众距离（Public Distance，360～750cm）指一般公开演讲或表演等公众场合都在这个距离之内。但是不同民族与文化也决定人们之间不同的空间需求。拉丁美洲人之间的个人距离和美国以及大多北欧国家的亲密距离相近。而中国的个人距离比美国人还要远，还需密切注意谈话者的身份性别。如果在交谈中不注意这种空间需求，如商人谈生意时距离太亲密，情人间保持太远的距离都会导致不必要的误会。

4. 声音暗示

声音暗示包括音调高低、声量大小、节奏快慢、抑扬顿挫，犹豫甚至沉默等。这些都传递了丰富的信息。说话时轻如细语或声如洪钟传递的信息则截然不同。又如沉默，在很多场合都被当作一种默许，但除了认同之外，可以表达敬仰、友善，也可表达冷淡、敌意和仇恨的情感。

5. 服装容饰

服装容饰也具有传达信息的功能。比如衣冠楚楚和衣衫褴褛、油头粉面和蓬头垢面、浓妆艳抹和素面朝天等都表达出不同的信息。由于民族文化和习俗的差异，西方的新娘穿白婚纱而中国的新娘一般穿红旗袍；西方人在葬礼上穿黑衣服而中国人在殡葬时披麻戴孝。

6. 时间、空间安排

任何一种文化都有一些特定的社交规范约束着人们的社交行为，如在课堂上，学生回答老师提问时要正视老师，不能盯着桌上的课本。时间、空间安排就是社交规范的无声的语言，如在中国文化中，主为"上"，为"先"，为"正"；副为"下"，为"后"，为"偏"，主要人物通常走在人群的前面，坐在最前排居中，宣布开会后第一个发表讲话，其他人依职务或重要性依次向后排。但中国的座次安排有时与国际惯例不相符，如中国文化中，普遍认为"左为上""右为下"，但通常的国际惯例却是"以右为上"，其他还有"居中为上""前排为上""面门为上"等，因此在谈判厅通常使用横桌，客人面门为上，主人背门为下，首席谈判手居中，如有翻译，翻译居主谈人右侧以示尊重，其他人依重要性依次向两边排列。

用汽车接送客人也是商务交往中极常见的活动，汽车中座次的安排同样体现着对客人的体贴关心和尊重。以双排五座小车为例，通常副驾驶座因其遇到事故时危险系数相对较高通常属于保镖或秘书，而客人通常坐在最安全的后排司机对角线位置。例如，某公司翻译与老板一起到机场迎接从美国到访的客户，走出机场上车时，老板坚持让客人坐在司机旁边，客人大惑不解，为摆脱尴尬气氛，翻译人员只得向客人解释，请他坐在前排是对他的尊重，因为这样他的视野更开阔，可以顺便欣赏一下城市的风景。

在多数西方文化中，讨论甚至由下属汇报工作时，通常下属坐着、上级站着，但在多数东方文化中，则通常上司坐着而下属站着，因为西方人感觉站着更能控制局面。事实上，站立似乎是西方人社会交往的一种习惯，他们通常站着开会、站着接待，聚会时站着交谈，年轻人从来不会因没有向老年人让座受到责备。而在东方文化中，前排或中间的座位是权利或高贵的象征，只有受到周围人尊敬的人才有坐在那里的特权。

2.3.3 非语言沟通的特点

1. 普遍性

在人类沟通过程中，几乎每个人从小就自觉不自觉地学会了非言语沟通的能力，这种沟通能力的获得是人类有史以来就有的一种本能。人类产生以后，就开始了人与自然界及人与人之间的沟通活动，这种非言语沟通在人们在语言符号产生之前就已是最重要的沟通形式了。随着人们实践活动的发展、社会的进步和人际交往范围的扩大，人们的非言语沟通能力也不断得到丰富和发展。这种非言语沟通能力不仅中国人有，外国人也有。不过，由于各国文化的不同，这种非语言的表达方式也有所不同，但就一般意义上来讲，与各国各民族所用的语言比较起来，非言语沟通的信息共享更强一些。例如，国际音乐节和舞蹈节邀请了许多国家的歌唱家一起同台演出，有时并不需要说同样的语言，音乐和舞蹈可以跨越言语障碍进行人与人之间的非言语沟通与交流。

2. 民族性

不同的民族有不同的文化和风俗习惯，这种不同的文化传统和风俗习惯决定了其特有的非言语沟通符号。例如，在我国的侗族，如果不会唱侗族大歌就几乎被人视为残废。比较典型的人际沟通例子是人们通过握手、拥抱和亲吻来表达自己对他人的欢迎和爱抚。在欧洲一些国家，亲吻、亲鼻是一种礼节，是一种友好热情的表示，尤其是对女性而言。但中国人往往不太习惯，而更习惯以握手的方式来表达同样的感情。

3. 社会性

人与人之间的关系是一种社会关系。人们的年龄、性别、文化程度、伦理道德、价值取向、生活环境、宗教信仰等社会因素都对非言语沟通产生影响。社会中的不同职业角色，不同阶层都对非言语沟通有着较细微的规定性，如有些年轻人喜欢相互用手拍肩膀以示友好或表示"哥们儿"。然而，如果向父母亲或年龄较大的长辈使用同样的方式来表达友好就显得缺乏礼貌了。

4. 审美性

非言语沟通所表现的行为举止是一种美的体现。对此类行为认同的基础是人们的审美观念。人们审美观念的形成与年龄、经历有着很大关系，例如人的仪表美就是一个有争论的题目。女人梳妆打扮、抹胭脂、搽口红、戴首饰等是一种美的表达，但也有可能给别人传达一种过分轻浮的信息。如果沟通的参与者意见不一致，对外在美所体现的心灵美看法不同，在一定程度上会影响人际沟通。

5. 规范性

这种规范性是指一个社会群体或一个民族受着特定文化传统的影响，长期以来对非言语沟通所产生的社会认同。每一种社会角色都有着被大家承认的行为举止准则，在运用非语言符号时，要考虑沟通对象的文化因素、民族因素、环境因素、年龄因素、心理因素、社会道德因素等。一旦忽略了某种非语言符号所特有的规范性，便会造成误解和障碍。

6. 情境性

非言语沟通一般不能够单独使用，不能脱离当时当地的条件、环境背景，包括与相应语言情境的配合。只有那些善于将非语言符号与真实环境背景联系起来的人，才能使非语言符号运用得准确、适当。

2.4 组织沟通的策略

相关案例

法国作家拉·封丹写过一则寓言：北风和南风比威力，看谁能把行人身上的大衣脱下来。北风首先来一个冷风凛凛,寒冷刺骨,结果行人为了抵御北风的侵袭,便把大衣裹得紧紧的。南风开始徐徐吹动,顿时风和日丽,行人因觉得春暖上身,开始解开纽扣,继而脱掉大衣,南风获得了胜利!这则寓言形象地说明了一个道理:温暖胜于严寒。此所谓管理学中的"南风"原则,就是要尊重和关心职工,多点"人情味",使职工真正感受到管理者给予的温暖,从而激发工作的积极性。

金鱼缸是玻璃做的,透明度很高,不论从哪个角度观察,里面的情况都一清二楚。此所谓"金鱼缸"原则,就是要求管理者增加工作透明度,使管理者的行为置于全体职工的监督之下,就会有效地防止管理者享受特权,从而强化自我约束机制。

两只困倦的刺猬由于寒冷而拥在一起,可怎么也睡不舒服,因为各自身上都长着刺。几经折腾,两只刺猬拉开距离。尽管外面寒风呼呼,可它们却睡得甜乎乎的。"刺猬"法则就是人际交往中的心理距离效应。管理者应该与下属保持亲密关系,但这是"亲密有间"的关系。

资料来源:颜耘.浅谈沟通在基层管理中的作用及途径[J].市场周刊·理论研究,2007(8).

2.4.1 组织有效沟通四法则

如何组织有效沟通已经成为管理者和员工最为关心的问题,但由于沟通媒介泛滥,导致经理人无所适从,以至于再也没人能准确把握沟通的内容,组织内部的沟通隔阂反而因此扩大了。沟通失败的根本原因在于缺乏对沟通的实质和目的的了解,所以非常有必要了解现代管理学之父彼得·德鲁克提出的有效沟通的4个基本法则。

1. 法则一:沟通是一种感知

禅宗曾提出过一个问题,"若林中树倒时无人听见,会有声响吗?"答曰:"没有。"树倒了,确实会产生声波,但除非有人感知到了,否则就是没有声响。沟通只在有接受者时才会发生。

与他人说话时必须依据对方的经验。如果一个经理人和一个半文盲员工交谈,他必须用对方熟悉的语言,否则结果可想而知。谈话时试图向对方解释自己常用的专门用语毫无益处,因为这些用语已超出了他们的感知能力。接受者的认知取决于他的教育背景、过去的经历以及他的情绪。如果沟通者没有意识到这些问题的话,他的沟通将会是无效的。另外,晦涩的语句就意味着杂乱的思路,所以需要修正的不是语句,而是语句背后想要表达的看法。

有效的沟通取决于接受者如何去理解。例如,经理告诉他的助手:"请尽快处理这件事,好吗?"助手会根据老板的语气、表达方式和身体语言来判断,这究竟是命令还是请求。德鲁克说:"人无法只靠一句话来沟通,总是得靠整个人来沟通。"

因此,无论使用什么样的渠道,沟通的第一个问题必须是,"这一信息是否在接收者的接收范围之内?他能否收得到?他如何理解?"

2. 法则二:沟通是一种期望

对管理者来说,在进行沟通之前,了解接受者的期待是什么尤为重要。只有这样,人们才可以知道是否能利用他的期望来进行沟通,或者是否需要用"孤独感的震撼"与"唤醒"来突破接受者的期望,并迫使他领悟到意料之外的事已经发生。因为人们所察觉到的,都是人们期望察觉到的东西;人们的心智模式会使人们强烈抗拒任何不符合其"期望"的企图,出乎意料之外的事通常是不会被接收的。

一位经理安排一名主管去管理一个生产车间，但是这位主管认为，管理该车间这样混乱的部门是件费力不讨好的事。经理于是开始了解主管的期望，如果这位主管是一位积极进取的年轻人，经理就应该告诉他，管理生产车间更能锻炼和反映他的能力；如果这位主管的态度是得过且过，经理就应该告诉他，由于公司精简人员，他必须去车间，否则只有离开公司。

3. 法则三：沟通产生要求

一个人一般不会作不必要的沟通。沟通永远都是一种"宣传"，都是为了达到某种目的，如发号施令、指导、斥责或款待。沟通总是会产生要求，它总是要求接受者要成为某人、完成某事、相信某种理念，它也经常诉诸激励。

换言之，如果沟通能够符合接受者的渴望、价值与目的的话，它就具有说服力，这时沟通会改变一个人的性格、价值、信仰与渴望。假如沟通违背了接受者的渴望、价值与动机时，可能一点也不会被接受，或者最坏的情况是受到抗拒。宣传的危险在于无人相信，这使得每次沟通的动机都变得可疑，最后沟通的讯息无法为人接受。全心宣传的结果不是造就出狂热者，而是讥讽者，这时沟通起到了适得其反的效果。

一家公司员工因为工作压力大、待遇低而产生不满情绪，纷纷怠工或准备另谋高就，这时，公司管理层反而提出口号"今天工作不努力，明天努力找工作"，就会更加招致员工反感。

4. 法则四：信息不是沟通

公司年度报表中的数字是信息，但在每年一度的股东大会上董事会主席的讲话则是沟通，当然这一沟通是建立在年度报表中的数字之上的。沟通以信息为基础，但和信息不是一回事。

信息与人无关，不是人际间的关系。它越不涉及诸如情感、价值、期望与认知等人的成分，就会越有效力且越值得信赖。信息可以按逻辑关系排列，技术上也可以储存和复制。信息过多或不相关都会使沟通达不到预期效果，而沟通是在人与人之间进行的。信息是中性的，而沟通的背后都隐藏着目的。沟通由于沟通者和接收者认知和意图不同显得多姿多彩。

尽管信息对于沟通来说必不可少，但信息过多也会阻碍沟通。信息就像照明灯一样，当灯光过于刺眼时，人眼会瞎。

信息过多也会让人无所适从。彼得·德鲁克提出的4个"简单"问题，可以用来自我检测，看看你是否能在沟通时去运用上述法则和方法：一个人必须知道说什么；一个人必须知道什么时候说；一个人必须知道对谁说；一个人必须知道怎么说。

2.4.2 实现组织有效沟通的策略

1. 管理者的重视和身先士卒

管理者与员工进行有效沟通是实现组织目标最重要手段，管理者必须亲自倡导沟通活动、乐于交流重要信息，愿意花大量时间与员工交谈、解答他们的问题、倾听他们的需要，并通过交流传达公司的前景规划，从而减弱员工对正在实施的某些行动的焦虑和不安。

2. 管理者必须言行一致

所谓"听其言，观其行"，行动比语言更具有说服力。如果管理者通过语言沟通或非语言沟通传递的隐含信息与正式沟通渠道传递的官方信息相矛盾，那么管理者就会在员工中丧失信誉。

3. 保证双向沟通

有效的沟通应是自上而下与自下而上相结合的沟通。通畅的沟通渠道是顺利实现有效沟通的保证，包括鼓励和允许员工提出自己的问题、疑问，并由高层管理者亲自解答；建立申诉制度使员工的不满能够得到很好的处理。

4. 重视面对面的沟通

在变革和动荡时期，员工内心充满了畏惧和担忧。很多信息是通过非正式渠道传递（小道消息）的，而这些信息常常是非正规的、模棱两可的。因此，管理者应走出办公室，亲自和员工们交流信息。坦诚、开放、面对面的沟通让员工觉得领导关心他们的生活，重视他们的意见，使他们愿意与单位同呼吸共命运。

5. 正确运用语言文字

在沟通中能否正确运用语言文字，与沟通效果关系颇大。要做到正确运用语言文字，需要从以下几个方面加以注意：①要真挚动人，具有感染力；②要使用精确的语言文字、措词恰当、意思明确、通俗易懂；③酌情使用图表；④尽量使用短句；⑤语言文字要规范化，不要用偏词怪句，避免华而不实之词。

6. 恰当安排沟通时间

人们对信息的反应及过滤是受时间因素影响的。管理者对某一信息的忽视，其可能是时间太紧或有其他更重要信息的缘故。因此，有效沟通要注意安排恰当的时间。对管理者来说，可采取两种方式：一种是规定某一时间接收或发送特定信息；另一种是规定在繁忙工作以外的时间接收或传达信息，这可确保注意力不致分散。

7. 共同承担沟通的责任

每一名管理者都有责任确保员工充分理解组织的工作目标，当这些信息沿着组织层级向下传递时，目标变得越来越具体。员工都希望从上级那里，而不是从同事或小道消息那里了解目标将对自己产生的影响。这就要求各级管理者及时向下属全面通报目标规划、传递必要的信息，最大限度地减少模棱两可的信息。

8. 把沟通视为一个持续的过程

一方面，沟通应该是不间断的，如果管理层致力于保持信息沟通的持续性，组织中的员工就会体谅偶然出现的失误或缺陷；另一方面，选择适当的时机，管理者要在员工最想知道某一信息的时候告诉他这一信息，这种方法可以减弱小道消息的力量，提高管理层的信誉。

9. 不要强制员工对信息的反应

人们都不希望别人告诉自己该如何解释和感受各种信息，这样做不但不能增进信任和坦诚，反而会激起对抗性的情绪。在沟通中明确指出"谁、什么、何时、何地、为什么、怎么做"，最后让员工自己得出结论的方式会更加有效。

10. 调整沟通风格

在日常生活中，人们习惯使用某种沟通方式。用这种方式与人交往，会使人感到得心应手、游刃有余,并逐渐发展成为一个人的沟通风格。具有不同沟通风格的人在一起工作,若彼此不能协调与适应的话,那么彼此之间不仅不能实现有效沟通,还会造成无谓的冲突、阻碍工作的顺利进行。

总之,由于诸多影响因素的存在,完美的沟通目标是可望而不可及的,然而有效的沟通可以最大限度地实现沟通目标。当然,由于人类本身固有的因素使信息失真不可能彻底解除,使得信息接收者得到的意义与发送者的本意可能相似也可能不同,而正是这种现实决定着个体的工作绩效、动机水平以及工作满意度。所以,在企业中要重视沟通的作用,特别是在当今知识经济时代,信息共享的理念已经深入人心,只有更好地利用沟通才能使企业中的不同个体达成一致、有效的目标。沟通作为一个重要的管理技巧在管理活动中的运用非常广泛,其所带来的影响也非常大,管理者应该结合自己的管理经验不断探索和提高有效沟通的技巧,以便企业战略决策的早日实现。

【案例讨论】

直接与客户沟通

总部设在美国得克萨斯州奥斯汀的戴尔公司是世界排名第一的计算机系统公司、计算机产品及服务的首要提供商,其业务包括帮助客户建立自己的信息技术及互联网基础架构。戴尔公司目前在全球共有38 200个雇员,在过去的4个财季中,戴尔公司的总营业额达到337亿美元。

戴尔公司在全球最重要的一项投资是互联网,目前是互联网上的最大商家,每天仅网上的销售额就达600万美元。全球超过113 000个商业和机构客户通过戴尔公司的网站与戴尔公司进行商务往来。

广告在戴尔的网页中无处不在。戴尔的网页中有各种各样的多媒体图片和许多性能比较图表,有的广告甚至做成了幻灯片的形式。这些都能充分地激发顾客的购买欲望。

在戴尔公司的主页,也有不少地方体现了公司的公共关系策略。例如,在其页面中有公司的宗旨等信息的介绍,还有对最新电脑世界的新闻信息发布等。

在戴尔的网页中虽然没有明确提出其销售渠道的策略,但是可以看出,其采用的销售渠道策略是一种直接销售形式,即没有中间商。这是因为戴尔在提供用户自定义设计时曾经提出了这种服务的一项优势:正是由于采用了这种服务,才减少了二次安装和二次搬运、减少了中间商的介入,这不但大大降低了成本,使计算机可以卖得很便宜,同时也使得计算机发生故障的可能性减到最小。戴尔公司以这种直接生产、快速交货的模式震撼着计算机行业并取得了巨大的成功。作为一个电脑业这样的高新技术产业,其服务环节是相当重要的,可以说是决定公司成功与否的一个关键因素。因为对一个用户来说,购买的不仅仅是机器本身,更重要的是其相关的服务。

1. 网上技术服务和技术支持

戴尔公司提供的网上服务和技术支持十分广泛,有用户问题解答、Windows的升级问题说明、软件升级的通知等。广泛的服务不但能够提高其产品的内在价值,也能够提高用户的满意度,提高产品的竞争能力。

2. 网上在线论坛

不仅是大客户,大批的小型企业、居家办公者也被吸引在戴尔品牌的周围。从1998年秋季开始,戴尔设立的高层主管与客户的在线论坛"与DELL共进早餐",扩大到小型的商业用户,这种现场聊天的话题不仅包括服务器市场走势等大题目,而且还设法让一般用户有机会提出各种各样的问题,然后通过戴尔的在线知识库在人工智能软件帮助下给予自动回答。

3. 搜索服务

戴尔也提供了全方位的搜索服务。设置搜索服务可以方便用户查找自己所想要的产品和技术支持。搜索的范围很宽,既有对硬件的搜索,也有对软件的搜索;既有对各种组装好的整机的搜索,也有对各种零配件的搜索等。

4. 订单查询

客户只需在网上输入 6 位数字的客户编号或者购货订单编号,几分钟内,将得到一份有关订单进展的详细报告。

5. 进货后勤和发货后勤

网上同样实现了其电子支付、"客户的手推车"以及运输管理等功能。进货后勤属于企业——企业的电子商务,在网站上没有体现,想必在公司的内部网中一定会涉及。

资料来源:电子商务,2003(1).

讨论:

1. 戴尔公司的理念是什么?为什么?
2. 戴尔公司是怎样做到与客户直接沟通的?

【沟通游戏】

聪明的小明

1. 形式

集体参与。

2. 时间

10 分钟。

3. 应用

容易发生虎头蛇尾的事情;习惯按主观臆断去做事的人;让人明白聆听的重要性。

4. 目的

使学员明白倾听的重要性。

5. 程序

(1) 培训讲师念出下面一段话。

上中学的小明特别聪明,心算能力很强。有一天,老师又出了一道心算题目,来考考他。

① 有一辆公共汽车,车上有 28 个人。到了一站上了 18 人,下了 3 人。

② 到了另外一站上了 5 人,下了 20 人。

③ 然后又上了 16 人,下了 2 人。

④ 到了另一站又上了 4 人,下了 18 人。

⑤ 之后上了 7 人,下了 4 人。

⑥ 到了下一站上了 2 人,下了 5 人。

⑦ 最后上了 6 人,下了 10 人。

(2) 这时培训讲师停下来,不说话,望着学员。看看学员有什么反应。这里,一定有学员大声地说出答案——24 人。

(3) 培训师大声宣布:不错,现在车上还有 24 人,但是我的问题是"这辆车停了多少站?"有人答出了吗?

6. 讨论

(1) 为什么我们认真听了、努力算了,答案却是错的?我们为什么断定,别人一定会问这个问题呢?

(2) 我们为什么没有耐心听完讲师的问题再说出答案呢?

7. 总结与评估

(1) 显然,"倾听"在我们的工作中占了重要地位,听得准确与否直接关系到我们的行动正确与否。

(2) 我们在工作中是否也容易犯同样的毛病？我们每一次都真正听清楚顾客的要求了吗？
(3) 细心地聆听既是对自己的负责，也是对他人的尊重。
(4) 生活、工作中是要不得想当然的。

资料来源：中国技术应用网，www.aptchina.com。

天才猎头

1. 形式

集体参与。

2. 时间

40分钟。

3. 材料

天才猎头工作表。

4. 场地

室内。

5. 应用

沟通能力；管理技巧；团队协作。

6. 目的

(1) 在这个游戏中，学员可以体会到在沟通中重新构建视角，寻找好的方面，给予真心的赞扬的好处。

(2) 让作为管理者的学员体会到认可员工的贡献和努力是非常必要的。

7. 程序

(1) 把学员分成人数相等的两组，让他们分别坐成两个同心圆，呈一个"鱼碗"形。

(2) 让外圈的学员与内圈的学员一一对应起来，以便每个人都能搭配起来。

(3) 发给外圈的学员每人一份"天才猎头工作表"，并让他们看看上面的说明。

(4) 内圈的学员是一家广告代理公司智囊团的成员。他们代理总裁交给外圈学员一个产品（产品可以任意大小，任意的价格或者是任意的用处），它能以某种方式使世界变得更好。内圈学员的工作是作为小组成员之一参与提出：①产品；②时髦的名字；③广告词。

(5) 当智囊团确切地阐述了他们的广告创意之后，带头鼓掌。

(6) 让所有人重新组成一个大圈，让天才猎头（外圈学员）和创造者（内圈学员）肩并肩挨着坐。

(7) 给每个天才猎头3分钟时间，请他们夸奖一下他们的客户。

8. 讨论

1) 内圈的学员

(1) 你参与的内圈活动是在你工作中的典型情况吗？如果是，为什么？如果不是，为什么？

(2) 听到你的代理人对你的评价，你有什么感觉？评价中是否有什么让你觉得惊奇的？

2) 外圈的学员

只注重某个人的能力，你会有什么感觉？你在使用褒义的词语重新表达一个人的行为特点时，遇到了什么困难吗？

3) 所有的学员

(1) 如果你的管理者对待你的行为像本游戏中的天才猎头一样，特别注重你的能力，你会怎样工作？这会怎样影响你与管理者的关系，以及你对自己能力的信心？

(2) 你需要怎样做，才能辨别不同员工的不同能力？

(3) 如果你抛弃你的一贯做法，在正常的基础上给予员工肯定的反馈，你觉得员工会有什么反应呢？

(4) 为了做到这一点，你有什么顾虑需要克服吗？

9. 总结与评估

(1) 有效的管理人员对于如何给予员工恰当的赞赏和肯定的反馈都非常关注。

(2) 许多管理者注重员工做错了什么，这类管理者想当然地认为员工"知道当他们做得很好时，并不需要我拥抱他们"。作为管理者，我们必须认识到，认可员工的贡献和努力是非常重要的。

(3) 人们有追求完美的本能——掌握我们工作的一部分是不够的，而要掌握它们的全部——管理者在鼓励这种动机方面起到至关重要的作用。

(4) 这个游戏揭示：一个对任何工作都没有表示过赞许的管理者，是最先需要改进的，而不是他的员工最先需要改进。

资料来源：中国技术应用网，www.aptchina.com。

单项选择题

1. 积极倾听的原则包括专心、移情、客观和（　　）。
   A. 积极　　　　B. 公正　　　　C. 完整　　　　D. 及时
2. 按（　　）划分，可将组织沟通分为上行沟通、下行沟通、平行沟通等。
   A. 沟通的表现形式　　　　B. 沟通的方向
   C. 沟通组织的结构特征　　D. 沟通对象
3. 可以通过观察对方的言行举止判断对方的合作诚意和所关心的目标，这反映了非语言沟通的（　　）作用。
   A. 强化效果　　B. 代替语言　　C. 体现真相　　D. 反映情绪
4. 表现情感最显著、最难掩饰的部分是（　　）。
   A. 语言　　　　B. 动作　　　　C. 眼神　　　　D. 表情
5. 根据信息接收者的心理特征、知识背景等状况，发送者以此调整自己的谈话方式、措施和服饰仪态，指的是沟通要（　　）。
   A. 系统思考、充分准备　　B. 因人制宜
   C. 充分运用反馈　　　　　D. 积极倾听
6. 交谈者设身处地地以对方的立场和角度分析问题，就很容易引起对方的（　　）。
   A. 尊重　　　　B. 共鸣　　　　C. 批评　　　　D. 真诚相处
7. 有时为了加快信息的传递，财务部的主管会计与等级比他高的销售经理之间需要进行沟通，这就是（　　）。
   A. 上行沟通　　B. 下行沟通　　C. 平行沟通　　D. 斜向沟通
8. 下列交谈方式中，正确运用了交谈技巧的是（　　）。
   A. 话题乏味　　　　　　　　　　B. 主动地、适当地赞美别人
   C. 把先到的客人介绍给后到的客人　D. 对别人的谈话反应冷淡

思考题

1. 什么是组织沟通？组织沟通有哪些特征？组织中的沟通策略有哪些？请举例说明。
2. 结合自己的具体情况，分析有效倾听的重要作用。
3. 你对听众有哪些类型的划分？对他们分别有什么样的认识？
4. 分别找出一个沟通失败和沟通成功的例子，分析其中非语言沟通方面的内容，说明参

与者成功和失败的原因。

5. 如果你是下列情况的当事人，你该怎么办？

（1）不管是在现实生活中还是网络上面都有关于以貌取人的例子，假如现在有人声称自己是贵族或者是上层社会的人，你相信还是不相信呢？要依据什么进行判断？怎么和这样的人进行沟通？

（2）在面试的过程中，你要怎么表示你已经做好了工作的准备，同时怎么让面试官对你有好的第一印象？

（3）当你和一个美国人交流的时候，在非语言沟通方面，你将提醒自己注意哪些问题？

（4）在沟通过程中，如果对方通过语言沟通所传递的信息与非语言沟通所传递的信息产生矛盾，你会相信哪种信息？为什么？

第3章

群体沟通

QUNTI GOUTONG

【学习目标】

1. 了解群体及群体类型。
2. 掌握团队沟通的特点和方式。
3. 掌握会议沟通的有效方法。
4. 掌握头脑风暴法的操作与运用。

【导入案例】

约翰是个受欢迎的老板,在公司财政捉襟见肘的时候,没有人离开他,大家与他一起渡过难关。职员们说:"因为他尊重我们。他从来没有自己的办公室,一直和我们挤在一起;他和我们一起挽袖子修电脑,让客户常常以为他只是一个技术员;他从来不说废话,总是听我们说。"约翰认为,我们生活在一个快餐时代,如果有话说,那就快点说,说到重点就停下来,也给别人一个说话的机会。你尊重别人,别人才会尊重你,这是相互的回应。

小方形容自己是个不拘小节、心宽体胖、喜欢傻乎乎笑的人。她在离开原来供职的公司前,公司为她开了一个欢送会。老板在会上说,相信每个人都有这样的感觉,一位热情的朋友好似阳光普照一般,把光亮流泻在周围的一切之上。小方说:"我大吃一惊,居然大家都那么舍不得我走,说会想念我。我真的很感动。"其实她是个充满热情的人,也是个助人为乐的人,不过她从来没有想过什么回报。

古语云:"马,匹马徘徊,万马奔腾;人,单影单身难行,合群大成。"团队是由一些拥有互补技能、为了共同目标而遵循共同方法和行为规则,相互承担责任的人组成的群体。

当今企业的生存与发展更需要团队协作精神和有效的沟通。

资料来源:赵慧军. 管理沟通——理论·技能·实务[M]. 北京:首都经济贸易大学出版社,2006.

 3.1 群体概述

群体沟通指的是组织中两个或两个以上相互作用、相互依赖的个体,为了达到基于其各自目的的群体特定目标而组成的集合体,并在此集合体中进行交流的过程。

群体沟通不是单一渠道和单一形式的沟通。根据不同的沟通渠道,群体沟通可分为正式沟通和非正式沟通;根据信息流动的不同方向,群体沟通可分为下行沟通、上行沟通和平行沟通;根据发信者与接信者的地位是否变换,可将群体沟通分为单向沟通和双向沟通;根据沟通形式区分,可将群体沟通分为口头沟通和书面沟通。

群体是相对于个体而言的,但不是任何几个人就能构成群体。群体是两个或两个以上的人,为了达到共同的目标,以一定的方式联系在一起进行活动的人群。群体并不是个体的简单集合,偶然坐在火车上邻近的几个人,或是在海滨游泳戏水的几十个人,都不能称为群体,群体是指在共同目标的基础上,由两个以上的人所组成的相互依存、相互作用的有机组合体。群体有其自身的特质:成员有共同的目标;成员对群体有认同感和归属感;群体内有共同的价值观等。群体的价值和力量在于其成员思想和行为上的一致性,而这种一致性取决于群体规范的特殊性和标准化的程度。群体规范具有维持群体、评价和导向成员思想和行为以及限制成员思想和行为的功能。

3.1.1 群体的特点

1. 经常性的社会互动

群体是以一定的社会关系为纽带的个人的集合体。群体成员之间保持着经常性的互动关系。群体中的人际关系以彼此了解为纽带,并以一定的利益和感情关系为基础,转瞬即逝的互动不能形成社会群体,群体互动关系的形成与发展需要一定时间的交往。

2. 相对稳定的成员关系

群体一旦形成,便有着相应的成员身份,这些身份便结成特定的社会关系。这种社会关系表现为两个方面：一个是相当明确，另一个是相对模糊。如家庭中的成员关系，便是相当明确的。家庭成员通常是由父母及子女组成，他们之间存在的夫妻关系、父子关系、母子关系、兄弟姐妹关系都是明确的，不能随意混淆。在相对松散的群体中，也存在着成员身份。如有着相同爱好并经常在一起活动的人，大家能够彼此接受，而对于不认识的人则不愿意接受他们参加自己的活动，这就是成员身份的一种表现。在这种模糊的成员关系中，成员之间的关系不确定，但是相对稳定。

3. 具有明确的行为规范

在群体最初形成的时候，可能只有简单的互相认同关系。随着群体的发展，往往会在内部形成稳定的交往方式，进而形成一定的公认的规范用来协调成员的行为，以保证群体的功能得以实现。不论是简单的、非正规的通过互相信任、彼此接近形成的一些承诺，还是复杂的正规的规章制度，都是群体内部有一定行为规范的表现。

4. 具有共同一致的群体意识

群体要求成员在群体活动中保持一致并以此与群体以外成员区分开来，这些独特的群体活动特征使成员能够明确区分群体内成员和群体外成员，并把本群体视为一个整体，形成一致的群体意识。具体说来，群体意识也就是一种群体归属感，就是成员认为自己属于某个群体。这种意识一旦建立起来，群体成员就与群体外的人有了明显的区别感，对群体有了相应的期望和归属意识。

3.1.2 群体的类型

群体是一个多维的综合体，不同维度的有机组合形成不同群体的各自特色，决定群体特色的维度有年龄维度、知识维度、能力维度、专业维度等。年龄维度指构成群体的年龄因素和特征；群体的年龄维度，直接决定着群体的活动个性。知识维度指构成群体的知识结构，它决定着群体的层次，群体的知识维度是不稳定的，当知识维度发生了变化，群体的层次也就随之发生变化。如一个机关，由于历史的原因，开始时工作人员的知识都很贫乏，层次较低，但是通过他们一系列的努力，使知识水平得到提高后，知识维度的层次也就提高了。从这个意义上说，知识维度影响着群体的层次水平。群体的能力维度具有相对的稳定性，它决定着一个群体活动的质量。例如某企业，如果领导集体能力水平不高，那么这个企业就缺乏活力、产品质量上不去、员工积极性调动不起来。专业维度是群体维度中的特殊因素，专业维度合理的群体有着强大的创造性。群体的维度对群体的活动效率有很大影响。如果群体的维度组合适当，它就会成为一个凝聚力很强的活动体，其活动效率非常高；否则，群体只能是一个涣散、冲突不断、纠纷不绝、活动效率低的组合体。

由于构成群体的维度不同以及各种维度之间的关系有别，所以群体也就有许多不同的类型。

1. 大群体和小群体

根据群体人数的多少把群体划分为大群体和小群体。小群体的规模一般以 7～10 人为最佳，也可以是十几个或二三十人，但上限不能超过 40 人。小群体成员之间能够直接在心理上相互沟通，在行为上相互接触和影响。比如部队的班排、学校的班级、工厂的班组、机关的科室、行政领导班子等都是小群体。

规模在 40 人以上的群体是大群体。大群体人员较多，成员之间的接触联系不太直接。

群体内人与人之间关系主要靠社会因素来维系，而不是心理的影响。规模大的大群体如阶级群体、阶层群体、民族群体和社区群体，规模小的大群体如一个公司、一所学校、一个社区等。

2. 假设群体和实际群体

就群体是否实际存在而言，可以把群体划分为假设群体和实际群体。所谓假设群体，是指虽有其名而无其实，在实际中并不存在的一种群体。它是为了某种需要，人为地将人群按不同的方式加以划分。例如，社会上将不靠自己能力生存而靠父母养活的年轻人称为"啃老族"，把40~50岁的知识分子称为"中年知识分子"等。这些群体都属假设群体，假设群体中的成员可能从没有自觉地聚集在一起，也没有直接交往，甚至根本就不认识，只是因为他们在某些方面具有共同点，如共同的经历、共同的年龄特征、职业特征、典型的社会心理特征等。这些实际并不存在的群体只是为了研究的方便而创设的，故称之为假设群体。

实际群体则是现实生活中实际存在的，其成员之间有着各种各样的联系的群体。如工厂中的车间、班组、行政机构中的科室等，都是实际群体。

3. 参照群体和一般群体

根据群体在人们心目中的地位把群体划分为参照群体和一般群体。参照群体也叫标准群体，参照群体的行动规范和目标会成为其他群体和个人行动的指南、追求的目标。人们会自觉地把自己的行为与参照群体的标准相对照，如果不符合这些标准，就会立即修正。这种群体对人的影响很大，美国心理学家米德认为，这种群体的行为标准和行为目标会成为个人的"内在中心"。例如，某些先进的班组、科室和连队，它们的规范会自然而然地变为每个成员的行为准则。在现实生活中，各人所参加的群体不一定是心目中的参照群体，往往有这样的情况：一个人参加了某一群体，但在他心目中却把另一群体作为自己的参照群体。在这种情况下，如果处理不好，往往会造成对自己所处的群体感情淡薄，有的甚至会走向反面。当今社会上青少年犯罪率之所以增高，与这些不无关系。要改造他们，就要设法使他们置身于参照群体。

一般群体则是指参照群体以外的群体。

4. 正式群体和非正式群体

根据群体的组织化、正规化程度，群体可以划分为正式群体和非正式群体。这种划分方法最早是由美国学者梅约提出的。

正式群体是指为实现组织赋予的任务而建立的群体。其成员的地位、角色和规范以及权利、责任和义务都有明确的规定，并有相对固定的成员身份，如工厂的车间、班组，学校的班级、教研室，党团、行政组织，部队的班、排等，都属于正式群体。正式群体的组织化、正规化程度高，其成员间的互动采取制度化、规范化的方式。常见的正式群体有命令型群体和任务型群体两种：命令型群体由组织结构决定的，群体成员由直接向某个主管人员报告工作的下属组成；任务型群体也是由组织结构决定的，其成员是指为完成一项工作任务而在一起工作的人。但任务型群体的界限并不仅仅局限于直接的上下级关系，还可能跨越直接的层级关系。

非正式群体是指社会组织内部成员为了满足个体需要，以感情为基础自发形成的、多样的、不定型的群体。非正式群体既没有正式结构，也没有人员的规定，它们是个体为了满足社会交往的需要而在工作和生活环境中自然形成的群体。非正式群体没有明文规定各个成员的职责，它追求的是人与人之间的平等，活动的目的是使每个成员的社会需求得到满足。它的"领袖"人物是自然产生的，成员的行为受群体的不成文的"规范"来调节，如"棋友""球友"等同行的友好伙伴等。非正式群体在某种情况下具有特殊的作用，有时甚至比正式群体的作用还大。常见的非正式群体的基本类型见表3-1。

表3-1 非正式群体的基本类型

类型标准	群体类型	群体特点
形成原因	情感型	以感情为基础而形成的群体。成员之间有诸多的共同点，彼此情投意合，成员感情投入较多
	爱好型	以共同的兴趣爱好为纽带结成的群体。如棋友等，成员之间未必都是知心朋友
	利益型	以共同的利益为纽带的群体。如在一个商场中，一群消费者感到商家有欺诈行为，就联合起来"讨说法"，如此形成的临时性群体
	信仰型	以共同的理想、价值观、信仰为基础结成的非正式群体，如自发组织起来的学习小组
	亲缘型	以同一家族或亲属关系建立起来的群体
成员构成	平行型	地位相近、工种相同、工作在同一场所的人员的组合。最常见的多为爱好型、情感型
	垂直型	本部门中不同地位，在正式群体中有的属于上下级关系成员的组合。此种非正式群体多为利益型、亲缘型，有的也属于信仰型和情感型
	混合型	不同地位、不同部门、不同工种和不同工作场所的人员的组合。这种群体多为爱好型、信仰型和情感型

3.1.3 群体的功能

群体之所以形成、存在和发展，主要在于它有一定的特殊功能。概括地说，群体具有两大功能：群体对组织的功能、群体对个人的功能。

1. 群体对组织的功能

群体对组织的功能就是完成组织任务、实现组织的目标。作为一个群体，只能在活动中生存，它的活动就是为了完成组织的任务。群体是一个由若干人组织起来的有机组合体，它具有单个人进行活动时所没有的优越性。成员之间为了共同的奋斗目标互相协作、互发所长、互补不足，使群体产生巨大的动力，促使活动顺利进行，圆满地完成任务。俗话说，"众人拾柴火焰高"，群体的力量是巨大的。

2. 群体对个人的功能

群体对个人的功能就是满足群体成员的多种需要。人的需要有很多，或物质的或精神的，群体不仅能满足人的物质和生理的需求，也能满足人的安全、社会交往、精神愉悦、自我实现等多方面的需求。群体形成后，其成员的各种需要就以群体为依托而得以满足。

（1）群体使成员获得安全感。作为个体，只有当他属于群体时才有归属感，才能获得心理上的安全。

（2）满足成员亲和和认同的需求。群体是一个社会的构成物，在群体中，人们的社会需求可以得到满足。群体给人提供了相互交往的机会，通过交往，可以促进人际间的信任和合作，并在交往中获得友谊、关怀、支持和帮助。

（3）满足成员成就感和自尊的需求。在群体中，随着群体活动丰富化、多样化，成员的成就感得到了相应的满足，并能从成就感中勃发出新的动力；伴随着成就感的还有自尊的需求。在群体中，各人有各人的位置，处于各种不同位置的人，都会彼此尊重。所以说，每个人在群体中的自身活动，都是满足自尊的一种最好的形式。

（4）帮助成员完成社会化过程。群体是个体社会化的重要场所和条件，从家庭、邻里、朋友群体到学校、工作单位和各种社会组织，都是个体社会化的场所和条件，离开了这些群体，个体社会化是根本不可能实现的。

相关案例

李某最近非常困扰。他的公司正在采取一个大变革：通过一个员工授权计划来发展自主式管理的团队。李某是一位一直都以旧式管理风格做事的中层管理者，现在改革要求他一改过去的管理风格，成为一个帮助团队发展的促进者。

李某是支持变革并致力于变革的实施的。他一直是一个很称职、博得员工赞赏的管理者，但他现在发现要维持这样一个好的管理者的形象是多么不容易。因为他最近遇到了一个有关授权的难题——如何运用策略处理团队提出的不适合实施的建议而又不挫伤团队成员的建议权，阻碍他们在将来贡献更多的新主张。简而言之，虽然所有交给他的主张与建议都是团队成员怀着热情发起的，但不是所有的主张与建议都是一样可行的。李某既不希望被员工认为他是一个拒绝变革的人，但又不希望为了取悦他的团队，不作判断和决策，将问题提交给上级。

面临这种情况，李某设想出3种处理方法：①批准团队的主张，即使他感觉这是个不好的主张，这样的话他就违反了对组织负责的道德规范，却能够支持组织授权的变革；②忽略团队的任何他认为不可靠的建议，这样，他的行为就违反了公司规范，可能会不利于"授权计划"的实施；③反对团队的任何建议，不给团队成员建议权，这样处理可能被员工简单地认为他是一个墨守成规的人，并严重打击员工参与改革的意愿。

3.2 团队沟通

团队并不是什么新鲜事物，其概念已经存在了上千年。团队精神可以说是人类文明史最悠久的精神财富之一，它曾是许多国家及其文化中歌颂的主题。但是，团队应用于企业管理却只有几十年的历史。20世纪60年代初期，美国的宝洁公司开始进行团队管理的实践，但当时尚不为人所知，也未引起媒体的关注。宝洁公司视团队模式为加强其竞争优势的利器，因此在整个20世纪60年代都试图隐瞒这项特点。在20世纪70年代到80年代期间，通用汽车公司也积极地进行着团队管理的实践，而且不像宝洁公司那么神秘。在当时，其他一些一流的公司也对团队管理跃跃欲试，如福特汽车公司、通用电信公司、波音公司等都在团队管理方面做了有益的尝试。到了20世纪90年代，团队管理成为世界最热门的话题。在美国约有70%的企业实行了团队管理制度。目前，团队管理代表着一种全新的管理模式，并正在走向成熟。

3.2.1　团队的概念

20世纪70年代以来，团队精神日益受到企业的高度关注和重视。团队建设与团队精神在企业再造和建立学习型组织及无边界组织中得到了广泛运用，已经成为组织提高其竞争力的一种基本手段，甚至连哈佛商学院也采用团队教学方式，它的1/4的作业要以团队的形式完成。所谓团队，是指按照一定的目的，由两个或两个以上的人员所组成的工作小组。任何团队都包含5个要素，简称为"5P"，即目标(Purpose)、定位(Place)、职权(Power)、计划(Plan)、人员(People)。目标是把工作上相互联系、相互依存的人们组成一个群体，使之能够以更加有效的合作方式完成某项任务；定位是将团队结合到现有的组织结构中，创造出新的组织形式；职权是指团队负有的职责和应享有的权限；计划是指团队具体分配和行使组织赋予的职责和权限的规划；人员指团队实现目标所需要的人员构成情况，它是团队能否成功的关键因素。需要说明的是，团队不同于"群体"。群体成员往往有各自的目标，个体只是被动地接受任务，按时完成工作即可，成员之间的沟通往往谨小慎微，决策时一般成员的参与机会较少；而团队成员往往拥有高度一致的目标，具有强烈的归属感，团队成员之间的沟通渠道通畅，成员对决策的参与非常充分。

1. 团队的构成

在团队中，起主导作用的是团队成员之间的相互配合与协调。如果团队成员之间能够进行有效的团结与协作，便能够产生整体功能大于各成员力量相加之和的效果；反之，若团队成员之间相互摩擦掣肘，能量相互抵消，团队则会一事无成。因此，加强团队成员之间的相互协作与配合，就成为团队建设和团队管理的核心问题。

1) 团队大小

团队有一定的人数限制。国外对小型团队的规模问题曾做过大量研究。有人提出小型团队的规模最好是3~9人，有人则主张小型团队的人数应为20~40人。一般说来，小型团队的人数应以8~10人为宜，但是这并不是团队的绝对标准。一个小型团队的人数应根据它的性质、承担的任务来确定：①小型团队人数的下限要能保证一般地完成任务；②团队的最佳人数应以保证团队工作效率达到最佳程度为准；③团队人数的上限应确定在这样的人数上，即超过了上限人数，工作效率就会下降，出现人浮于事、互相扯皮的现象。因此，团队人数有一个最佳值的问题，过少或过多都会影响团队的能力。

2) 团队结构

团队结构是指团队成员的组成，它包括年龄结构、专业结构、能力结构、性格结构、知识结构及观点信念结构等。一个团队的结构应是这些结构因素的有机结合，这也是团队成员的搭配问题。各种人员搭配得当，能促使团队协调一致、取长补短、紧密团结，提高工作效率，激发团队的创造力；反之，则会使团队产生内耗甚至冲突，降低团队的效率，使团队失去应有的创造力。

3) 团队搭配

所谓团队搭配，就是指团队成员在团队中的不同地位和不同作用。团队角色有固定角色和流动角色之分。固定角色是个性特征显著，并在团队活动中地位稳定的主要人物。流动角色是围绕某一具体项目组合起来的、发挥一定作用的人物。固定角色与流动角色必须合理搭配，团队才能如同一架由不同部件严密组成的机器一样高效运转。团队要培养出一些使团队成员感到富有活力、成为团队动力的角色,如思维敏捷、专业知识丰富的带头人;经验丰富、善于出谋划策、有一定权威的倡导者,精力充沛、年轻有为的开拓者;见多识广、互通情报、传递信息的联络者;埋头苦干、心灵手巧、善于实际操作的实干家。这样一个由不同角色组成的团队才具有较强的实力。

4) 团队的类型

团队的类型很多。广义的团队包括企业之间的战略联盟、国与国之间的经济联盟,以及政党、军队、企业中的团队等。而通常提到的团队大多指的是企业内部的小团队。根据任务和目标的不同,企业团队可分为工作型团队、整合型团队及促进型团队。

(1) 工作型团队。工作型团队是为完成企业的基本工作任务(如负责某个产品的质量、数量等)而组建的团队。其任务是生产并向内部或外部顾客提供某种产品或服务,评判其工作成效的标准是质量、成本、交货期及内外顾客的满意度等。工作型团队的任务一般都比较具体、存续的时间较长,因此工作型团队相对来说较稳定。

(2) 整合型团队。整合型团队的任务是使组织内部不同部分的工作互相协调,形成整体的战斗力。整合型团队通常要整合和协调两个或两个以上的工作型团队的工作。这些工作型团队相互关联,整合型团队为它们提供方向上的指导并经常协调其相互间的矛盾冲突。

(3) 促进型团队。促进型团队是为了提高企业的能力与效率而组建的。与整合型团队不同的是,它的基本的工作方式是通过重新设计组织的基本推进方式或改进组织完成基本工作的方法来促进效益的提高,其主要活动是对改进方案的设计与实施。

2. 团队的作用

团队是组织的重要组成部分,是由个体构成的,但它不是个体简单的聚合,而是有组织、有领导、有规范、有共同目标的人群的结合体。它能把每个成员的个人力量汇合成整体力量,这一整体力量将大于各个个体力量的机械相加,其增加的力正是团队力。团队不仅影响组织与个人的绩效,而且是上下沟通联系的桥梁和纽带。

1) 完成组织赋予的任务

一个组织有总目标和总任务,组织会把总任务逐级下达给所属的团队并由这些团队去推进和完成。团队在接受上级下达的任务后,就要组织团队成员根据本团队的分目标制定出每个人的具体目标。团队领导要通过宣传、鼓动和思想教育工作,使大家齐心协力地、出色地完成各自的任务。为了确保完成组织交给的任务,团队要协调人际关系、促进团结、增进友谊,促使个人目标的实施,从而达到分目标的实现。

2) 满足团队成员的心理需求

团队成员有着不同的处境和经历,这使得他们有不同的心理需求。而团队在这方面有满足他们心理需求的作用:①团队中的个体通过建立联系进行沟通,可以获得同情、支持与友谊,可以避免孤独、寂寞,会产生归属感、安全感,并满足交际的需要。②个体会因在团队中的奉献而受到团队成员的尊重、爱戴,这可以满足个体的自尊需要,个体由此产生自我确认感。当遇到困难时,个体会得到其他成员的帮助、支持,从而增强自信心、力量感,克服无助感。③团队有润滑、协调人际关系的作用。团队成员认识上的分歧、利益上的冲突,需要团队领导进行调节。团队领导还需改善人际关系、调解矛盾、妥善处理实际问题、润滑成员之间的关系、促进成员的团结与进步。

3.2.2 团队沟通的特点

团队管理是否成功以及团队在组织中的作用如何,其重要的一个因素就是团队能否进行有效沟通。可以说,团队的有效沟通是团队建设和管理的重要保障。所谓团队沟通,是指为了更好地实现团队目标,团队成员之间所进行的信息传递与交流。概括起来,团队沟通具有下述特点。

1. 平等的沟通网络

团队成员之间的关系是平等的,是一种任务的协作和分工,而不是管理与被管理的关系。根据这一特点,团队形成了内部平等的沟通网络,团队成员之间是平等的沟通关系。另外,在团队内部既有正式的沟通渠道,又有非正式的沟通渠道,信息传递高效、直接、中间环节少。

2. 规范的沟通

与非正式团队相比,由于团队是一种工作的协作方式,团队成员为着同一个目的工作,有共同的目标,团队中的每个成员共同对团队所要达到的目的负责,同样也对团队采用的工作方法负责,所以在这种情况下,团队的沟通是以任务为导向的,有一定的群体规范和路径。

3. 沟通气氛融洽

团队内充满着健康、坦诚的沟通气氛,成员彼此之间不仅能有效地进行工作任务方面的沟通,而且能进行情感上的沟通。不仅如此,团队成员还具有很高的情商,在各种沟通情景下能够做到有效倾听他人的意见,并清楚地表达自己的观点。

4. 外部沟通频繁

团队要有效地实现自己的目标,必须处理好与其他团队的关系。例如,团队要处理好与组织内的、处于垂直关系的团队之间的关系,以使信息和资金流动通畅;要处理好与水平层次上其他团队及或部门之间的关系,以获得其他部门的技术支持和帮助;此外,团队还要处理好与外部顾客的关系,与社会公众的关系以及团队制度、作风、文化与整个组织制度、文化之间的关系等。处理好这些关系,才能实现团队与其他团队之间的配合与协作,并最终更好地实现团队目标。

3.2.3 影响团队沟通的因素

团队沟通受到团队行为规范、成员角色分担以及团队领导个人风格等多种因素的影响。概括起来,影响团队沟通的因素主要表现在下述几个方面。

1. 团队成员的角色分担

每个团队都由若干个成员组成,这些成员在团队成立之后都分别扮演着不同的角色。按照团队成员对团队工作所起的作用,可将团队成员角色分成积极角色和消极角色两大类,见表3-2。

需要说明的是,团队中一个成员可能同时扮演着几个角色,也可能几个成员扮演着同一个角色。另外,团队成员所扮演的角色不是一成不变的。例如,一个团队成立后,成员希望

表 3-2　团队成员角色分担

积 极 角 色	消 极 角 色
领导者：该角色能确定团队目标任务，并激励下属完成工作	绊脚石：是指那些固执己见、办事消极的队员
创始者：该角色能为团队工作设想出最初方案，其行为包括明确问题、为解决问题提出新思想和新建议等	
信息搜寻者：该角色能为团队工作不断澄清事实、搜集证据、提供相关信息	自我标榜者：是指那些总想靠自吹自擂、夸大其词来寻求他人认可的队员
协调员：该角色能协调团队活动、整合团队成员的不同思想或建议，并能减轻工作压力、解决团队内分歧	
评估者：该角色主要承担方案分析、计划等工作	支配者：是指那些试图操纵团队，干扰他人工作，以便提高自己地位的队员
激励者：该角色能起到保持团队凝聚力的作用	
追随者：该角色能将计划付诸于实施	逃避者：是指那些与别人保持距离，对工作消极应付的队员
旁观者：该角色能以局外人的眼光评判团队的工作，并给出建设性的意见	

自己的领导是民主型的，能为团队工作提供指导并鼓励各成员全力参与工作，但该领导可能是属于支配型的，他喜欢独断专行，成员若不服从就对之采取惩罚手段，这样的团队领导与成员的期待相距甚远。在沟通过程中，经过一段磨合期，两者就会互相适应——领导与成员的角色都会发生相应的变化。

在一个团队中，如果积极角色多、消极角色少，则该团队沟通是通畅和有效的；如果两类角色比例相差无几，或者消极角色大大超过积极角色，那么这样的团队就无效率可言了。因此，在团队管理过程中，应根据工作需要不断调整成员构成、尽量增加积极角色、减少或剔除消极角色。

2. 团队的行为规范

团队行为规范是团队成员共同遵守的行为准则，是团队内部的法律。一般来说，团队的规模越大，团队的行为规范可能就越复杂。团队行为规范可以以明文规定的方式存在，如规定、条例等，也可以以心照不宣的方式存在。前者容易被遵守，后者往往被团队新成员所忽略，或在不经意中触犯。例如，在一次例行的工作午餐中，大家一开始谈论着昨晚的足球比赛，过了一会儿又聊到与工作相关的一些事情，但并没有直接谈团队正在做的某个项目。后来在谈话的间歇，一位刚来不久的新成员突然说："我真希望天气能好起来，这种鬼天气使我的孩子老是在家待着。"这样的闲聊似乎没什么不好，但是其他成员听了后默不作声、不愿搭腔，甚至有人显得不高兴，这位新成员对此感到很尴尬。之后有人告诉这位新成员："工作午餐中谈论家庭和孩子是不合时宜的。"这个例子表明，不成文的规范容易被触犯，同时，一旦发生这种情况，其他成员就会以不同方式对"犯规者"施加压力，迫使其遵守，在这一方面，团队内的沟通有时就会显得很微妙。

团队行为规范对团队来说非常重要，通过理解并遵守团队规范，不仅使团队成员知道自己该做什么、不该做什么，而且能够建立起团队成员的行为规则和秩序，增强团队成员相互合作的主动性和自觉性。但团队行为规范也有其消极的一面。例如，它们会阻碍团队成员创造性地工作，维护低效率或已经过时的做法，也有可能产生团队内的不公平现象，等等。所以，团队的领导者要对团队行为规范给予调整和引导，以便于充分发挥团队行为规范的积极作用，而把团队行为规范的消极作用降到最低程度。

3. 团队领导者的个人风格

领导者角色在团队中的作用举足轻重。领导者个人的性格特征、管理风格与团队沟通效果密切相关。如果团队领导者是专制型的或是放任自流型的，那么团队沟通就会低效或无效。前者压制了来自团队成员的新思想、新建议，后者则会使团队沟通显得漫无目的。现代管理越来越强调柔性管理，所以如果团队领导采用民主型的领导风格，则无疑会使团队沟通更加有效。

3.2.4 团队决策的类型

组建团队的目的是为了分析并解决问题。"工程队""项目组""委员会"等团队便是发挥这种功能的典型例子。这些团队常常是随着问题的产生而组成，随着问题的解决而解散。一般来说，团队决策的类型主要有以下5种。

1. 沉默型

如果团队成员提出的某种想法未经讨论就被放弃，这种方式就属于得不到响应的"沉默型"决策方式。这种沉默表明该团队内的沟通几乎不发生，毫无效率可言。

2. 权威型

这种情形中，团队成员可以讨论问题、分享信息、提出想法，但最后还是领导说了算。这种方式比较专制，团队成员可能抱怨团队决策机制不够民主，长此以往，成员可能不再积极参与团队内的沟通。

3. 少数人联合型

这种方式下，少数人结成一派，尤其是少数人与实力派人物结成联盟。当这些人强烈赞成某一意见，而其他人尚未发表看法之时，会有一种错觉发生——似乎团队已经达成一致。事实上，有可能多数人反对这一意见，但是没人愿意打破这种貌似一致的局面。显然，这种方式下作出的决策也没有经过团队内的充分沟通。

4. 少数服从多数型

这种模式为众人所熟悉。一个问题提出后，经过讨论，形成一个对策或建议，然后大家投票表决，根据票数来决定采纳或否决某项提议。这是一种被广泛采用的团队决策模式。

5. 一致型

团队成员准备接受某个意见时，即使有人还持保留意见，作为一个整体的团队也还是达成了一致意见。"一致型"模式并不"必然"表示所有成员完全而热情地支持某一意见，只是说明该问题经过了公开讨论，所有不同的观点都被考虑过了。尽管团队成员可能不完全赞同该意见，但是讨论通过的结果尚在可接受的范围之内。

3.2.5 团队沟通的流程

1. 相互了解情况

相互了解情况是团队沟通的前提和基础，它不仅影响团队内部的人际关系，而且也决定着团队工作的效果和效率。任何成功的团队都必须是紧密配合、协调一致的团队，而配合协作的关键在于成员之间关系和谐、融洽。因此,要营造和谐、融洽的团队氛围,就必须在团队正式执行任务之前让成员们相互了解与交流,包括了解团队成员的姓名、专业特长、性格特点、兴趣爱好、工作方式、生活习惯以及在研究、分析、组织、写作方面所具有的技能等,既要了解团队成员各自的优点,也要正确看待团队成员各自的缺点和不足。团队成员只有进行广泛的对话与交流,才能认识、熟悉进而建立起良好的人际关系。

2. 明确组织对团队承担的责任

组织决定采用团队这种工作方式,这就意味着它有责任帮助和引导团队实现既定目标。因而,组织也必须对团队承担起必要的责任。这些责任包括4个方面:①组织必须对团队成员进行培训,并给予团队自主权;②明确团队的任务和完成任务的时限;③对团队的自然环境、社会环境予以控制与协调,为团队的有效运营提供必要的保障;④帮助团队选择完成任务的流程并加以评估检验。如果组织能够对团队承担起这样的责任,那么团队的业绩可能会很好。当团队获得组织的有力支持时,成员会主动承担责任,他们往往会变得更富有创造性、更有活力,将工作做得更好。

3. 明确团队应承担的责任

在明确了组织对团队承担的责任之后,团队还必须明确自己应承担的责任,这些责任包括以下4种。

1)营造分享式的管理氛围

团队是一个规模较小的组织,团队的每个成员既是团队目标的具体落实者,同时也是目标的领导者。这就要求团队成员必须具有主动意识、领导意识,要从全局的角度来明确团队的任务、所追求的目标等,以便统筹安排自己的工作,并不断与其他成员主动进行沟通。

2)制订时间进度规则

团队从一开始就必须在时间、工作方式等细节方面达成一致意见,如每人每天、每周、每月能够花费多少时间开会,应花多少时间做准备工作。必须考虑其他人在时间方面可能会存在哪些问题,每个人愿意贡献出的时间有多少,团队工作时间是多少,等等。团队应能做到在时间和工作要求方面形成统一意见,如准时到会、开会不缺席、必须在最后期限内完成任务等。

3)建立双向沟通机制

团队在维持关系和完成任务的过程中应保证双向沟通,保证作出的决策符合伦理准则。团队建立时要考虑如何在成员之间进行沟通,如何让迟到或缺席的人了解信息。为了让团队成员能够相互沟通了解,增强凝聚力,团队成员应该互相交换电话号码,了解各自的日程安排,并确定团队可以聚在一起开会的时间。在团队协作期间应确定具体开会的时间和次数,并且保证每个人都很清楚这样的时间安排。

4)及时向组织汇报工作进展情况

团队既有相对的独立性,同时又要在组织的支持下开展工作,这就要求团队应保持和组织的互动,随时向组织报告工作进展情况,以得到组织的信任和支持。

4. 设定团队目标

团队一旦组建起来,就必须制定明确的目标。在实现目标过程中,还应根据环境变化及时对目标进行调整。一般来说,明确目标的过程包括下述步骤。

1)弄清组建团队的原因

弄清楚组织为了什么目的而组建团队,组建团队的背景如何,团队有可能面临哪些困难。

2) 明确组织对团队的要求

明确组织对团队的要求即组织希望团队解决什么问题、达到什么目的，解决这些问题需要哪些条件，需要组织提供哪些方面的支持和条件，需要其他部门给予什么配合与协助。

3) 了解团队成员的想法和愿望

在设立团队目标之前，不妨借用一些技术手段，了解团队成员对团队目标的投入程度。了解他们在完成团队目标时愿意付出多少时间和精力。这当然不是要求每个人发誓竭尽全力，每个人都有自己的需求和行事风格，不可能要求所有成员完全一致。这里强调的是通过了解团队成员的想法和愿望，使团队成员能够更好地为了实现目标而同舟共济。随着团队绩效的取得，团队成员对团队的忠诚度会逐渐提高。当他们在合作过程中体会到成功的滋味时，他们会更加积极、更加愿意为团队目标的实现投入精力和时间。

4) 制定团队目标

团队应根据自身的优势和劣势以及组织对团队的要求制定出切实可行的目标。需要注意的是，在制定目标时，一定要讲求实际，不能把目标定得过高或过低。如果目标定得过高，实现不了，不仅会给团队带来不利的影响，而且也会失去组织对团队的信任和支持；如果目标定得过低，唾手可得，这样的目标也就失去了意义。可行的目标应该是既具有挑战性，而且又能够达到。

5) 制定行动方案

在明确目标以后，需要制定出具体的行动步骤。首先，应根据团队的目标、任务等情况设计调查问卷，要求每位团队成员根据自己对本团队目标、任务的理解给出团队的具体行动方案；然后，通过分析、综合团队成员对团队目标、任务的理解情况，进一步制定出有效的团队行动方案；最后，将团队行动方案变成工作计划，并制定相关的措施来保证工作计划的实施。

5. 建立信息反馈机制

在团队运作过程中，需要收集各方面信息。一个有经验的团队有自己的信息反馈渠道，其主要从所属组织或团队成员以及其他相关源头获得信息。团队成员可以通过履行团队任务和与团队其他成员交流获得反馈信息。一般来说，团队对于反馈信息来源的管理，可以通过如下途径实现。

1) 运用反馈表

反馈表的内容可以围绕团队的任何方面，如个人的、相互交往的或团队任务的。团队成员通过定期填写有关问卷，分析问卷，可以从中获得有关的反馈信息。

2) 对团队运作流程进行观察和诊断

可以邀请团队以外的人观察和分析团队工作，然后帮助成员分析观察结果，设计出提高质量和效率的办法。

3) 制作录像带或录音带

将一段工作经历录制下来，然后进行回放。通过这种手段，团队成员能够了解他们在一起是如何工作的。这样，团队成员对协作过程中的优点和缺点就会一目了然。

4) 应用计算机系统

应用计算机软件不仅能够改善团队的工作流程和效率，而且能够为团队的信息反馈提供强大的技术支持。

5) 对反馈系统进行讨论

讨论的重点在于弄清楚以下问题：反馈是有效的吗？收集的反馈信息是否客观、全面？得到的信息是否和团队自身拥有的其他知识相一致？它是否能给团队达成有效协作提供真知灼见？讨论这些问题能使团队信息反馈机制更加健全和完善。

6. 培养团队精神

团队精神是团队得以成功的灵魂。具有团队精神，团队就能够成为一个有机的整体，取得骄人的业绩；缺乏团队精神，团队则如同一盘散沙，一事无成。所谓团队精神，是指团队成员为了实现团队的利益和目标而相互协作、尽心尽力的意愿和作风。概括而言，团队精神主要表现在下述两个方面。

1) 强烈的归属感和一体感

在团队与其成员的关系上，团队精神表现为团队成员对团队有强烈的归属感和一体感。团队成员强烈地感受到自己是团队的一员，并且由衷地把自己的前途与团队的命运联系在一起，愿意为团队的利益和目标的实现尽心尽力。团队成员对团队表现出绝对的忠诚，一旦成为团队一员，他们便准备同甘共苦、同舟共济。不仅如此，团队成员对团队还具有很强的荣誉感，他们绝不允许有损害团队形象和利益的事情发生，会为团队的成功而骄傲，为团队的困境而担忧；在对待团队的任务上，团队成员会尽心尽力、全方位地投入，他们衷心地将团队的事视为自己的事，做事积极、主动、认真、充满热情；在处理个人利益和团队关系时，团队成员会将团队利益放在第一位，个人服从团队，宁愿牺牲自己的利益而顾全团队的利益。团队成员对团队的这种强烈的归属感，主要来自于团队目标与成员目标的高度一致。也就是说，团队目标既符合团队的利益，又符合绝大多数成员的利益，是一个集体和个人双赢的目标。团队通过一系列的制度使它与其成员结成一个高度牢靠的统一体，通过持久而强大的宣传及教育活动在潜移默化中培养成员对团队的共存共荣意识以及深厚的感情。

2) 运作上的默契

在团队成员之间的关系上，团队精神表现为成员之间创造出的一种运作上的默契。正如在一流的球队中队员既有自我发挥的空间又能协调一致一样，杰出的团体也会发展出运作上的默契，即每一位成员都非常留意其他成员的工作状态，而且人人都会采取相互配合、协调一致的方式。这主要表现为：①团队成员视自己为团队大家庭中的一员，大家同舟共济、相互依存；②队员之间相互信任，能够互相容纳各自的差异性，真诚相处；③在工作中相互帮助、共同前进。

7. 维护关系和履行任务

团队成员之间必须互相配合、互相沟通才能顺利地实现目标。而实现目标的关键在于营造团队中和谐的人际关系，保证成员之间彼此理解、精诚合作，并都能全力以赴地投入时间和精力去履行任务。因此，维护关系和履行任务就成为团队实现目标的关键和重点。事实上，团队成员在相互交往的同时也在履行着各种不同的任务。一般来说，维护关系是指团队成员之间通过充分的信息传递和交流形成良好人际关系的过程。维护关系所交流的信息既包括个人方面的，也包括团队及团队任务方面的。可以说，团队成员正是通过语言及非语言的沟通手段来实现团队成员之间以及团队成员与团队之间的和谐互动的。履行任务是指团队成员明确自己的职责，全身心地完成工作的过程。这个过程包括收集整理信息、分析问题、找到解决问题的方案并加以论证和实施。在这个过程中，团队成员的主要作用在于出色地履行职责，圆满地完成各自承担的任务。

3.2.6 团队高效运行的沟通措施

团队运行是否高效可通过3个方面衡量：①团队的产品及营销具有竞争力；②团队成员热情高涨，可以自由地去创新和施展自己的才能；③团队成员乐于合作，并勇于参与团队各方面的变革。通过沟通使团队高效运行的措施包括以下几点。

1. 双向沟通

双向沟通促使员工对团队确定的目标和任务达成共识。团队管理者要对成员进行任务陈述和目标陈述，告知成员"我们的业务（任务）是什么"和"我们要成为什么"，同时听取成员对任务和目标的意见、建议后，及时进行研究，并将原陈述的任务和目标做出修改和完善。修改和完善后，再次对成员进行任务陈述和目标陈述。通过这样的双向沟通，团队成员个人目标与团队任务和目标达成共识，使团队目标更能反映成员利益和管理者利益的一致性，促进团队绩效。

2. 跨部门沟通

跨部门沟通可以激励部门之间、团队之间紧密合作。通过目标激励，将企业预期目标的"不确定性"变为团队及成员任务的确定性，把企业的目标细分给团队和成员，使团队每个岗位的成员都意识到。实现本部门和本岗位的目标，与团队的共同目标是不可分割的，必须努力做好本职工作，为实现团队确定的共同目标做贡献。这样，就会激励每个团队和岗位员工为实现企业目标而密切合作。

3. 多样化沟通

多样化沟通可以增强团队员工的凝聚力，团队的凝聚力是企业的重要财富。凝聚力强，表明团队对成员的吸引力强，让成员感受到"团队是我的，我是团队的"。增强团队凝聚力需要多样化的方式如下。

（1）上下级之间应该实现等距离沟通，即团队领导对成员要保持一视同仁的态度，不添加个人喜好；否则，沟通一定会产生相当多的副作用。获得上司宠爱者自是心花怒放，但与此同时，其余的成员便产生对抗、猜疑和放弃沟通的消极情绪，沟通工作就会遭遇很大的抵抗力。其次，成员之间的沟通要给予提倡和支持。成员之间在合作中发生矛盾、产生意见是常有的事，关键是采取何种态度来处理相互间的不同意见，最好的方法就是沟通，也就是将自己的观点主动与对方交流。

（2）采用群体思维的决策方法。在团队的决策过程中，倾听来自成员各方面的意见是十分重要的。从决策的科学化和民主化意义上说，尤其要听取不同意见，让成员将"不满"说出来。

（3）要重视成员间的相互信任。信任是沟通的基础，团队成员之间的有效沟通需要相互尊重和信任来支撑，这种信任需要团队领导者在企业内营造诚信的氛围。团队所进行的上述沟通努力，贯穿于团队上层与下层间、部门与部门之间、员工与员工之间，只有通过这种努力，才能真正使团队高效运转。

成功团队的产出不但包括高绩效目标，而且还有团队成员的满意度。团队工作实际上代表了一套价值观：不断帮助每个成员持续改进绩效；成员相互依赖地工作并能联合为绩效目标负责；团队的有效性取决于成员如何一起工作；团队成员具有与别人一起工作的归属感。

沟通贯穿团队建设的全过程。组建团队时必须挑选成员,然后整合多样性、管理冲突,达成目标的一致以及员工的互相认同,最终形成团队特有的一套价值观。这些无一不需要沟通。团队成功的两大辅助性要素是高层的支持、团队员工的培训。取得决策层实质性的支持和引导,将会事半功倍。向上的沟通能帮助一个团队把他们的目标与最高管理层的目标结合起来,识别可靠、有效的高层保证,能确保公司高层在公司出现经营项目变动或人事变动时,不至于影响团队的运行。与决策层沟通也能识别威胁,并能够有效、及时地避免威胁,也为团队的顺利发展创造了良好环境。因为团队成员的差异性,不是每个人都认为从工作中能够得到自我满足,有的人只希望按部就班。这时候,就必须对员工进行培训,使之适应团队环境。这种培训其实仍然是通过沟通、交流,使团队员工学习在团队中工作所需要的技能、合作方式。

3.3 会议沟通

会议是团队沟通的重要形式。人们在日常生活和工作过程中都要或多或少地举行或参加各种会议。会议是人们进行信息传递与交流的手段,也是人们进行决策的重要方式。但是,如果会议没有达到沟通信息的目的,而是变成走过场,那么会议就失去了它应有的意义。没有意义的会议并不少见。难道是会议太多了吗?其实不然,《财富》杂志所评选的世界500强企业中,70%的企业的总裁每星期有超过15小时的会议,但是这些会议是十分严肃的,效率也高。可见,问题并不在于管理中会议太多,而在于对会议的管理水平太低。因此,如何提高会议的效率,加强对会议的管理,已经成为摆在企业面前的一个突出问题。

相关案例

某机械包装公司决定加快工艺流程改造,并进行工艺改造重组。但以前进行工艺改造重组时,工人的反应非常强烈,对工艺的改动持反对态度。为了顺利实施计划的改革,公司管理层采用了三种不同的策略。

策略一:与第一组工人采取沟通的方式,向他们解释将要实行的新标准、工艺改革的目的及这么做的必要性和必然性,然后,给他们规定一个反馈的期限;在会议沟通中有些工人沉默不语,有些工人表现出事不关己的样子,有些工人在下面窃窃私语,有位老资格的工人则不时打断会议的进程。

策略二:告诉第二组工人有关现在工艺流程中存在的问题,然后进行讨论,得出解决的办法,最后要求从他们中派出代表来制定新的标准和流程。

策略三:对第三组工人,要求每个人都讨论并参与建立、实施新标准和新流程,每个成员全部参与,如同一个团队一样。

最后,结果是令人惊奇的,虽然第一组工人的任务最为简单,但结果他们的生产率没有任何提高,而且对管理层的敌意越来越大,在40天内有17%的工人离职;第二组工人在14天内恢复到原来的生产水平,并在以后有一定程度的提高,对公司的忠诚度也相应提高,没有人离职;第三组工人在第二天就达到原来的生产水平,并在一个月里提高了17%,对于公司的忠诚度也很高,没有工人离职。

资料来源:李成谊,新编实用沟通与演讲[M].2版.武汉:华中科技大学出版社,2013.

3.3.1 会议的概念

人们对会议并不陌生，但要真正给会议下一个确切的定义却并不那么容易。所谓会议，是指有两个以上的人共同参与的，有组织、有目的的一种短时间举行的集体活动形式。人们之所以要举行、召开或参与会议，原因是多种多样的。会议可以给与会者一个表达自己观点的机会。管理过程中，需要听取员工的意见和建议，调动职工参与管理的积极性，而会议可以给员工一个表达见解的平台，在这里员工可以献计献策、讨论问题的利弊；会议是集思广益的场所，大家互相交流与探讨，形成共有的价值观、目标、见解；会议可对与会者产生约束力，因为是大家共同讨论的，一旦作出决策，大家就要共同遵守；会议也是职工互相认识、了解、展示自己的身份地位与职位的过程。概括起来，可以把会议的目的归纳为下述几个。

1. 上情下达

举行这种会议的目的是让员工彻底了解经营的目标、公司的现状、企业的工作计划，以此来指导员工的活动，或把上级某些重要的精神、指示、决策等传达给部下，让下属成员知情并遵守。

2. 分配任务

分配任务即把大家召集在一起，把某种任务进行具体的分工，落实到每个人头上，使大家知道要做什么、该怎样做、做到什么程度。通常这种任务安排会采取一种协商的形式，征求下属的意见。因为是大家面对面进行交流，所以更有利于意见的交换，不致发生下属不知情或发生问题后相互推卸责任的现象。同时，下属如果感到自身完成任务有困难，可当面向领导提出，寻求支持与帮助。而且，由于分配任务是公开透明的，所以有利于员工之间的相互信任，保持良好的协作关系。

3. 解决问题

在企业生产经营过程中，问题是无法避免的。为寻求解决之道，最有效的方法便是会议。通过举行会议，大家集思广益、献计献策。例如，销售部门讨论新产品投放市场的策略在销售渠道上究竟还要做哪些改进，公共关系部门讨论近期举行的一次大型公益活动还要做哪些准备工作，这些都属于解决问题的会议。这种会议是群体智慧的集中反映，其效果远远超过个人智慧的简单叠加。因为在这种会议中，大家的头脑都在不停地运转，对别人的意见、会议上反馈的信息进行综合、归纳、分析、处理，所以最终得出的解决方案有可能是最优的或仅次于最优的。

4. 作出决策

当企业面临某种两难选择的时候，通常要求职工进行投票决策。这时集中开会是既节省时间又有效率的方式。如当企业濒临破产时，是重整旗鼓、从头再来，还是被别人兼并，可让员工充分表达自己的意见，进行投票，然后企业根据投票结果进行选择。因为投票尊重了多数人的意见，可使大多数员工的意愿实现，所以有助于稳定军心，这种民主的气氛也使大家不会产生太多抱怨，从而避免了由于不知情而带来的怨恨情绪。

5. 产生新的创意

新的构思是业务成长与发展不可或缺的因素。任何机构若长期执行某一种制度，势必导致僵化现象，新创意亦难以出现。要打破这种状况，脱离陈旧的观念，同时发掘人们的不同想法，会议无疑是最佳形式。

3.3.2 会议的类型

无论是在商务活动中，每天都会举行各种各样的会议。按照不同的划分标准，可以把会议分为不同的类型，见表3-3。

表3-3 会议类型及特点

分类标准	会议类型	会议特点
目的	谈判型会议	解决双方在利益上的冲突，常采取双向互动式的讨论方法，力求达成一致的意见或双方达成谅解
	通知型会议	单向式传播信息。一般不鼓励讨论，否则会影响信息的有效传递
	解决问题型会议	将待解决的问题摆在桌面上，与会者通过广泛的讨论来找出解决的办法。目的在于利用团队的创造力来解决问题
	决策型会议	目的是为了在不同方案中权衡利弊，作出抉择。与会者不仅要参与会议讨论和决策，而且还要遵守会议的决议，即使自己持有不同的观点
	信息交流型会议	目的在于发表意见，交流消息，了解对意见的反馈。会议鼓励广泛讨论和踊跃提问，每一位与会者都可以提出自己对问题的看法和意见，并从相互交流中得到启发，产生创意
规模	大型会议	参与人员可以达到成百上千人
	中型会议	参加人数一般在几十人之内
	小型会议	参加人数一般在十人以内。应用最广泛，意义也最大，便于控制
规律性	例行会议	定期举行的会议。如晨会、周会、双周会、每月会、年度会等
	非例行会议	不定期召开的、用来解决一些非常性问题和重大问题的会议，主要解决非常规性问题或某些突发性问题
形式	正式会议	一般是由一定的规则和条例所规定的，通常需要一定的人数出席，并事先制定会议的程序，其程序包括回顾、动议、修正、辩论、选举和投票等
	非正式会议	相对于正式会议而言，其主持方式和与会者的行为都要自由得多，议程比较简单，企业中经常召开的会议绝大多数属于非正式会议
参与者	员工会议	与会者由管理者和一个特定范围的全体员工组成
	委员会议	由一些代表其他人的成员所参与的会议。是一个民主决策的群体，会议程序严谨
	董事会议	董事会议的开始和结束时间有严格的控制，并有严密的会议议程。董事会通常每年召开2~4次会议
内容	业务会议	业务会议由各部门主管和被指定的员工参加。会议的主题可能是产生新的并要发送到公司其他部门的信息、讨论程序和建议，或者是关于预算、产品或产量等问题的内容
	销售会议	针对公司产品市场的专门会议，推广新产品、顾客的购买力和接受力分析、产品销售渠道与市场占有率分析等常常是销售会议的中心议题
	专业分享会议	专业技术人员彼此进行交流与沟通，分享经验与科学技术成果的会议
	座谈会议	座谈会是人们之间交流思想的主要形式，大家可以各抒己见、畅所欲言。座谈会也是结构性的会议，会议参与者之间有一定的互动。每个参与者要准备一段简短的演讲或是报告，向听众发表
	咨询会议	主要目的是召集一些关键人物，发布问题，倾听与会者的意见与建议，鼓励与会者畅所欲言，拿出解决问题的办法或方案

3.3.3 影响会议成效的因素

开会虽然是团队沟通的主要形式，但若控制得不好，很容易产生负面的影响，既达不到开会的目的，又浪费了人力、物力和财力。因此，为了提高会议的质量和效率，就必须了解影响会议成效的各种因素，只有这样，才能采取正确的对策，避免无效会议的发生。造成会议无效的因素是多方面的，归纳起来大致有以下几个方面。

1. 会议目的不明确

许多会议之所以没有成效、让人生厌，是因为会议目的不明确，与会者不知道为什么要开会，开会要达到什么目的和取得什么结果。如果对这些问题都没有一个明确的回答，那么会议只能是漫无边际的闲聊，或者变成了大家谈论新闻、发牢骚或抱怨的场所，结果只能是会议彻底陷入混乱、越开越长、毫无效率，既浪费时间、金钱、精力而又得不到任何成果。有的会议虽然有目的，但目的过于抽象和空洞，如树立企业形象、追求成本节约、提高经济效益、采取流线型管理等，围绕这样的目的开会同样无法收到应有的效果。

2. 会议持续时间过长

有些会议像马拉松似的，开起来没完没了，原本只需要半小时就可以解决问题的，结果却非要开上一小时，而本该开一小时的会，却要花上两个小时，致使与会者过于疲倦。人的精力毕竟是有限的，并且要受生物钟的影响。由于每个人都有自己的生物钟和时间表，在一天中何时工作、何时休息是形成习惯的。因此，如果会议时间过长，会使与会者感到无聊、疲倦、精力不集中，会议的成效肯定会降低，甚至让人讨厌、反感会议。

3. 简单问题复杂化

高效率的会议能够把复杂问题简单化，在简单之中把握规律和重点；而低效率的会议正好相反，常常把简单问题复杂化，结果是为了复杂而复杂。如有的会议，对于一个很简单的问题，本来三言两语就可以解决的，却要与会者反反复复地讨论、争辩，这样不仅花费了与会者大量的时间和精力，而且往往会使问题变得复杂化，引出许多不必要的矛盾和争论，进而导致太多的方案或细节没法处理，太多的情绪、对立面和误解产生，甚至还会使会议再生出新的会议，产生恶性循环，会议越开越多，越开越解决不了问题。

4. 意见分歧处理不当

与会者由于知识结构、文化素质、个人阅历、所处地位及部门等各不相同，难免对同一事情会有不同的看法，产生意见分歧。如果处理不好意见分歧，双方各执己见、互不相让，就可能导致冲突的发生，从而影响会议的正常进行，使会议的效率降低，甚至无法实现会议的目标。

5. 会议主持人主持不力

会议主持人是会议的领导者与组织者，其主持能力高低直接影响会议的效率和效果。一般来说，会议主持人主持不力主要表现在以下几个方面：①不告诉开会的目的。领导者唯恐别人的意见超过自己，以致在开会时不告诉人们开会的目的，结果是"一人台上讲，众人台下听"，领导者高谈阔论、口若悬河，而与会者则"丈二和尚摸不着头脑"。②不准时到场。有的主持人为了凸显自己的地位，故意迟到，向与会者显示自己是会议中的主角。要知道，如果领导不能以身作则，准时参加会议，那么下次会议迟到者会更多。③官气十足。有的主持人说话慢而低沉，意图用这种声音吸引观众，让他们知道自己是老板。还有的领导者经常"打官腔"，"嗯""哈"等口头语过多，显示出一种高高在上的姿态，官气十足。④搞形式主义。有的领导善于做表面文章，开会时泛泛地让大家自由发言、讨论，但最终还是自己一人说了算，并不接受与会者一些善意的、合理的建议。⑤"控制"会议。有的领导者在会议上常常讲一个长长的故事，来显示自己的经验和学识，而对关键问题又常常打太极拳，东拉西扯，回避主要问题；还有的领导在会议上经常用一些信号来强调自己的地位，如看手表、打哈欠、插话等，其意图在于告诉别人自己时间紧、地位重要等。所有这些，都严重影响会议的成效。

6. 物质环境不利

开会需要一定的物质条件和安静的周边环境，如果会议的物质条件欠佳或者环境条件过差，则会影响会议的有效性。例如，会议场所选择在闹市区或车流量较大的公路旁边，声音嘈杂，与会者会受到外部环境的强烈干扰，很难集中注意力，而且这种嘈杂的环境还会令与会者变得烦躁不安，希望能够早点结束会议。另外，会议室房间过小、人员拥挤、灯光昏暗、吸烟人数过多、缺乏可利用的视觉辅助设备、房间温度过高或过低、音响设备效果差、开会时手机铃声不断以及服务员沏茶倒水的时机不当等，都会影响会议的效率。

3.3.4 会议管理技巧

1. 做好会议的各项准备工作

没有人愿意在一个无聊的会议上浪费自己的时间和精力，每个人都希望会议具有价值。但是，在实践中人们几乎都曾有过这样的经历，在繁忙的工作中抽出宝贵时间却参加了一个毫无意义的会议。在会议召开之前，进行充分而必要的准备，不仅关系到会议的成效，而且关系到与会者对时间的合理利用。会议的准备工作见表3-4。

表3-4 会议的准备工作

制定议程安排	① 充分考虑会议的进程，写出条款式的议程安排 ② 确定会议的召开时间和结束时间并和各部门主管协调 ③ 整理相关议题，并根据其重要程度排出讨论顺序 ④ 把议程安排提前交到与会者手中
挑选与会者	① 首要原则是少而精 ② 信息型会议，应该通知所有需要了解该信息的人都参加 ③ 决策型会议，需要邀请能对问题的解决有所贡献，对决策有影响的权威以及能对执行决策作出承诺的人参加 ④ 需要对某些未在会议邀请之列的关键人士说明原因
适宜沟通的会议室布置	① 现场会议室一般比较方便且费用低廉，因此是首选地点。但如果涉及公司的对外公共关系形象或者与会人数很多，则可以考虑租用酒店或展览中心的专用会议室 ② 与会者的身体舒适需求不能忽略，应注意会议室的空调温度、桌椅舒适度，灯光和通风设备也应和会议的规模及安排的活动相适应 ③ 根据沟通的需要来选用适当的桌椅排列方式。信息型会议的与会者应面向房间的前方，而决策型会议的与会者应面向彼此

为了在确保会议安排无纰漏,要进行会议安排工作的核查,简单的核查方法是针对表3-5进行逐项检查。

表3-5 会议安排核查表

检查项目	具体工作负责人	检查结果
会议沟通目标		
会议议程安排		
参加会议人员安排		
会议实物安排		

2. 对会议过程进行合理控制

会议能否顺利进行,不仅有赖于主持人对会议节奏和方向的有效把握,而且取决于对会议过程的合理控制和协调。一般来说,会议的控制和协调主要包括以下方面。

1) 成功地开始会议

"好的开端是成功的一半",一个富有组织、卓有成效的会议,其开场很重要。会议开场秘诀有如下几点。

(1) 准时开会。对于每一位职业的商务人士而言,最头疼、最深恶痛绝的事情莫过于对方不准时、不守时。在高速运转的信息社会,时间意味着抢占的商机、意味着金钱和财富、意味着一切。人们说"浪费别人的时间就等于谋财害命"也是毫不夸张的。对于会议而言就更是如此,因为不准时召开的会议浪费的是所有与会者的时间,这不仅会加剧与会者的焦躁抵触情绪,同时也会令与会者怀疑组织者的工作效率和领导能力。

(2) 向每个人表示欢迎。会议主持人在会议开始时,要用洪亮的声音对每个人表示热烈的欢迎。如果你面对的是一队新的成员,让他们向大家作自我介绍;如果他们彼此已经见过面了,也要确保把客人和新来乍到的成员介绍给大家。

(3) 制定或者重温会议的基本规则。会议的基本规则是会议中行为的基本准则,主持人可以使用"不允许跑题""聆听每一个人的发言"以及"每人的发言时间不能超过5min"等规定作为会议准则。如果准则是由与会者共同制定的而不是由主持人强加给与会者的,效果要更好一些。可以向与会者询问:"你们都同意这些规定吗?"要得到每一个人的肯定答复,而不要想当然地把沉默当成是没有异议。

(4) 分配记录员和计时员的职责。如果可能的话,让大家志愿来担任这些职责而不要由主持人指定。计时员负责记录时间并保证讨论持续进行,记录员则负责做会议记录。对于一些例行会议而言,不妨由所有人轮流担当这些职责。

2) 正确地把握会议

一个优秀的会议领导者总是经常提出他们简短的意见以指引会议讨论的进程。比如说"让我们试试""这是一个好的思路，让我们继续下去。"事实上，如果仔细观察，就会发现优秀的会议主持人最常用的引导方式是提问题，针对目前所讨论的问题引导性地提问，会使与会者的思路迅速集中到一起，提高工作效率。

常用的问题大致可以分为两类：开放式的问题和封闭式的问题。开放式的问题需要花费更多的时间和精力来思考回答，而封闭式的问题则只需一两句话就可以回答了。例如说："小王，你对这个问题怎么看？"这就是开放式的问题；"小王，你同意这种观点吗？"这就是封闭式的问题。

作为一名有经验的会议主持人，应该善于运用各种提问方式，如图 3.1 所示。

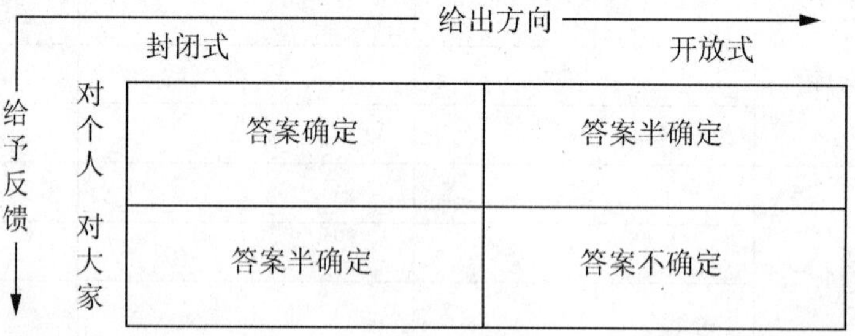

	封闭式	开放式
对个人	答案确定	答案半确定
对大家	答案半确定	答案不确定

（给出方向 →；给予反馈 ↓）

图 3.1　会议提问方式

除以上介绍的提问方式外，提出什么样的问题，即问题的类型也很有讲究。不同的问题有不同的特点。下面一些提问的技巧，作为会议主持人应该灵活地运用，见表 3-6。

表 3-6　问题类型及特点

问题类型	问题特点
棱镜型问题	把别人向你提出的问题反问给所有与会者。例如，与会者说："我们应该怎么做呢？"你可以说："好吧，大家都来谈谈我们应该怎么做。"
环型问题	向全体与会者提出问题，然后每人轮流回答。例如，"让我们听每个人的工作计划。小王，由你开始。"
广播型问题	向全体与会者提出一个问题，然后等待一个人回答。例如，"这份财务报表中有 3 个错误，谁能够纠正一下？"这是一种具有鼓励性而没有压力的提问方式，因为你没有指定人回答，所以大家不会有压力
定向型问题	向全体提出问题，然后指定一人回答。例如，"这份财务报表存在 3 个错误，谁来纠正一下？小王，你说说看。"这种提问方式可以让被问及的对象有一定的准备时间

3) 圆满地结束会议

无论是什么样类型的会议，在会议结束的时候重新回顾一下目标、取得的成果和已经达成的共识以及需要执行的行动都是很必要的。

（1）总结主要的决定和行动方案以及会议的其他主要结果。

（2）回顾会议的议程，表明已经完成的事项以及仍然有待完成的事项；说明下次会议的可能议程。

（3）给每一位与会者一点时间说最后一句话。

（4）就下次会议的日期、时间和地点问题达成一致意见。

（5）对会议进行评估，在一种积极的气氛中结束会议。可以对每一位与会者的表现表示祝贺，表达赞赏，然后大声地说"谢谢各位"来结束会议。

4）灵活地应对会议的困境

会议依赖于与会者的相互作用。开会时出现问题是不可避免的。有时问题因为人而产生，有时因为程序或逻辑而产生。在任何情形下，主持者都有责任令讨论热烈，确保与会者都参与讨论，并保持讨论的正确方向。

（1）如何面对某些人试图支配讨论的局面。在会议中，常常会出现"一言堂"的局面。如果会议的目的是找出不同观点，那么广泛的参与是会议成功所必不可少的因素。有时有些人可能因为富有经验或职位较高而处于支配地位。当这种情形发生时，其他人通常就会只是坐着听。这时，主持者就应该提一些直接的问题，将与会者调动起来。如果其他办法都不能奏效，不妨尝试在中间休息时与那个人私下谈一谈，也许会有所帮助。

（2）如何面对某些人想争论的情况。这种人可能自称无所不知，或者掌握的信息完全是错误的，或者是个吹毛求疵的家伙，喜欢插话打断主持者。在任何情形下，主持者都要保持清醒的头脑。通过提问，主持者可以引出这些人愚蠢的或牵强的发言，然后不再理睬他们。通常，这种人会激怒全体，会有人讲出不欢迎他们的话，然后一片沉默。这时，主持者可再问其他与会者一些直接的问题，从而维持会场讨论气氛的平衡。

通常情况下，这个喜欢辩论的人会意识到情况，然后不再提出问题。但如果这个人不敏感的话，主持者就必须直截了当地向他指出，他这种吹毛求疵的做法扰乱了会议的进程，浪费了宝贵的时间。然后主持者立即向另一个人提问，以便让讨论继续下去。

（3）如何面对某些人和身边的人开小会的情况。当与会者人数很多时，经常会发生这种情形。开小会往往是因为某个人想讲话但又没有机会，或者某个谨慎的与会者在向大会提出某种想法前，想先试探别人的看法。通常，会议中有人开小差是不可避免的。不过这种小会一般比较简短，只有当小会时间持续长了才会成为一个问题。

一个办法是请这个人告诉大家他刚才所讲的内容；另一个办法就是沉默，然后看着那个破坏秩序的人。通常，这样就会恢复会议秩序。

（4）如何面对习惯性的跑题者。可以运用"FAST法"来解决这个问题。这一谈话技巧可以训练一个习惯性跑题者采取一些更富有建设性的行动。这种方法的操作程序一般如下：

F，面对造成问题的人。

A，感谢或肯定这个人以及他的良好意图。

S，建议一种新的行为方式。

T，多做几次尝试，可以逐步改变或者提高你的要求。

例如，假设小王总是在开会的时候讲很多的笑话。他是个很风趣的人，但是他总是会让会议跑题。为了管住他，可以用"FAST法"。

F，注视他，说："小王，我有个建议……"

A，"首先，你的笑话都棒极了……"

S，"但是我仍然不清楚你那聪明的脑袋对这个问题真正是怎么看的？说真的，你是否能够告诉我们你的建议？"

T，如果他还是没有改变，或者你可以更加严厉一些："别这样了。我们已经乐过了，但是现在的要点究竟是什么呢？"

如果这些公开的干预仍然不能够见效，你可以问小王是否可以在休息的时候和他单独谈一谈，私下里告诉他："你看到了他做的那些事情，你如何评价他的这些做法？你的感受和你希望他做些什么？"这样的谈话可以比公开场合中的语气更为坚定和严厉。

3. 做好会后工作

会议结束后，还应做好会后的各项工作，重点是做好落实工作。有一副对联对没有落实的会议作了入木三分的讽刺，上联是：今日开会，明日开会，天天开会；下联是：你也讲话，我也讲话，人人讲话；横批是：谁来落实。该对联讽刺的这类会议并不少见，这样的会议大多是领导者一讲了之，与会者也是一听了之，会后无人落实。为避免这种现象发生，会议应善始善终，并尽力做好下述几项工作。

1）整理会议纪要

在会议结束后，要派相关人员把会议的主要内容整理成会议纪要，分发给有关部门、有关人员，以便有案备查和职责清晰地贯彻执行会议的决定。会议纪要中应包括相关部门应承担的工作任务、责任人、完成时间及验收标准等内容。

2）报道会议消息

如果是对外公开报道的会议，事先应邀请或通知新闻记者到会，进行采访。在征得领导同意和符合新闻单位业务报道要求的情况下，根据会议的不同情况确定发布会议消息，或进行专题报道，或配发评论、社论，以推动会议精神的贯彻、宣传和落实。其间会议秘书要与新闻单位互相配合，撰写、修改稿件，并送相关领导部门审阅。

3）监督检查执行情况

会议的决定应切实执行，并有进度报告、责任人、监督人以及检查考核的时间、标准、方法等。会议纪要可以作为检查工作的一项依据。一定要明确会议是一种手段而不是目的，会议形成的某种思想必须通过贯彻落实才能真正取得实效。"议而不决"是开会的大忌；同样，"决而不行"只能助长走形式、说空话的习气，白白浪费了时间。因而一个有效的会议一定要做到议而有决、决而有行、行必有果。纵观会议的整个过程，可将会议概括为"九不"，即：可开可不开的会不开；准备不足的会不开；议题不明确的会不开；拖延时间的会不开；领导意见代替全体决策的会不开；跑题和重复发言的会不开；对建议压制的会不开；议而不决的会不开；决而不行的会不开。

3.4 群体沟通中的头脑风暴法应用

头脑风暴法（Brainstorming）是现代创造学的创始人、美国学者阿历克斯·奥斯本于1939年首次提出的。Brainstorming原指精神病患者头脑中短时间出现的思维紊乱现象，病人会产生大量的胡思乱想。阿历克斯·奥斯本借用这个概念来比喻思维高度活跃，打破常规的思维方式而产生大量创造性设想的状况。

头脑风暴的特点是让与会者敞开思想，使各种设想在相互碰撞中激起脑海的创造性风暴，其可分为直接头脑风暴法和质疑头脑风暴法。前者是在专家群体决策基础上尽可能激发创造性，产生尽可能多的设想方法；后者则是对前者提出的设想、方案逐一质疑，发行现实可行的方法。这是一种集体开发创造性思维的方法。

> **相关案例**

有一年，美国北方格外严寒，大雪纷飞，电线上积满冰雪，大跨度的电线常被积雪压断，严重影响通信。过去，许多人试图解决这一问题，但都未能如愿以偿。后来，电信公司经理应用奥斯本发明的头脑风暴法，尝试解决这一难题。他召开了一种能让头脑卷起风暴的座谈会，参加会议的是不同专业的技术人员，按照自由畅谈、延迟评判、禁止批评、追求数量的会议规则，大家七嘴八舌地议论开来。有人提出设计一种专用的电线清雪机；有人想到用电热来化解冰雪；也有人建议用振荡技术来清除积雪；还有人提出能否带上几把大扫帚，乘坐直升机去扫电线上的积雪。对于这种"坐飞机扫雪"的设想，大家心里尽管觉得滑稽可笑，但在会上也无人提出批评。相反，有一工程师在百思不得其解时，听到用飞机扫雪的想法后，大脑突然受到冲击，一种简单可行且高效率的清雪方法冒了出来。他想，每当大雪过后，出动直升机沿积雪严重的电线飞行，依靠高速旋转的螺旋桨即可将电线上的积雪迅速扇落。他马上提出"用直升机扇雪"的新设想，顿时又引起其他与会者的联想，有关用飞机除雪的主意一下子又多了七八条。不到一小时，与会的10名技术人员共提出90多条新设想。

会后，公司组织专家对设想进行分类论证。专家们认为设计专用清雪机，采用电热或电磁振荡等方法清除电线上的积雪，在技术上虽然可行，但研制费用大、周期长、一时难以见效。那种因"坐飞机扫雪"激发出来的几种设想，倒是一种大胆的新方案，如果可行，将是一种既简单又高效的好办法。经过现场试验，发现用直升机扇雪真能奏效，一个久悬未决的难题，终于在头脑风暴会中得到了巧妙的解决。

随着发明创造活动的复杂化和课题涉及技术的多元化，单枪匹马式的冥思苦想将变得软弱无力，而"群起而攻之"的发明创造战术则显示出攻无不克的威力。

资料来源：http://www.360doc.com/.

3.4.1 头脑风暴法概述

头脑风暴法是指采用会议的形式，如集中专家开座谈会征询他们的意见，把专家对过去历史资料的解释以及对未来的分析有条理地组织起来，最终由策划者做出统一的结论，在这个基础上，找出各种问题的症结所在，提出针对具体项目的策划创意。

这种策划方法在进行会议时，策划人要充分地说明策划的主题、提供必要的相关信息、创造一个自由的空间，让各位专家充分表达自己的想法。为此，参加会议的专家的地位应相当，以免产生权威效应，从而影响另一部分专家创造性思维的发挥。专家人数不应过多，尽量适中，因为人数过多，策划成本会相应增大，一般5~12人比较合适。再者会议的时间也应当适中，时间过长，容易偏离策划的主题；时间太短，策划者很难获取充分的信息。这种策划方法要求策划者具备很强的组织能力、民主作风与指导艺术，能够抓住策划的主题、调节讨论气氛、调动专家们的兴奋，从而更好地挖掘专家们潜在的智慧。

头脑风暴法的不足之处就是邀请的专家人数受到一定的限制，挑选不恰当，容易导致策划的失败。其次，由于专家的地位及名誉的影响，有些专家不敢或不愿当众说出与己相异的观点。这种策划方法的优点是：获取广泛的信息、创意，互相启发，集思广益，在大脑中掀起思考的风暴，从而启发策划人的思维，想出优秀的策划方案来。

3.4.2 头脑风暴法的基本程序

头脑风暴法力图通过一定的讨论程序与规则来保证创造性讨论的有效性。因此，讨论程序构成了头脑风暴法能否有效实施的关键因素。从程序来说，组织头脑风暴法关键在于以下几个环节。

1. 确定议题

一个好的头脑风暴法从对问题的准确阐明开始。因此，必须在会前确定一个目标，使与会者明确通过这次会议需要解决什么问题，同时不要限制可能的解决方案的范围。一般而言，比较具体的议题能使与会者较快产生设想，主持人也较容易掌握；比较抽象和宏观的议题引发设想的时间较长，但设想的创造性也可能较强。

2. 会前准备

为了使头脑风暴畅谈会的效率较高、效果较好，可在会前做一点准备工作。如收集一些资料预先给大家参考，以便与会者了解与议题有关的背景材料和外界动态。就参与者而言，在开会之前，对于要解决的问题一定要有所了解。会场可作适当布置，座位排成圆环形的环境往往比教室式的环境更为有利。此外，在头脑风暴会正式开始前还可以出一些创造力测验题供大家思考，以便活跃气氛、促进思维。

3. 确定人选

一般以 8~12 人为宜，也可略有增减(5~15 人)。与会者人数太少不利于交流信息，激发思维；而人数太多则不容易掌握，并且每个人发言的机会相对减少，也会影响会场气氛。只有在特殊情况下，与会者的人数可不受上述限制。

4. 明确分工

要推定一名主持人，1~2 名记录员(秘书)。主持人的作用是在头脑风暴畅谈会开始时重申讨论的议题和纪律，在会议进程中启发引导、掌握进程。如通报会议进展情况、归纳某些发言的核心内容、提出自己的设想、活跃会场气氛或者让大家静下来认真思索片刻再组织下一个发言高潮等。记录员应将与会者的所有设想都及时编号，简要记录，最好写在黑板等醒目处，让与会者能够看清。记录员也应随时提出自己的设想，切忌持旁观态度。

5. 规定纪律

根据头脑风暴法的原则，可规定几条纪律，要求与会者遵守。如要集中注意力积极投入，不消极旁观；不要私下议论，以免影响他人的思考；发言要针对目标、开门见山、不要客套，也不必做过多的解释；与会之间相互尊重、平等相待，切忌相互褒贬等。

6. 掌握时间

会议时间由主持人掌握，不宜在会前定死。一般来说，以几十分钟为宜。时间太短与会者难以畅所欲言，太长则容易产生疲劳感，影响会议效果。经验表明，创造性较强的设想一般要在会议开始 10~15 分钟后逐渐产生。美国创造学家帕内斯指出，会议时间最好安排在 30~45 分钟。倘若需要更长时间，就应把议题分解成几个小问题分别进行专题讨论。

3.4.3 头脑风暴法成功的要点

一次成功的头脑风暴除了在程序上的要求之外，更为关键的是探讨方式、心态上的转变，即充分、非评价性的、无偏见的交流。

1. 自由畅谈

参加者不应该受任何条条框框限制，放松思想，让思维自由驰骋。从不同角度、不同层次、不同方位大胆地展开想象，尽可能地标新立异、与众不同、提出独创性的想法。

2. 延迟评判

头脑风暴，必须坚持当场不对任何设想作出评价的原则。既不能肯定某个设想，又不能否定某个设想，也不能对某个设想发表评论性的意见。一切评价和判断都要延迟到会议结束以后才能进行。这样做一方面是为了防止评判约束与会者的积极思维，破坏自由畅谈的有利气氛；另一方面是为了集中精力先开发设想，避免把应该在后阶段做的工作提前进行，影响创造性设想的大量产生。

3. 禁止批评

绝对禁止批评是头脑风暴法应该遵循的一个重要原则。参加头脑风暴会议的每个人都不得对别人的设想提出批评意见，因为批评对创造性思维无疑会产生抑制作用。同时，发言人的自我批评也在禁止之列。有些人习惯于用一些自谦之词，这些自我批评性质的说法同样会破坏会场气氛、影响自由畅想。

4. 追求数量

头脑风暴会议的目标是获得尽可能多的设想，追求数量是它的首要任务。参加会议的每个人都要抓紧时间多思考、多提设想。至于设想的质量问题，自可留到会后的设想处理阶段去解决。在某种意义上，设想的质量和数量密切相关，产生的设想越多，其中的创造性设想就可能越多。

5. 会后的设想处理

通过组织头脑风暴畅谈会，往往能获得大量与议题有关的设想。至此任务只完成了一半。更重要的是对已获得的设想进行整理、分析，以便选出有价值的创造性设想来加以开发实施。这个工作就是设想处理。

头脑风暴法的设想处理通常安排在头脑风暴畅谈会的次日进行。在此以前，主持人或记录员（秘书）应设法收集与会者在会后产生的新设想，以便一并进行评价处理。设想处理的方式有两种：①专家评审，可聘请有关专家及畅谈会与会者代表若干人（5人左右为宜）承担这项工作；②二次会议评审，即由头脑风暴畅谈会的参加者共同举行第二次会议，集体进行设想的评价处理工作。

3.4.4 应用头脑风暴法应注意的问题

头脑风暴是一种技能、一种艺术，头脑风暴的技能需要不断提高。如果想使头脑风暴保持高的绩效，必须每个月进行不止一次的头脑风暴。有活力的头脑风暴会议倾向于遵循一系列陡峭的"智能"曲线：开始动量缓慢地积聚，然后非常快，接着又开始进入平缓的时期。头脑风暴主持人应该懂得通过小心地提及并培育一个正在出现的话题，让创意在陡峭的"智能"曲线阶段自由形成。

头脑风暴提供了一种有效的、就特定主题集中注意力与思想进行创造性沟通的方式，无论是对于学术主题探讨或日常事务的解决，都不失为一种可供借鉴的途径。唯一需谨记的是使用者切不可拘泥于特定的形式，因为头脑风暴法是一种生动灵活的技法，应用这一技法的时候，完全可以并且应该根据与会者情况以及时间、地点、条件和主题的变化而有所变化、有所创新。

3.4.5 参与头脑风暴的好处

头脑风暴的好处有：极易操作执行，具有很强的实用价值；非常具体地体现了集思广益，体现团队合作的智慧；每一个人思维都能得到最大限度的开拓，能有效开阔思路、激发灵感；在最短的时间内可以批量生产灵感，会有大量意想不到的收获；几乎不再有任何难题，面对任何难题，举重若轻。对于熟练掌握"头脑风暴法"的人来讲，再也不必一个人冥思苦想、孤独"求索"了；因为头脑越来越好用；可以有效锻炼一个人及团队的创造力，使参加者更加自信；因为会发现自己居然能如此有"创意"；可以发现并培养思路开阔、有创造力的人才，创造良好的平台，提供了一个能激发灵感、开阔思路的环境，因为良好的沟通氛围，有利于增加团队凝聚力、增强团队精神；可以提高工作效率，更快、更高效地解决问题，使参加者更加有责任心，因为人们一般都乐意对自己的主张承担责任。

【案例讨论】

某制造企业的会议沟通

最近，客户对产品质量提出许多批评意见，有的甚至要求退货，形势很严峻。以前从未发生过这样的事，这不仅影响到企业的声誉，而且涉及全厂的生产计划。目前正面临着上半年的工作总结，如果这一环节处理不好，不仅企业经济效益要受影响，而且会使全厂上半年的成绩前功尽弃。

问题是从销售部开始的，客户的意见反映到销售部，销售部找到质检科，质检科的人认为是生产车间的责任，而生产车间认为事情并不那么简单，事态很有些扯皮的倾向。为了尽快解决这个问题，厂领导经过商量，决定由销售副厂长主持、生产副厂长辅助，召开由销售部长、生产车间主任、质量控制部副主任、技术开发部部长、该产品的设计小组负责人等参加的联席会议，主题为：如何解决这批产品销售中出现的问题。会议通知在两天前经厂办公室电话或口头传达到各部门和车间。

经过初步调查，这批产品的质量与生产制造有关，所发生的问题主要是零部件易损。所以，本次会议的主角将是生产车间主任。此事已通知生产车间，责令他们尽快查出原因并上报。

会议原定8：30正式开始，现在时间已到，除生产车间主任外，其余人员全部到齐。会议主持人销售副厂长决定再等一会儿。10分钟过去了，还不见生产车间主任的影子。生产副厂长有些着急，毕竟是属于他管的人，便让人打电话去催。打电话的人回来报告说：主任一早就来了，在车间布置完工作就和一个人出去了，不知去了哪里，临走时还交代上午开会。这时，参加会议的其他人员开始交头接耳地议论起来，有的人甚至发起牢骚。生产副厂长和销售副厂长商量了一下，决定不再等了。在拖了近20分钟后，会议开始了。先由销售副厂长把最近发生的事向与会人员作了简短说明，并希望大家就两个问题进行讨论：

（1）出事的原因是什么？
（2）现在怎么办？

销售副厂长刚说完，销售部长就发言："我看当务之急是挽回声誉。这批产品确实有质量问题，我的意见是允许用户退货，由生产车间返修。"技术开发部部长接着说："从技术的角度看，返修的工作量是很大的，短时间内完不成。再说，这批零件是由外协单位加工的，让生产车间返修也不合适。"

销售部长说："外协单位也是生产车间的责任，本来这个单位就是他们找的嘛，他们应该负责到底。"

作为生产副厂长，他知道生产车间的任务很重。便说："可是生产车间现在任务很重。如果不加班，连上半年的生产计划都很难完成，再返修，不仅压力太大，恐怕要影响正常的生产任务。"

销售部长的口气有些生硬:"作为生产副厂长,你不能只考虑你的生产车间,你应该考虑全厂职工的利益。我们销售部因为此事受到客户责骂,谁又来体谅我们?"

正在这时(大约9:10),生产车间主任匆匆地赶了进来。大家几乎同时把目光集中在他身上,有埋怨、有疑问、有好奇……生产副厂长作为生产车间主任的上司,这时感到很难堪,于是便气愤地责问:"你干什么去了?不知道开会吗?"

"对不起,我去和部件加工单位谈质量问题,想进一步弄清原因。"

"说好8:30开会,主要讨论你们的问题,你不来,还开什么会?"

"不是说销售会议吗?怎么会讨论我们的问题?"

"销售会议主要是解决产品质量问题,你当然是主要人物嘛。"

"通知我是销售会议,我以为就是销售问题。再说,以前开会不是也有人迟到吗,何必大惊小怪。我也不是为自己的私事,还不是为了弄清原因!"

资料来源:孙健敏. 管理中的沟通[M]. 北京:企业管理出版社,2004.

讨论:

1. 如果你是生产副厂长,接下去该怎么说?
2. 如果你是销售副厂长,这时你该怎么办?
3. 从团队沟通的角度看,为什么会发生这个问题?如何才能使团队会议更有效率?

【沟通游戏】

给别人留下深刻印象

1. 认识更多的人

(1) 游戏目的:使参与人员相互认识并沟通信息,看谁在规定的时间内认识更多的人,同时也被更多的人认识和记住。

(2) 游戏所需的材料:空白的可粘贴式姓名标签。

(3) 游戏步骤。

① 给每人发一个空白姓名标签,请他们把自己的名字或者绰号写在上面。

② 请他们简短地列举出两个与自己的情况有关的、可以当话题的短语,比如来自什么地方、爱好、家庭情况等,例如,白雪、家住重庆、喜欢慢跑。

③ 给参与者足够的时间(约1分钟)来写下自己的两项情况,然后请他们随意组合成两人或至多不超过三人的小组。每过几分钟,就请他们"交换伙伴",以此来鼓励每个人都去结识尽可能多的新伙伴。

(4) 游戏总结。

① 这一练习是否有助于你结识他人?

② 哪些人,是什么原因让你在短时间内记得他?

③ 通过这一游戏,你对自己所在的群体是否有新的认识?

2. 留下深刻印象

(1) 游戏目的:通过提问或回答问题,让别人对你产生深刻的印象。

(2) 游戏要求:请每个人在随意组成的两人或三人小组中都问一个你认为很特别的问题,同时尽量回答他人所问的问题,加快这一活动的节奏,看谁参与的小组最多。

(3) 游戏总结:给参与者3分钟的时间来进行思考,然后回答以下问题:

① 你参加了几个随意组织的小组进行沟通?

② 你认为自己提出的问题特别吗?

③ 其他人提出了或回答的哪些问题令你的印象最深?

练习题

一、填空题

1. 团队沟通，是指为了更好地实现团队（　　），团队成员之间所进行的（　　）传递与交流。
2. 群体是两个或两个以上的人，为了达到共同的目标，以一定的方式联系在一起进行活动的（　　）。
3. 会议是（　　）沟通的重要形式。人们在日常生活和工作过程中都要或多或少地举行或参加各种会议。会议是人们进行信息传递与交流的（　　），也是人们进行（　　）的重要方式。
4. 头脑风暴法的成功要点有（　　），（　　），（　　）。

二、多项选择题

1. 群体具有的特征是（　　）。
   A. 经常性的社会互动　　　　B. 具有明显的独立性
   C. 具有明确的行为规范　　　D. 具有共同一致的群体意识
   E. 相对稳定的成员关系
2. 团队沟通特点有（　　）。
   A. 平等的沟通网络　　　　　B. 规范的沟通
   C. 沟通气氛融洽　　　　　　D. 采用正式沟通
   E. 外部沟通频繁
3. 根据群体的组织化、正规化程度，社会群体可以划分为（　　）。
   A. 初级群体　　　　　　　　B. 次级群体
   C. 正式群体　　　　　　　　D. 非正式群体
   E. 间接群体
4. 团队结构是指团队成员的组成，它包括（　　）等。
   A. 年龄结构　　　　　　　　B. 专业结构
   C. 能力结构　　　　　　　　D. 性格结构
   E. 知识结构及观点信念结构
5. 造成会议无效的因素是多方面的，归纳起来大致有（　　）。
   A. 会议目的不明确　　　　　B. 简单问题复杂化
   C. 意见分歧处理不当　　　　D. 会议主持人主持不力
   E. 会议持续时间过长以及物质因素

思考题

1. 举例说明非正式群体的概念。你认为非正式群体在组织沟通中具有哪些作用？
2. 高效的团队沟通方式有哪些？你所了解的企业中有团队沟通方面具有特色的吗？试分析其特点。

3. 你认为有效的会议技巧有哪些?

4. 请你根据表3-7中左栏的问题,从右栏挑出相应的对策,将问题和相应的对策用直线连接起来。通过该练习学习如何更好地控制会议。

表 3-7 问题与对策

问 题	对 策
① 你想让讨论热烈	A. 请每个与会者总结其他人的发言
② 你想打断某项讨论	B. 问小组一个开放式的问题
③ 几个与会者在开小会	C. 询问小组的反馈意见
④ 两名与会者就一个观点争执	D. 问小组一个具体的问题
⑤ 与会者问了你一个难以回答的问题	E. 把问题转回给小组
⑥ 你想调查对一个观点的支持程度	F. 问与会者一个具体的问题
⑦ 你想知道自己是否是个成功的会议主持人	G. 请某个与会者总结讨论

第4章

人际沟通

RENJI GOUTONG

【学习目标】

1. 了解人际沟通的含义、特点和作用。
2. 掌握自我沟通的方式方法。
3. 掌握人际沟通技巧。
4. 理解提升人际沟通能力的基本策略。

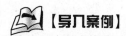

一位保险业务员，好不容易见到目标客户后，对方却给了她一枚硬币，说是给她回家的路费。当时她很生气，在她扭头要走的一瞬间，她看到客户的办公室里挂了一张小孩的头像，于是她对头像深鞠一躬说："对不起，我帮不了你了。"客户大为惊讶，忙问究竟，于是头一单生意就这样谈成了。原来这个客户最爱护他的儿子，所以把儿子的画挂在办公室里天天看。

这个案例说明沟通的切入点很重要。要找准沟通的切入点，需要我们收集到足够多的信息，找准对方关心的事情，消除其抗拒心理，从而调动对方的参与程度，增加成功沟通的概率。

4.1 人际沟通概述

社会中的人和人之间存在着一定的关系，必然要相互接触、相互联系，即进行各种各样的沟通和交往。因此，人际沟通是人类社会存在的重要方式，是人们相互认识、相互理解、相互合作的重要途径。随着社会的快速发展，人们沟通和交往的领域不断拓宽，其作用越来越突出，越来越引起人们的重视。人们要想成功地做好各种各样的事情，处理好各种各样的关系，不但要有良好的沟通，同时在沟通中还要注意礼仪规范，以便达到完美、有效的沟通目的。

4.1.1 人际沟通的概念

沟通是指信息、思想和情感在个人和群体之间的传递过程，其意义较为广泛，它既可以是人与机器之间的信息交流，也可以是人与人之间的信息交流。所谓人际沟通，是指后一种，即人与人之间的信息交流。

人际沟通是指人际间的信息交流和传递，包括人与人面对面和非面对面的两种信息交流方式，旨在传达思想、交换意见、表达感情和需要等。事实上，沟通既是人类与生俱来的一种本能，也是一种学习的行为。婴儿与母亲就有许多交流，他的哭泣可以获得母亲的关心；幼儿用"童言"与人沟通，说话天真无邪；儿童随着年龄的增长、词汇量的增加，在不同的场合以不同的方式与人们沟通，且沟通的技巧越加成熟。

沟通无时无地不存在，人的一生时时刻刻都在同周围打交道。在家里，有父母子女、兄弟姊妹、夫妻之间的沟通；迈出家门，便有街坊、乡邻的沟通；走进学校，就会有师生、同学的沟通；进入社会，则会有同事、同行、朋友、上下级以及各行各业的更加复杂的人际沟通，人生就是在个人与周围的人们沟通中不断发展和完善的。因此，能否正确有效地进行人际沟通，对人生、工作、社会都有着重要的意义。

4.1.2 人际沟通的特点

1. 人际沟通具有双向性

人际沟通是人与人之间的信息交流，在这个交流过程中主体或者在听或者在说，特别是在口语的沟通过程中，"听""说"的地位还在随时转换，沟通的双方既是"表达者"，也是"领悟者"，如果有一方拒绝，沟通便会中止。因此，人际沟通的双向性是非常明显的。

2. 人际沟通具有阶段性和连续性

人际沟通是一个连续发展的过程，人与人之间通过沟通，从互不认识到形成友谊，其发展具有阶段性和连续性。

1) 第一阶段

这是由不相识到相识的阶段。该阶段的接触双方都是礼节性、应酬性的，各自的行为掩盖着自己的真实风貌，假如双方无沟通要求，沟通便会中断。假如一方或双方有沟通的要求而付诸行动，那么沟通会得到进一步发展。

2) 第二阶段

这是由相识到相知的阶段，双方经过一定的接触、沟通后陌生感逐步消除，相互有了一定了解，感情交流逐步代替了礼节应酬。这时双方有了大致印象，并产生了进一步交流的意向。

3. 人际沟通受内部与外部因素的影响

人际沟通受内部因素的影响，沟通者的表达能力、理解能力、文化程度、心理素质、人格特征等因素直接关系到沟通的成功与失败；同时，人际沟通也受外部因素的影响，时间、空间、环境等因素又都直接制约着沟通能否顺利进行。

4.1.3 人际沟通的作用

人际沟通是人的一种需求，是人与人建立关系的起点，是改善和发展关系的重要手段。

1. 人际沟通是维持人的身心健康的重要保证

根据生理心理学家的研究，有些疾病，如神经衰弱、胸闷等都与人际关系失调、心理失衡有关。因此，开展人际沟通，在沟通中进行情感交流、诉说自己的喜怒哀乐、宣泄积郁、排解忧烦，从而得到信息接收者的理解、支持、帮助，这无疑是维持人的身心健康的重要保证。试想，如果剥夺了一个人的正常交往，不允许他与别人正常沟通，必然会造成心理或生理上的疾病。

2. 人际沟通能够促进人进一步认识自我

沟通者能够明确他人对自己的态度和评价，从中可以正确地认识自我，找出自身的长处、差距与不足，从而做到扬长避短，使自身的素质不断提高。

3. 人际沟通能协调和改善人际关系

人际关系建立以后，如果缺乏必要的正常沟通，就会使关系停滞或流于形式，甚至会恶化或中断。相反，通过适当的沟通互相交流思想和情感，人际关系就会得到协调和改善，并朝着健康、亲密的方向发展。

4. 人际沟通能够促进社会整合

整合是指以个体为单位生活与生存的人，通过沟通的纽带而连接成为社会群体。个人是社会中相对独立的个体，社会是由无数个人组成的。在社会群体中，各人扮演着各自的社会角色。通过沟通，可以把分散的个体联合起来，组成各种不同的社会群体，形成各种不同的社会关系。因此，人际沟通是整个社会运动的一种机制。社会绝大部分信息传播和反馈都与人际沟通有关。通过人际沟通，使个体能接收社会信息，打开人和人之间存在的闭合的圈子，并使人们联合起来进行社会活动，从而不断实现社会的整合。

4.1.4 人际沟通的途径

1. 沟通程序

信息学家把人们运用语言（口语或书面语）进行沟通的过程表述为"编码-发送-传递-接收-解码"5个程序。认知这5个程序，有助于有效地进行沟通，如图4.1所示。

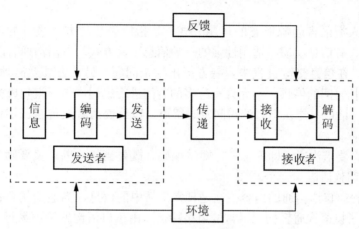

图 4.1 沟通程序图

1）编码

互相沟通的一方，为了向对方传递某种信息，首先需要在语言中寻找恰当的词语，并按语法规则把这些词语编排成句，谓之编码。口语编码大多是随想随说、随想择词、由词组句的编码形式；书面语的编码，一般是随思随写、随思择词、由词组句、由句成篇的编码过程。书面语的编码大都比口语编码郑重，书写后往往有个回头检查修改的检码过程。编码程序是沟通的开始，话说得是否规范准确、明白生动，都决定于编码时对语言的选择。编码不当，就会影响沟通。所以编码在语用程序中，是相当重要的一个环节。

2）发送

一旦编码工作完成，就要发送。口语要经发音器官发送，书面语要把语言转化为文字再进行发送。这一环节，有个发音是否准确清晰、高低是否适度、字形是否正确的讲究。如果发送不当，就会影响听者或读者的接收。

3）传递

这是说者或写者向听者或读者传递信息的阶段。口语传递信息，言语一旦说出口，就要靠音波进行传递了，如果周围出现了其他声音的干扰，就会影响传递。书面语要想产生沟通效果，就要发送、递交、投寄、传真。如果在这些过程中出现失误，也同样影响传递。所以不论是口语传递或书面语传递，事先应采取防备干扰和出现失误的措施，使传递顺利进行。

4）接收

口语或书面语传递到听者或读者那里，听者或读者的接收器官积极活动起来进行接收。口语沟通的直接接收器是听觉器官，书面语的直接接收器是视觉器官。这一环节要求接收器必须有正确辨识语音或文字的能力及接收者细致认真的听读态度，否则都会使接收"短路"，使沟通无法正常进行。

5）解码

听者或读者接收到对方的信息后，正确理解对方的意思，便是解码，也有人叫它"译码"。在一般情况下，至此沟通语用程序好像结束了，但实际上人际沟通中还需信息反馈。反馈是指信息接收者对信息发出者发出的信息所作出的反应。接收者作出的人际沟通与社交礼仪反应，依然通过"编码-发送-传递-接收-解码"这5个程序来进行。

2. 沟通的媒介

1）口语沟通

口语沟通是人类语言起源形态的运用方式，是指以说话的方式进行的沟通，是迅速灵活、能随机应变、有信息反馈、适用性强的一种信息传递方式。口语沟通有以下几个特点：

（1）及时性。在信息交流过程中，一方提出一个问题，另一方要及时地给予信息反馈，中间不允许有较长时间的停顿，不允许有过多的时间进行组词成句、组句成篇的思考。

（2）暂存性。话语只能在出口的瞬间暂时留声。留给说话者发现自己话语不妥或不足之处的时间相当短暂。

（3）临场性。要求沟通者即席思考、即席编码，既要当机立断，又要随机应变，根据受话人的反应及时调整话语。

（4）风格轻松。口语沟通的内容往往是日常生活中的信息，沟通的场合也是日常生活的场合，这就促成了口语沟通轻松、寻常的风格特点。由于口语沟通简便易行、直截了当，所以在沟通的场合、对象、内容上，均有广泛的适用性。但口语沟通的局限性也较大，不仅受时空限制，而且受信息发送者和接收者自身条件的限制。如果信息发送者语言表达能力差，不能准确地传递信息，会使信息接收者不解其意；如果信息接收者反应不灵敏，不善于分析信息，反馈能力差，也会导致信息传递失误，降低沟通效果。

2）书面沟通

书面沟通是指用文字书写的方式进行的沟通，它是借助于一定的符号系统把人们表达的思想记录下来，这种沟通自人类产生文字后就已被广泛采用，如书信、通知等。书面沟通的主体可以从容命笔、精思巧构、字斟句酌，表达的思想、情感具有一定的准确性。信息接收者可以反复推敲信息，加深对信息的理解。书面沟通可以突破时空的双重限制，同时也便于保存、查对。

3）非语言沟通

非语言沟通是人类社会沟通中的另一种重要手段，它是以人的仪表、姿态、动作、神情等作为沟通媒介，进行传递信息、表达感情的一种无声语言。由于这些行为是自发的和难以掩饰的，它比语言更富有真实性。所谓"快者掀髯，愤者扼腕，悲者掩泣，羡者色飞"，讲的就是这个道理。但与语言相比，非语言沟通中，体系还不够完善，符号手段也较为有限，表意很难丰富精密，故而它始终不能脱离语言独立实现表达功能。非语言还不是人类的思维工具，它的表情达意必须依靠语言这个媒介来实现。因此，非语言沟通是语言沟通的一种辅助形式。古人云："情动于中，而行于言，言之不足，故嗟叹之，嗟叹之不足，故咏歌之，咏歌之不足，不知手之舞之足之蹈之也。"可见非语言沟通是以语言沟通为基础的，离开语言沟通，非语言沟通也难以存在。

4.1.5 影响人际沟通的因素

人际沟通虽然具有无时无地不存在的特点，但在沟通过程中常常受到各种因素的影响，具体来说有如下7个方面。

1. 心理因素

人的心理素质和人际沟通有着密切的联系，良好的心理素质能对情绪、感情起调节作用，使人能够遇事不慌、遇乱不惊，能激发人的潜能、磨炼人的意志，保证沟通的顺利进行。另外，一个人是否善于沟通、如何沟通，与人的个性密切相关，如热情、直爽、健谈、富有同情心、能体谅人的人易与人沟通；相反，性格孤僻、固执、冷漠、以自我为中心的人，很难与人正常沟通。在日常的工作或学习中，要逐渐使自己的人格成熟，能够很好地理解别人、容忍别人的不足、对别人具有同情心，为沟通打下良好的基础。

2. 逻辑思维因素

思维是人脑的机能，是人脑对于客观事物间接的、概括的反应。思维对客观事物的反应是借助于语言来实现的，思维和语言有着不可分割的联系。正确地进行逻辑思维，能够保证概念正确、判断恰当、推理合理，不犯逻辑错误，从而达到准确传递信息和接收信息的目的，使沟通能够有效进行。

3. 理解因素

理解是指在人际沟通中能够准确感受和领悟他人所说的话、所表示的态度和所表达的情感等。人际沟通是人与人之间语言或非语言的信息沟通和感情沟通，沟通的成败与否，与理解密切相关。在人际沟通中，要得到相互间的理解是很不容易的，必须善于听其言、观其行，以了解并认识沟通对象，这样才能为有效的沟通奠定良好的基础。

4. 语言因素

语言是用来表达思想、交流情感的工具，是一种社会现象。语言的成分是语音和语义的结合物，但是，什么样的语音和什么样的语义相结合并没有必然的理由。正因为这个缘故，相同的语义在不同的语言中就能用不同的声音来表达。因此，语言直接影响着沟通。如果沟通中一方只懂英语，另一方只懂汉语，中间没有翻译，那么双方就很难沟通。即使在同一语言中，也有用不同的声音表达相同意义的情形，如汉语中的"头"和"脑袋""水泥"和"水门汀"等。正因为这样，如何把话说得贴切、恰到好处、适合情境，使交流双方都能理解对方要表达的意思和情景，就离不开语言的使用技巧。沟通中，如果措辞不当、使用晦涩难懂或信息接收者不熟悉的语言，沟通就会受阻或中断。因此，人们不仅要努力提高自己的语言水平，而且还要了解一些语言知识，以便达到良好沟通的效果。

5. 文化背景因素

每个人都有不同的社会地位、教育程度、种族、宗教信仰和人生阅历，这些因素决定其具有不同的社会文化背景。社会文化背景不但制约着人际沟通的形式，而且还制约着人际沟通的内容。例如，对外国的游客不称"先生"而称"同志"，他会感到莫名其妙；对港台商人不叫"老板"而叫"同志"，也会得不到认可。某市一家涉外商店里，营业员看到一位英国顾客长时间地注视着柜台中的工艺品，于是就挑了这位顾客看得时间最长的一件递给他，这位英国顾客点点头接在手里，可目光还在游移着。最后，他拿起一对稍小一点的景泰蓝花瓶端详着，这位营业员想为他参谋一下，便用英语说："先生，这件不错的，又比较便宜。"谁知语音刚落，英国顾客朝她看了看，道了声谢，笑一笑立刻转身而去。后经翻译指点，才知道是"便宜"两字赶走了英国顾客。在英国人心里，认为买便宜货有失身份。可见东方的

第4章 人际沟通

文化背景与西方的文化背景不同，导致他们的思维方式也不同。因此，文化背景对人际沟通有着很大的影响。沟通时，一定要考虑对方的文化背景，选用符合对方条件的语言和姿势。

6. 环境因素

环境对沟通的效果有一定的影响。沟通时的环境千差万别，有来自外部的大环境，也有来自客观的小环境。大环境包括交通的噪声、人的嘈杂声、气候状况等。如果周围噪声过于强大，沟通一方发出信息后，可能会受到外界干扰而失真，造成另一方无法接收信息或误解信息含义，出现沟通困难；再如气候炎热或寒冷，使信息发出者或信息接收者心理烦躁或身体哆嗦，都会使沟通出现困难。小环境包括光线、沟通双方的衣着、空间距离等，这些因素在沟通中常会引起人们注意力转移，也会影响沟通的效果。因此，在沟通的环境安排上，应选择恬静、舒适的地方，尽量提高语言清晰度，消除周围环境的干扰，确保信息的准确传递。

7. 礼仪因素

礼仪作为一种文化现象，是伴随着人类一起产生并发展起来的。人类活动的方方面面，可以说无处不存在礼仪。它对协调人际关系的行为有着重要的作用。人们在沟通过程中，如果能语言谦恭、举止得体、尊重对方、以礼待人，一定能为对方留下良好的印象，为沟通营造一种好的氛围。相反，人们在沟通时如果用语粗俗，动作不雅、不尊重对方，那又有谁愿意去和你沟通呢？可见规范的礼仪也是影响人际沟通的一个重要的因素。

相关案例

小李是一个销售人员，在公司业绩还算不错。有一天他女朋友跟着他去逛公园，他女朋友说："小李，我们分手吧。"小李听到"分手"，心里非常难受，自言自语："我怎么这么倒霉？她为什么不要我了？为什么我不如别的男人？为什么我要被人抛弃？为什么我找不到爱我的人？"小李回到家里，越想越难受，挠头抓胸、痛苦伤心、躲在棉被里哭。然后带着伤心的心情去酒吧喝酒。一连喝了一打啤酒的小李烂醉了，盯着旁桌的一个女孩说："来，喝酒，干杯，你长得好难看哦。"结果上来一男的拽起小李的衣服就打，说欺负他女朋友，暴打一顿后把小李扔出去了。小李稀里糊涂地回到家睡下了，一睡不见醒，第二天下午，老板打电话来："小李，怎么今天没来上班。"小李还在烂醉中说："上什么班？"老板说："小李你醒醒，我是你老板。"烂醉的小李说："什么老板，别管我，上什么班啊？"一个小时后，客户王经理打来电话："小李吗？我是王经理啊。"小李说："什么王经理，有什么事啊？"王经理说："你不是说上午送货过来吗？怎么现在还没送过来？马上给我送过来！"小李说："送什么货，你自己送去，要送你自己去。"

人们经常说，一件事情毁了一辈子。可怜的小李感情上受到刺激，自我沟通出现了问题。因为没有调整好情绪、注意力放在另一面，让自己在很长时间还站不起来，影响了自己的发展，甚至断送个人的前程。

如果学会自我沟通，调整注意力、控制情绪，那么小李会怎么做呢？

同样的小李，女朋友跟着小李逛公园，女朋友跟小李说："小李，我们分手吧！"被抛弃的小李，因为学会了情绪控制，开始问自己："我是不是最棒的？是的，我是最棒的！她抛弃我是她的损失，我只是少了一个不爱我的人，她却少了一个爱她的人，我根本没有损失，我自由啦！我可以找到一个更好的、更爱我的人！"小李回到家里精心打扮自己：穿西服、系领带、整头发、擦皮鞋，非常自信。一个情绪饱满、帅气十足的小李来到酒吧，他问邻座一位漂亮的女孩："可以跟你喝杯酒吗？"那女孩答应了，于是两个人开始喝酒。小李又说："可以跟你跳个舞吗？"，那女孩又答应了,在跳舞时,小李问漂亮的女孩说:"你很漂亮,你有男朋友吗?"漂亮女孩说:"没有。"小李说:"我可以跟你跳一支慢舞吗?"女孩说:"可以。"于是两人跳起了慢舞。小李潇洒的舞姿迷住了漂亮女孩。小李趁势问:"你有没有一点喜欢我?"女孩说:"有一点。"小李说:"我带你去看电影好不好?"女孩问:"什么时候?"小李说:"现在!"于是小李带着漂亮女孩去看电影。就这样小李结交了这位漂亮的女友,两个人开始谈恋爱。在谈恋爱的过程中,小李一直幸福地享受着,在工作上也进步很大,业绩倍增,被提升当了公司的销售经理。半年后他们俩走进了结婚的礼堂,过着幸福快乐的生活。

4.2 自我沟通

现代社会快速的生活节奏让很多人每天都奔忙于和客户沟通、和上司下属沟通,闲暇时间则忙着陪伴家人,可能鲜有和自我沟通的意识。"知人者智,自知者明。胜人者有力,自胜者强",尘世间万事万物相辅相成,只有自我沟通顺畅,才会真正做到人生的豁达,也才能真正和他人和谐相处。

沟通不仅指人与人之间的人际沟通,它还包括自己和自己在思想观念上的交流和传递,也就是自我沟通。自我沟通是信息在个人自身内的传递,它有可能是被许多人长期忽略却亟待了解的问题。

4.2.1 自我沟通的内容

认识自己与自我定位是自我沟通的重要内容。

1. 认识自己

认识自己是自我沟通的第一步。只有真正认识了自我,才能够在此基础之上作出正确的判断,采取合适的行动。认识自我包括认识自己的情感、气质、能力、水平、品德修养和处世方式,意味着一个人真正做到功过分明、实事求是,既不在别人的溢美之词中忘乎所以,也不因他人一时的否定而自暴自弃。正所谓"不识庐山真面目,只缘身在此山中",认识自我的时候,一定要跳出自我的藩篱,跳出"庐山",用真实、客观、诚恳的态度理性地分析和审视自我。在自我认识的过程中,尤其需要警惕别人的夸奖和赞许。现代心理学研究中将对别人赞美的偏爱称之为自我肯定的需要,但是过分地执迷其中会和认识自我产生冲突,让人辨不清自己的位置和方向。

一代科学巨匠爱因斯坦曾收到以色列当局的一封信函,信中极尽赞美之词,诚挚地邀请他去担任以色列总统一职。爱因斯坦作为犹太子民,倘若能够当上犹太国家的总统,在一般人看来,简直是三生有幸、光宗耀祖。但出乎所有人意料的是,爱因斯坦婉言谢绝了这份邀请。他说:"我整个一生都在同客观物质打交道,既缺乏天生的才智,也缺乏经验来处理行政事务以及公正地对待别人。所以,本人不适合如此高官重任。"人们虽不必强求自己同爱因斯坦一样睿智,但却可以从他身上学得认识自己的那份清醒。

2. 自我定位

自我定位是自我沟通的重要部分。每个个体都是独一无二、不可重复的存在;个体的生活质量和生活内容都是彼此迥异的,都有着区别于他人的潜力和特质。无论生命出身如何、相貌几分、学历高低,只要能正确地认识自我、了解自我、相信自我,找准坐标系中的位置,并且坚定信念,勇敢地走下去,每个人都可以成功。

相关案例

1991年,英国曼彻斯特老特拉福德,预备队教练埃里克·哈里森一如既往地坐在更衣室上面的二楼餐厅,透过窗户观察训练场上少年队球员的比赛。突然,一个少年试图用一个50码开外的吊射进攻对方的球门,埃里克坐不住了,他猛地推开窗户,冲着少年吼道:"喂,你这个愚蠢的小混蛋,别再试着踢那些好莱坞式的长传球了!"短传配合在球场上更容易破门得分,这种长传球在正式比赛中很难给对方球门造成威胁。但少年没有因为教练的怒吼而放弃自己的长项,被称为"喜欢长传的人",他接受并喜欢上了这种定位。1996年8月17日,在曼联与温布尔登的英超比赛中,少年在本方半场接麦克莱尔传球后突然起脚射门,皮球以一道美妙的弧线飞越整个半场,并在门将的手和球门横梁之间坠入球网。那个少年也因为这空前绝后的一脚一夜成名,他就是大卫·贝克汉姆。

通常人们都会在事业坐标轴上寻找到自己安身立命的位置,在那个坐标点上努力奋斗,打造自己的生活。其实生活中还有一个信念坐标轴。自我沟通除了包括自我认知、自我定位之外,还包括找到自己的信念坐标轴。在这个坐标轴上,人们寻找着自己的处事原则、自己的信念力量、自己的精神核心。而坚强的信念、强大的精神力量可以帮助人们战胜很多挫折和困难。

管理大师杰克·韦尔奇曾经说过:"没有什么细节因细小而不值得你去挥汗,也没有什么大事大到让你尽了全力还办不到。"谁都避免不了经历和体验尘世的艰辛和痛苦,那么与其消极悲观、怨天尤人,不如抖擞精神,告诉自己:黑暗不是我的人生色彩,我只是在经历黑暗。当放下那些没有必要的心理负担之后,自然会拨开云雾见月明。

4.2.2　如何深入自我沟通

充分了解自己、对自己进行正确的定位,是进行正确自我沟通的前提和基础,如何进行深入的自我沟通,还需要学会独处、自己和自己聊天等自我沟通的技巧。

1. 学会独处

独处不等同于孤独,人们只是从喧嚣的外部世界中暂时抽身出来,回归到自我的家园,体会着自我的价值、信念、理想以及自我的完整,并且在这种完整中清晰"照见"自我,感受自我的精神力量和道德坚守,然后用这份力量去追求自己的梦想,达成自己的心愿,对抗外部世界的挑战、压力以及尘世间的纷纷扰扰。

创作出著名剧作《等待戈多》的诺贝尔文学奖得主塞缪尔·贝克特,就是一个热衷于独处的现代隐士。1936年,贝克特在日记中写下了这样一句话:"独处的感觉真是美妙极了。"他一生都钟情于沉默和宁静,常常一个人流连在柏林蒂尔加腾公园,久久不愿离去。贝克特并不是为了独处而独处,他坚信沉默和独处对他的写作是至关重要的。

有很多人觉得生活节奏如此快,怎么会有时间去独处呢?其实即便工作压力、生活压力等各种重负如影随形,总会有片刻时光可以供一个人细心品味。不必为获得独处的时刻而尽显怪癖偏颇,生活中有很多种简单方法可以完成这样的自我沟通旅程。例如,找个假日,独自一个人在乡下麦田里散步；或者清晨早起，独自去感受一下黎明破晓的壮美；抑或是在街边花园的长椅上闲坐片刻，吹吹风；还可以伫立在无边空旷中，感受大自然的那份清灵和宽阔。独处时，会有时间和机会去重新思考自我定位、价值系统和精神状态。当用片刻时间去重新温习这些"自我话题"时，一定会带来很多积极的作用。

2. 学会和自己聊天

和自己聊天就是自己和自己说心里话。生活中人们对自己评价过低、对于未来没有信心和勇气、莫名地感受到愤怒或者抑郁，这些负面情绪是每个人都会经历的体验。对此，不同的个体有着不同的解决方法。有些人习惯向父母倾诉苦衷，有些人选择在爱人的温存中慢慢疗伤，也有些人通过在网络上和陌生人聊通宵来排解内心的不快和郁闷。人们总是在四处寻找那些可以信任的人去疏解自己的失望和无助，但每每这时，人们总会忘记还有一个最忠实的朋友，那就是自我。和自己说说心里话，也是自我沟通的重要方法。

现代心理学的发展也证明，适当地和自我开展对话，有助于人们改善情绪、调整心态、实现自我释放、完成自我沟通。和自己聊天有两种方式：正向自我谈话和负向自我谈话。正向自我谈话方式是指人们在心情低落沮丧的时候，能够像知心好友一样，不断安慰、主动体贴、积极引导自己，使自己的负面情绪得到逐步改善；负向自我对话方式是指人们在心情低落沮丧的时候，过分责备自己、对自我吹毛求疵，致使负面情绪难以消除，甚至水涨船高的自我对话方式。开展自我对话的时候，一定要注意对话的方式方法，不能让负向自我对话占据了对话的主动权，而是要采用建设性的谈话态度，选择那些鼓励性的语言来引导对话的走向，而不是让自我一味地沉迷在负面情绪当中不能自拔。例如，当情绪低落、恐惧不安的时候，可以说：事情也许会有点糟，也许会令人沮丧，但我相信我会有能力去承受和应对。

相关案例

临下班前5分钟，客户服务部的张经理正在收拾办公室上的文件，准备下班。这时电话铃突然响了，他皱了皱眉头，仍然继续收拾文件。当电话铃响了七八声之后，他才拿起电话，微笑地说："我是客户服务部的张经理，我能为您做点什么吗？"

你认为张经理接电话的时候有什么不妥之处？你认为打电话的人有什么不妥之处？正确的做法应该是怎样的？

4.3 高效人际沟通的技巧

相关案例

小张的妻子和小王的妻子在结婚纪念日，都希望得到一枚钻戒。

小张的妻子说："今年结婚3周年，你送我一枚钻戒吧？每次结婚纪念日都是吃饭、送花，一点意思都没有，不如送钻戒，可以做个长久的纪念。"

小张说："我觉得香水、鲜花和烛光晚餐更有情调啊！"

"可是我就是要钻戒。跟你结婚真是倒霉，别人都有个像样的戒指，就我没有！"

夫妻俩便吵了起来，甚至到了要离婚的地步。

小王的妻子说:"亲爱的,今年结婚纪念日,你就别送我礼物了好不好?"

小王很吃惊地问:"为什么呀?这么重要的日子,没有礼物怎么能行?"

小王的妻子说:"明年也不要送"。

小王更不理解了。

妻子不好意思地小声说:"把钱存起来,几年后,我希望你能给我买个钻戒。"

结果当年的结婚纪念日,小王的妻子就得到了钻戒。

资料来源:李成谊. 新编实用沟通与演讲[M]. 2版. 武汉:华中科技大学出版社,2013.

4.3.1 说话的技巧

人世间的快乐和烦恼、友谊和仇恨,大多产生于人们的言谈话语中,这正是俗话所说的"病从口入,祸从口出"。会说话的人,其言谈让人听了感觉很舒服;不会说话的人,其言谈让人听了感到恐惧和厌烦。要做个会说话的人,掌握下面的说话技巧是非常必要的。

1. 要主动地问候

在交往开始时,要注意问候,这样不仅能够表现出对对方的亲近之情,还可以营造良好的谈话氛围。一般来说,年轻人应主动问候长辈,下级应主动问候上级,男士应先问候女士。问候时目光要注视对方,面带微笑,语调清晰、温和,切忌显出一副心不在焉、无可奈何的样子。

2. 要礼貌地告辞

在交往结束时,要礼貌地告辞,并表示以后还想相见的愿望,这样有利于保持良好的人际关系。告辞时态度要谦逊、诚挚,不要趾高气扬。临走时说声"再见""对不起,先走一步"等均可。

3. 多谈对方感兴趣的事情

在交谈中人们往往对与自己有关的问题较感兴趣,例如自己所缺乏的东西、所认识的人或所看见过的东西以及所经历过的事情,或与自己的经历有关的种种事情。因此,在与别人谈话时,不能一味地谈自己,这会使对方反感和厌烦。最明智的做法就是谈论对方感兴趣的问题,多让对方谈,再穿插自己的东西,这样更易于获得对方的好感。

4. 重视每一个人

在有众多人参与的谈话场合,如果只跟自己谈得来的人说话,而使某些人遭受冷落,这是极不明智的做法,假如被冷落的恰巧是来日对你事业前途起关键作用的人物,那么你就可能为此付出沉重的代价。因此,在谈话时千万不要冷落了任何人,要留心每一个人的面部表情及其对你谈话的反应,让每个人都有被重视和尊重的感觉。

5. 学会使用"万能语"

所谓"万能语",一般具有以下几个特征:①使对方觉得你很有礼貌;②听起来平易近人,用起来简单方便;③给人一种舒心的感觉;④富有弹性。最常见的万能语有:噢,是的;真是太不好意思了;请多多包涵;哪里,哪里,实不敢当;真是太感谢你了;请多指教;拜托,拜托。万能语是人际关系的润滑剂,巧妙地使用它能收到意想不到的效果。

6. 注意停顿

说话时的停顿其实也是一种艺术。巧妙地运用停顿不仅能使讲话层次分明，还能突出讲话的重点，吸引听话人的注意力，让听话人更容易明白所讲的内容。如果不懂得运用停顿，滔滔不绝地一直讲下去，势必使对方感到一种压迫感，从此不喜欢听你说话。

7. 恰当使用幽默

幽默的谈吐能使人轻松愉快，还可活跃气氛。有些人在与领导谈话或与异性交谈时，显得很紧张，脸色潮红、语无伦次，此时运用幽默的语言可以迅速打破过于拘谨的气氛；与比较熟悉的同事、同学交谈，适当开几句玩笑可以活跃交往气氛。但如果说笑话不注意时间、场合，甚至开玩笑过头，则可能适得其反，既损伤了对方自尊心，又使双方关系变得十分紧张。

8. 用词准确易懂

使用的语言要准确精练，不要拖泥带水，否则会使别人抓不住要领。语言必须通俗易懂，让人一听就明白。在非专业性交往中不要使用专业术语，除非双方学的是同一专业。语言还应朴实无华，既不要滥用词汇，使人产生故弄玄虚之感，也不要干巴枯燥，令人感到索然无味。

9. 不要轻易打断对方的谈话

一方在谈论某个问题或叙述某件事时，听者不应该轻易打断说话者的话，应该等其说完后再提问或发表自己的见解。如果中间确有必要插上一两句话，应预先打招呼，说声"对不起，我插一句话"，说完后应礼貌地请说话者继续说下去。

4.3.2 电话交谈的技巧

随着通信技术的发展，电话已成为人际沟通最普遍、最快捷的沟通工具。人们在工作、生活中经常要打电话或接听电话，因此，掌握电话交谈的技巧对于搞好人际沟通是十分重要的。

1. 重要的第一声

当打电话给某单位，若一接通就能听到对方亲切、优美的招呼声，心里一定会很愉快，使双方对话能顺利展开，对该单位有了较好的印象。在电话中只要稍微注意一下自己的行为就会给对方留下完全不同的印象。同样说"你好，这里是××公司"，但声音清晰、悦耳、吐字清脆，可以给对方留下好的印象，对方对其所在单位也会有好印象。因此要记住，接电话时，应有"我代表单位形象"的意识。

2. 要有喜悦的心情

打电话时要保持良好的心情，这样即使对方看不见你，但是从欢快的语调中也会被感染，给对方留下极佳的印象，由于面部表情会影响声音的变化，所以即使在电话中，也要抱着"对方看着我"的心态去应对。

3. 端正的姿态与清晰明朗的声音

打电话过程中绝对不能吸烟、喝茶、吃零食，即使是懒散的姿势对方也能够"听"得出来。如果你打电话的时候，弯着腰躺在椅子上，对方听你的声音就是懒散的、无精打采的；

若坐姿端正、身体挺直，所发出的声音也会亲切悦耳、充满活力。因此打电话时，即使看不见对方，也要当作对方就在眼前，尽可能注意自己的姿势。

声音要温雅有礼，以恳切之话语表达。口与话筒应保持适当距离，适度控制音量，以免听不清楚、产生误会，或因声音粗大，让人误解为盛气凌人。

4. 迅速准确地接听

相对打电话，接电话具有相同的重要性。现代工作人员业务繁忙，桌上往往会有两三部电话，听到电话铃声，应准确迅速拿起听筒，接听电话，以长途电话为优先，最好在三声之内接听。电话铃声响一声大约3秒钟，若长时间无人接电话，或让对方久等是很不礼貌的，对方在等待时心里会十分急躁，你的单位会给他留下不好的印象。即便电话离自己很远，听到电话铃声后，附近没有其他人，应该用最快的速度拿起听筒，这样的态度是每个人都应该拥有的，这样的习惯是每个办公室工作人员都应该养成的。如果电话铃响了五声才拿起话筒，应该先向对方道歉，若电话响了许久，接起电话只是"喂"了一声，对方会十分不满，会给对方留下恶劣的印象。

5. 认真清楚地记录

电话记录既要简洁又要完备，有赖于"5W1H"技巧。所谓"5W1H"是指①When 何时；②Who 何人；③Where 何地；④What 何事；⑤Why 为什么；⑥How 如何进行。运用"5W1H"法记录的电话资料，在工作中是十分重要的。

6. 有效电话沟通

上班时间打来的电话几乎都与工作有关，公司的每个电话都十分重要，不可敷衍，即使对方要找的人不在，切忌粗率答复"他不在"便将电话挂断。接电话时也要尽可能问清事由，避免误事。

对方查询本部门其他单位电话号码时，应迅查即告，不能说不知道。首先应确认对方身份、了解对方来电的目的，如自己无法处理，也应认真记录下来，委婉地探求对方来电目的，既可不误事而且又赢得对方的好感。对对方提出的问题应耐心倾听；表示意见时，应让对方能适度地畅所欲言，除非不得已，否则不要插嘴。期间可以通过提问来探究对方的需求与问题。注重倾听与理解、建立亲和力是有效电话沟通的关键。

接到责难或批评性的电话时，应委婉解说，并向其表示歉意或谢意，不可与发话人争辩。电话交谈事项应注意正确性，将事项完整地交代清楚，以增加对方认同，不可敷衍了事。如遇需要查寻数据或另行联系的查催案件，应先估计可能耗用时间之长短，若查阅或查催时间较长，最好不让对方久候，应改用另行回话的方式，并尽早回话。对方以电话索取资料时，应迅速资准备，把握时效，尽快寄达。

7. 挂电话前的礼貌

要结束电话交谈时，一般应当由打电话的一方提出，然后彼此客气地道别，应有明确的结束语，说一声"谢谢""再见"，再轻轻挂上电话，不可只管自己讲完就挂断电话。

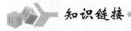

知识链接

不正确与正确的电话用语

下面两个方框内都是接听电话时的对话，其中有正确的对话方式，也有不正确的对话方式，请找出你认为正确的，并代替不正确的。

你找谁？ 有什么事？ 你是谁？ 不知道！ 我问过了，他不在！ 没这个人！ 你等一下，我要接个别的电话。	请问您找哪位？ 请问您有什么事？ 请问您贵姓？ 抱歉，这事我不太了解。 我再帮您看一下，抱歉，他还没回来，您方便留言吗？ 对不起，我再查一下，您还有其他信息可以提示我一下吗？ 抱歉，请稍等！

4.3.3 赢得人心的技巧

许多人可能会被一个问题长期困扰，那就是自己该怎样做才能赢得别人的心，让周围的人喜欢自己。以下就是一些赢得人心的技巧。

1. 记住对方的名字

在与别人初次见面后，如果能够在再见面时叫出对方的名字，往往会让对方产生一种被重视的感觉。因此，在谈话中多叫几次对方的名字，可以增进彼此的感情。其实，要记住对方的名字并不难，这里介绍一个小技巧：把对方的名字听准，并将这个名字与主人的外貌或行为特征作夸张的视觉想象，在心中默记片刻，事后再多次提醒自己这个名字便可。

2. 学会使用赞美

任何人都喜欢合其心意的赞美。恰到好处的赞美，是一种博得好感与维系好感的最有效的方法，借助它可以获得别人的善意协助。可以说，不分男女，无论贵贱，都有优点，如果能够发现这些优点并加以赞美，有时会起到意想不到的效果。当然，在赞扬别人的时候，要恰到好处。称赞不当，犹如明珠暗投，引不起别人注意，甚至激起别人的疑虑和反感；要使赞美得当，需要掌握各人性格的不同之处，区别对待，不能一概而论。

3. 学会倾听

在人际沟通过程中，在适当的场合说适当的话是十分重要的。还有一件与之同样重要的事情，那就是倾听。倾听是表现个人魅力的大好时机，也是能够给予讲话者的最好礼物。倾听表示对讲话者的谈话充满了兴趣，使对方产生一种被尊重的感觉，从而赢得其好感。在别人说话时，如果听者心不在焉、哈欠连天、时时看表，只能使讲话者意兴阑珊、索然寡味。而"真正的倾听是暂时忘记自己的思想、期待、成见和愿望，全神贯注地理解讲话者的内容，与讲话者一起亲身感悟，经历整个过程"。

4. 从小事上关心别人

每个人都希望被人关心，并且对关心他的人自然地产生好感。做一些不起眼的小事，最能够体现对别人的关心，也最能赢得人心。这些小事包括：记住对方说过的话；记住对方的兴趣、爱好；分别后打个电话问一下是否安全到家；指出对方在衣着服饰上的变化；记住对方特别的日子，并送些小礼物、写张贺卡、打个电话表示问候等。这些虽然都是不起眼的小事，但若做了就会让别人高兴，收到意想不到的效果。

5. 主动发现别人的需求

主动发现别人的需求，并想办法帮助他满足需求，这是赢得人心的最好方法。由于每个人的个性、背景不相同，其需求也必然不一样。但是有些需求却具有普遍性，很容易被发现。美国学者克里斯·科尔将人分为3类，即成就型、交往型、权力型。成就型的人通常为自己建立具体的、可以衡量的目标或标准，并在工作中朝着目标前进，直到实现他们的目标。他们总想做得更好，或是比自己过去做得好，或是比其他人做得好，或是要突破先前的标准。对于这种人，应该想方设法让他对自己的工作有种成就感，让他感觉到自己的工作做得非常好。交往型的人更看重友情和真诚的工作关系。令他们愉快的是能有一种和谐的、既有付出又有收获的、轻松的工作氛围。他们不太愿意同陌生人一起工作。对于这种人，要注意与其建立良好的关系，关心他们的家庭、他们的爱好以及他们对事物的想法和感受。权力型的人热衷于负责，他们具有很强的权力欲望。对于这种人要给予他渴望得到的尊重，不要触动他们的权威。由于人是彼此独立的个人，人们的需要往往是两种或三种需求的结合体，所以交往中必须实行不同的"需求配方"，即改变各种配方强度，以适合不同的人的口味。

4.3.4 表扬的技巧

表扬是一种既不用资金，也不用设备，但却能产生多方面效果的利器。表扬正确，会给被表扬者带来极大的精神鼓舞，并对其他人产生强烈的示范效应；表扬不当，则会产生许多消极影响和副作用。因此，管理者在进行表扬时，既要注意表扬的方式与方法，也要讲究表扬的策略和技巧。概括而言，常用的表扬方法和技巧主要表现在下述几个方面。

1. 当面表扬与背后表扬相结合

当面表扬就是在被表扬者在场的情况下进行表扬。当面表扬有当众表扬和个别表扬之分。如果被表扬者的行为突出，希望在全体员工中发扬这种良好行为，可以采取被表扬者在场的大会、工作例会或黑板报等形式当众表扬，特别是对一些荣誉感强的职工，采用当众表扬可起到较大的鼓舞作用。除了当众表扬外还可采取个别表扬。背后表扬就是在被表扬人不在场时所进行的表扬，或者通过别人去传话表扬。背后表扬能使被表扬者感觉到领导对他的表扬是有诚意的、是实事求是的。因此，作为领导者，如果你想表扬某个人，又不便当面提出，如想表扬的人是对你抱有成见的下级，当面表扬他，他反而觉得你是别有用心，会听不进去。这时，你可以在跟他经常接触的人或他的知心朋友面前把他夸奖一番。用不了多久，这个表扬的信息就会传到被表扬者的耳中，被表扬者听到这种表扬后，就会感到你对他的诚意和公正，对你的成见就会逐渐消除，双方的关系就会更加亲密。

2. 表扬方式因人而异

对不同的人应采取不同的表扬方式。对年轻人，在语气上可稍带夸奖；对有威望的长者，在语气上应带有敬重的意味；对机敏的人，只要三言两语他就能感觉到，甚至稍加暗示就能使之心领神会；而对于有疑虑的人，表扬则应该明显，把话说明白、说透，否则可能会让被表扬者产生误解，还以为是在讽刺他或是变相批评他。

3. 表扬的态度诚恳热情

不要认为表扬只是走形式，不带感情、应付差事地说上几句赞美之辞是不会有什么效果的。在表扬别人时，要对他的优点有发自内心的赞赏，以满腔热情的态度对他表示赞扬，并热切地期望他能够把这些优点坚持下去，做出更大的成绩来。这样的表扬才能和对方做到感情交流，发挥促进作用。

4. 表扬要实事求是

恰如其分的表扬是一种有效的激励手段，但必须实事求是。如果把七分成绩说成十分，甚至任意夸大、评价失实，不仅起不到表扬的作用，反而会引起各方面的不满，降低自己的威信。因此，表扬必须实事求是、恰如其分，才能真正起到作用。领导者应该特别注意，表扬要公平合理，不能掺杂私人成见，不能有亲疏远近之分，否则将会起到相反作用。

5. 表扬人的行为

对一个人的表扬，要着重表扬他的行为。例如，他做了某件有意义的事情，就应表扬他这种行为。这会激励他重复这种行为，做出更大的成绩。如果笼统地肯定他整个人，如某某真了不起、某某觉悟真高、某某是个高尚的人等，这样的表扬，不仅不能帮助被表扬者认准具体的努力方向，而且还可能使之产生盲目自满情绪，也容易引起其他人的不满。

4.3.5 批评的技巧

好听的话即使言过其实也不会引起听者的反感，而难听的话即使恰如其分也不会使听者高兴。愿意听到赞美而不愿意遭受批评，这是人们心理需求的基本规律。但在现实生活中，批评又是难以避免的，如果不了解批评的方法和技巧，直接地批评别人，往往是伤了和气又达不到目的。因此，要进行有效的批评，必须讲究批评的方法和技巧。

1. 考虑批评的必要性

对于所有的管理者来说，在对别人进行批评之前，一定要考虑批评的必要性，要清楚地了解别人的什么举动惹恼了你；分析你的批评是试图改善工作状况，还是仅仅为了发泄自己的恼怒；要弄清你的批评哪些与自己有关、哪些与别人有关。只有这样，才能把握批评的真正目的和意图。

2. 批评要公道正直、实事求是

在规章制度、道德规范面前人人平等，该不该批评对谁都要坚持一种原则，不能对亲者宽、疏者严；否则，被批评者会不服气，其他员工会鸣不平，领导者会因此失信于下属，造成矛盾和混乱。同时，批评必须尊重事实，在批评之前务必搞清错误的大小、轻重，一是一、二是二，绝不可夸大事实、无限上纲以及随便给人戴帽子，更不能道听途说，无确凿证据就随便指责人，也不能轻信个别人的反映，否则一旦批评错了，既会伤害对方的感情，也会失去自己的威信。下级对领导的话都是很在意的，如果批评过度或不正确，则不仅达不到批评的目的，还会增加下级的抵触情绪。

3. 批评要对事不对人

批评他人是比较严肃的事情，所以在批评时一定要就事论事，对事不对人。一定要记住：批评他人，并不是批评对方本人，而是批评他的错误行为，千万不要把对人的错误行为的批评扩大到对人的批评上，更不可否定别人的人品和人格，那样就会造成不可调和的矛盾。例如，某位员工没有准时完成交给他的某一项工作，但这并不说明他本人是个懒惰、不准时的人，他可能是个非常好的员工并且每件事都做得很好。所以，就此事向他提出批评时不要说："你太懒了，办事总是如此。"否则，他会立刻反驳："难道我昨天交给你的材料也晚了吗？"所以，要针对对方的某一行为和情况作出批评，而不要笼统地对个人作评价。

4. 保持批评的建设性

批评的目的在于帮助别人认识自己的错误，让其知道怎样加以改进，而不是简单地指出他们错在哪儿。保持批评建设性的有效方法是为受批评者的个人发展着想，使受批评者了解自己所犯的错误对个人以及工作造成的危害和不利影响，以便于受批评者从错误中吸取教训，把错误变成财富。

5. 选择适当的批评场合

批评要当面批评，不可背后批评。对下级的批评，一定要当面进行。这样能够让他听清楚你的意见，明白你的态度，也便于双方交流意见。如果背后批评，不仅起不到应有的作用，反而会使对方产生错觉，以致造成误解。但在当面批评时，最好不要当着外人的面批评，也不要当着被批评者的下级的面批评，因为有别人在场会增加被批评者的心理负担，从而影响其接受批评的态度。所以，批评时通常应该采取和被批评者个别交谈的方式，这样可以使被批评者体会到领导者对他的关怀和爱护，有利于其认识自己的问题。若有些问题需要当众批评或通报，应事先做好对方的工作，帮助其打消顾虑、缓解其抵触情绪。

6. 选择合适的时机

批评时机的选择很重要。通常情况下，如果对员工早该批评，你却视而不见、任其发展，那可能会造成一些意外的不良后果。大多数员工的问题并非突然产生，而是在工作中慢慢形成的。如果上级不能及时将自己对员工的看法表达出来，及时与员工沟通，彼此之间的怨气就会在心中日积月累，终有一天会爆发出来。如果能够及早提出批评意见，员工就能够慢慢改正缺点，隔阂也可以逐渐消散。一般情况下，人们总是在事情发展到无法控制的地步时才提出批评，而这时他们往往怒不可遏。在这种情况下，对员工进行批评是最糟糕的，它会伴以尖刻的讽刺、威胁以及一大堆牢骚、抱怨。这类并非批评的攻击会导致恶劣的结果，受批评者往往会变得非常愤怒。

7. 友好地接近对方

提出批评时采取的方式越周全、越体谅和越直接，对方的回应效果就越好。你可以用眼神加强沟通效果，并且注意你说话的语调，谨慎选择用词，避免类似"你总是""你从不"或"你应该"这样的话。这类词语往往被看作是一种攻击，使人产生抵触情绪。同时，应避免以嘲笑、玩笑的形式提出批评。当你嘲弄对方，或以开玩笑的形式批评对方时，对方会认为你对他有敌意，因为你对他不尊重。而当你直接地表达你的批评观点时，你的批评意见就会被人慎重对待。

8. 称赞与批评相结合

很多管理者对于表扬十分吝啬，对批评却非常慷慨。有些人对于表扬和批评的技巧掌握极少。无论你做得多么杰出，他们也从不说什么；但如果你做错了什么，他们就追着指责你。有些员工除非犯了错误，否则他们不会从老板那里听到对他们工作的评价。作为管理者，当你认为你必须批评一个人时，你可以先称赞一下对方再指出其不足之处，这能够使后面的批评意见变得柔和并且易于听取和接受，但要保证是一种真诚的称赞，如果不诚恳的话，对方会认为你虚伪。

9. 批评的方式要因人而异

由于人的经历、知识和性格等不同，接受批评的能力和方式也不同。管理者要针对不同人的不同特点采取不同的批评方式。对性格比较温顺的人，宜用"温和式批评"，即和他慢慢讲道理，逐步加以引导，启发他自觉地认识问题，批评的方式应该婉转一些；对惰性心理、依赖心理和试探性心理较突出的人，宜用"触动式批评"，通过语言的强刺激来触动他，使其醒悟，但注意不要引起对抗情绪；对自尊心较强、主观见解难以改变的人，宜用"渐进式批评"，即批评时要有层次、逐步深入，不要一下子和他"摊牌"，这样能使他逐步适应、逐渐接受；对反应速度快、脾气暴躁、行为容易被语言所激发的人，宜用"商讨式批评"，即用缓和的方式、商讨的态度，平心静气地把批评的信息传递给对方，这种方式的优点在于通过和对方平等商讨问题，改变对方可能发生的对抗动机、稳定他的情绪，在这个基础上帮助他认识问题。

有效的批评能够使被批评者心服口服，更好地改正缺点和错误；无效的批评不仅不能使被批评者改正缺点、受到教育，反而会产生更大的消极作用。因而，要使批评产生应有的效果，还必须注意下述问题：

（1）不要伤害对方的自尊。在批评别人时，一定要尊重对方的人格，要把对方所犯的错误与其人格区分开来，尽量表达自己的感受，而不是一味地责备对方。如你可以说："我遇到了麻烦，需要和你讨论一下。对你的所作所为我有些不太好的感觉，我是否可以提些意见，并且告诉你我对你的看法？"对于你的这种批评，被批评者不会觉得反感，不会认为你伤害了他们的自尊。同时，当你向别人提出意见的时候，不要乱下断言，更不能否定别人的工作、攻击别人的品行、说某人愚蠢或无能，这都是错误的方法，受批评者是不会接受你对他的这类劝告的。

（2）不要算总账。批评应针对当前发生的问题来提出，以帮助对方提高认识、改正错误。不要把过去发生的问题都拉扯出来。有些领导者为了说服对方认识问题，把对方以往的错误，如哪一天迟到了、哪一天说了什么、哪一天怎么做的，像流水账一样都数落了出来。这样会使对方认为你一直在注意收集他的缺点，这一次是在和他算总账，从而产生对立情绪。要知道，批评的目的是为了帮助其改正错误，只要他现在的错误改正了，过去的类似错误不必再提。

（3）不要与对方争吵。往往有这种情况，当领导批评下级的时候，下级表示不服，而领导为了说服下级，证明自己正确，就和下级争辩起来。这么做是很不好的，因为这样一来，员工会认为这是谁和谁吵架，被批评者也会认为自己"理由"很充足，非但毫无接受批评之意，反而对领导产生了意见。当发现某些被批评者不愿接受批评，甚至还提出了无理的要求，想要和你争吵时，你要特别冷静地对待，心平气和地和他谈问题，有时应对其生硬态度加以回避，待他平静下来后，再和他谈实质性问题。

（4）不能以权压人。领导握有批评下级、纠正下级错误的权力，但是不能倚仗这种权利去压制下级。有些人和下级发生争论时常说"是你说了算，还是我说了算""你这是目无领导"等，甚至用处分、撤职、调动工作来威胁下级。采用这种压服手段，往往是压而不服，反而会遭到下级的反抗，即使下级当面不说什么，心里也会为此结上疙瘩。

4.4 提升人际沟通能力的基本策略

人际沟通分析理论是目前国际上流行的一种心理咨询与治疗理论。这个理论的最大特点是有一套通俗、简洁的分析语言和便于操作的方法。它的基础部分可以成为帮助人们改善自身人际关系、提升自身生活质量的心理学自助理论。正确认识和运用人际沟通分析理论，按照正常的人际沟通程序，大胆尝试，对提高人际沟通能力有一定的帮助。

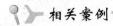 相关案例

某企业销售人员在通过电话推销产品前，做了一个详细的沟通计划。以下是他的 SWOT 分析：

（1）准备好所介绍产品的相关资料：报价、产品功能、服务介绍等。（S）
（2）考虑如果电话接线员拒绝将电话转接到产品购买负责人时，如何说服接线员。（W）
（3）明确打电话的目标，争取上门演示产品的机会。（O）
（4）考虑如果客户不接受产品介绍该怎么办。（T）

4.4.1 人际沟通中的 3 种"自我状态"

人际沟通分析理论认为人格由 3 种自我状态组成：父母自我状态、成人自我状态和儿童自我状态。其中每一种自我状态都包括完整的思想、情感和行为方式，人与人之间的交往就是人们各自的"三我"之间的交往。

（1）父母自我状态，指人们从父母或其他重要他人那里拷贝来的思想、情感和行为。父母自我状态又分为控制型父母自我状态和营养型父母自我状态。顾名思义，一个人处于控制型父母自我状态的时候，与人交往常常会表现出教育、批评、教训、控制的一面；而处于营养型父母自我状态的时候，人与人交往时则常常会表现出温暖、关怀、安慰、鼓励的一面。人际交往中，那种特别喜欢教训别人的人，常常运用的就是自己的控制型父母自我状态；而那些总是无微不至地关心别人的人，则常常处于营养型父母自我状态。

（2）儿童自我状态，每个人在自己的内心深处都带着一个小小的儿童，当一个人以儿童自我状态与人交往时，他的情感、思考和行为表现等就会表现得像孩子一样。儿童自我状态又分为适应型儿童自我状态和自由型儿童自我状态。处于适应型儿童自我状态的人听话、服从、讨好、友爱，内心常常充满自责、担心、焦虑；而处于自由型儿童自我状态的人则往往表现为活泼、冲动、天真、自发行动、贪玩、富于表情、爱憎分明等，像以自我为中心的婴儿一样追求快感并能充分表达自我的感情。

（3）成人自我状态，一个人处于成人自我状态时，其思想、行为和情感都指向于此时此地，具体表现为理性、精于计算、尊重事实和非感性的行为。

每一种自我状态都有其适应性，也都有其不适应之处，因此并不存在好坏之分。事实上，就一个健康、平衡的人格来说，每个自我状态都是必需的。人们需要成人自我状态来处理此时此地的问题，帮助我们过一种有效率的生活；要融入社会时，既需要控制型父母自我状态提供规范，以便遵守伦理底线，也需要营养型父母自我状态帮助我们去维护自己的人际

关系；适应型儿童自我状态是遵守社会上的游戏规则的前提，而自由型儿童自我状态所包含的自发性、创造力和直觉能力，则是工作成就和业绩的基础。从人际沟通分析理论的角度看，一个心理健康的人就是能在恰当的时间和地点使用恰当的自我状态的人。

这3种自我状态在个体身上的表现与转换与其生理年龄关系不大，但与个体所处的生活环境相关。例如，高中生在高三被称为"学习的魔域"，在那只知道学习的一年中，面对没有感情的数学题、计算公式和只会根据分数的多少变化表情的老师和家长，学生们的心理长期停留在成人自我状态，使得儿童自我状态几乎没有机会出现，致使高考后出现了"不知道怎样玩"和"不会玩"的现象。长期压制儿童自我状态特别是自由型儿童自我状态，会使孩子们丧失创造力，更恐怖的是会使他们丢失感受快乐的能力。人们可能总认为成人为人处事都是理智的表现，其实并非如此，在许多时候人们应该坦然地释放儿童自我了。如果一个成人有时想跟小孩们跳皮筋就去跳、想爬山就去爬山，有时跟亲人撒撒娇、适当地释放儿童自我，就会觉得空气里弥漫着轻松，还可能在这样的环境中脑子里迸发出创造的火花。

现实生活中，人们在不同场景下会表现出不同的自我状态，而这些状态绝不是互相冲突的。这种心理特点使人们理解了为什么人经常以多种面目出现在他人面前，例如，有的人在不太熟的人面前特别淑女，但是在熟人面前却特别会撒娇。

3种自我状态在学习和生活中应该运用得当，用"成人自我"来鞭策自己，用"儿童自我"来释放自己，用"父母自我"去关心他人。

4.4.2 提高沟通能力的基本方法

提高沟通能力，无非要把握两方面：提高理解别人的能力；增加别人理解自己的可能性。那么究竟怎样才能提高自己的沟通能力呢？心理学家经过研究，提出了一个提高沟通能力的一般程序。

1. 提高沟通能力的步骤

1) 开列沟通情境和沟通对象清单

这一步非常简单。闭上眼睛想一想，你都在哪些情境中与人沟通，例如学校、家庭、工作单位、聚会以及日常的各种与人打交道的情境。再想一想，你都需要与哪些人沟通，例如朋友、父母、同学、配偶、亲戚、领导、邻居、陌生人等。开列清单的目的是使自己清楚自己的沟通范围和对象，以便全面地提高自己的沟通能力。

2) 评价自己的沟通状况

在这一步里，问自己如下问题：对哪些情境的沟通感到愉快？对哪些情境的沟通感到有心理压力？最愿意与谁保持沟通？最不喜欢与谁沟通？是否经常与多数人保持愉快的沟通？是否常感到自己的意思没有说清楚？是否常误解别人，事后才发觉自己错了？是否与朋友保持经常性联系？是否经常懒得给人写信或打电话？

客观、认真地回答上述问题，有助于了解自己在哪些情境中、与哪些人的沟通状况较为理想，在哪些情境中、与哪些人的沟通需要着力改善。

3) 评价自己的沟通方式

主要问自己如下3个问题：通常情况下，自己是主动与别人沟通还是被动沟通？在与别人沟通时，自己的注意力是否集中？在表达自己的意图时，信息是否充分？

主动沟通者与被动沟通者的沟通状况往往有明显差异。研究表明，主动沟通者更容易与别人建立并维持广泛的人际关系,更可能在人际交往中获得成功。沟通时保持高度的注意力,有助于了解对方的心理状态,并能够较好地根据反馈来调节自己的沟通过程。没有人喜欢自己的谈话对象总是左顾右盼、心不在焉。

在表达自己的意图时,一定要注意使自己被人充分理解。沟通时的言语、动作等信息如果不充分,则不能明确地表达自己的意思;如果信息过多、出现冗余,也会引起信息接收方的不舒服。最常见的例子就是,你一不小心踩了别人的脚,那么一句"对不起"就足以表达你的歉意,如果你还继续说"我实在不是有意的,别人挤了我一下,我又不知怎的就站不稳了",这样啰嗦反倒令人反感。因此,信息充分而又无冗余是最佳的沟通方式。

4) 制订、执行沟通计划

通过前几个步骤一定能够发现自己在哪些方面存在不足,从而确定在哪些方面重点改进。例如,沟通范围狭窄,则需要扩大沟通范围;忽略了与友人的联系,则需写信、打电话;沟通主动性不够,则需要积极主动地与人沟通等。把这些制成一个循序渐进的沟通计划,然后把自己的计划付诸行动,体现在具体的生活小事中。又如,觉得自己的沟通范围狭窄、主动性不够,可以规定自己每周与两个素不相识的人打招呼,具体如问路、说说天气等。在制订和执行计划时,要注意小步走的原则,即不要对自己提出太高的要求,以免实现不了,反而挫伤自己的积极性。小要求实现并巩固之后,再对自己提出更高的要求。

5) 对计划进行监督

这一步至关重要。一旦监督不力,可能就会功亏一篑。最好是自己对自己进行监督,例如用日记、图表记载自己的发展状况,并评价与分析自己的感受。计划的执行需要信心,要坚信自己能够成功。记住:一个人能够做的,比他已经做的和相信自己能够做的要多得多。

2. 身体语言沟通的改善

前面已经学习了身体语言在人际交往中的作用。然而,真正将身体语言有效地运用到人际交往中去却不是一件很容易的事。这需要做两件事情:理解别人的身体语言;恰当使用自己的身体语言。

1) 理解别人的身体语言

身体语言比口头语言能够表达更多的信息,因此,理解别人的身体语言是理解别人的一个重要途径。从他人的目光、表情、身体运动与姿势,以及彼此之间的空间距离中,都能够感知到对方的心理状态。了解了对方的喜怒哀乐,就能够有的放矢地调整人们的交往行为。但是,理解别人的身体语言必须注意以下几个问题:①同样的身体语言在不同性格的人身上意义可能不同;②同样的身体语言在不同情境中意义也可能不同;③要站在别人的角度来考虑;④要培养自己的观察能力。例如,一个活泼、开朗、乐于与人交往的女孩子,在与你交往时会运用很丰富的身体语言,不大在乎与你保持较近的距离,也时常带着甜蜜的表情与你谈话。但是,这可能并没有任何特殊的意义,因为她与其他人的交往也是这个样子。然而换成一个文静、内向的女孩子,上述的信息可能就意味着她已经开始喜欢你了。

理解别人的身体语言,最重要的是要从别人的角度上来考虑问题。要用心去体验别人的情感状态,也就是心理学上常讲的要注意"移情"。当别人对你表情淡漠,很可能是由于对方遇到了不顺心的事,因此不要看到别人淡漠就觉得对方不重视你。事实上,这样的误解在年轻人中最容易出现，也最容易导致朋友、恋人之间的隔阂。站在别人的角度、替别人着想，才能使交往更富有人情味儿，使交往更深刻。

需要注意的是，要培养自己敏锐的观察力，善于从对方不自觉的姿势、目光中发现对方内心的真实状态。不要简单地下结论。例如，中国人喜欢客套，当来作客的人起身要走时，往往极力挽留，然而很多时候，这些挽留都并非出自诚意，从主人的姿势上是可以看出来的，口头上慢走，却早已摆出了送客的架势。

2）恰当使用自己的身体语言

（1）经常自省自己的身体语言。自省的目的是检验自己以往使用身体语言是否有效、是否自然、是否使人产生过误解。了解了这些，有助于随时对自己的身体语言进行调节，使它有效地为我们的交往服务。不善于自省的人，经常会产生问题。例如，性格开朗的女孩，她们在和异性交往中总是表现得很亲近，总是令人想入非非。而实际上，女孩根本就没有什么特别的意思。如果女孩的行为让异性产生单相思，那么女孩则应该自省，自己是否总是使人产生误解，如果是，则应注意检点自己的行为；如果不注意自省，可能很危险。

（2）有意识地运用身体语言。我们可能会注意到，那些比较著名的演说家、政治家，都很善于运用富有个人特色的身体语言。这些有特色的身体语言并不是与生俱来的，都是经常有意识地运用的结果。

（3）注意身体语言的使用情境。身体语言的使用一定要注意与自己的角色以及生活情境相适应。例如，北京某名牌大学的一个毕业生到一家公司去求职，在面试时，这位自我感觉良好的大学生一进门就坐在沙发上，翘起二郎腿，还不时地摇动。如果在家里，这是个再平常不过的姿势，而在面试的情境中，则很不合适。结果，负责面试的人连半个问题也没有问，只是客气地说："请回去等消息吧。"最终的结果可想而知，他失去了一个很好的工作机会。

（4）改掉不良的身体语言习惯。改变不良的身体语言的意义，是消除无助于沟通反而使沟通效率下降的不良的身体语言习惯。有人在与人谈话时，常有梳理头发、打响指等习惯，有的人还有掏耳朵、挖鼻孔的小动作，这些都会给人家留下不好的印象，有时会让人觉得很不礼貌。同时，这些无意义的身体语言会分散对方的注意力，会影响沟通的效果。

【案例讨论】

沟通不畅导致建议不被接受

杨某是一个典型的北方姑娘，在她身上可以明显地感受到北方人的热情和直率，她喜欢坦诚，有什么说什么，总是愿意把自己的想法说出来和大家一起讨论，正是因为这个特点她在上学期间很受老师和同学的欢迎。大学毕业后，杨某认为，经过四年的学习自己不但掌握了扎实的人力资源管理专业知识而且具备了较强的人际沟通技能，因此，她对自己的未来期望很高。为了实现自己的梦想，她毅然只身去广州求职。

经过将近一个月的反复投简历和面试，在权衡了多种因素的情况下，杨某最终选定了东莞市的一家研究生产食品添加剂的公司。她之所以选择这家公司是因为该公司规模适中、发展速度很快，最重要的是该公司的人力资源管理工作还处于尝试阶段，如果杨某加入，她将是人力资源部的第一个人，因此她认为自己施展能力的空间很大。但是到公司实习一个星期后，杨某就陷入了困境中。

原来该公司是一个典型的小型家族企业，企业中的关键职位基本上都由老板的亲属担任，其中充满了各种裙带关系。尤其是老板给杨某安排了他的大儿子做杨某的临时上级，而这个人主要负责公司研发工作，根本没有管理理念，更不用说人力资源管理理念。在他的眼里，只有技术最重要，公司只要能赚钱其他的一切都无所谓。但是杨某认为越是这样就越有自己发挥能力的空间,因此在到公司的第五天杨某拿着自己的建议书走向了直接上级的办公室。

"王经理,我到公司已经快一个星期了,我有一些想法想和您谈谈,您有时间吗?"杨某走到经理办公桌前说。

"来来来,小杨,本来早就应该和你谈谈了,只是最近一直扎在实验室里就把这件事忘了。""王经理,对于一个企业尤其是处于上升阶段的企业来说,要持续企业的发展必须在管理上狠下功夫。我来公司已经快一个星期了,据我目前对公司的了解,我认为公司主要的问题在于职责界定不清;雇员的自主权力太小致使员工觉得公司对他们缺乏信任;员工薪酬结构和水平的制定随意性较强,缺乏科学合理的基础,因此薪酬的公平性和激励性都较低。"杨某按照自己事先所列的提纲开始逐条向王经理叙述。王经理微微皱了一下眉头说:"你说的这些问题我们公司也确实存在,但是你必须承认一个事实——我们公司在赢利。这就说明我们公司目前实行的体制有它的合理性。"

"可是,眼前的发展并不等于将来也可以发展,许多家族企业都是败在管理上。""好了,那你有具体方案吗?"

"目前还没有,这些还只是我的一点想法而已,但是如果得到了您的支持,我想方案只是时间问题。"

"那你先回去做方案,把你的材料放这儿,我先看看然后给你答复。"说完王经理的注意力又回到了研究报告上。

杨某此时真切地感受到了不被认可的失落,她似乎已经预测到了自己第一次提建议的结局。果然,杨某的建议书石沉大海,王经理好像完全不记得建议书的事。杨某陷入了困惑之中,她不知道自己是应该继续和上级沟通还是干脆放弃这份工作,另找一个发展空间。

讨论:
杨某与王经理在沟通上出现问题的原因是什么?

【沟通游戏】

不要激怒我

1. 游戏要求

3 人一组,分成偶数组。

2. 时间

30 分钟。

3. 场地

不限。

4. 道具

卡片或白纸一沓。

5. 游戏规则和程序

(1) 分组:每 3 人一组,每两组进行一场游戏,保证是偶数组。

(2) 道具:给每个小组一张白纸。

(3) 背景:老板对员工进行业绩评估。

(4) 要求:让每一个小组写出一个一分钟的剧本,当中要尽可能多地出现会激怒别人的话语(每一个小组要注意不让另外一组事先了解到他们会使用的话语)。

(5) 时间:10 分钟。

(6) 评分标准:①每个激怒性的词语给一分;②每个激怒性词语的激怒程度给 1~3 分不等;③如果表演者能使用这些会激怒对方的词语表现出真诚、合作的态度,另外加 5 分。

(7) 表演:让一个小组先开始表演,另一个小组的学员在纸上写下他们所听到的激怒性词汇。表演结束后，让表演的小组确认他们所说的那些激怒性的词汇，必要时要对其做出解释，然后两个小组调过来，重复上述的过程。

(8) 评价：表演结束之后，大家一起分别给每一个小组打分，给分数最高的那一组颁发"火上浇油奖"。

6. 相关讨论

①什么是激怒性的词汇？我们倾向于在什么时候使用这些词汇？②当你无意间说了一些激怒别人的话，你认为该如何挽回？

7. 总结

很多时候人们往往在不经意之间说出很多伤人的话，即便他们的本意是好的，他们也往往因为这些话被人误解，达不到应有的目的。我们在说每一句话之前都应该好好想想这句话别人听来是什么味道、会带来什么后果，这样就可以避免无意识地说出激怒性的话语。人往往在得意的时候最容易伤害别人，说话要谨慎。

8. 知识应用

沟通和谈话的技巧；消除对立情绪，提高工作积极性。

一、判断题

1. 人际沟通是指人际间的信息交流和传递，即人与人面对面的信息交流方式。（　　）
2. 人际沟通是一种双向沟通。（　　）
3. 认识自己是自我沟通的重要内容。（　　）
4. 一个人的沟通能力与性格相关，与沟通技巧没什么关系。（　　）
5. 父母自我状态、成人自我状态和儿童自我状态是沟通中的 3 种自我状态，它们受生理年龄的控制。（　　）

二、单项选择题

1. 人际沟通不受到（　　）因素的影响。
   A. 心理　　　　B. 逻辑思维　　　　C. 年龄　　　　D. 语言
2. 下列说法错误的是（　　）。
   A. 表扬他人只有当面表扬有效，而背后表扬无效
   B. 表扬方式因人而异
   C. 表扬他人时态度要诚恳热情
   D. 表扬要实事求是
3. 批评时，不正确的方式是（　　）。
   A. 不伤害对方的自尊　　　　B. 不能算总账
   C. 对人不对事　　　　D. 不能以权压人
4. 下列不正确的观点是（　　）。
   A. 很快记住对方的名字能赢得人心
   B. 赞美别人能赢得人心
   C. 对他人敬而远之能赢得人心
   D. 从小事上关心别人能赢得人心

1. 为什么说人际沟通是维持人的身心健康的重要保证?
2. 你认为怎样才能提升人际沟通能力?
3. 你有与自己对话的经历吗?与自己对话解决了你哪些难题?
4. 如果你有个很不愿意与之打交道的人或同事,应该怎么处理?

模块三
商务沟通技巧

第 5 章

商务书面沟通

SHANGWU SHUMIAN GOUTONG

【学习目标】

1. 理解学习商务书面沟通的重要意义。
2. 了解书面写作知识的一般规范。
3. 正确运用各种常用的商务文书的格式进行写作。
4. 掌握书面沟通的语言技巧。

【导入案例】

文字与口语之差,看似小,意却远。例如,给小刘打电话,书面文字通常这样叙述:"喂,小刘,忙吗?"生活中说话就不一样了,没有标点符号后容易将上面的这句话听成"喂,小流氓吗"。

书面文字要将口语中的抑扬顿挫表达准确,有时是个困难的事儿。如果是面对面交流那就清楚明白了,不仅有声音还有表情、有眼神、有肢体辅助,也就一目了然了。

从信息的角度看,文字是可视的信息形式;语言是可听的信息形式,它们统一于信息。因此,它们可以互相转换、互为工具。从思维的角度讲,语言是思维结果的可听形式,文章是思维结果的可视形式,语言和文章既然统一于思维,那么它们两者就可以互相转换。所以语言和文字,两者互为工具、互相转换、互相作用。语言的可视形式是由文字和语法构成的,文章是语言的可视形式的全部。所以,文字的变化和发展必然受语言的变化和发展的影响。当然,文字系统对语言系统也不是被动的,它也会反作用于语言。两者会出现互相促进和制约的作用。所以,我们在研究文字的变化、发展时,必须紧密联系语言的变化、发展,才能找出它的实际发展轨迹和方向,才能得出正确的结论来指导我们的实践。在现代信息社会,学好商务书面沟通,对个人或者是对企事业单位都具有极其重要的意义。

资料来源:王慧敏.商务沟通教程[M].北京:中国发展出版社,2006.

5.1 商务书面沟通概述

书面沟通是以文字为媒体的信息传递,是一种比口头沟通更加严谨的沟通形式,其形式主要包括文件、报告、信件、书面合同等。书面沟通比较经济,沟通的时间一般不长。

5.1.1 书面沟通的概念

(1) 书面沟通具有准确性、权威性。与口头语言相比,书面语言要稳定得多。书面材料一般采用公认明确的表意的书面语词汇,口语化的用语较少,所以产生歧义的机会较小。而且,书面语言落笔为证,具有唯一性和比较强的确定性。因此,无论在法律上还是在其他用途上都具有比较强的权威性。

(2) 书面沟通具有较强的规范性,书面语言强调规范性。同样的书面语言要表达相同的含义,不同的人也要尽量使用相同的书面语言。书面语言的规范性有效地保证了沟通的顺利进行。因此,一些困难或者复杂的信息适合采用书面的形式来表达,如各种书面声明等。

(3) 书面沟通形式适合于存档、查阅和引用。采取书面形式的信息可以长期保存,不受时间、地点限制。书面信息便于查阅和引用,并且其在传递、解释过程中造成的失真也比较少。

此外,书面沟通还具有以下优点:

(1) 可以是正式的或非正式的,可长可短。

(2) 可以使写作人能够从容地表达自己的意思。

(3) 词语可以经过仔细推敲,而且还可以不断修改,直到满意地表达出个人风格。

(4) 书面材料是准确而可信的证据,所谓"白纸黑字"。

（5）书面文本可以复制，同时发送给许多人，传达相同的信息。
（6）在群体内部经常受限于约定俗成的规则。
（7）书面材料传达信息的准确性高。

5.1.2 书面沟通适用情形

（1）简单问题小范围沟通时，如3~5个人沟通一下产生最终的评审结论等。
（2）需要大家先思考、斟酌，短时间不需要或很难有结果时，如项目组团队活动的讨论、复杂技术问题提前知会大家思考等。
（3）传达非重要信息时，如分发周项目状态报告等。
（4）澄清一些谣传信息，而这些谣传信息可能会对团队带来影响时。

5.1.3 书面沟通中的障碍

（1）书面沟通较费时，延迟回馈，甚至有时根本无法得到回馈，在有些情况下，书面信息无法保证接收者一定能收到、阅读和了解。
（2）发言者的语气、强调重点、表达特色以及发文的目的经常被忽略而使理解有误。
（3）信息及含义会随着信息内容所描述的情况以及发文和收文的人、时间、地点、环境等的不同而有所变更。表5-1对书面沟通和口头沟通作了简单的比较。

表5-1 书面沟通与口头沟通的比较

比较项目	书面沟通	口头沟通
传播速度	速度慢，但可持久存在	迅速，消失快
反馈	有或无，反馈速度慢，但内容可以传阅	双向沟通，能立即获得反应
特性	正式，更具权威性	随意，经济
信息传送区域	传送广，可达自己去不了的某时某地	只在沟通发生时传播，能立即澄清疑点
方便性	发文者和收文者在时间地点选择上都比较方便	不刻板，形象化
准确性	准确性高，可以不断修正，确保正确	准确性低，较个性化
方式本身的含义	显示发文者对所发信息相当重视	可同时利用脸部表情、声音、姿势、动作以及周围环境等表达

5.2 商务书面沟通的基本策略

进行商务书面沟通时，首先要选择正确的沟通对象，其次要选择合适的沟通时机，再次要选择合理的书面沟通方式。

5.2.1 正确的沟通对象

沟通始于人的沟通意愿。沟通意愿主要来自人心里"认为"与之沟通的人员是否能够给他带来他想要的"东西",例如信息、友情、亲情、社会关系、地位、小便宜、小礼物、权威或产品、服务本身的价值等。不管这些"东西"具体是什么,只要某个人认为这个"东西"有价值,他才可能有沟通意愿。讲到沟通意愿会有不少人说是"关系"。人和人之间为什么要建立关系?人际关系的本质什么?

社会学认为,人与人之间交往的原动力来自个体的心理需要。这种心理需要来自两种期望:一种是交往过程本身所产生的"内在快乐",如一起打球、一起下棋,这些过程本身能带给参与者的快乐;另一种是交往过程所带来的"外在利益",如赞誉、权利、地位、认同、金钱等。由此可以看出,人际关系形成的一个主要原因就是因为人际交往所产生的人际利益。这种人际利益可以是短期的或长期的,可以是有经济价值的或非经济价值的,可以是契约性的或非契约性的。

沟通对象即是人与人之间,有交往原动力的人群。应该说,作为商务沟通,其书面沟通的对象应该是对公司的产品或者业务感兴趣的一部分人,怎样通过沟通使对方将潜在的购买欲望转化为实际购买是需要关注的问题之一。当然,沟通的目的不一定就是利益的实现,也可以是顾客关系的维护,在不同的时期可以采用不同的方法。

5.2.2 合适的沟通时机

很多时候,我们的沟通效果不佳,甚至被客户"拒之门外",并不是我们的热情不高、沟通技巧不过关,而是因为没有选择恰当沟通时间。如果在不适当的时间与客户进行交流,客户很可能会认为自己的事情受到了打扰。当客户正忙得不可开交时,或者正赶上客户情绪低落的时候,销售人员贸然上门,通常都不会达到预期的沟通效果。例如,销售人员:"您好,能否打扰您一下,我代表××公司做一次市场调查,只要占用您一点点时间就够了,您不介意吧?"客户:"当然介意!你没看见我正忙着吗?真是的,刚才经理还打电话来催,怪我没有尽快办好这件事,我没有时间,请你改日再来吧。"

选择一个客户比较有利的时机展开沟通,其成功的可能性要远远大于不适宜的沟通时间。如何选择恰当的沟通时间呢?最重要的就是了解客户的工作时间。

每位客户在时间上都有各自的安排,如果不提前了解客户的时间安排,不仅很容易浪费自己大量的时间和精力,还得不到客户的青睐。例如,我们希望对方接受一份我公司的产品介绍,希望采用比较快捷、直观的传真的形式,或者是希望对方能接受我们的书面信函,但是对方这个时候正是周末休息,或者准备开会,那么他们可能会回答说:"现在正是我们休息(最忙)的时候,请你不要打扰我好吗"。所以,事先对客户大致的时间安排进行充分了解,可以有效避免以上情况的发生。

5.2.3 合理的书面沟通方式

(1) 调查报告。它是人们对某一情况、事件、经验或问题经过深入细致的调查研究而写成的书面报告,它反映了人们通过调查研究找出某些事物的规律,并提出相应的措施和建议,是社会调查实践活动的成果。学习撰写调查报告有助于同学们进一步认识社会、参与社会,把所学知识与社会实践结合起来,全面提高自身素质。

(2) 礼仪信函,篇幅短小,一般在几十字至百字;内容明确,针对什么事情一目了然;语句热情、诚恳,让对方感受到你的礼貌、友好和诚意。

(3) 电报。它是用户将书写好的电报稿文交由电信公司发送、传递,并由收报方投送给收报人一种通信业务。由于通信事业的不断进步和发展，现在人们对电报的使用已经愈来愈少了，但是电报可靠消息高的特点仍然为一些用户所青睐，再加上新业务的不断开发，又增加了礼仪电报等新业务，使电报依然常盛不衰。其中，礼仪电报是一种以礼仪性交往为目的的电报，它迅速、及时、充满温馨，应用范围十分广泛。亲朋好友、团体或单位表示祝贺时、邀请宾客或遇哀悼事件时，都可以使用礼仪电报。礼仪电报可以把发报人的祝贺词、慰勉词传给对方，同时还配送印有各种精美图案的礼仪卡。目前开办有庆贺电报、请柬电报、鲜花电报、吊唁电报。

（4）传真。它是通过传真机来完成沟通工作的，传真机作为一种信息传递工具，以方便、快捷、准确和通信费用低等优势成为企事业单位必不可少的通信工具。随着邮电部门对传真机初装费、月租费的全面取消，在传真机价格大幅降低的情况下，传真机已开始步入家庭。

除此之外，还有邀请函、请柬、E-mail、字条、意向书、合同等书面沟通的方式，根据各种方式的特点和不同的要求，在不同的场合采用。

5.3 商务文书写作

商务文书是工业、农业、商业服务等企业，在市场经济环境中经营运作、贸易往来、协调公关、开拓发展等一切活动所需要涉及的各种文书的总称。

5.3.1 商务文书的特点

1. 内容丰富、发展迅速

我国的市场经济是具有中国特色的社会主义市场经济，因此，我国当代商务文书这一概念一开始提出就具备突出的特色和较高的起点。一方面它是从我国客观实际需要出发，继承和筛选我国经济生活中传统的精华；另一方面又注意了尊重国际惯例，在充分考虑较快而稳妥的与国际商务文书接轨的前提下，吸收发达国家为社会化大生产服务的商务文书优秀成果，并经过精心研究、博采众长、融合提炼，从而在极短的时间内初步建立起了符合我国国情的社会主义商务文书的新体系，开拓了新门类、形成了新风格。

2. 功能突出、服务具体

商务文书突出的服务功能，浓缩起来最具体的特征是为经济效益服务，全方位地为商务活动达到预期的目的服务。这是商务文书全部功能的聚集点。如何充分发挥商务文书对经济效益的服务和促进功能，有机地把商务文书的能量渗透到诸如立项、市场调查、市场预测、经济分析、财务评估、社会公关等商务活动全过程，是驾驭商务使之有序发展、流通领域顺畅的重要工作。

具体到一个企业来说，置身于整个国家的经济活动中而参与竞争，就如同一个庞大有机体中的一个细胞，无时无刻不处在优胜劣汰的环境中，这些细胞唯有增殖繁衍才能生存延续，企业唯有不断获得经济效益才能生存壮大。在这些运行中都不能背离各类商务文书的同步服务。

此外，企业在市场中的竞争，特别是流通领域的竞争，除了优质的商品、公平的价格以外，上乘的服务档次是赢得顾客青睐，以占领市场、获得经济效益的重要方面，在各个企业的具体运作中，不论是售前服务、售后服务、定向服务还是多向服务，首先都是舆论开道、展示宣传、公关策划，这正充分具体地体现出商务文书在商务活动中的突出功能和作用。

3. 主旨明确、务实严谨

所谓主旨明确，对商务文书来说就是要十分明白而直接地表述一个正确的观点。这里包含着以下3层意思：①文书的整体精神和条款要准确无误地符合党和国家的方针政策、法律、法规，一般也不应有乡规民约；②不论什么时候，商务中的经济纠纷是很难避免的，商务文书中的合同类文书规定的标的规则，无疑是进行法律调解和审理的权威依据，因此，它们表述必须直接、明白、准确、严谨；③撰写商务文书应站在一定高度，视觉要有一定广度，要认真思考大局和整体，要自觉地把自我置于国家宏观调控之下，也不能将自我置于一个区域或一个行业的统筹部署。使用于竞争中的文书要注重职业道德规范，要充分表露企业在市场中行为的整体修养水平，不能以邻为壑；涉外商务文书制作要维护国家利益和民族尊严，并要尊重对方民俗国风。对以上3个方面的文字表述不能有半点含糊。商务文书的撰制一定要符合事物发展规律、切合事物实际，最忌凭空臆造、脱离实际、超越时空的虚无文体。商务文书都是务实文书，都是为了要说明白一个事项、解决一个问题、指导一次运作、达到一个目的。因此，其意图必然要明确，不转弯抹角、不模棱两可、不使人费解。语言文字的遣词造句应删繁就简，使人一目了然。

5.3.2 商务文书写作的意义

在科学文明高度发达的现代社会，写作是人们表达思想认识、交流思想感情、传播科学知识、沟通社会信息的重要手段，也是人们学习科学知识、开发智力资源、进行科学研究的重要途径。

20世纪下半叶以来，新技术革命的浪潮席卷全球，对科学发展、经济振兴和社会生活产生越来越深刻的影响。新技术革命的主要特征是信息革命，即信息量的剧增和传递、处理、反馈速度的加快。计算机与通信技术的融合、全球网络的迅速形成和广泛使用，促进人类的经济生活和知识活动达到高速度、大范围和高效率的变化，这就极大地改变了知识活动全过程和国家知识系统各部门的时间关系和空间关系。但是，无论信息的处理方法和速度怎样变化，大量的信息，尤其是综合性较强、质量较高的信息都是人写出来的，是用笔或者电脑写出来的。写得快，信息的形成就快；写得好，信息的质量才高。

在知识经济时代，写作更为重要。因为知识经济是以"知识和信息生产、分配和使用为直接依据的经济"。写作是将知识和信息语言文字化的过程。一篇论文、一份可行性研究报告、一个创意广告，就是一项知识产品。它们不仅可以促进经济发展，还可以直接作为生产、分配和使用的依据。写作经济文书，就是创造语言文字知识经济成果，就是在制作提高生产率和实现经济增长的驱动器。著名的英国商务写作女专家米吉·吉利斯说："取得商业成功的一个最重要的方面就是具有良好的文字沟通交流能力。"当今世界，商业迅猛发展，人们很容易忽略书面表达的重要性。既然令人惊奇的新思想能在激烈的自由讨论会议上萌发，商品买卖能在互联网中实现，一笔交易能通过电视会议和移动电话成交，人们就很难理解，为什么还有人需要将言语呈现于纸上。但是，有一点十分明确，那就是正是由于商业发展之快，所以清楚而有效的写作比以往才更重要。新思想只有变成文字，送达于人们手中，决定是否可行后才能变为现实。互联网固然能够将全世界亿万人民连在一起，然而它的成功都有赖于用户能够以书面形式彼此有效交流。一桩交易只有在涉及其中的每一方都拟定一份文件以确信双方已就同一问题达成一致时才真正成交。

5.3.3 商务文书的种类

1. 商务通用文书

商务通用文书有通知、请示、报告、提案、决定、通报、批复、函和会议纪要等。其中商函在工商领域使用的频率很高，它可以分为公函和商函两种，公函和商函在行文格式、行文对象、行文内容上区别都较大。公函采用一般公文函件格式，多就行政管理方面的问题与相应的党、政、群机构以及企业联系商讨。而商函则是专用于正在发生商业行为的业务单位，就贸易交往事宜进行专项联系商讨，它采用商函的专用格式，并具有法律凭证作用。

2. 商务专用文书

商务专用文书从其作用和写作体例来划分，可分为商务行为规范性文书、商务活动分析性文书、商务活动解说性文书、商务宣传公关性文书4类。

1) 商务行为规范性文书类

它由对内行为规范性文书和对外行为规范性文书组成。对内行为规范性文书主要有章程、条例、规定、公司组织章程、企业集团董事会工作条例、股票发行办法、股份有限公司内部细则、财务人员守则等；对外行为规范性文书主要指契约性文书，如意向书、协议书、合同等。

2) 商务活动分析性文书类

它主要包括市场调研报告、市场预测报告、经济活动分析报告、可行性研究报告、企业咨询诊断报告、事故调查报告、质量检查分析报告等。

3) 商务活动解说性文书体式类

它主要包括产品说明书、商品介绍、计划、方案、总结、述职报告以及各种填制性文书等。

4) 商务宣传公关性文书类

它主要包括各种各样的经济新闻、形形色色的广告词以及五花八门的礼仪性文书。这一类文书使用频率高，使用范围广。

5.3.4 商务文书写作规范

为提高文书写作质量，要求写作的文书都要做到规范化和标准化。现将国家语言工作委员会、国家出版局、国家标准局、国家计量局、国务院办公厅秘书局、中宣部新闻局的有关规定，综合归纳如下。

1. 稿件格式

稿件统一使用稿纸书写(一般用16开稿纸)。每个汉字、标点符号占一格；拉丁字母、阿拉伯数字每两个占一格。每段开头空两格，标题放在居中位置。每篇文章(或一书中的每一章)装订为一份，另一篇(或另一章)换页书写。全稿统一编页码，页码在书稿右下角。有条件的，要使用电脑打印稿件。

2. 汉字的书写要求

汉字一律用钢笔(或毛笔)正楷书写，不得随意草书、连书、省笔。一律使用正式公布的简化字，已废除的异体字、繁体字一律不用。不得使用自造简化字、合体字，科技造字要遵照科技规律和有关规定进行，不得自行造字。

3. 人名与地名的写法

人名与地名在文中第一次出现时要写全称，而后可以部分省略。例如：湖北省武汉第五针织厂，在文中第一次出现时要写全称，而后可写第五针织厂；武汉第五针织厂厂长王达，在文中第一次出现时要写全称，而后可写王厂长；第一汽车制造厂等知名企业，第一次在文中出现时要写全称，而后可称"一汽"，但须在全称后加圆括号标明"以下简称'一汽'"。

4. 外国人名写法

日本、朝鲜等国人名用汉字书写；其他外国人名用汉字译音写，译音字的使用遵循国家颁发的《外国地名汉字译写通则》和6种外语译音字表的有关规定。汉字后用圆括号附注外文姓名。英文以外，用铅笔标明文种。外国地名、机构团体名、书刊名、学派名等参照人名写法规定。

5. 计量单位、符号、代码的写法

计量单位、符号、代码的用法与写法遵照国家批准颁发的《中华人民共和国计量单位名称与符号方案(试行)》的有关规定。自然科学学科另有国家标准或国际标准的，参照有关规定使用，已经废除的合体字不用。计量数字与计量单位不要交叉使用。例如：1.5米不写为"1米5"；20℃不写做"摄氏20度"。数学符号(包括某些专用符号)不要夹于行文之中。例如：不写"重量(体积)％"、"词＞字"，而写为"重量(体积)百分比""词大于字"。组合单位的中文名称要与它的国际符号表示的顺序一致。连接号分别用"—"或"～"。角度起止前后均加"°"，如55°～60°；温度起止只在最后加单位符号，如373～393K，20～30℃。

6. 参考文献

凡参考文献，均须在每篇稿件之后注明作者、书名、页码、出版社名称和出版时间地点(或报刊名称和期号)。

7. 引文与加注

书稿中引用其他人的著作、言论，应以国家出版社出版的最新版本为准，并核对无误。凡未经正式公开发表的或出自非正式出版物的言论和资料，一律不得引用。

凡引文，须注明原著者姓名、书名、卷数、页码及版本。注释均用脚注(或对应注)形式，即把注文写在本页稿纸下端格内，中间与正文画一道占八格长的横线隔开，注码用"①、②、③"等依次写在引文加注处的右上角，与脚注的说明相互照应，注码字体比正文略小一点。注码每页稿纸均另编。

8. 插图

如有插图，除在书稿适当处绘有大小适当的草图外，并应另附绘图纸绘制的、供制版用的正式图纸，图纸大小为实图一倍半或两倍大最合适。图中一切文字均用铅笔写在图纸的适当位置，以备贴字。凡遇有插图的书稿，请责任编辑向作者说明绘制图纸的技术要求，以保证图版质量、避免徒劳返工。如作者无力自绘正式图纸，可请出版社代绘制，酌情收取绘图费。

9. 数字的写法

《关于出版物上数字用法的试行规定》指出："凡是可以使用阿拉伯数字而且又很得体的

地方，均应使用阿拉伯数字。"

《国家行政机关公文处理办法》（简称《办法》）指出："公文中的数字，除成文日期、部分结构层次序数和词、词组、惯用语、缩略语，具有修辞色彩语句中作为词素的数字必须使用汉字外，应当使用阿拉伯数字。"

根据上述规定要求，下面对文书写作中的数字使用要求进行综述。

(1) 按规定，公文中应当使用阿拉伯数字的情况如下：

① 公文发文字号应用阿拉伯数字，年份要写全称，用方括号标注，不用圆括号，序号前不加"第"字，如"中发[1994]13 号"。

② 公文的封面上用序号标明的附加标记，如"份号""印数"等，应用阿拉伯数字，如"份号 00001""共印 100 份"。

③ 公文中附件的序号及注释的序号也用阿拉伯数字，如"附件：1""注释：1"，不应写成"附件：一"或"注释：一"。

④ 公文中标注引用期刊、书籍的版次、卷次、页码，一般也用阿拉伯数字。

⑤ 特定事物名称中使用阿拉伯数字，如"8341 部队"。"CN33－1055/G2"（刊号）、"0"、"荷花牌 XPB35－4025 双桶洗衣机"，上述名称中的阿拉伯数字绝不能用汉字代替。

⑥ 公文中需要以计数和计量标注的（包括正负整数、约数、小数、分数、百分数、比数等）及公历世纪、年代、年月日、时刻均应用阿拉伯数字，如"139 次旅客快车""维生素 B""300 万""－5℃""3～5 倍""3.5""1/2""35％""4∶3""19 世纪 30 年代""1996 年 10 月 1 日""5 时 3 刻""下午 2 点""10 点 25 分"。

⑦ 中华民国(1949 年前)纪年和日本年号纪年应用阿拉伯数字，如"民国 36 年""昭和 13 年"。

使用阿拉伯数字书写多位数时，应注意以下 3 点：

① 4 位和 4 位以上的数字，应采用国际通行的三位分节法（简称千分位），即从后往前，每 3 位为一节，不够 3 位也视为一节（若是小数，则以小数点为界），节与节之间空半个阿拉伯数字的位置。要废止不符合国际标准的"，"分节法。如"34869 元"应写成"34 869 元"，不能写成"34,869 元"；圆周率的近似值"3.1415926"应写成"3.141 592 6"。

② 5 位以上尾数零多的整数，可以改写成以万、亿为单位的数，但不得以十、百、千、十万、百万、千万、十亿、百亿、千亿作为单位。如"太阳和地球的平均距离为 149 000 000 公里"，可写成"1.49 亿公里"或"14 900 万公里"，而不能写作"1 亿 4 千 9 百万公里"或"1 亿 4 900 万公里"。

③ 多位数不得转行。

(2) 按规定，公文中应当使用汉字标写数字的情况如下：

① 公文的成文时间应用汉字全称书写。"一九九六年一月八日"不能写成"1996 年正月 8 日"，也不能写成"一九九六年 1 月 8 日"或"一九九六·一八"。

② 数字作为词素构成定型的词、词组、惯用语、缩略语或者具有修辞色彩的语句，必须用汉字书写。如"一贯""十月革命""二万五千里长征""七上八下""四个现代化""五讲四美三热爱"。

③ 邻近的两个数字（一、二、……九）连用表示概数时，一般不采用阿拉伯数字的形式，而习惯用汉字，相邻两数字之间不用顿号隔开。如"十之八九"不能写成"十之八、九"。

④ 一些不表示科学计量和不具有统计意义的一位数，应用汉字书写，不能用阿拉伯数字。如"一年时间"、"两条规定"、"三废治理"。

⑤ 夏历和中国清代以前（含清代）纪年应用汉字。如"正月初一""八月十五""康熙十年正月十五"。

在用汉字标写数字时，特别要注意"二"与"两"的不同用法。如果用作序数，应当用"二"，如"第二""二月"（即二月份）"二次大战"（即第二次世界大战）。如果与量词连用应当用"两"，如"两个""两回""两次大战"（即第一次和第二次世界大战）。

（3）按规定，公文中应当混合使用汉字和阿拉伯数字标写的情况如下：

① 结构层次序数。如果公文内容复杂、篇幅较长，为使其结构严谨、阅读方便，需要给公文各层次标上序数。根据《办法》规定，第一层为"一"，第二层为"（一）"，第三层为"1"，第四层为"（1）"，即按"一、（一）、1、（1）"顺序标识，不得错乱。如果公文的结构只有两三个层次，可以参照"一、（一）、1、（l）"式序号，在不颠倒原序号的前提下有选择地使用，如"一、（一）、1"或"一、1、（1）"。

② 引用法规中的章、节、条、款、项、目的时候，按照原法规中所用数字，原来用汉字的，就用汉字；原来用阿拉伯数字的，就用阿拉伯数字。不能任意改动，以维护法规的规范性和严肃性。

 5.4 商务信函写作

书信是一种极好的传递信息、表达情感的手段。通过"写"的过程，可以更加清晰、更有条理地表达自己的思想。写信是一种笔端的问候，读信时可以使对方感受到一种特殊的温馨，加深人们的印象。

5.4.1 商务信函写作的意义

现代商人是不大喜欢写信或者很少写信的。一方面，是由于现代通信发达，打电话比写信方便快捷得多；另一方面，由于生意人比较忙，一般很少写信，久而久之，便习以为常不写信了。但是与书信相比，电话仅是口头的承诺，而不具有法律效力。可是信函有发信人的签名盖章，是有效的法律文件，在商务活动中绝大部分经过电话商定的商务活动最终都要通过信函来证明和确认。

尽管在人们变得越来越懒得"动笔"的今天，商务信函仍是商务活动中重要的沟通媒介之一。在商务活动中，从联系业务、协商谈判、签订合同到履行合同、处理投诉、理赔索赔，每一个环节都需要信函这个重要的媒介工具来传递信息以实现有效地商务沟通，达到预期的商务活动目的。因此，商业往来有求于人的一方，一定要很好地利用这种手段来进行交流与沟通，加速建立信誉，加快生意的进程。

5.4.2 商务信函的基本格式

商务信函的应用范围非常广泛，种类十分繁多，但不管何种类型的信函，只是具体的内容不同罢了，其写作的基本格式却是一致的。商务信函因其涉及具体的经济事项，写作格式要求较严格。商务信函的格式由信头、称谓、正文、信尾四部分组成。

1) 信头

信头是信函的开始部分,包括标题和字号两部分。

标题位置在信函纸首行中间,其内容是标明事由,即简明地指出要告知的事情,使收信人通过标题就能知道信函的主旨,如"事由:800 吨钢材报价"。

字号即发函编号,其位置在标题的右下方。发函编号是为了便于发函双方将信件归档存查,一旦发生经济纠纷,便可作为经济往来的文字依据,以助纠纷的解决、维护自己的合法权益。"字"代表发函单件,"字"前面要写上年份,并加上括号;"号"是单位发函的顺序号,格式如图 5.1 所示。

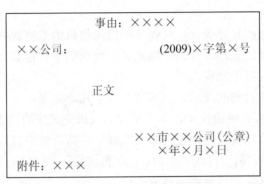

图 5.1 商务信函的格式

有时,信头除写明标题和字号两项外,还要写上发函单位的名称、地址、电话号码、传真等。

2) 称谓

称谓,即对收信人的称呼,在字号下面一行顶格写。若收信人是单位,则要写全称,如"××贸易公司";若收信人是个人,一般是在姓名后带上职务头衔,以表示尊重,如"××经理"。

3) 正文

正义是信函的主体部分,包括开头、主体、结语 3 个部分。

开头一般引出发信缘由,或简述事实、引述来函要点、做简要自我介绍、表明目的和要求等。例如:在秋季广交会上,得知贵公司生产儿童鞋……;我公司是××市最大的纺织厂生产厂,求购制作服装的优质蚕丝……。

若信函内容较简单,则省略上面的发信缘由,而直接进入主体。主体一般是根据发信缘由详细地陈述具体事项。信件的主要内容在此体现出,主体部分是信函写作的重点所在。

结语一般是把主体所叙述的事情加以简要地概括,并提出与本函意图相关的要求,如希望回信、回电、订货等;再如,候复、希望速予办理等。

4) 信尾

信尾是信函的结束部分,由落款和附件两部分组成。

落款位置在正文末的右下角,主要是签署发函单位或个人姓名、发函时间,重要的信函加盖公章。

若发函附有附件,则在信末的左下角注明附件和内容,如附件:076 号男童鞋彩色图片一张;附件:我公司最新商品报价;等等。

若是商业社交信函,其写作格式与商务信函又有所区别。商业社交信函并不直接洽谈交易,而是以联络感情、增进友谊达到促进贸易的目的。这类信函很讲究感情的交流,因此,写作时不能带有公文腔、要省略信头、不用编号、取消事由性标题;正文的开头要写几句问候语,结尾处还要写上几句祝福语,以示礼貌。

5.4.3 商务信函写作的要求

商务信函的目的在于传递具体的经济信息,求得对方的准确理解和合作,进行实质性的经济交往。因此,商务信函的写作不同于一般的社交信函,严格排斥文绉绉的语言,力求简洁明确、条理清晰。具体来讲,在写作时要应注意以下几点。

1) 主旨鲜明

商务信函是商务工作的具体表现,任何一封信函都是为了解决一项具体的商务问题,都是对一项具体的商务活动的安排和商讨。因此,每封信的主旨都必须鲜明突出,使收信人迅速了解发信的目的并及时给予回应。

写作商务信函要使主旨鲜明突出,应该注意以下几个方面:

(1) 充分重视"事由"。事由位于信头,是收信人最先关注的地方。要使收信人一眼就能明白信函主要将解决什么问题,应该在"事由"部分用简明的语言写明发函的主旨。如果将事由"事由:200 箱饮品索赔"写成"事由:200 箱饮品",这样的信函主旨不突出,收信人如果不看正文很难知道这是在写索赔的事情。

(2) 以结论开头。将结论放在开头,能使读者一下子就能抓住作者写信的目的,并立即引起读者的重视,如"我公司求购××"等。

(3) 一事一函。一事一函的目的也是为了突出主旨。如果一封信同时谈几件事情,势必让读者难于抓住信的主旨,从而会忽视某一件或几件事。因此,一般主张一事一函原则。

2) 内容完整

商务信函的内容必须完整,应该写的事项必须全部写进去,不能有任何的遗漏。比如报价函就要求将商品名称、规则、数量、价格、装运期、结算方式、有效期限等报价条件全部明确无误地告知对方。其他信函也类似,具体地说,为保证信函内容完整应该注意以下几点:

(1) 分条列款表述。为了保证在写信时不遗漏任何要点,在写作前可以先把写作要点列出来,然后根据这些要点的内在逻辑联系,一一列明具体事项,这样就不至于遗漏细节。例如,还是写刚才的报价函,在写作之前,可以先将商品名称、规则、数量、价格、装运期、结算方式、有效期限等条件列出来,然后再开始写作,这样就可以保证内容的完整。

(2) 5W1H 法。检查所写信函内容是否完整的另一种方法是 5W1H 法。一般来说,完整的商务信函一般具备 5W1H,即 What、Who、Where、When、How、Why,这 6 个要素不能缺少。而有些商务文书只是简单陈述事实而不需要陈述理由,因此,对于这类书信没有 Why 这一项。所以,在检查书信内容是否完备时,可以从这几个方面来检查。例如一封完整的订货函,只要具备订货人(Who)、货物名称(What)、何时发货(When)、发往何地(Where)、如何结算(How)这 5 个方面的内容即算内容完整。

3) 关注对方利益

写好商业书信的关键和诀窍仍然是关心对方的利益,在信中写对方感兴趣的事,不要以自我为中心、在信中要谨慎地提及对方利益所在,强调做成生意为对方带来的好处。这样,就能引起对方的兴趣,从而对信中的要求做出反应或答复。

> **相关案例**

　　一家货运公司每天要接收许多厂家送来的零担托运货物，这些厂家都是长期顾主，有的每天或隔一两天送来一批，有的不定期送来一些，由于这些货物送达的时间不适合，给货运公司增添了一些麻烦，货主们特别喜欢集中在下午下班前送货来，使货运公司的办事员忙得一塌糊涂。这样既容易出差错，又不能在当天把货物发运出去，对双方都不利。为了改变这种状况，他们打印了一封公函，内容如下。

尊敬的客户：

　　感谢你们的信任，将零担货物交由本公司发运。多年来，我们合作愉快，从来没有发生过重大差错。我们有理由相信，这种愉快的合作将继续下去。我们将一如既往，竭诚为你们提供优质服务。

　　但是，你们送来货物的时间多集中在下午4时以后，这样就给我们的工作带来一些麻烦，也使你们的货物不能及时运出。我们请求你们在每天下午2时以前将货物送达。这样做对双方都有利。

　　谢谢合作，顺致崇高的敬意！

××货运公司（公章）
20××年×月×日

　　这封信文字通顺、格式正确、表述意思也比较准确，几乎看不出有什么毛病。但是，这封信发出以后收效甚微，客户我行我素，照样在下午4时以后送来大批货物，货运公司在下班前手忙脚乱的状况丝毫没有得到改善。这是为什么？

　　经过有关销售专家分析，认为其主要问题在于：这封信是从自我利益的角度出发写的，只关心自己如何减少麻烦，而没有认真考虑和关心对方的利益。虽然信中也提到"货物不能及时运出"，但意思没有说明白，况且把自己的利益和客户的利益混杂在一起，含含糊糊，使客户理解不到这样做的好处。后经销售专家修改如下。

尊敬的客户：

　　为了使贵公司的货物能够在当天发运出去，我们请求你们在每天下午2时以前将货物送到我公司。这样，我们的办事员就有足够的时间进行处理，以确保货物当天运出。这样做，使你们的客户能够及时收到货物，对贵公司是非常有利的。

　　多年来，我们合作愉快。有理由相信，这种愉快的合作将继续下去。我们将一如既往，竭诚为你们提供优质服务。

　　谢谢合作。顺致崇高的敬意。

××货运公司（公章）
20××年×月×日

　　信函发出不久，货物多在下午2时以前送到，下午4时以后集中送货的现象得到了彻底的纠正。货运公司的目的达到了，客户也非常高兴，因为货运公司时时处处为他们着想，双方关系更为融洽。从这一实例可以看出：站在他人的角度、多为他人的利益着想，是一个商人的立足根本，也是商业信函写作的要领。

4）表述准确清楚

　　很多商务信函的主要任务就是对商品价格、款项收付等实质性的商务活动进行磋商，因此，对于这类信函的语言的表达方面要做到清楚，其意义是不言而喻的。如果模棱两可，或是使用让对方容易产生误解的语言，那么经济纠纷在所难免。这样于人于己都会带来不必要的麻烦。

商务信函的清楚准确是指对信函中的各项具体事项的表述要清楚准确。例如，报价函中的商品名称、规则、数量、价格、装运期、结算方式、有效期限、地点等以及有关的数字、时间、商业术语等项目要用准确无误的文字表述出来。

数字除清楚地标明阿拉伯数字外，还要用汉字大写，以避免数字发生差错，如"总货款 10 000 元（大写：壹万元）"。这样就可以避免因笔误少一个零或多一个零而带来的麻烦。时间一定要写明具体的年月日或期限，禁止使用"大约""左右""近期内"等模糊词语，如"大约 10 天可以发货。"到底哪一天发货，让人迷惑。

此外还应该避免使用任何可能产生多重理解的词语和模糊性描写，以免引起歧义或令人难以置信。例如，"100 元起售，最高售价到 140 元止。"其中的"到 140 元止"是否包括 140 元在内呢？

5）语言恰当得体

通过商务信函，不仅仅只是为了实现某一特定的商务目的，还在于通过信函这种正式的方式，增进双方的相互了解、建立友谊、树立自己的良好形象。因此，在行文的语气上，要讲究策略，要根据对象、场合、情况的不同，选择相应的措辞和语气，举例如下：

（1）写推销函，宜用劝购语气，不能强买强卖。如"此种产品不仅质量绝对保证，而且价格也极具竞争力，我相信我们会很快达成交易。"

（2）写催装函，用词宜谦逊礼貌、替对方着想。如"盼即将交货期见告"。

（3）写索赔函或拒赔函时，词语宜直截了当、不卑不亢。如"我们除了这样做之外，别无选择。"

（4）传递不愉快信息，如货物受损、不按期发货、拖欠货款等，比传递一般的信息更难下笔，处理不当可能会影响双方的关系或使己方名誉受损。写这类商务信函一般是根据对方的资信情况、与己方关系以及不愉快事件本身的严重程度的不同，选择相应的修辞策略。

① 对于资信良好、与己方长期合作的老客户，或是首次合作、相互不太了解的新客户，行文时应就事论事，措辞不要太强硬，语气宜委婉，并在信函末尾表达相互支持、密切合作之类的愿望。如"令我们为难的是……"或者"我方不得不……"

② 对于资信较差、无故违约甚至屡经函电催促仍不答复的客户，就应针锋相对、言辞强硬，如"这将不可避免地影响你方声誉……"，又如"我方的谅解与忍耐是有限度的……"，再如"现郑重告知……"。

6）文字简明扼要

与其他所有商务文书的写作一样，商务信函也要求简明扼要。不需要写的东西，就坚决不写进信函中。正文开头直接切入主题，不要躲躲闪闪。遣词造句长话短说，不要重复，而且尽量避免使用形容词等修饰成分，用简单的句式直接陈述即可。即使难于启齿的事情也应当坦白明确地写出，不应绕圈子，如"刚收到贵公司×月×日的信，我们非常高兴。没想到你们这么快就寄来了订单，我们十分感激。"此开场白明显啰嗦，应做如下修改："贵公司×月×日函及订单收悉，谢谢。"

当然，简明扼要不能以内容完整为代价，如果一味追求简洁而损害了内容的完整，那么简洁也就失去了意义。

7) 行文谦恭有礼

一封谦恭而有礼貌的信函会给人留下良好的印象，从而使对方乐于与之合作。因此，写作商务信函必须谦恭有礼。那么如何做到在商务文书写作中谦恭有礼呢？

(1) 遣词造句委婉礼貌。商务信函的措辞和行文语气应该彬彬有礼、不卑不亢，既不过分谦恭，也不盛气凌人。落实到具体行文上，就是多使用敬语，如"请""贵方""您""谢谢"等；多用表示高兴、遗憾、感谢等的表达法；多用虚拟语气缓和地表达己方意见，避免使用强迫性的词语，如"我们不得不遗憾地告知贵方，……与兹告贵方……"。

(2) 体谅对方。先看例句："兹告贵方欠款已逾期，请即汇 10 万元给我方。"但如果换一种方式，如改为："贵方可能因为业务过于繁忙，以致忽略承付×月×日应付款 10 万元……"。修改过的表达方式从对方的立场出发，显得善解人意、通情达理，既达到了催款的目的，又给对方留下了好印象，其实际效果就完全不一样。因此，在写作商务信函时，应尽量站在对方的角度来写，以体谅对方。

5.5　商务报告写作

商务调研就是对已知市场进行的调查研究。商务调研主要对商品或公务在从生产者到达消费者的过程中所发生的有关市场供求、价格、客户、竞争关系等资料作系统的收集、记录和分析，并得出结论。商务调研报告就是在对调研得到的资料进行分析整理、筛选加工的基础上，记述和反映市场调研成果的一种商务活动。

5.5.1　商务调研报告的写作

1. 调研报告的结构

1) 标题

商务调研报告的标题通常有单行标题与双行标题两种形式。单行标题又分为公文式标题和文章标题。写法多种多样，比较常见的是采用介宾短语形式把调查对象、内容反映在标题上，如《关于当代青年消费问题的调查报告》。

双行标题是在正标题之外加副标题，正标题一般概括"报告"的主旨，副标题补充说明调查的对象和内容，如《市民购物看重质量——××市民家庭抽样调查》。

无论采用哪种标题都要与内容相符、简洁精练，并力求做到新颖、醒目。

2) 前言

商务调研报告的前言在内容上一般应交代写作目的或动机，或介绍调查背景、调查的基本情况等。但写法不必强求一致，可以根据主旨、内容及表达方式的需要灵活安排。常见的写法包括以下几种：

(1) 新闻报道式。开头简要介绍调查的目的、时间、地点、对象、范围、方式等，让读者对调查起因有一个总体印象。

(2) 概括交代式。开头概括介绍调查基本情况或行文主旨，使读者对调查对象的情况有一个初步了解。

(3) 提问解答式。开头就提出涉及报告主旨的问题，引出正文，或提出问题后立即做简要解答，以引起读者的关注和沉思。

（4）议论引用式。开头由作者对调查对象展开一番议论或引用一段某位权威人士、调查对象的言论，启发读者领会全文主旨。

有些市场调查报告可以省略前言，开门见山地叙述调查报告正文。这种情况多用于写内容较单一、篇幅较短的市场调研报告。

3）正文

正文是调研报告的主体部分，主要包括调查情况和调查者的观点。写作时应将材料加以科学的分类逻辑进行安排，一般应具备以下内容：

（1）基本情况。基本情况包括历史情况和现实情况。简要的历史回顾在于说明调查对象的历史概况及其发展的连续性，重点应放在对现实情况的介绍上。要求如实地反映调查对象的现实面貌并简要地分析其特点或存在的问题，写作时常用数字、图表加以说明。

（2）前景预测。市场调查报告虽不以预测为重点，不需要对未来进行详细的预测，但一般要在反映市场现状的基础上简略地推断其发展趋势、展望市场前景，以此作为企业生产、经营的参考依据。

（3）措施建议。这是市场调查报告的落脚点，还需要在预测之后准备采取的行动、计划、措施、建议或措施既要有针对性，又要具有可行性。

（4）正文是详细展开报告内容和观点的部分，如果内容单一，可采用纵式结构，先摆情况，然后分析这一现状产生的原因，最后针对问题进行预测，提出建议；如果内容比较丰富，头绪较多，则可采用模式结构，把问题分成几部分，按各部分之间的逻辑关系安排层次，通常可使用小标题，各部分分析完成后，再总起来提出措施建议。

4）结尾

结尾是全文的收尾部分，也是对前言的照应。在这里或是重申观点或是加深认识。如果正文话已说完，在提出措施建议后可结束全文，也可省略此部分。

2. 商务调研报告的写作要求

（1）掌握分析研究的3个步骤，揭示事物的客观规律。分析研究贯穿于调查报告写作的全过程。首先，调查本身就伴随着分析研究。没有分析研究，就不可能选准调查对象；没有分析研究，调查的内容、方法、提纲也不能事先确定。其次，面对调查获取的大量原始材料，要进行去粗取精、去伪存真、由此及彼、由表及里的分析研究。最后，只有经过认真的分析研究，才能真实地反映出由材料分析到提出观点、得出结论、提出建议办法的必然性。这一步分析研究与前两步的分析研究有所不同，它是前面两步分析研究的集中体现，因而更深入、更完整、更系统、更具有理论价值。

（2）用事实说明，把观点和材料统一起来。应该注意两点：①要善于选择运用具体、典型的材料来说明观点，其中包括典型事例、综合性材料、对比性材料和数据等；②善于综合运用叙述、说明、议论的表达方式，把观点和材料紧密结合起来。

5.5.2 可行性研究报告的写作

1. 可行性研究报告的概念和作用

可行性研究报告，是在建设项目、科学试验或产品投产前，对其进行全面分析、论证评估，以确定其技术是否先进、经济上是否合算。国家大型项目一般都要进行可行性研究，例如：大型工业交通项目、重大技术考查项目、利用外资项目、技术引进和设备进口项目等都要进行可行性研究论证。凡进行可行性研究的建设项目，不附可行性研究报告者，不得审批设计任务书。可见，写好可行性研究报告是件严肃而认真的事情，不是可有可无的，必须采取积极慎重的态度。可行性研究报告的作用，具体表现在以下4个方面。

(1) 它是决策科学化的重要依据。通过对建设项目的反复论证和比较，可供决策层全面衡量、综合评估和择优决策。

(2) 它是提高经济建设综合计划管理，平衡建设规模，优化投资结构，防止重复建设、重复引进和重复生产的有效手段。

(3) 它是提高国家贷款或投资效益、厉行节约、防止浪费的有效方法。

(4) 它也是加强建设项目科学管理，防止官僚主义和决策独断专行的必要程序。

可行性研究报告一般作为决策的依据。报告形成后，由计划管理部门、贷款银行或投资者以及有关部门组织内行专家对其评审，写出项目评价报告，然后由主管部门作出决定。因此，编制可行性研究报告的基本目的是：①争取获得计划管理部门的认可；②争取获得银行贷款或国内外投资者的投资；③成为有关部门编制计划任务书和项目设计的依据。

2. 可行性研究报告的格式

1) 标题

标题一般由拟建项目名称和文件组成，如《中外合资经营"××化纤厂"的可行性研究报告》；有的根据拟建项目大小以及报告的繁简需要，题目也可称《××项目建议书》《××××产品开发可行性分析》等。

2) 正文部分

(1) 概要说明：包括项目提出单位的背景、指导思想、基本情况和基本设想。

(2) 市场需求情况：包括国内、国际市场的现状、动向以及本产品、本项目参与市场竞争的前景、销售量、销售总额及发展趋势。

(3) 原材料及能源情况：包括原料、辅助材料、能源、半成品、配件的品种、规格及其数量、质量、来源渠道和供应状况等。

(4) 项目地址的选择和建设条件：包括项目地址的自然条件、经济条件、社会条件和交通运输条件。土建工程要说明建筑面积、结构、实物工程量、工程造价以及"三废"处理的措施等情况。

(5) 技术、设备和生产工艺：包括技术名称、技术水平、技术引进、工艺流程和要求、设备的名称、型号、规格、数量、质量以及配套工程、辅助设施。此外，还可包括与此相关的人员培训等情况。

(6) 资金方面：包括全部工程所需投资额（利用外资项目或引进外资技术项目、用外汇情况）、流动资金的需求量、各项资金的筹措方式及贷款偿付期限和方式。

(7) 财务分析：包括资金投入的分析论证，对投产后经济效益、社会效益的预测，总成本、总利润、盈亏保本点，投资回报率和回收期限以及经济效益敏感性分析（如银行利率的变化，原材料、产品的价格波动，通货膨胀等因素）。

3) 结尾部分

结尾部分为结论与评价。可行性报告的结尾部分一般从市场、技术、条件、资金、效益各方面进行分析、评价和比较，以明确地提出该项目是否可行的结论。

4）落款和署名

此项主要包括项目主办单位名称、负责人、主要技术负责人、经济负责人以及年、月、日。

5）附件

必要的表、图和证件不便在报告里说明的，可作为附件补充。

上述内容根据项目情况，可根据需要适当选择增加或删减。

5.6 其他常用商务文书写作

其他常用商务文书一般有商务传真、请柬、邀请书、商务合同和意向书等，下面介绍这几种文书的写作。

5.6.1 商务传真的写作

传真是一种能高速传递各种书信、文件、手稿、图表、照片等静止图像的通信手段。在现代商务活动中，传真与其他沟通手段比起来，有很多明显的优势。很多书信和文件，在商务工作者写好后，很有可能不是通过邮寄的方式而是通过传真的方式传递给对方。因此，在学习商务写作尤其是在学习商务书信写作中，也要学习传真写作的相关知识。

1. 商务传真的格式

1）传真文头

传真文头也称信头，主要包括以下几个部分（图5.2）：

```
             WEST WOOD COMPANY

   TO: _____     DATE: _____
   NAME: _____     FM: _____
   COMPANY: _____     NAME: _____
   CITY/COUNTRY: ____     DEPT: _____
   FAX NO: _____     TEL: _____
   TOTAL MUMBER OF PAGES(INCULUDING THIS COVERPAGE)
```

图5.2 英文传真文头格式

（1）公司名称。在正上方居中处，用稍细深色字体排列公司名称，有时还印有企业标志，若是国际传真，可用相应的外文。

（2）接收传真公司的有关条目。如收件人姓名、公司名称、所在城市（国家）、传真号，接收传真公司的有关条目一般在标题下左方由上至下依次排列。

（3）发件方的有关条目。包括公司名称、所在部门、姓名、电话号码等，发件方的有关条目在标题下右方从上至下依次排列。

(4) 日期。应写在标题以下，传真纸右边且不应超过边线。

(5) 传真件页码。在发、接件双方有关条目之下。

2) 标题

商务传真往往有特定的背景，有具体的针对性情况。所以，不一定非要有固定的标题。如果发件人需要收件人很快把握传真的内容，以引起其对主要内容的重视，则可在文头之下，空约两行之处，居中拟制标题。标题的字体须大于正文，颜色应深于正文。其拟制方法，在国内贸易中常用公文式，如"关于催××货款的意见(函)"；外贸传真的标题，第一个词或主要的词应该大写，有时标有"RE"表示"事由"之意，标题下可画线，也可不画线；对于国际传真，标题应写在称呼之下，这与国内传真有所不同。

3) 称呼

称呼在正文开头左上方，顶格书写。一般商务传真接件者为具体人员，所以称呼应视对方的身份、性别而定，如××经理、××女士、××先生。必要时，可加上"尊敬的"一类修饰语。外贸传真称谓比较简单，常用的有"Dear sir"和"Gentlemen"等。

4) 正文

商务传真的正文一般不用手写体，应先打草稿校对后，才进行正文打字。一般左右两边都应用适当的空间，左边应稍宽。传真纸下端，也应留空白。

传真件只写一面，如果第一页不够书写，第二页至少须有两行以上正文，不可只有签名。第二页传真纸，按国内目前的情况，一般没有文头。如有文头，纸张的大小与质量应与第一页相同，在第一行，应写明收件人姓名、传真页数和日期。

5) 结尾客套语

传真中的结尾客套语也与商务信件一样，已成为传真文件的固定结构。国内外传真，都可根据传真的目的、内容，选择运用有关的客套语。

6) 签名及加印

商务传真应具有签名，以此表示文件的效力。签名及盖章，位置在正文的右下方。签名应用钢笔，并应为手写体，不能用图章代替签名。在签名下面应注明签名人的职务，加印公司印章或部门印章。国际传真一般只有签名一项，在签名时，中文下应附有汉语拼音，必要时在公司名称处加"For"一词，以表明是代表公司、企业的签名。

7) 附件

商务传真常有附件，如报价单等。可在传真正文的左下角注明附件的名称，如附件不止一件，应依次写明。

8) 发件单位的联系方式

每张传真纸下方，都印有发件单位的电话、传真号码。

2. 商务传真的内容

传真是商务活动中传送商务文件的一种方式，正如前面介绍的那样，传真的内容可以是书信、文件、手稿、图表、照片。鉴于在今天的商务活动中，图文传真已经成为一种方便快捷的通信工具，特别是在时间紧迫或唯恐有误的情形下，采用传真通信日趋普遍。传真书信讲求效率，内容必须直接清楚。传真的一般表达方式如图5.3和图5.4所示。

```
传真号码：(86)12-34567890
传送页数__页
××公司贸易部
××先生：
    我方美国总公司行政总裁威廉斯先生及亚太区采购部经理夏里
逊先生原定于今天乘坐中国民航CA004次班机，于晚上0时5分抵达
重庆，做5天访问，并得阁下答允前往机场接机。惟现时由于从美
国洛杉矶到中国香港的航班有所延误，威廉斯先生与夏里逊先生将
转乘明天的中国民航CA105次班机离港，并将于上午11时整抵达重
庆机场。烦请届时到机场接机。
                                        ××公司中国香港分公司
                                                 公关部经理
                                                  （签名）
                                                 ××谨启
                                                ×年×月×日
```

图 5.3　传真内容示例一

```
传真号码：(86) 12-3456
传送页数__页
北京××百货商厦营业部
××经理：
    ×月×日传真来函收悉。有关贵商厦××总经理率领一行四人来
港考察一事，本人将于5月10日(星期×)上午10点在我公司湾仔总店
恭候××总经理等人光临参观。烦请代转××总经理。
                                        ××公司中国香港分公司
                                                 公关部经理
                                                  （签名）
                                                 ××谨启
                                                 ×年5月8日
```

图 5.4　传真内容示例二

5.6.2　请柬、邀请书的写作

在商务活动中，常常会涉及邀请商务伙伴参加某项商务活动的情况。这个时候，就需要请柬和邀请书了。

1. 请柬

1）什么是请柬

请柬又叫请帖。它是单位、团体或个人邀请有关人员出席隆重会议、典礼等各种庄重的社交活动时发出的礼仪性信件。

请柬虽是一种简单的书信形式，但是不同于一般书信。它是出于对客人的礼貌、尊敬而发的正式邀请书，客人虽近在咫尺或已知道此事，也应发送请柬。因此，请柬比起一般信函和通知更具有庄重和礼仪性的特点。

请柬的主要功能是邀请作用，它能增进友谊、促进彼此间的支持与合作。有时，请柬也用做入场券或报到的凭证。

请柬的设计要美观大方，表现出欢庆气氛和热烈的情绪。所以，它的款式和装帧都讲究精致和富有艺术性，使客人一收到它就感到快慰、亲切，产生受到尊重的感觉。

2) 请柬的结构和内容

(1) 封面。封面一般要醒目地写上"请柬"二字。若是无封面的请柬，则在首行中间写上"请柬"二字。封面一般都要做些艺术加工，如加装饰图案，文字用美术字体或手写体，多数都会烫金。

(2) 姓名称谓。即写被邀请人的姓名称谓。如"××先生""××经理"，若被邀请者是某单位或某团体，则只写某单位或团体的名称即可。

(3) 正文。正文写清活动以及举行活动的具体时间和地点。

(4) 敬语。常用"此致敬礼""敬请光临"或"敬请届时出席"等惯用语。

(5) 落款。落款即注明邀请者名称和发出请柬的时间。

3) 请柬的写作要求

请柬质量的高低反映出邀请者的水平、风貌及形象。因此，请柬的制作和发送，要注意以下几方面的问题。

(1) 柬文要清晰、准确。写作时，一定要写清被邀请人的姓名、身份、邀请事由及应注意的事项等内容，要清晰明了，绝对要避免差错。

(2) 篇幅宜短小。请柬不同于一般书信，它适宜用简洁明快的文字把事情说清楚即可。

(3) 措辞宜典雅。请柬要用书面语言，不能用口语、俗语，为显示请柬的庄重得体，用语应典雅，语气应婉转，还要用请求的口吻，以表现主人的感情和诚意，切忌用生硬或命令式的口气。

(4) 发送宜适时。请柬有很强的时效性，或为某个隆重的会议，或为某个庆典方式，过了规定的时间它就失去了意义。因此，请柬发送的时间很重要，过早则对方容易遗忘，过迟又不宜对方安排，最好是安排在具体活动时间的前两天发送。

请柬的一般格式如图 5.5 所示。

```
×××：
    兹订于20××年8月1日至8月8日，在××华侨饭店
召开××名酒展销会，并于8月1日中午11点30分在华侨
饭店举行开幕典礼。敬备酒宴恭候。请届时光临。
                              ××有限公司敬邀
                                ×年×月×日
```

图 5.5　请柬格式

2. 邀请书

1) 邀请书的概念

邀请书也叫邀请信或邀请函，是邀请收信人前来参加某项活动的信函。这种信函一般用于邀请客人前来洽谈业务、访问、讲学、进行技术交流、课题及项目的合作研究等。

邀请书与请柬相比，在内容更详细些，在语气上显得更轻松、亲切，是用热情而诚恳的态度婉转地与对方进行协商。

邀请书一般用于小范围或个别亲朋之间的邀约。如果是规模较大的活动，如婚礼、庆典等，则宜用请柬。有时举办较大规模的活动，对个别特别重要的人员，也可将邀请书和请柬同时发出。

2）邀请书的结构和内容

邀请书的书写格式与普通书信相同，由称谓、正文、敬请、落款四部分组成。

（1）称谓。抬头顶格写清对方的姓名、职务或职称，若是单位或团体则只需写明单位或团体的名称。

（2）正文。正文应分段写明邀请对方（单位或个人）参加何种活动（包括时间、地点、名称）及邀请的原因、活动的安排细节，并请对方回复是否愿意应邀前来参加该活动。

（3）敬语。为体现热情、友好和邀请的诚意，这类邀请书信的结尾往往写"敬请光临""欢迎来访"等语句，当然并非千篇一律，有的也可以不写。

（4）落款。写上邀请人或单位的名称，再注明发函的时间。

3）邀请书的写作要求

邀请书的内容要清楚、明白，要写明邀请参加的活动、时间、地点、参加对象等。邀请书的措辞要诚恳有礼，热情洋溢，使收信人感到亲切、友好。邀请函的一般格式如图 5.6 所示。

```
              邀请客户参加交易会的函
××公司：
    ×年××市出口商品交易会，将于11月5日至11月20
日在××国际展览中心举行。在这次交易会上，将有来自
我国10个省市的400多家外贸企业到会，设有5000多个展
台。届时你们会看到我国出口商品的许多品种，这将会为
贵公司提供一个选购的极佳机会。
    相信贵公司对这次交易会一定会有很大的兴趣。因此，
我公司以极其愉快的心情邀请贵公司光临。
    望事先告知你们的到达时间，我们将安排专人接待。
                                    ××进出口公司
                                      ×年×月×日
```

图 5.6　邀请函的格式

5.6.3　商务合同的写作

合同是指两个或两个以上当事人为共同达到一定目的，按照法律规定，就确认各自的权利和义务关系而达成的一种协议。商务合同的格式和写法有其自身的特点。

1. 商务合同的格式

商务合同的格式可分条款式和表格式两种。条款式合同是将双方商定同意的协议内容，逐条用文字写清，一般包括权利和义务、数量和质量、价款或酬金、履行期限、地点和方式、违约责任等。表格式的合同是预先印好的。签订合同时不必自拟文字，只要将双方商定的协议内容逐项填入合同的表格中即可。合同的格式一般可分为 4 个部分。

（1）标题。写在第一行，居中，字体稍大。写清合同的名称，指明合同的性质。如：订货合同、借款合同、供销合同、供电合同等。

（2）双方单位的名称。写在第二行，顶格。前面写"订立合同单位"，后面写双方（或几方）单位（或人）名称。名称第一次出现时要写全称，为了行文方便，可分别在全称后加括号简化为"甲方"和"乙方"或"买方"和"卖方"。双方注明后，下文使用时不可混淆。

（3）正文。这是合同的主要内容，一般开头先用一两句话说明签订合同的目的或双方应

共同信守合同的条款等。如"兹因甲方向乙方订购下列货物,经双方协议,订立本合约如下"或"经双方协商签订本合同,并信守下列条款"等。然后按照双方的协议,逐项(条)写明议定的条款。以"订货合同"为例,就要写清货物的品名、规格、数量(单位)、单价、交货地址、交货办法、交货期限和汇款办法等。

(4) 结尾。正文的下方写明双方单位的全称及代表姓名,并签名盖章。如需上级机关或鉴证机关的同意,应写明双方上级机关或鉴证机关的名称和意见,以及签订合同的日期并盖上印章。

(5) 附件。合同如有附件,如图样、表格、实物等,就应在正文后注明附件的名称及件数。

企业在签订商务合同时,应该慎重对待,切不可粗枝大叶,使经济利益受到损失。因此,条款、品名、规格、质量、数量、金额、交货地点和办法等,均应逐一写清;文字不可模棱两可、产生歧义;金额数字要大写,标点要正确;要用钢笔和毛笔等书写(不能用铅笔),以便长久保存;在签订合同之前,双方应充分了解对方设备、资金技术力量和经营管理能力等,以免因对方无力履行合同而受到损失。

2. 合同正文的写法

合同种类不同,其正文的内容和要求也不尽相同,特别在技术合同正文条款和其他合同正文条款的要求上不一样。一般地,合同正文应该包括如下条款。

(1) 标的。标的是当事人双方权利义务共同指向的对象,一般用产品、劳务、工程项目、智力成果等名称来表示。例如,购销合同的标的是某种商品;租赁合同的标的是某种租赁物;借贷合同的标的是某种实物或货币;科技合作合同的标的是某项科技成果;建设工程承包合同的标的是某项设计或工程等。任何商务合同都必须有标的,否则,双方的权利和义务就不能落实,合同就无法履行。标的的名称应准确、具体,尽量采用通用的名称。

(2) 数量和质量。数量和质量是标的的具体化。数量指的是标的数量,合同中必须明确规定标的数量、法定计量单位和计量方法。质量指的是标的质量和包装质量,合同标的质量标准,要力求规定详细、具体、明确,有国家标准的按国家标准执行;没有国家标准的按行业标准执行;国家标准、行业标准都没有的,可按经批准的企业标准执行。有的标的质量难以表达,可以确定样品,由双方封存后凭样品验收交货。

(3) 价款和酬金。价款或酬金是取得合同标的的一方向对方所支付的代价或报酬,它以货币数量表示。合同中必须明确规定标的价款或酬金及结算方式。其中,凡有国家规定标准的按国家规定执行;国家没有同一标准的,双方当事人可以自行协商。

(4) 履行的期限、地点和方式。履行期限是确定合同当事人是否按时履行的客观标准。履行期限可以按季、按月,也可按旬、按日,有连贯供应关系的可按生产周期等。交货日期的计算:送货制以需方收货戳记为准;提货制以供方通知提货为准;代运制以发运产品时承运部门的戳记为准。履行地点是分清双方责任的依据之一,合同中必须明确写明交(提)货、付款、验收或劳务的具体地点。履行方式是指当事人采用什么方法来完成合同规定的义务,是一次全部履行完毕还是分成若干部分分期履行,是送货还是提货或代运等。这些都要作出明确规定并表达确切。

(5) 违约责任。违约责任是指当事人一方或双方由于自己的过错造成合同不能履行或不能完全履行,按照法律规定和合同约定而承担的经济制裁,它是通过违约金体现的。我国合同法及有关条例中具体规定了相应的违约责任，拟定合同时应依据这些规定。

（6）解决争议的办法，是指合同当事人解决合同纠纷的手段、地点。手段包括仲裁、诉讼。地点是关于仲裁、诉讼的管辖机关的地点。当事人可以选择仲裁或诉讼作为解决合同争议的方法。当事人如果在合同中既没有约定仲裁条款，又没有约定诉讼的条款，那么也可以通过诉讼的渠道解决合同纠纷，因为起诉权是当事人的法定权利。

除以上条款外，对根据法律规定或按合同性质必须具备的条款以及当事人一方要求必须规定的条款等，也要作出明确规定。

3. 合同的写作要求

签订合同必须遵守国家法令、符合政策要求，必须贯彻平等互利、协调一致、等价有偿的原则，以保证合同的合法性和平等性。在写作上要做到以下几点：

（1）内容完备、条款齐全。合同一经签订，对双方都具有法律效力。任何一方违背或破坏了合同的规定，就应当赔偿对方的损失或承担法律责任。所以，双方在研究、协商和撰写合同条款时，要考虑周全，力求把双方的权力、义务等内容写得完备、周详，把应具备的主要条款写齐全。如果内容不完备、条款不齐全，会给合同的履行带来麻烦，严重的还会影响生产和工作，造成经济损失。

（2）规定具体、表达周密。合同的各项条款关系到双方当事人的权利和义务，必须规定得具体、准确、毫无含糊。合同中的语言要表达得周到、严密、明白无误，不能使用含糊不清或可能发生歧义的文字，防止由于措辞含糊、语义不明而造成纠纷。

5.6.4 意向书的写作

1. 商务意向书的特点与作用

意向书是当事人双方在平等协商的基础上对合作项目达成初步意见后而签订的明确双方共同观点的书面材料。

意向书作为一份工作文件，仅仅反映双方对合作项目的兴趣和打算，文书中不包含双方有原则分歧的内容，仅写明双方对合作项目基本一致的意向。因此，意向书是当事人双方合作的第一步，是进行下一步谈判和最终达成协议的基础。

1) 意向书的特点

意向书与合同不同，它不具法律效力，只是对立约各方的信誉进行约束。一般来说，意向书有这样几个特点：

（1）临时性。意向书只是表达谈判的初步成果，为今后谈判作铺垫。一旦谈判深入，最终确定了合作双方的权利和义务，其使命也就结束了。

（2）协商性。意向书是共同协商的产物，是今后协商的基础。在双方签署意向书之后，仍然允许协商修改，其内容也往往和谈判协商的最后结果有出入，有时甚至可以提供几种方案，供今后谈判协商选择。

（3）一致性。意向书虽然只是谈判某个阶段而不是最后阶段的成果，但其内容应是经过协商双方一致同意的，能表达双方的共同意愿。具备了一致性，意向书才能成为双方认可的今后谈判的基础。

2) 意向书的作用

（1）体现了到签署意向书为止前阶段的谈判成果，对合作项目进一步的实质性谈判起促进作用，为谈判最终签订经济合同作准备。

（2）作为本企业编制项目建议书上报有关部门批准立项，并可作为项目进行可行性研究报告的附件。

（3）如果谈判双方并不非常了解而需要作进一步调查，本企业就合作事项尚未进行充分的调查研究或调查研究后尚未取得一致意见，谈判中出现新情况需要回到本企业再做研究时，签署意向书既能够保证谈判的进行，又能保证企业审慎决策、科学决策。如过急地签订合同，将来可能无法履行，导致企业受损。

2. 意向书的格式

1）标题

标题可直接写"意向书"三字；也可在"意向书"前标明协作内容，如《合资兴建奶粉加工厂意向书》；还可在协作内容前标明协作各方名称。

2）正文

（1）引言部分。引言写明签订意向书的依据、缘由、目的，表述时比合同相对灵活些。比较简短的引言与合同相似；有时引导部分要说明双方谈判磋商的大致情况，如谈判磋商的时间、地点、议题甚至考察经过等，篇幅相对较长。意向书一般不在标题下单独列出立约当事人名称，所以在引言部分均要交代清楚签订意向书的名称，并可在名称后加括号注明"简称甲方""简称乙方"等，以使行文简洁方便。

（2）主体部分。主体部分以条文形式表述合作各方达成的具体意向。如中外合资经营企业，需要就合资项目整体规划、合营期限、货币结算名称、投资金额及规模、双方责任分担、利润分配及亏损分担等问题，表明各方达成的意向。一般来说，主体部分还应写明未尽事宜的解决方式。在主体部分最后应写明意向书的文体数量及保存者。如系中外合资项目，还应交代清楚意向书所使用的文字。

意向书主体部分的写作应注意语言相对比较平和。意向书内容不像经济合同那样带有鲜明的规定性和强制性，而是具有相互协商的性质，因此，行文中多用商量的证据，一般不要随便使用"必须""应""否则"等文字。同时，因为意向书不具备按约履行的法律约束力，所以在主体部分应不写违反约定应该承担什么责任的条款，也不规定意向书的有效期限。

3）落款

落款包括签订意向书各方当事人的法定名称、谈判代表人的签字、签署意向书的日期等内容。

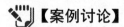【案例讨论】

书面沟通使采购全程畅通无阻

采购代理机构与采购人进行沟通是采购过程中不可缺少的一部分，沟通是贯穿于整个采购过程的一项重要工作。采购代理机构在执行采购业务时，从接受委托前至验收以后，在采购计划、采购实施、采购验收各个阶段都需要与采购人进行沟通。

在采购计划时应该进行如下工作：

（1）接受委托采购前。采购代理机构在接受委托前应当就政府采购业务的性质和基本情况进行沟通，以使双方对采购项目的性质和基本情况取得一致的看法。采购代理机构应具体了解采购项目的性质、货物配置、服务要求、付款方式、采购预算、资金来源等基本情况。其次，了解采购人的基本情况。通过了解，一方面确定是否接受委托;另一方面可以安排下一步的采购工作。采购代理机构应了解的采购人基本情况,包括预算外收入来源;年初政府采购预算安排资金情况;财务会计机构及工作组织;其他与签订政府采购委托代理协议相关的事项等。

(2) 签订委托代理协议时。在签订政府采购委托代理协议时,采购代理机构应就协议书中的基本条款与采购人进行沟通,以达成一致意见。主要包括签约双方的名称、委托事项、签约双方的责任和义务、完成采购业务的时间要求、采购后货物的验收责任、采购项目收费、违约责任等。当然,对于采购项目要求、采购预算、资金来源等,采购代理机构也需要在签约前与采购人进行沟通,并在协商一致的基础上签订委托代理协议书。

(3) 编制采购计划时。采购代理机构应当就以下事项与采购人沟通:采购人资金情况及其项目的最新要求;新的法规或制度对采购进展的影响;采购项目所需的专业或行业资料等。

(4) 采购实施时。

① 采购预备阶段。这一阶段,采购代理机构应就以下事项与采购人进行沟通:采购计划中确定的需要采购人协助的工作,如某些专业设备的技术参数的确定、相关专业供应商信息、专业人才信息等。二是采购人对有关事项的解释、声明及提供的其他信息。

另外,采购代理机构在采购之前,应提出或提醒采购人对相关规格要求咨询评标专家或供应商的意见。例如依据电脑的不同用途,在采购中的配置要求可以有别,需要进行专业制图、教学等用途的电脑配置要高些,中小学生用机则大众标准配置亦可行。在采购前如此沟通,可以有利于节约资源,使有限的资金发挥最大的效益。

② 采购实施阶段。采购代理机构应就投标人应具备的资格、提供的相关技术证明文件等与采购人进行沟通,确保文件的有效性、完整性和真实性。并且,采购代理机构与采购人应就成交价涵盖的具体内容表述达成一致,如明确报价应包括完成采购项目所涉及的各项费用,包括货物价格、运输、安装调试、售后服务、软件升级等。如果在评标过程中,发现新发生的费用项目还应该就此进行沟通,并让供应商"白纸落黑字",以防成交后供应商签订合同时或在具体操作时推诿扯皮,导致合作上的不愉快。

(5) 合同签订阶段。在签订合同时,采购代理机构与采购人及供应商应就合同的各条款依据招标文件的规定取得一致认同,明确各自的责任和义务。采购代理机构对在采购过程中注意到的重大错误、舞弊或可能违反法规的行为,应该用适当的方式告知采购人,以期问题提前得到预防或解决。

讨论:
如果你是采购部门负责人,在接下来的采购验收时,应该做哪些准备?

【沟通游戏】

给老师的一封信

1. 游戏规则与程序
(1) 在整个学习的结束阶段,教师将事先准备好的一封信的格式发给每个学员。
(2) 围绕信函内容,可以采用问卷调查的形式。
(3) 要求学生用 20 分钟完成给老师的回信,要求尽量反映学生的真实情况,教师要给予评价。

2. 游戏目的
这个游戏让学生在工作中不断体会所学知识并用文字记录下来,这有助于他们长期从中受益。同时,教师在了解学生对自己的看法后也能改进和提高自己,这是一个双赢的游戏。

3. 总结与评价
此游戏引导学生积极思考并在实践中坚持运用学习的心得,此外,游戏还可以调动教师和学生的积极性。

练习题

一、填空题

1. 沟通对象即（　　）。应该说，作为商务沟通，其书面沟通的对象，应该是（　　）的一部分人，怎样通过沟通使（　　）转化为实际购买即是我们要关注的问题之一。
2. 书面沟通方式有很多种，如（　　）、（　　）、（　　）、（　　）。
3. 完整的商务信函一般具备 5W1H，即（　　）、（　　）、（　　）、（　　）、（　　）、（　　），这 6 个要素不能缺少。
4. 请柬内容包括（　　）、（　　）、（　　）、（　　）、（　　）。

二、实训题

假设你是即将毕业的大学生，你在很早以前就对一个中外合资企业很感兴趣。这时，你需要向这个公司询问招聘情况，并且在此期间为自己准备好求职信。

假如得到了公司肯定的答复，你将如何接受它？将你的这些求职内容用书面形式记录下来。

提示：沟通内容包括有询问信、求职信、面试感谢信、致谢信、接受信。

思考题

神龙汽车公司和法国雪铁龙公司有长期的合作，由于两国时差的问题，每次法国方面要开会的时间正好是中国下午下班时间，使得很多与会员工到家时间都是深更半夜。假设你是神龙的一名管理人员，如果要求给法国方面写一封信，能及时跟他们沟通这个问题，你会怎么写？

第6章

商务演说

SHANGWU YANSHUO

【学习目标】

1. 理解商务演说在商务沟通中的重要意义。
2. 掌握商务演说的一般要点。
3. 通过自己的理解和消化,总结出适合自己的商务演说方式。
4. 完成一篇主题明确的商务演说讲稿,并进行演说。

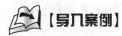【导入案例】

马丁·路德·金于 1929 年 1 月 15 日出生在佐治亚州亚特兰大市的一个黑人牧师家庭。15 岁时，聪颖好学的金以优异成绩连跳两级，从高中毕业，进入摩尔豪斯学院学习，成为院长梅斯博士的高材生。在梅斯博士的教育下，金不畏强暴的思想被提高到了理论的高度。

1963 年，为了使世界人民关注美国种族隔离问题，金同其他民权运动领袖组织发起了历史性的"向首都华盛顿进军"的运动，要求职业和自由。就是在这次斗争中，金发表了他著名的演说《我有一个梦想》。他在演说中的那种无与伦比的演说魅力，以及在演说稿中适当运用的排比和修辞的手法，激情澎湃语调的应用，都成为演说的极佳教材。

我有一个梦想（节选）

我梦想有一天，这个国家会站立起来，真正实现其信条的真谛："我们认为这些真理是不言而喻的，人人生而平等。"

我梦想有一天，在佐治亚的红山上，昔日奴隶的儿子将能够和昔日奴隶主的儿子坐在一起，共叙兄弟情谊。

我梦想有一天，甚至连密西西比州这个正义匿迹、压迫成风、如同沙漠般的地方，也将变成自由和正义的绿洲。

我梦想有一天，我的四个孩子将在一个不是以他们的肤色，而是以他们的品格优劣来评判他们的国度里生活。

我今天有一个梦想。

我梦想有一天，阿拉巴马州能够有所转变，尽管该州州长现在仍然满口异议、反对联邦法令，但有朝一日，那里的黑人男孩和女孩将能够与白人男孩和女孩情同骨肉、携手并进。

我今天有一个梦想。

我梦想有一天，幽谷上升，高山下降，坎坷曲折之路成坦途，圣光披露，满照人间。

资料来源：http://baike.baidu.com/view/376005.html.

 ## 6.1 商务演说概述

很多人认为演说就是在大庭广众之下说话，实际上，演说绝非单纯的口舌之功、雕虫小技，而是高智力型的复杂脑力劳动。它是有目的、有计划地在"大庭广众"之下发表意见和建议，使见解一致的听众更坚定其原有的信念；同时，力争使不同见解的听众动摇、放弃、改变其原有的思想观点，心悦诚服地接受你的意见。所以说，一个成功的商务演说，对个人或者是对企业都有着重要的意义。

应该说，演说是人类的一种社会实践活动，它具有综合性、直观性、现实性和艺术性 4 个主要特征。作为整个的演说活动，必须具备以下 4 个条件：演说者（主体）、听众（客体）、沟通主客体的信息及主、客体同处一起的时境（时间和环境）。这四者缺一不可，离开任何一个条件，都不能完成演说活动。但是仅仅具备这 4 个条件，不足以揭示出演说的本质属性。因为，任何一种带有艺术性的活动，都有其自己独特的物质传达手段，形成自己特殊的规律，揭示着自身活动的本质特点，演说活动自然也不例外。

6.1.1 演说的传达手段

演说者要想发表自己的意见，陈述自己的观点和主张，从而达到影响、说服、感染他人的目的，就必须通过与其内容相一致的传达手段。作为演说内容的传达手段主要有有声语言、态势语言和主体形象。

1. 有声语言

有声语言是演说活动最主要的物质表达手段，是信息传递的主要载体。有声语言是指能发出声音的口头语言，即人类社会最早形成的自然语言。它是人类交际最常用的、最基本的信息传递媒介。在CI(Corporate Identify System，即企业形象识别系统)传播中，有声语言是传递效果最佳的传播工具，它可以直接和传播对象形成沟通的环境氛围，反馈调节与信息交流可以双向同步进行。

有声语言特点，主要有：①直接性，有声语言可以在CI传播中直接和传播对象发生联系，产生可以直接感受到CI传播者的鲜活形象，体验到生动性、活泼性的特点，容易在受众中保留长久记忆；②便捷性，民间流行的歌谣、诗歌等形式都属于有声语言的传播形式，如果把企业形象的内容寓于其中，定会收到良好的传播效果。因为这些口头传播方式便捷易记、覆盖面大、易于流传。

有声语言由语言和声音两种要素构成的。它以流动的声音运载着思想和情感，直接诉诸听众的听觉器官，产生效应。人们对有声语言的要求，则是吐字清楚、准确，声音清亮圆润、甜美，语气、语调、声音、节奏富于变化。它具有时间艺术的某些特点，是听众的听觉接收对象和欣赏对象。

2. 态势语言

态势语言是一种非口头语言，它是通过演说者的身体形态、手势动作、眼神表情等来表达的；它是演说与谈话中重要的信息交流手段；它是流动的形体动作，辅助有声语言运载着思想和感情，诉诸听众的视觉器官产生效应。

由于它是流动的，所以它存在于一瞬间、转眼即逝，这就要求它准确、鲜明、自然、协调和优美，要有表现力和说服力。这样，才能在听众心里引起美感，并得到启示；它具有空间艺术的某些特点，是听众视觉接受对象和欣赏对象。然而，态势语言虽然可加强有声语言的感染力和表现力、弥补有声语言的不足，但如果离开有声语言，它就不能直接地、独立地表达思想情感意义了。

这里值得注意的是，有声语言也好，态势语言也好，它们既不同于其他现实中的有声语言和态势语言，因为它们都带有一定的艺术性；也不同于舞台艺术中的有声语言和态势语言，因为它们不是纯艺术。

 知识链接

演说中运用态势的4项原则

(1) 要有目的性。下意识的态势一般没有明确的目的性，例如，有时一种手势、动作的产生，出自下意识，纯粹只是生理上的要求。而有意识的态势则具有很强的目的性，例如，一挥手、一摆头，身子或向前倾，或往后仰，都有内在的根据、清楚的用意，合理地利用有意识的态势语言，对演说传达信息是很有帮助的。

(2) 要准确简练。这要求演说者能准确、优美、恰当地传情达意，具有补充或加强话语、帮助听众理解、促使听众接受的作用。态势动作的种类并不是很多，如果不间断地、随便地使用，或者多次重复一种手势动作，就可能丧失它的功效，所以要使用得恰到好处。

(3) 要自然活泼。单调呆板的演说一般都不能表达思想感情，缺乏内在的根据，哪怕有意识去做一种手势、一个动作，目击者也可能认为你节外生枝、矫揉造作。就像刻意表演一样是有害的，而单调、呆板也同机械重复一样，会使人失去兴趣。

(4) 要坚持自己的个性。态势的表现同演说者的性格气质紧密相连，而且个人的性格气质往往"规定"了他的态势特点。一个开朗、爽直、麻利、说话、办事都十分快速的人，他的表情动作，尤其是手势动作，一般表现为急速、频繁、果断、有力；一个比较内向的人，他的态势表情往往又表现为动作缓慢，手的活动范围较小，而且变化不多。因此，我们在运用态势进行表达、交流的时候，必须保持自己的个性特征，显示自己的风格，切勿一味模仿所谓成功的大演说家。

3. 主体形象

演说者是以其自身出现在听众面前进行演说的。这样，他就必然以整体形象，包括体形、容貌、衣冠、发型、举止神态等直接诉诸听众的视觉器官。而整个主体形象的美与丑、好与差，在一般情况下，不仅直接影响着演说者思想感情的传达，而且也直接影响着听众的心理情绪和灵感享受。这就要求演说者在自然美的基础上，要有一定的装饰美。而这装饰美，是以演说本人为依托的现实的装饰美，这决不同于舞台艺术的性格化和艺术化的装饰美。这就要求在符合演说思想情感的前提下，注意装饰的朴素、自然、轻便、得体，注意举止、神态、风度的潇洒、大方、优雅。只有这样，才有利于思想感情的传达，有利于取得演说的良好效果。

演说就是靠着这些物质手段组成了一个综合的、统一的、完整的传达系统，达到演说的目的。在这综合的传达系统中，缺少任何一个因素也构不成演说活动。如果只有"说"而没有"演"（包括主体形象），只作用于听众的听觉器官而不作用于听众的视觉器官，就会缺少感人、动人的主体形象及表演活动——即缺少实体感，那就如同坐在收音机旁听广播一样。如果只有"演"而没有"说"，只作用于听众的视觉器官而没有作用于听众的听觉器官，就犹如在聋哑学校看着聋哑的手势一样，总是令人难以理解。所以，"说"与"演"这两个演说的要素是缺一不可的，只有和谐地、有机地统一在一起，才能构成完整的演说传达手段，并圆满地完成演说的任务。

6.1.2 演说的基本要领

1. 增强自信

自信是演说者必备的心理素质。许多人既害怕当众说话，又希望自己能够在公众面前侃侃而谈。若不建立自信，就无法获得在演说天地间翱翔的本领。因此，对于演说者而言，建立自信心就显得尤为重要，其过程就是与怯场心理做斗争的过程。

人们将当着众人说话时所产生的恐惧心理称之为"怯场"。美国著名作家、演说家戴尔·卡耐基毕生从事于演说的教学。在他总结自己的体会时曾说："我一生几乎都在致力于协助人们克服恐惧、增强勇气和信心。"

怯场是一种正常的心理反应，几乎每一位演说者都需要逾越这一道演说障碍。但有关的研究表明，轻度的怯场对演说反而有帮助。因为轻度的怯场能使演说者对外来的刺激保持某种警觉性，于是临场的反应能力会因此而变得更加敏捷，说话也会更加流畅。怯场心理会带来相应的生理变化。轻者会心跳加快、呼吸急促、颜面赤热，稍重者会手脚发软、肌肉颤抖、小便频繁，严重者会当场昏倒。

对怯场心理的产生原因众说纷纭。而美国演说学家查尔斯·R·格鲁内尔提出的"自我形象受威胁论"则认为：每个人都具有理性的、社会的、性别的、职业的自我形象。当人们进行演说时，其自我形象就会暴露于公众面前，由于担心自我形象会在演说时遭到破坏，所以产生了窘迫不安的怯场心理。例如，1969年两位从事演说学研究的教授在纽约开会，当他们向大会报告论文时，因为怯场而晕倒。自我形象受威胁论解释这种现象的产生是由于两位教授因自己的职业、自我形象毫无掩饰地暴露在诸多同行面前，所以产生了一种急剧的焦虑和恐惧，当这种恐惧发展到一种极端时，导致了两位心理学家的失态。

由此可见，在演说中增强自信是必不可少的，这种自信建立在演说水平的基础之上，但很大程度上取决于人的心理承受能力和调控能力。关于如何在演说中增强并建立自信，将在后面详细介绍，这里只是想首先强调：缺乏自信，无论如何也不可能成为一名优秀的演说家。

2. 征服听众

演说的功利目的非常明确，它需要征服听众，让他们的心随着你动、大脑随着你转、脚步跟着你走。然而要取得这种征服的效果，既不能不学无术、粗俗低劣，也不能靠愚弄弱智、言不由衷、欺骗蒙蔽的手段来达到目的，而要靠真情实感、科学精神和艺术魅力来感染公众。

要征服听众，须从两个角度出发。

1) 要了解听众

为什么要了解听众呢？这是因为：①听众是演说活动不可缺少的重要方面。演说是演说者与听众的双向交流活动。演说者是信息的传播者，听众是信息的接受者。演说者离开了听众就失去了对象，演说活动就无法进行。②了解和掌握听众是实现演说目的的客观要求。演说的目的是说服听众改变态度并按照演说者的意图去行动。这就要求演说者了解听众的心理，了解听众的需要以及对你所讲观点的态度，这样你才能有的放矢地作好演说。③听众在演说活动中虽处于客体的地位，但也绝不是被动的"接收器"，而是具有主观能动性的积极参与者。如果听众对演说内容有极大兴趣，便会采取积极、热情的合作态度；反之，则会采取冷漠甚至敌视的态度，演说就不会成功。因此，演说者必须在了解听众的基础上力求触发听众的兴奋点和创造欲，才能实现的最终目的。

相关案例

美国议会议员艾德士·S·马斯基在美国法律协会演说时，充分地了解他的听众，取得了很好的效果。

"今天早晨，当我得知被要求演说时，真是惶恐不已、惴惴不安。这是什么原因呢？第一，因为我知道在座的各位，都具有法律专业知识，在行家面前班门弄斧，不知道该怎样谈这个问题才好；第二，在这样的早餐会上讲话，我无法充分准备，说错什么话会使我难堪；第三个原因，就是演说主题尚未确定。我想和各位讨论的，是作为一个人民公仆，到底对人民有什么影响力的问题。既然我从事政治活动，那么人民中间自然对我有两种不同的对立意见。而面临着这种困惑，我像迷途羔羊，不知该从何说起。"

马斯基议员以此作为前言导入正题，发表了他无懈可击、非常成功的演说。

资料来源：王慧敏. 商务沟通教程[M]. 北京：中国发展出版社，2006.

2）演说者的威信效应

演说者的威信是指演说者在听众中享有的声望与信誉，这是演说者趋于成熟的重要标志。那么，威信效应会对听众产生哪些积极的心理作用呢？

（1）对听众态度的影响。如果演说者在听众中有较高的威信，听众往往会由喜爱演说者的人格而喜爱演说内容；有时即使演说内容他们并不熟悉和有兴趣，也易受威信效应的影响抱以热情合作的态度。

（2）对听众认知心理的影响。社会心理学研究表明，人们对于来自权威方面的信息，一般都容易不加分析地接受。因为演说者的威信，听众往往会认为他的话都是权威、可信的，这就使演说者宣传的观点不容易和听众相抵触。

（3）对听众情感心理的影响。威信效应的最大作用就是对听众情感的影响。演说者的威信使听众的好奇和期待心理满足了，他们就会对演说者产生一种归属感、亲近感，便会带着兴奋的情绪听演说。

演说者掌握了以上 3 个心理特征的基础上，便可以从以下几方面做起，树立自己在听众中的威信。

（1）要摆正和听众的关系。要牢记：演说者也是人民的一员，和听众在政治地位、人格上是平等的，没有高低贵贱之分，只是暂时的社会分工、社会义务不同。因此，要以平等、谦和的姿态作演说，既宣传听众，又向听众学习。

（2）要发挥"名片效应"和"自己人效应"。所谓"名片效应"，就是演说者先申述一种与听众观点相同的观点，然后再说出演说者想说的观点，这就很容易被听众接受。它可以淡化甚至消除听众在一种观点认同的喜悦中自动解除精神防线。

"自己人效应"则比"名片效应"更进了一层，即演说者与听众不仅在观点上一致，而且有某种意义的相似性，如性别、年龄、籍贯、职业、地位、经历、兴趣等，都会使听众产生信任感、亲近感，视演说者为"自己人"。有了这些，还愁威信树立不起来吗？

3. 选择话题

选择主题和材料的准备工作统称为选择话题，即指演说时，应根据不同的对象、场合选择一个听众乐于接受的主题，并为已确定的主题选择相应的材料，这是演说者应该具备的基本技能之一。下面将从不同角度对如何选择话题的基本方法和要求进行介绍。

（1）选择听众喜欢的话题。听众怀有浓厚兴趣的话题大多为以下几种类型：

① 满足求知欲的话题。因为人们对于陌生的知识领域或神秘不可及的事物总是充满了探索的欲望，于是便希望掌握各类知识，以解除内心的迷惘和困惑、充实和发展自己。这是人类生存的本能需要。

② 刺激好奇心的话题。因为每个人都有好奇心，可以通过各类趣闻、名人轶事、突发事件、科学幻想、传奇经历等内容，来激发听众的好奇心。

③ 与听众利益息息相关的话题。群众最关心的无非就是涉及自己切身利益的事情。因此，凡关系到吃、穿、住、行利益的演说必定会受到欢迎。不过，高明的演说者更应该具备把间接涉及听众利益的话题转化为与听众直接相关的话题的能力。

④ 有关信仰和理想的话题。无论古今中外，人们都在为信仰和理想孜孜不倦地探索和追求着。因此，有关这方面的话题定能投大众所好，尤其是青年听众。但演说的内容必须要重视针对性、现实性和生动性，否则将不能引起听众的共鸣，也达不到演说的目的。

⑤ 娱乐性话题。平淡无稽、过于严肃沉闷的内容不可能取得演说的成功。然而若能在演说中穿插些幽默、笑话或娱乐性故事类的话题，就能在短时间内提起听众的兴趣。这种话题大多用于礼仪场合和出于交际的目的。

⑥ 满足群众优越感的话题。世界上几乎没有人不喜欢"奉承"。所以演说者应尽量掌握听众的基本情况，在演说过程中穿插一些能满足听众优越感的话题，以期收到良好的效果。

(2) 选择亲身经历过的话题。作为演说者，可能都有这样的体会，个人体验比理论更重要。当自己的演说生动、激昂、富有吸引力时，其内容必定是自己最熟悉、最了解、最清楚的事物。

(3) 以个人的生活经验为话题。演说者往往认为个人的生活经验是凡人小事，并且是特殊而隐秘的，所以不仅不值得公开发表，演说时还应尽述避免谈论个人的经验体会。而事实上，这些个人的生活经验以及富于个性的见解，才是听众最乐于倾听的内容，其所产生的反响也最为强烈。

(4) 从自己的生活背景中寻找主题。在人们组织的一些即兴演说活动中，会发现让参与者说他们最感兴趣和最为困惑的话题，竟然就是"适当的话题"。其实，适当的话题就是那些从生活的环境和人生经验中发掘出的内容，也就是留下的印象最深、意义最长久的经验。调查分析证明，每个人特定生活环境内的事正是听众最容易接受的话题。

凡是有关个人家庭、幼年及学校生活的回忆，都能引起听众的兴趣。因为每个人都有一个共同的心理：希望了解别人在各种处境中是如何克服困难的。还可以谈个人的兴趣和爱好，这样也能满足听众的好奇心，并引起共鸣。总之，以个人爱好为题材的富有启发性的谈话，定能使听众倍感亲切。特殊知识领域的内容也是很好的话题。如果你能够根据自己长年积累的实践经验，以一种通俗的方式将这类话题谈论出来，这样便很容易引起听众的尊敬和注意了。除此之外，还有许许多多好的话题，比如遇见过什么伟大不凡的人物吗？曾在严酷的环境中搏击过吗？经历过精神危机吗？这些特殊的体验都是绝好的演说资料。

当然，理想与信念仍然是经久不衰的话题。也许你可能对自己现实生活的环境，以及所采取的立场花费了不少时间和精力去思考和研究。然而，必须记住以下两点：

(1) 不要概念化地去谈论一般性理论。为显示自己知识丰富，便去背诵报纸书籍上的字句的做法其实大可不必。只要从内心深处挖掘切实体会和新鲜经验，包括自己和身边的小事情，就会令听众大为感动，说不定与职业演说家相比，这还是你的长处所在。

(2) 要让演说主题来激励自己。当你在寻找演说的材料和主题时，一定要使主题能激励自己。那么如何才能判断自己认为有资格谈论的话题是否真正适合自己呢？这就需要你进行设想。当听众对你演说的观点提出异议时，你是否有充分的把握，以你的信念、职业爱好来维护你的立场；如果能够的话，那么就说明这是你有资格发表见解的主题。

相关案例

美国最具说服力的演说家之一赫尔顿·丁辛主教，在他的《人生的价值》一书中说：我在大学时代曾被选为辩论会的代表，开赛之前，指导教授对我表示了极大不满，他说我是不可救药的学生，学校有史以来也不曾有比我更难对付的人物。我反问教授：那为什么选我当代表呢？教授说，是因为我富有思考力，但缺乏辩才。经过了两小时的练习，我终于发现了存在的问题：我说的话缺乏诚意，没有表现出个性，而且心不在焉。此刻对于丁辛主教来说，无疑是终生难忘的教训,正是这件事才使他真正体会到了说话的真谛,即将自身投入所演说的主题之中去,让主题激励自己。

资料来源:钱炎.商务沟通[M].上海:立信会计出版社,2006.

6.2 演说前的准备

前面已经学习了演说的作用,也进行了听众分析,现在则要把它运用到讲稿的准备中。然而,在演说前,需要进行充分的准备,以保证演说的效果。

6.2.1 演说目的

演说目的一般包括以下 4 个方面。
(1) 传递信息。希望听众明白我们的意图、目的、产品、技术。
(2) 刺激思维。希望听众注意到我们的优势,比较与其他公司产品的不同。
(3) 说服听众。希望听众赞同我们的优势,理解我们的不足,相信我们的承诺。
(4) 诉诸行动。希望听众以实际行动支持我们的观点。

听众分析和目的准备是一直贯穿于演说始终的,在演说中脑子里始终要有这样两根弦紧紧在绷着,有时在演说中,需要根据听众的情况和现场的气氛对演说的重点和方式进行适当的调整,一切行动都是为了最终目的的达成。

6.2.2 搭建架构

任何一种形式的沟通,如报告、文章、信或是书等,都需要良好的架构,才能把自己想要传达的信息成功地传递给对方。听众只有一次机会来了解我们所说的话,如果你让他们失掉了这个机会,即使再有类似的机会出现,他们也不愿意再听你发表了,因此最好事先就搭建好架构。有了架构,再往上添加素材和内容就容易多了。有了良好的架构,就能吸引听众的注意力、帮助听众理解,同时让自己所传递的信息能更深刻地铭记在听众的脑海中。在搭建架构中,既要决定大纲、主要内容,又要做好时间分配。例如,新员工培训中心的教师在做课程开发时,首先要做的一项工作就是填写一张教学设计表。在这张教学设计表中,有课程名称、目标、时间、对象,还有课程大纲、课程内容、教学方法和器材及每项内容的时间分配。有了这样的一张设计表,讲课的教师就会对授课胸有成竹了。所以,演说虽然不要求每个人都填写类似的表格,但演说者必须也要有个提纲和初步的时间分配。

演说架构有 3 种:逻辑架构、故事体架构及正式架构。逻辑架构一般适用于在法庭上向法官陈述某个案件。做商务演说常用的架构一般是正式架构,即三步曲:①把自己想要说的话扼要地告诉听众;②详细地告诉听众内容;③把自己说过的主题再次告诉听众。此架构提供演说的 3 个必要步骤:简介、传递主旨和结论。这样重复的诉说有助于听众对你说的话有所了解以及加强他们的记忆。三者所占的分量一般是简介 10%、主旨 85%、结论 5%。

6.2.3 收集素材

在做了以上各项工作后,就应该着手收集素材、组织材料了。如何收集素材呢?

（1）需要多少素材。首先要问，在搭建架构、理清思路后，手边素材到底有多少已变得更明晰？只有这样才可以知道还需要增加些什么样的素材，才足以支持演说。

（2）不要准备太多。不要因为害怕素材枯竭而呆立现场就准备太多无法演说的资料，最后造成延误自己太多的时间。

（3）弹性。在素材准备上应给自己更大的弹性空间，把素材分为以下三类：

① 核心素材——演说时所必须提出的素材。

② 可任意处理的素材——如因演说时间不足而加以省略也不会对整个演说造成伤害的那些素材。

③ 辅助素材——如果时间足够的话就不妨把这类素材发表出来，这样做一定是有益无害，或者在回答别人问题时也不妨运用这些素材。

6.2.4 撰写讲稿

收集完素材，可以开始撰写讲稿。一篇好的讲稿，是演说系统性、完整性、有效性的必备要素。讲稿的撰写一定要具体，切忌过多的概念。前面也讲了要做听众分析，目的也就是为了演说的内容能迎合听众，做到有的放矢。这是要成为一名演说高手的必要条件。一定要谨记这十六字原则：深入实际、内容具体、迎合听众、有的放矢。

相关案例

美国历史上最伟大的总统之一林肯非常重视演说前的准备。林肯在葛提斯堡国家烈士公墓落成典礼上发表了著名演说，在这次演说前两周林肯接到邀请后，他在穿衣、刮脸、吃点心时都想着怎样演说。演说稿改了两次，他仍不满意。到了前一天晚上，还在做最后的修改，然后半夜找到他的同僚高声朗诵。走进会场时，他骑在马上仍把头低到胸前默想着演说词。那位埃弗雷特讲了近两个小时，在将近结束时，林肯不安地掏出旧式眼镜，又一次看他的讲稿。他的演说开始了，一位记者支上三脚架准备拍摄照片，等一切就绪的时候，林肯已走下讲台。这段时间只有两分多钟，而掌声却持续了10分钟。后人给予极高评价的那份演说词，在今天译成中文，也不过不到500字。

资料来源：曹荣光，胡宏斌. 商务沟通——理论与技巧[M]. 昆明：云南大学出版社，2006.

6.3 演说稿的撰写技巧

演说不仅仅是一门学问，更是一门艺术，是一种整体生命的投入和表现。但是，有的演说重"演"，有的重"说"。然而，一般的演说比赛却要求"演"和"说"两项并重，而且要求规范，这时就需要提前准备好演说稿。

6.3.1 演说稿的概念

1. 演说稿的含义

演说稿也叫演说辞，它是在较为隆重的仪式上和某些公众场所发表的讲话文稿。演说稿是进行演说的依据，是对演说内容和形式的规范和提示，它体现着演说的目的和手段，演说的内容和形式。演说稿是人们在工作和社会生活中经常使用的一种文体。它可以用来交流思想、感情，表达主张、见解；也可以用来介绍自己的学习、工作情况和经验等。演说稿具有宣传、鼓动、教育和欣赏等作用，它可以把演说者的观点、主张与思想感情传达给听众以及读者，使他们信服并在思想感情上产生共鸣。

演说二字，可以说分为两部分，即演和说：

演——表象——整体——非理性——艺术生命体(人格力量)

说——实质——道理——理性——艺术论文(精神感召力)

2. 演说稿的特点

(1) 直接产生社会效应。在特定的时间和场合面对听众发表讲话，往往产生极强的说服力和感染力。如莎士比亚的戏剧《凯撒》中，安东尼现身说法：他为国家如何如何，现在他倒在这里……现在他浑身是……他身上有几十处刀口……而布鲁斯只能讲理，不会演，讲理的时候还不得不承认被杀者的功绩甚至冤屈。于是，公众在情绪的推动下赶走了布鲁斯一群。传播史上有一件趣事，美国广播曾播出一个"外星人攻占地球"的广播剧，尽管事先预告，还是吓得几百万听众惊慌失措。

(2) 变文字为有声语言。主要运用生活化、口语化、大众化的语言；慎用晦涩难懂的古语或欧化语；少用单音词；避免同音不同义或易混淆的词语；不随便用简略语；还可以适当增加语气词；为了方便聆听，有些标点符号还要用文字代替，如顿号改为"和"，破折号改为"是"，引号表示否定时加"所谓"，括号补充另用文字说明等。

(3) 随机应变、临场发挥。这就要机智幽默，紧密联系听众和环境。周恩来曾经说："走上坡路的人低着头，走下坡路的人仰着头。"里根在演说中讲过："我不会因为经验多而嘲笑对方年幼无知。"都属于临场发挥的佳句。

6.3.2 演说稿写作的准备

演说稿写作是演说的准备，而演说稿写作本身也需要做准备：①长期的战略性准备；②短期的战术性准备。

演说稿写作是对现实的生活现象进行的筛选、提炼、概括和评价。它要综合各方面、各学科的丰富知识和最新成果，通过创造性的劳动将人类社会和自然界的现实、具体的事件和事例转化成信息，并以文字符号形式记下来，以供口头传播出去。因此，演说稿写作的长期准备无疑就是知识的准备。一般说来，演说稿写作需要具备以下的知识门类。

(1) 哲学。指马克思主义哲学，包括辩证唯物主义和历史唯物主义，因为它是认识世界、认识问题的锐利武器。只有掌握了它，才能认清事物的本质和规律，保证写作思想、观察事物和理论的正确性。

(2) 演说学。演说学是研究演说过程、内容总体规律的科学，它左右演说稿写作的方式和趋向。因此，演说稿写作前必须要把握演说的规律，从而写出符合演说需要的演说稿。

(3) 逻辑学。主要指形式逻辑和辩证逻辑。它的基本规律有同一律、矛盾律、排中律，是写作中运用概念、选取材料、安排结构时所必须遵照的。

(4) 心理学。主要指传播心理学。传播心理学研究人们传播(宣传)活动中的心理内容、心理规律，为演说者了解自己、熟悉听众、提高演说效果提供理论依据。所以不了解心理学就难写好演说稿。

（5）写作学。演说稿写作实际上是写作学的一个分支。写作学所阐述的写作基本规律、技能和技巧形成的途径涵盖了并且适用于演说稿写作。显然，熟悉写作学是很有利于演说稿写作的。

此外，传播学、美学、伦理学、语言学、修辞学、社会学、公关学、历史学、民俗学等，都与演说稿写作有着密切的关系，就不一一细说了。应该强调的是，许多类别的演说稿的内容都有一定专业性，这就需要演说者在撰稿前进行有关专业方面的了解，以免说些外行话。

写一篇演说稿作为演说时的范本，这通常要做好以下几项准备工作：

（1）要清楚了解集会、会议或演说会的性质、目的、时间和地点等情况。黑格尔曾说："既然要产生一种活的实践效果，演说家首先就要充分考虑到演说的场合以及听众的理解力和一般性格，否则他的语调就会由于对时间、地点和听众都不适合而不能达到理想的实践效果。"这是说，了解了上述有关内容，可以有针对性地组织运用材料、构思设计主题、选择把握语言风格，以求有的放矢、一讲中的。

（2）要深入了解听众对象。毛泽东说："如果真想做宣传，就要看对象，就要想一想自己的文章、演说、谈话、写字是给什么人看、给什么人听。"了解听众，同样是为了更有针对性地进行演说的准备，以尽量迎合听众的心理，强化演说的效果。

6.3.3 演说稿的结构

1. 结构的形式和内容

结构作为整体，是演说稿的形式范畴。但结构的构成，也有它的形式和内容。从整体看，结构是演说材料的组织构造，是演说者依据主旨、意图对材料进行组合、编排而成的一篇演说稿的框架。分开看，它也有它的形式，即一篇演说稿由哪几部分组成；也有它的内容，即哪个部分讲什么。结构的中心是回答和解决这次演说"怎样讲"的问题。

2. 结构的实质和作用

结构的实质是将来自各方面的分散的演说稿构成因素（主旨、题材、材料等）组合成一个新的有机的整体，使构成因素的原有意义集中、突出出来并升华出一种新的意义和信息传播给听众。如鲁迅的《娜拉走后怎样》，其中有外国剧中的人物，有中国的实际，有它要阐述的问题、主旨和意图。当人们读它时，就觉得它是一个整体，原有分散的材料有机组合后具有了新的意义，产生了新的功能。这也就是结构的作用所在。

3. 结构的一般模式

演说稿结构的一般模式就是古希腊亚里士多德所认定的"三一律"。它由意义各不相同的 3 个部分即开头、正文、结尾所组成。

"三一律"概括了任何演说稿结构的形式特点。从形式上看，这 3 个部分各自独立，各有各的意义和作用；从内容上看，则是统一的，是同一个主题、题材和材料在不同部位的表现，要达到的是同一个目的。这里，开头处在演说稿的重要位置，应该力求迅速引起听众的注意，力避拖沓、冗长和客套；结尾则在于使整个演说给听众留下一个完整、清晰的概念，力求做到揭示题旨、加深认识、促人深思、耐人寻味，文字不可过长。

4. 结构的特殊模式

一般说来，任何演说稿的开头和结尾的结构方法及意义、作用都是一致的。但正文则不尽相同，至少有两种特殊模式。这里介绍的就是正文的两种特殊模式：议论式结构模式和叙述式结构模式。

（1）议论式结构模式。即以普通论文方式安排的结构。由提出问题、分析论证和得出结论三部分组成。一般只提一个问题，得出一个结论，而议论方式则多种多样。其结构顺序一般是问题在前、分析论证在中、作出结论在后。这其实是大"三一律"中的小"三一律"。

（2）叙述式结构模式。即以听众的心理线索安排的结构。主要以趣味、情感打动听众，像小说、故事的开头。不明显分出问题、论证和结论的各部位，主旨于夹叙夹议中显露；所叙述的几件事或以时间为序，或以空间为序，从引人入胜的目的出发进行安排。

6.3.4 演说稿的写作要求

1. 了解对象、有的放矢

演说稿是讲给人听的，因此，写演说稿首先要了解听众对象：了解他们的思想状况、文化程度、职业状况如何；了解他们所关心和迫切需要解决的问题是什么；等等。否则，不看对象，演说稿写得再花工夫，说得再天花乱坠，听众也会感到索然无味、无动于衷，也就达不到宣传、鼓动、教育和欣赏的目的。

2. 观点鲜明、感情真挚

演说稿观点鲜明，显示着演说者对一种理性认识的肯定，显示着演说者对客观事物见解的透辟程度，能给人以可信性和可靠感。演说稿观点不鲜明，就缺乏说服力，就失去了演说的作用。演说稿还要有真挚的感情，才能打动人、感染人，有鼓动性。因此，它要求在表达上注意感情色彩，把说理和抒情结合起来。既有冷静的分析，又有热情的鼓动；既有所怒，又有所喜，既有所憎，又有所爱。当然这种深厚动人的感情不应是"挤"出来的，而要发自肺腑，就像泉水喷涌而出。

3. 行文变化、富有波澜

构成演说稿波澜的要素很多，有内容、有安排、也有听众的心理特征和认识事物的规律。演说稿要写得有波澜，主要不是靠声调的高低，而是靠内容的有起有伏、有张有弛、有强调、有反复、有比较、有照应。

4. 语言流畅、深刻风趣

要把演说者在头脑里构思的一切都写出来或说出来，让人们看得见、听得到，就必须借助语言这个交流思想的工具。因此，语言运用得好还是差，对写作演说稿影响极大。要提高演说稿的质量，不能不在语言的运用上下一番工夫。写作演说稿在语言运用上应注意以下5个问题：

（1）要口语化。写作演说稿时，应把长句改成短句，把倒装句变成正装句，把单音词换成双音词，把听不明白的文言词语、成语改换或删去。演说稿写完后，要念一念、听一听，看看是不是"上口""入耳"，如果不那么"上口""入耳"，就需要进一步修改。

（2）要通俗易懂。演说要让听众听懂。演说稿的语言要力求做到通俗易懂。

（3）要生动感人。好的演说稿，①用形象化的语言，运用比喻、比拟、夸张等手法增强语言的形象色彩，把抽象化为具体、深奥讲得浅显、枯燥变成有趣；②运用幽默、风趣的语言，增强演说稿的表现力；③发挥语言音乐性的特点，注意声调的和谐和节奏的变化。

（4）要准确朴素。要做到准确，首先要对表达的对象熟悉了解，认识必须对头；其次，要做到概念明确、判断恰当、用词贴切、句子组织结构合理。朴素，是指用普普通通的语言明晰、通畅地表达演说的思想内容，而不刻意在形式上追求辞藻的华丽。

（5）要控制篇幅。演说稿不宜过长，要适当控制时间。

5. 认真修改、精益求精

从事任何文体的写作都要重视修改、认真修改、精心修改，写作演说稿自然不能例外。例如，1883年3月14日，马克思与世长辞，恩格斯作了《在马克思墓前的讲话》的著名演说。演说草稿是这样开头的："就在十五个月以前，我们中间大部分人曾聚集在这座坟墓周围，当时，这里将是一位高贵、崇高的妇女最后安息的地方。今天，我们又要掘开这座坟墓，把她的丈夫的遗体放在里边。"作者考虑后进行了修改，写成："3月14日下午两点三刻，当代最伟大的思想家停止了思想。让他一个人留在房里总共不过两分钟，等我们再进去的时候，便发现他在安乐椅上安静地睡着了——但已经是永远地睡着了。"两者比较，后者入题较快，演说一开始就抒发了对逝者的无限敬爱和万分惋惜的心情，使现场的人们也沉浸在对马克思的缅怀与崇敬之中。正是这种认真的态度和精心的修改，才为他每次演说的成功提供了有力的保证。

相关案例

87年以前，我们的祖先在这块大陆上创立了一个孕育于自由的新国家。他们主张人人生而平等，并为此献身。

现在我们正进行一场伟大的内战，这是一场检验这一国家或者任何一个像我们这样孕育于自由并信守其主张的国家是否能长久存在的战争。我们聚集在这场战争中的一个伟大战场上，将这个战场上的一块土地奉献给那些在此地为了这个国家的生存而牺牲了自己生命的人，作为他们的最终安息之所。我们这样做是完全适当和正确的。可是，从更广的意义上说，我们并不能奉献这块土地——我们不能使之神圣。

我们也不能使之光荣，因为那些在此地奋战过的勇士们，不论是还活着的或是已死去的，已经使这块土地神圣了，远非我们微薄的力量所能予以增减的。世人将不大会注意，更不会长久记住我们在这里所说的话，然而，他们将永远不会忘记这些勇士在这里所做的事。相反地，我们活着的人，应该献身于勇士们未竟的工作，那些曾在此地战斗过的人们已经把这项工作英勇地向前推进了。我们应该献身于留在我们面前的伟大任务——由于他们的光荣牺牲，我们会更加献身于他们为之奉献了最后一切的事业。

我们要下定决心使那些死去的人不致白白牺牲，我们要使这个国家在上帝的庇佑下获得自由的新生，我们要使这个民主、民治、民享的政府不致从地球上消失。

资料来源：林肯在葛底斯堡的演说，zwb.hebnews.cn/20050221/ca467043.html。

6.4 演说的语言技巧

演说者在演说前如果不把自己的思想组织成一个有结构的体系，听众就可能"只见树木，不见森林"，跟不上演说者的思路、无法明白演说者的目标，以至失去对演说的兴趣。因此，演说者的责任之一就是成为听众的导航员，把演说内容各个部分之间的联系清楚地呈现在听众的面前，使听众"既见树木，又见森林"，轻松地跟上演说者的叙述。

6.4.1 演说语言组织的技巧

1. 选择合适的叙述结构

对于不同类型的演说，有下面几种不同的叙述结构可供选择。

（1）标准组件式。这种结构的演说由一系列类似的组件、单元或者元素组成，这些单元的次序是可以互换的。可以任意决定各个单元的顺序，然后再逐一展示给听众。这是最松散的叙述结构组织方式，听众要跟上你的叙述结构，难度也最大。

（2）编年史式。这种结构的演说是以时间为线索，按照事件发生或可能发生的顺序来安排结构。最适合于以一个变化过程作为演说主题的一类演说。例如，向公司的新员工介绍公司的发展历程。有效组织你的演说的方法就是根据时间前后讲述公司是如何起步的，今天又是怎样一个发展局面，公司是如何谋求未来的发展的。

（3）地理分布式。地理分布式叙述结构是按照地点逻辑来组织演说，即按照地理位置来组织演说内容。

假设你的公司从事的是配送业务，其分支机构遍布全世界。现在你需要向一群潜在的客户作一场演说，这些客户都在开展全球业务并在寻找能够在全球为其提供服务的配送合作伙伴。你就可以采用地理分布式叙述结构来组织演说。你可以这样开始："××配送公司在五大洲11个战略性区域拥有自己的仓库与货运中心，分布在从美国到澳大利亚、从巴西到法国、从中国到南非的广大区域中。为了帮助您了解为什么卓越公司能够比其他配送公司更好地为您以及您的顾客服务，请允许我带您去看一看这些中心是如何运作并共同构建起我们的全球性配送网络的。"对于这场演说来说，这显然是一个容易把握的结构。

（4）空间式。空间式叙述结构是按照概念上的空间顺序来组织演说，它通过一组实体性的比喻或类比，为不同主题赋予了一个空间性的次序，如从上到下、从里到外等。例如，在谈到一个产品的市场时可以用同心圆的方式来组织，那些肯定会对产品感兴趣的顾客构成中心市场，是最中心的那个圆，而外面的圆代表更大、更分散的市场，而且越往外越难获得。采用从内到外的空间叙述结构来组织这些概念，就会使听众更易于理解、认同和记忆。

还有很多公司运用建造房屋的实体性比喻来说明其业务模型。房基可以用来比喻平台产品或服务；起支撑作用的房梁可以用以比喻企业组织和合作伙伴；内部结构中的电线和管道可用来比喻技术；外面的玻璃、砖、泥浆等可用来比喻营销与品牌。

（5）问题/解决方案式。使用这一叙述结构时，你将围绕着一个问题以及你或你的公司提供的解决方案来组织演说。例如，你的公司是一个制药公司，现在为了筹集资金你要向投资者作演说。这时，你可以采用这种结构。你可以先提出一个特定的医疗难题，然后给出运用你公司的独特产品解决这一难题的方案。如果采用问题解决方案式叙述结构，只需将问题点出就可以了，要把演说重点放在解决方案上。

（6）机遇/能力式。采用这一叙述结构，开始时你要描绘一个诱人的业务机遇：巨大的新兴市场、技术的变化、经济周期的变化，等等。然后，在能力方面，你将介绍优势产品、分销方法、合作伙伴或者为抓住机遇所采取的竞争战略。例如，思科公司在其股票上市前的路演演说中选择了这种叙述结构。因为当时投资者还不理解计算机网络的运作原理，也不知道为什么网络将来会特别重要。所以思科决定其演说应先说明网络的巨大潜力，也就是机遇；再来解释使网络得以运转的技术。他们谈到了路由器，以及路由器如何提供相关服务，这就是思科抓住机遇的能力。

（7）特征/好处式。这是传统的产品发布方式。在使用特征/好处式叙述结构的演说中，你将讨论你的产品或服务的一系列特征，对于每一个特征你都会说出它能够带给顾客的确凿好处。例如，你作为出版商的销售代表向来自众多书店的采购员发表演说，向他们推销新书。对于每一种书，你都会介绍其特色以及它将带给读者的好处。最后告诉他们这本书肯定能成为畅销书。如果你能令人信服地把书的特色与好处讲清楚，采购员自然要争购你的新书。

（8）案例分析式。所谓案例分析，实际上就是一个故事，讲的是你或你的公司如何解决某个特定问题或如何满足某个特定客户的需求，在讲述这个故事的同时，案例研究还将涉及你的业务及其商业环境的方方面面。案例分析式叙述结构提供了一条连接各种不同元素的主线。这种结构安排的优点是，它能够把一个技术复杂或相当枯燥的产品或服务变得更加生动、人性化，更好理解。

上面介绍的这些叙述结构并不存在一种比另一种更好的情况，关键是演说者要根据个人的演说风格、观众的兴趣和演说的内容本身选择一个合适的结构。

2. 设计开场白

"万事开头难"，演说也是如此。演说的开场白要迅速抓住听众的注意力，形成一个小的高潮。

演说开场白的典型方式有以下几种：

（1）提问法。开始演说的一个好办法是向听众提一个问题。一个精心选择、相关性强的问题很快就会得到回应、吸引听众、拉近演说者与听众之间的距离。

（2）摆事实法。讲述一个简单而令人震惊的统计数据或事实，如市场增长数字、听众可能不熟悉的社会发展趋势等。这一事实必须与你演说的主题以及你的演说目标密切相关。你的这一事实越不寻常、越令人吃惊、越具有震撼力，效果就越好。

（3）讲故事法。就是把发生在自己或别人身上的一个和主题密切相关的例子作为开场白。因为人们天生就对别人的事情感兴趣、关心别人，所以，一个故事会立即使听众产生认同和共鸣。

（4）引述法。依据演说主题的需要，选择恰当的成语、名言或者是行业报纸上对你、你的产品或服务的赞誉或正面评价作为开场白。例如，一家制造图像显示屏的公司引用"眼见为实"这个成语作为开场白，立即把他们独特产品的清晰度和可靠性表达了出来；而一家拥有语音识别技术的公司引用了"说起来容易做起来难"这句俗语。

（5）类比法。所谓类比，就是在两个看上去不相关的事物之间做比较。一个精心设计的类比是解释那些神秘、面目不清或者复杂的事物的一个好办法。如果你的业务与技术复杂或者需要专业知识才能明白的产品、服务，你就可以找一个简单的、能够让听众抓住要领的类比进行解释。

当然，你也可以把上述这些开场白的方式组合起来使用。但是，要让你演说的开场白发挥最大效用，你还应该在你的开场白与你的演说目标之间建立联系。也就是，你应该在开场白之后，对你公司业务做一个非常简洁的总结。接下来，你还应该向听众简单介绍一下你的演说的主要议题，以帮助你的听众建立方向感并跟上你的思想脉络。所以，在大多数商务演说中，演说者都安排了"概览"或"演说内容安排"的幻灯片。另外，演说者还应该向听众说明演说大概会持续多长时间。这样，从演说一开始就确立了一个结束点，听众就会安心地坐下来，进入你的信息中去。因为，在下意识里他们对自己说："也就30分钟，好吧，那就听听他能说些什么"。

3. 圆满结束演说

演说的结束语同开场白一样重要。如果演说的开场白精彩绝伦、正文生动有力，但结尾毫无生气、草草了事，那么演说肯定大打折扣，结束语决定了演说留给听众什么样的记忆和影响。

在演说接近结束时，听众往往已经有即将结束的预感，一些心急的听众甚至已经准备离开了，在这个时候，如果告诉听众下面是一个内容总结，这就是致命错误。一定要在听众的情绪处于消退状态时，及时、适度地掀起一个小的高潮，以使演说结束时获得良好的气氛效果。

结束演说的典型方式有以下几种：

（1）鼓励式。如果你的演说属于劝说性演说，那么在结尾中就要积极鼓励听众行动。一般要明确让听众做什么、怎样做，这样才能有效地达到鼓励听众行动的演说目的。

（2）提问式。把一些发人深省的问题运用于演说的结尾中，既可以从侧面概括演说的主题，又能对听众形成很强的心理冲击，让他们进一步思考、反省，产生意犹未尽的深远效果。

（3）递进。在充分论证后，以充沛的感情表达一些美好的愿望，较容易感染听众。在结尾中充分运用一些排比句，再配合饱满的热情必然会起到更好的效果。

（4）总结式。这种方式比较保守，适合工作演说，就是为了进一步加深听众的印象，再次重点地概括主题思想。采用这种方式，一定要言简意赅，做到简短精练。

4. 演说个性化

商务演说中的很多信息都是需要向多个听众群反复宣讲的。例如，一个销售人员可能需要向不同的顾客们推荐一种新产品；而一个人力资源经理可能需要向几十个部门的雇员解释公司新的薪酬制度。当不得不把同样的内容讲述多遍时，就很难感受到第一次那样的热切和兴奋的情绪，也就很难激发起听众的投入和热情。为了应对这问题，可以采用下面这几种方式，使演说与每一个特定的听众群体连接起来，也就是定制出只针对某个特定听众群体的个性化演说。

（1）直接引用。在演说中提及一位或更多听众的名字或提到听众熟悉的人、公司或组织。例如，"我们的服务能帮助你减少用于商务旅行的时间。就拿在座的张先生来说吧，他告诉我，这个月他花在出差路上的时间就是12天，而有了我们的服务，他就可以……"。

（2）提问。直接向一位或更多的听众提问。提问是吸引听众参与的最好方式之一。让人们思考并大声讨论一些议题，会使演说从单向传播转变为双向互动，从而提高听众的兴趣和参与热情。

（3）即时化。引用当天的，甚至是几分钟以前的最新事件或进展。采用这种技巧，可以传递出这样的信息：你的所有信息都是最新的并且与现实高度相关的。例如，"你们看过今天的《财经新闻》了吗？在头版有这样一则令人震惊的消息……"。

（4）当地化。寻找演说地点与演说信息相关的一些事实来使演说当地化。例如，很多歌星的巡回演唱会都采用这种当地化的问候开始，像"你好，××的朋友们！"。

（5）个性化的首页幻灯片。首页幻灯片上如果写出听众、地点和演说日期，会对听众发出这样的信息："这个演说是根据你们的需要和兴趣专门为你们准备的"。

6.4.2 演说语言运用的技巧

语言是演说的载体，有效的语言能成为一种强有力的沟通手段，它是连接演说者和听众的桥梁，可以毫不夸张地说，语言的运用是演说成功的重要影响因素。因此，要做一个成功的演说必须把握好语言的运用技巧。

（1）语言应该简洁、精确。演说的语言应该能够精确地表达演说内容的本质和相互关系。语言更应该简洁，应该用最少的字句表达最丰富的内容。

（2）形象生动。语言应该口语化、鲜明生动，使抽象的事物具体化、深奥的道理浅显化、概念的东西形象化，使听众一听就明白，活跃演说的气氛。

（3）运用比喻手法。恰当贴切的比喻能够启迪、说服听众。

> **相关案例**
>
> 苏联时期革命宣传鼓动家加里宁，有一次向农村代表宣传工农联盟的重要性，有人问："什么对苏维埃政权来说更珍贵，是工人还是农民？"，加里宁反问："那么对于一个人来说，什么更珍贵，是左手还是右手？"全场静默片刻，随即爆发出热烈的掌声。一个浅显的比喻就这样说明了一个深奥的道理。
>
> 资料来源：尹凤芝，施春华．沟通与演说[M]．北京：清华大学出版社，2006．

（4）适当引用。在演说中，引用一些名人名言、典故、谚语、寓言和幽默笑话更能说明问题。

（5）运用设问和反问两种修辞手法。设问是自问自答，反问是只问不答，这两种方法可以使演说戏剧化，增强语言的情感力量，对听众的思想产生深刻的影响。

（6）善用排比手法。排比是一种富于表现力的修辞方法。用于叙事，可使语意畅达、层次清晰、形象生动；用于抒情，可使感情浓烈、节奏鲜明、旋律优美；用于议论，可使阐述透辟、语势峭拔、结构严密。

（7）良好的发音技巧。演说者应该正确地使用普通话，发音清晰、洪亮，吐字不清楚就会造成演说者与听众之间的隔阂，导致演说的失败。一般说来，响亮浑厚的中低音比较受人欢迎，语速应该保持在每分钟150字左右为最佳。

（8）巧用重音。重音是指在演说过程中有意强调某一个音节。重音的处理方式在于咬字的音量和力度。演说者应该根据不同的演说目的、感情等因素来确定不同的重音位置。在使用重音时，应该恰当地使用，不能滥用和不用。

（9）停顿的技巧。停顿是演说过程中语音的间歇。停顿有3种，即语法停顿、逻辑停顿和心理停顿。前两种停顿的主要目的是保证语意清楚明确、重点突出。心理停顿是为了服从演说心理情景的需要。停顿能够更好地表达感情，但是必须设计好，不能乱用。

6.4.3 演说时运用肢体语言的技巧

1. 眼神

眼神也叫眼色，是一种态势语言。"眼睛是心灵的窗户"，眼睛的神色变化，倾诉着一个人的微妙心曲，帮助人们传达许多具体、复杂甚至难以言传的思想感情。它在演说与交谈中具有重要的表情、表意和控场作用。在与听众的交流中，有经验的演说者总是能够恰如其分地、巧妙地运用自己的眼神，去表达千变万化的思想感情，去调整他的演说和现场的气氛，去影响他的听众，以收到最佳效果；反之，凡是不成熟的演说者，却总是一站到台上就把自己的眼睛"藏"起来，不是低头看着自己的讲稿、看着地板，就是抬头看着天花板或转头看着会场的外面，从不正视听众一眼，像这样的演说，可以肯定地说，其结果只能是失败。

1) 纵向角度

纵向角度是指演说者视线的上下角度。视线太低，只能看到前几排的听众，照顾不了大多数听众；视线太高（仰视），又会使人感到趾高气扬，盛气凌人，似乎看不起听众。最好保持平视，把视线落在会场中排的听众身上，以此为基本落点，并在演说中适当变动，以顾及前排和后排的听众。

2) 横向角度

横向角度是指演说者视线的左右角度。演说者绝不要把视线长时间地停留在某一点上，而应当常从左边自然地扫到右边，然后再从右边移到左边。

3) 环视法

环视法是演说中使用眼神的主要方法之一，即有节奏或周期性地把视线从会场、教室的左方扫到右方，再从右方扫到左方；从前边扫到后边，从后边扫到前边，以便不断地观察和发现所有听众的动态。演说人切忌眼睛老是向上翻动、瞅天花板或老盯住某一个人、某一个地方，而忘记前排及左右两边的死角，更不能经常把眼光瞟向窗外。

4) 点视法

点视法是演说中使用眼神的主要方法之一，指演说者的观察要有重点。在环视过程中，发现哪里不安静了，应立即投去严肃的制止性的目光；讲到重点和难点需让听众做笔记，应向那些学习吃力、做记录慢的人投以帮助性目光；对有疑问的人，要投以启发性目光；对提高偏离轨道、说东道西的听众要投以引导性目光；对犹豫不决、欲言又止的提问者要投以鼓励和赞许性目光。

5) 虚视法

虚视法也是演说中使用眼神的主要方法之一，就是演说者的眼睛好像盯住什么东西，但实际上什么也没有看。这种眼神既可以克服紧张的毛病，显示出端庄大方的神态来，又可以把精力集中在演说内容上。它对初次登台的演说者十分有效。但因为它是一种转换性目光，不可常用。

2. 眼神的使用原则

（1）要自觉赋予眼神以一定的内容，明确使用的目的性。因为眼神本身总带有一定的思想感情色彩，如果不能有意识的使用它，或者失去自我感觉地乱用一通，势必引起听众的误解。例如，要给听众一种亲切感，以利于他们接受你的意见，就应该让眼睛闪现出热情、诚恳、坦白、亲切的光芒。倘若不能明白这一点，或甚至不自觉地让眼睛放射出一种轻蔑、冷淡、虚伪或者咄咄逼人的光芒，得到的就必然是相反的效果。

（2）环顾或者专注不能失度。"环顾"不是不断地变换眼睛的瞄准点，让眼睛流转个不停，而是有意识地、有节制地流转。经验表明，眼睛从一个地方扫到另一个地方，又从另一个地方转回原来的地方，如此不断地循环往复，不但不能照顾全场、集中听众的注意力，而且相反，还会害得听众也跟着你乱转，从而分散了注意力，严重时甚至可能引起一种厌倦情绪，从此不再注意你的眼神。也有一些演说者，却走向另一个极端，以为专注便是固定于一点，无需变动，这样才能加深听众的印象。其实专注也是有限度的，而且一般只是短暂的停留。演说者如果只把眼神固定在一个死点上，那么他便把大多数的听众忘了，大多数听众也不能从他的眼睛里去理解他的思想与感情。

（3）眼睛的活动不但要和脸部的表情协调一致，而且还要同有声语言和态势密切配合才能收到更大的交流效果。因为协调一致才容易为听众所理解，也才能有效地把眼睛的神色变化烘托出来。

3. 姿态

姿态指演说者的手势和动作表情。它和眼神一样，是一种态势语言。在演说中，它同有声语言和眼神一样，都是表达、交流的工具。它能够补充有声语言的不足或者把有声语言加以强调，能够与眼睛的活动变化协调一致，以共同完成演说任务、争取演说的最佳效果。又因为它在演说中是一种外观形式，具有完全的可见性，所以它在演说中的作用是与眼神同等重要的。例如眼神会说话，会传情达意，具有一种有声语言难于企及的力量，只要一个眼色就可以促使他人的行动。姿态也不例外，只需一个手势便可以从可见而不一定能够听到的地方把人叫来。它和眼神一样，都可以取得"此时无声胜有声"的效果。它的产生有两种情况：无意识的和有意识的。无意识的通常又分为习惯性的和下意识的两种。习惯性的，一般忌用，除非是良好的习惯，否则用来弊多利少；下意识的，则一般可用，但要对它进行加工，使它具有表情的力量和明确的目的性。有意识的，则可恰当使用。

1）手势语

演说态势语言中的一个重要组成部分，是由演说者运用手掌、手指、拳和手臂的动作变化来表达思想感情的一种语言。

2）情意手势语

情意手势语主要用于表达演说者的情感，使情感表达得真切、具体、形象、渲染作用很大。例如，讲到非常气愤的事情，演说者怒不可遏、双手握拳、不断地颤抖，加上其他动作配合就展现给听众一种愤怒的情感，既渲染了气氛，又有助于情感的表达。又如，西方政治家在一些盛大的群众集会上演说之前，面对热烈鼓掌的广大听众，他们往往会用双手举过双肩，手心向外，向听众摇摆。它表示两层含义：①对听众的欢迎致以礼貌性的谢意；②恳请听众可以停止鼓掌，以便他开始演说。和其他类型的手势语相比，情感性手势语在演说中运用得最多，其表现方式极为丰富。

3）指示手势语

指示手势语其特点是运作简单、表达专一，基本上不带感情色彩，直接指示了演说者要说的事物。例如，1942年延安整风运动中，毛泽东曾多次为党政军干部作演说，为了使演说条理清晰、给人的印象深刻，他就把内容归纳为一、二、三、四，甲、乙、丙、丁，并且边讲边用右手扳着左手指，一个一个地数，其手势语含义直截了当。再如，当说到"你""我"

"他"或者"这边""那边""上头""下头"等时，都可以用手指一下，给听众以实感。这种手势语，只能指示听众视觉可及范围内的事物和方向，视觉不及的不能用这种手势语。

4）象形手势语

象形手势语主要用来摹形状物，给听众一种形象的感觉。例如，讲到"袖珍电子计算机只有这么大"，说的同时用手比划一下，听众就可知道它的大小了。这是一种极简便而常用的手势语。

5）象征手势语

它比较抽象，但用得准确、恰当，就有引起听众心理上的联想，启发思维。例如，讲"社会主义祖国，好比一辆大车正迎着初升的太阳飞驰"时，演说者可向前方伸出左手或右手，以示"大车"飞驰的方向。

6）习惯手势语

其他手势语都是演说者有意识运用的，而这种手势语却不同，它往往是在演说者下意识的情况下产生的，其含义不甚明确，有时连演说者本人也难以说清楚。例如，有一位大学教授上课时，每遇到一时忘记了某一个问题，他总是伸出右手朝着自己脑袋上使劲地"啪、啪、啪"敲打几下。虽然问题被他想起来了，但是同学们却被他这副样子逗得哈哈大笑。有的人在演说中，喜欢一边讲，一边双手不停地搓来搓去，他这种手势已经形成习惯，一下子难以纠正，一到台上就不知不觉地表露出来，它给听众留下的印象是不太美观的。但有些习惯手势语有时却又独具魅力。如斯大林演说时习惯手拿烟斗，边讲边摇动。这种手势语并无害处，相反倒成了斯大林独特的演说风格的一部分。

7）单式手势与复式手势

演说者只用一只手做的动作姿势叫单式手势；双手同时做的动作姿势叫复式手势。它们在演说中怎么运用，没有明确的规定性，但应注意如下3点。

（1）看表情达意的强弱。如果讲到批评或表扬、肯定或否定、赞同或反对，而其情感又要求表达得极为强烈时，可用复式手势。在一般情况下，用单式手势就比较合适。

（2）看会场的大小。如果会场较大、听众较多，为了发挥手势的作用，便于掌握听众，就用复式手势；反之，就用单式手势比较适宜。

（3）看内容的需要。这是单手势和复式手势最基本的出发点。如果离开了内容的需要，即使会场再大、情绪再强烈，不该用复式手势的，用了复式手势，也显得滑稽可笑。例如讲到"同志们，千万要注意，这次试验是非常关键的一次"这句话时，举起右手的食指，就可强调"这一次"的重要性了。如果举起两只手的两个食指，显然是既乱意又难看的。另外，不该用单式手势的，用了单式手势，就显得无力。例如向听众发出号召："同志们，让我们尽快地行动起来吧！"如果用了单式手势，仅把右手向上扬起，就显得单薄而无力。如果用复式手势，将双手向上扬起，就显得有气魄、有声势、有感召力。

8）手势的活动区域及意义

从活动范围看，手势的活动一般可分为3个区域。

（1）肩部以上，称为上区。手势在这一区域活动，多表示理想的、想象的、宏大的、张扬的内容和情感，如表示殷切的希望，胜利的喜悦，幸福的祝愿，未来的展望，美好的前景等。像配合"我们的前程是无限光明的"、"希望同志们为开创新局面贡献出自己的全部才智"这样内容的手势，在上区就比较贴切而有意义。

（2）肩部至腹部称为中区，手势在这一区域活动，多表示记叙事物和说明事理，一般来说演说者的心情比较平静，如"整个方圆仅有 500m²""这个问题大家可以考虑一下"，像表现这样的手势，在中区活动就比较合适。

(3) 腰部以下，称为下区。在这一区域做手势，多表示憎恶、不悦、不屑、不齿的内容和情感。例如，"在公共场所吵闹，实在是不文明的""随地吐痰是可耻的行为"，表示这些内容的手势就宜于在下区。

9) 运用手掌的方法和作用

在整个手势中，手掌的运用占居首位，其基本方法和作用如下：

(1) 手心向上，胳膊微屈，手掌稍向前伸。这种手势，主要表示贡献、请求、承认、赞美、许诺、欢迎、诚实的意思。例如说"我想大家是能够做到的。""希望同志们为开创社会主义建设现代化的新局面而多做贡献！""希望同志们多多提出宝贵的意见。"凡属这类内容的，就可以用这种手势。

(2) 手心向下，胳膊微曲，手掌稍向前伸。这种手势，主要表示神秘、压抑、否认、反对、制止、不愿意、不喜欢的意思。例如，"这里面一定有问题。""这种损人利己的行为，我们是坚决反对的！""我们不同意采取这种办法。"大凡这类内容，就可以用这种手势。上述两种手势，是用单式还是用复式手势，可由演说者视具体情况而定。

(3) 两手由合而分开。这种手势，多表示空虚、失望、分散、消极的意思。例如，"一个人如果没有远大理想，那他将一事无成！""我简直是没有办法。""虽然做了许多工作，仍然是不见效的。最后他们还是分开了。"类似这样内容的，基本上都用这种手势。

(4) 两手由分而合。这种手势主要表示团结、亲密、联合、会面、接洽、积极的意思。如："我们要团结起来，把这个工作做好。""同志们，为了一个共同的目标，我们走到一起来了。"凡是这类内容的，就可以用这种手势。

(5) 单式手势的"冲击式"。例如"同志们，如果敌人敢于进犯我们，我们就坚决把它打出去！""同志们，向着未来，向着胜利，前进吧！"手势就要紧密配合最后一句话，果断、猛力地向前方伸出去，给人一种信心和力量。

(6) 单式手势的"推顶式"。例如说"中国人民是无所畏惧的，就是天塌下来，我们也顶得起"，以手心向上推顶出去，就给听众一种气魄浩大之感。另外，手掌向下，向后，则表示不屑、消极、后退、黑暗的意思，讲时可灵活掌握。

10) 运用手指的方法和作用

手指的运用在演说中虽然较少，但它也有很强的表意作用，表现在以下几方面：

(1) 表示人格。伸出拇指，就是赞颂、崇敬、钦佩之意。例如，"×××同志真了不起呀"。伸出小拇指，则表示卑下、低劣、无足轻重的意思。例如，"这种人的言行，实在太卑劣了"。

(2) 指点事物或方向。为了使听众见到具体事物，演说者可用食指指点那一事物，也可以指示某一方向。

(3) 表达斥责、命令的意念。例如说"你为什么要这样做呢？"这时可用食指指点，既明确对象，又加重了语气和意思。

(4) 表示数目。如"'五讲四美'的具体内容是，第一……"在用手指表示数目时，可用一只手的手指的伸曲，也可用两只手的手指互相配合。如用左手的手指伸曲表示数目，而用右手的食指指点，这样做会使演说内容表达更鲜明。

11) 拳的用法及作用

从演说总体上看，拳的运用很少。常用在政治、法律、道德等内容方面的演说。学术演说基本不用。用拳则表示愤怒、破坏、决心、警告等意念，如"这个仇我们是一定要报的！""谁敢侵略我们，就一定要消灭它！"用拳时，可以直锤，也可以斜击。用拳有时也可表达有力和团结的意思。这要根据内容需要来定，但非到情感异常激烈时绝不要用，而且也不可多用。

12）使用手势语的原则

（1）雅观自然。

（2）保持3个协调：手势与全身协调，手势与口头语言协调，手势与感情协调。

（3）因人制宜，演说者根据自身条件选择合适的、有表现力的手势。就性别而言，男性的手势一般刚劲有力，外向动作较多；而女性的手势柔和细腻，手心内向动作较多。就年龄而言，老年演说者因体力有限，手势幅度较小，精细入微；而中青年演说者身强力壮，手势幅度较大，气魄雄伟。就身高而言，个子比较矮小的演说者可以多做些高举过肩的手势来弥补不足，使听众的视觉感拔高一些，而个子较高的演说者，可多做些平直横向的动作。

4. 体态

演说者的身体形态在演说中表达的信息是态势语言的一种，它分为服饰和仪表、站位和站姿、移动3个方面。

例如，演说者的衣着穿戴，其基本要求是：首先，要与体态协调。要求演说者在考虑服装时，必须有整体美感，不可为个别部位的美而破坏了整体形象美；身材与打扮要互相协调，如一个大胖子就不宜穿过紧的衣服，否则包得紧紧的，会叫人感到透不过气来；服装的颜色搭配也要协调，如上衣是浅色的，裤子最好穿深色的；在强烈的灯光下，以穿深色衣服为宜。其次，要美观大方。作为演说者服饰的美，主要指整齐清洁、落落大方。

演说者的外表，包括人体（如容貌、姿态）和修饰（如衣着、发型、装饰品）两个方面。爱美之心人皆有之，仪表的整洁、大方、美观，不仅是个人爱好，而且体现了对他人和社会的尊重，是自爱、爱人和热爱生活的表现。仪表美应当体现正确的指导思想、时代的精神风貌、鲜明的民族特点、健康的生活情趣，并且同周围的环境、本人的年龄和身份相适应。美的仪表不但能够衬托出演说者的精神面貌、产生吸引人的力量、叫人看了顺眼，即自然合适、可以信任，就连他自己也会感到满意，觉得有一种自信力，甚至还能预感到演说的成功。

站立姿势要挺胸抬头、左手自然下垂、右手握麦克风放于胸前靠下、两脚并齐重心略靠前。还要提醒的是，走动时一定要轻，不能大步流星，以免对听众造成影响。

6.4.4 建立演说自信的技巧

不自信、怯场是许多人不能较好地进行演说的主要心理障碍，那么，如何搬掉这一"绊脚石"，充满自信地走上讲台，使演说的才能充分显示出来呢？这就是建立自信的技巧问题。不妨试试以下方法。

1. 自我鼓励法

演说者首先要对自己的演说充满信心，在精神上鼓励自己成功。演说者可用如下语言反复鼓励自己，例如，"我的演说题材很有吸引力，听众一定会喜欢""我的口才很好，我一定会成功""我准备得很充分了"等。

演说者在演说前不应过多考虑演说失败的后果，如"我演说差了怎么办""听众乱起哄怎么办"，这种负面的自我暗示往往会影响演说效果。应努力做到"放下包袱，轻装上阵"。

现代心理学实验表明，若由自我鼓励、暗示产生了学习及工作的动机，那么即使这动机是强装的，也是学习、工作取得良好成绩的有效措施。

2. 要点记忆法

初学演说者往往把能够背诵演说稿认为是充分的准备。熟读记忆对于初学演说者来说可能是一种必要的准备手段，但如果只是机械记忆，那么不仅会耗费演说者大量时间，而且容易形成演说者的心理疏忽。实际演说时，如果因怯场、听众情绪波动、设备故障等突发事故打断演说者的思路，机械记忆的链条就会被截断。于是演说者便会处于记忆的空白状态，或者思维短路，导致演说无法继续下去。此外，单纯的背诵还极易形成机械的"背书"节奏，并且不能灵活运用恰当的手势语，不能根据观众情绪适时调整自己的节奏、情绪，使演说呆板、乏味，而丧失了演说应该具有的战斗性和人性味。

在演说中，以采用提纲要点记忆法为宜。首先，就有关演说的主题、论点、事例和数据整理成翻阅方便的卡片；然后针对演说稿进行比较和适当的补充，整理出一份简略的提纲，并在提纲里注明各段的小标题；最后在各段的小标题下按顺序补充重要的概念、定义、人名、地名、数据和关键性词语。至此，一份演说提纲即算基本完成。在整理和编排的过程中，演说者应反复思考和熟悉自己的演说内容，而演说时仅仅需要将该演说提纲作为提示记忆的依据即可。

3. 试讲练习法

试讲练习可纠正语音、矫正口型、锻炼遣词造句能力，又可训练形体语言。演说者可以自选一个演说题，或模仿名家的演说，在静僻处独自练习。著名演说家、美国第 16 任总统林肯，年轻时经常独自一人对着森林或空旷的原野模仿律师、传教士演说，并反复练习。

在参加正式的演说比赛或规格较高的会议上发表讲话之前，也有必要进行试讲。这种试讲最好请一些朋友、同事充当听众，既可以增加现场气氛，又可以听取接受一些好的意见和建议。

试讲练习可以帮助演说者拥有充分的自信心，避免因准备不充分或不适应演说环境而引起惊慌失措。

4. 情绪调节法

适度的深呼吸有助于调节紧张、烦闷、焦躁等情绪。当演说者在临场时出现怯场反应，可以运用深呼吸法进行调节，即：使全身放松，双眼望着远方，做绵长的腹式深呼吸，同时，随呼吸节奏心中默数 1、2、3……

5. 目光回避法

刚学演说的人往往害怕与听众进行眼神交流。因为一看到听众的眼神对自己不利，就会心慌意乱，而无法继续演说下去。于是不能正视听众，并出现了侧身、仰望、低头等影响演说效果的不正确姿势。而正视听众，这既是出于一种礼貌，又是演说者与听众全方位交流的需要，拉近演说者与听众的距离，是演说成功的必备条件。刚学演说的人不妨采用虚视方式处理自己的目光，将视线移至演说场后排上方，以回避听众的目光，让目光在会场上方缓缓流动。这种方式既能避免演说者与听众目光对视所产生的局促和窘迫，又能给听众留下演说者稳重大方的印象，使演说获得成功。

【沟通游戏】

狗 仔 队

1. 游戏时间

30 分钟。

2. 游戏规则

（1）将所有人进行分组，每组两人。

（2）培训师提问：在小组里谁愿意作为 A？

（3）剩下的人为 B。

（4）培训师说：选 A 的人代表八卦杂志的记者，俗称"狗仔队"，代表 B 的是被采访的明星。A 可以问 B 任何问题，B 必须说真话，可以不回答。时间为 3 分钟，不可以用笔记。

（5）3 分钟后角色互换。

（6）将原先的分组重新组合，每 6 人一个组，原来的搭档必须仍在同一组，每人将自己采访到的情况告诉其他队员，达到小组成员能够迅速地认识同伴并建立关系的目的。

3. 游戏目的

该游戏可用于沟通游戏当中，主要说明的认识与陌生人进行交往的一些知识。例如，我们将谈话的内容分为几个层次，最外层的谈话是对客观环境的交谈，比如谈天气、谈股市，因此比较容易交谈；第二层就是谈话者自身的一些话题，如交谈社会角色的话题：你的家庭状况如何、你是哪里人等问题；第三层就更深一层，会谈到个人隐私部分等比较敏感的话题，如对性、金钱的态度、个人能力的判断等；最后一层则是个人内心的真实世界，例如道德观、价值观等。不同层次的话题适合不同的场合和谈话对象，层次越高，双方的沟通和相互信任越能体现出来。

4. 总结与评估

对于直接面向客户式的销售人员的沟通能力很重要，就是要懂得循序渐进地将顾客心理的保护屏障一层层剥掉，从而使顾客达到内心的信任，促使销售成功。

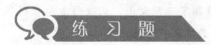

一、填空题

1. 演说是人类的一种社会实践活动，它具有（   ）、（   ）、（   ）、（   ）4 个主要特征。

2. 演说的主要目的一般有以下几个方面：（   ）、（   ）、（   ）、（   ）。

3. 演说稿写作需要具备以下的知识门类：（   ）、（   ）、（   ）、（   ）、（   ）。

4. 演说开场白的典型方式有以下几种：（   ）、（   ）、（   ）、（   ）、（   ）。

二、案例分析题

我的答卷
——纪念抗日战争胜利 67 周年[①]

抗日战争的烽火硝烟已经消散了半个多世纪，回忆起那场气壮山河的抗战历史，我的心久久不能平静……不久前的报纸上，刊登了一份民意调查问卷，其中的一个问题是："你认为纪念抗

---

① 《我的答卷》：作者李成谊。

日战争，必须牢记的经验教训是什么？"面对这个凝聚着中华民族血泪的重大问题，我心里沉甸甸的……历史是一面镜子，它往往给我们以有益的启示。我愿以我这支稚嫩的笔，蘸着我的情、我的爱、我的思考，写下这份也许不太成熟的答卷。

抗日战争的历史告诉了我们什么呢？那就是落后就要挨打。旧中国积贫积弱，任人宰割。英法联军火烧圆明园尚未雪耻，卢沟桥又响起了日寇侵华的隆隆炮声，九百六十万平方公里的大地上，中华民族的血泪流成了河。在那场震惊中外、惨绝人寰的南京大屠杀中，我们的姐妹惨遭法西斯野兽的蹂躏，我们的父兄在罪恶的枪林弹雨中尸骨成山、血流成河，多少母亲哭干了眼泪，多少婴儿失去了亲人。古都金陵，惨遭涂炭，三十万不屈的冤魂记下了中华民族耻辱的一页！钟山低头，长江鸣咽。有着五千年历史的文明古国在铁蹄下呻吟挣扎。

痛定思痛。为什么一个几千万人口的小国胆敢侵略一个四亿人的大国？为什么自然资源贫乏的日本胆敢践踏地大物博的中国？我们不得不痛心地承认：因为我们贫穷，因为我们落后，落后就要挨打呀！这是南京大屠杀血泪的教训，这是八年抗战中三千五百万亡灵的呼号，这是今天十三亿炎黄子孙的共识。它像一把悬顶之剑，警示我们勿忘国耻；它像闪光的路标，指引着我们走强国之路；它像嘹亮的号角，激励我们建设四化，振兴中华！

抗日战争的历史还告诉我们什么呢？它告诉我们这样一个真理：没有共产党就没有新中国。

翻开中国沉重的近代史，多少仁人志士为了寻求强国之路，抛头颅，洒热血，前赴后继，谱写了多少可歌可泣的历史篇章。虎门销烟的壮举，太平天国的烽火，义和团勇士的呐喊，辛亥首义的枪声……中国人民面对强敌，进行了一次又一次顽强不屈的斗争，但都陷入了失败的境地。为什么呀，为什么？难道我们没有壮怀激烈的英雄豪杰？难道我们没有为国捐躯的热血男儿？不！中华民族缺少的是一个马列主义的政党，缺少的是一位指引革命航船驶向胜利彼岸的伟大舵手！

漫漫长夜，中国人民企盼着，历史企盼着，企盼着一个永载千秋的伟大时刻。1921年7月1日，黑暗如磐的夜空里，终于升起了一颗耀眼的新星——中国共产党诞生了！从此，饱受压迫的中国人民有了自己的领路人，苦难深重的中华民族有了自己的主心骨，新生的无产阶级有了自己的先锋队！经过二十八年的浴血奋战，中国共产党领导人民推翻了三座大山，从胜利走向胜利。八十多年的风雨历程，证明了这样一个颠扑不破的真理：没有共产党就没有新中国。

这就是我的答卷，它也许不太成熟，却蕴涵着一位新中国的青年对历史的思考，对未来的向往。它将激励着我"为中华崛起而读书，为国家富强而奋斗"。朋友们，未来是属于我们的，让我们用自己的双手将明天的太阳托得更高！

分析：

(1) 演讲稿《我的答卷》分别采取了什么样的开头方式和结尾方式？

(2) 就这篇演讲稿要证明的论点是什么？说说它是如何使用逻辑推理的方法来证明主要论点的。

(3) 举例说明，该演讲稿使用了哪些修辞方法？起到了什么作用？

(4) 高潮有哪些特点？这篇演讲稿中，你认为哪些地方是情感表达的高潮点？

三、实训题

1. 项目名称

备稿演讲训练：《我的答卷》

2. 实训目的

以解剖麻雀的方式，在教师的指导下，通过演讲《我的答卷》，体验备稿演讲的感觉，初步形成演讲的基本能力。

3. 实训内容

(1) 分析演讲稿的字、词、句和段，准确把握其思想与情感基调。

(2)《我的答卷》演讲训练，正确表达演讲稿的情感。

4. 实训指导

(1) 教师指导学生读懂演讲稿的内容，准确把握其思想情感，这是重中之重。只有读懂了，才能感动；只有感动自己了，才有可能感动别人。如让学生离开作品的思想情感，去单纯追求所谓的演讲技巧，无异于缘木求鱼。

(2) 指导学生找出演讲稿中的"出彩点"，用抑扬顿挫的表现方式，进行脱稿演讲。

(3) 教师示范脱稿演讲，也可以对某一两个学生的演讲进行点评。

5. 组织实施

(1) 学生个人练习，直至脱稿，避免念稿。

(2) 分组进行脱稿演讲；然后学生相互点评。

要求：情感把握准确，技巧使用合理，情感与内容相一致，有声语言和体态语有机结合自然不做作。

(3) 各组推荐一名同学，参加班级演讲。

6. 考核方式及成绩评定

(1) 小组相互评论情况的考核，占40％。

(2) 小组演讲效果考核，占60％。

思 考 题

1. 演说的主要传达手段有哪些？
2. 演说稿的写作应注意什么问题？

第 7 章

商务谈判中的沟通

SHANGWU TANPAN ZHONG DE GOUTONG

【学习目标】

1. 了解谈判和商务谈判的概念和构成要素。
2. 了解商务谈判一般性的特点。
3. 熟悉商务谈判的语言技巧。
4. 灵活运用商务谈判的策略技巧。

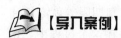【导入案例】

下班的时候，商场经理问其中一个营业员接待了几位客户。当得知这个营业员一天只接待了一位客户时，经理很生气，因为其他营业员都接待了好几位客户，而他只接待了一位客户。之后经理继续问，你对这位客户的营业额是多少？营业员说卖了58 000美元。经理觉得很奇怪，询问这位营业员究竟是怎么回事。

这个营业员说客户买了一辆汽车，又买了一艘游艇，还买了不少其他东西，一共花了58 000美元。刚开始这位客户是来买阿司匹林的，他说他的太太头疼，需要安静地休息。营业员在卖给客户药的同时与客户聊天，得知客户一直很喜欢钓鱼，营业员就不失时机地给他推荐了鱼竿。接下来营业员问客户喜欢在哪儿钓鱼。客户说他家附近的河流、池塘鱼太少，他喜欢到开车大概需要3个多小时的海边去钓鱼。营业员又问客户是喜欢在浅海钓鱼还是喜欢在深海钓鱼。客户说他希望在深海钓鱼。营业员又问客户怎么去深海钓鱼，之后建议客户买一艘钓鱼船，并向他推荐了商场里卖的钓鱼船。客户买了船后，营业员又问客户，去海边需3个小时的路程，船怎么运过去，他现在的车是否能够把船拉过去。客户后来一想，他现在的车拉不了这艘船，需要一辆大车，聪明的营业员又不失时机地给客户推荐了一辆大卡车，建议客户用这辆大卡车把刚买的钓鱼船拉过去。就这样，客户前前后后在这个营业员手里买了58 000美元的东西。当然，这个营业员也得到了经理的赏识。

 7.1 商务谈判概述

人类谈判的种类是多种多样的。有国与国之间的外交谈判，有政党与政党之间的政治谈判，还有敌对双方之间的军事谈判以及艺术团体或个人之间的文化艺术谈判等。本书所指的商务谈判是国际或国内企业之间的商务活动中进行的谈判。

7.1.1 商务谈判的概念

商务是指一切有形与无形资产的交换或买卖事宜。按照国际习惯的划分，商务行为可分为4种。

（1）直接的商品交易活动，如批发、零售商品业。

（2）直接为商品交易服务的活动，如运输、仓储、加工整理等。

（3）间接为商品交易服务的活动，如金融、保险、信托、租赁等。

（4）具有服务性质的活动，如饭店、商品信息、咨询、广告等服务。

此外，按照商务行为所发生的地域概念，商务还有国内商务和国际商务之分。

商务谈判通俗地说就是"谈生意"，即是指参与谈判各方以某一具体商务目标为谈判客体，以获得经济利益为目的，通过信息沟通和磋商，寻求达成双方利益目标的活动。

商务谈判是在商品经济条件下产生和发展起来的，它已经成为现代社会经济生活中必不可少的组成部分。如日常生活中的购物还价，虽数额小而且简单，但却包含了商务谈判的一切必备要素条件和基本环节，并且选择和实施着各种谈判技巧。可以说，没有商务谈判，经济活动便无法进行。

1. 商务谈判的实质

商务谈判是伴随交换和买卖行为而产生的一种现象，但这并不意味着一切的交换和买卖行为都必须要由谈判来实现。例如在超市里购物，产品的价格是标定的，在这个既定的价格面前，顾客所需做的只是决定买和不买，而无须和超市谈判修改价格。而有的交换和买卖行为中,交换条件是不固定的,那么交换条件——价格水平、付款方式和交割期限等就必须通过双方谈判固定下来。所以,商务谈判是为非固定交换条件而服务的。而在这个过程中,谈判双方在利益上既互相依存又相互对立,这就是商务谈判的实质所在。

举个例子来说明。某制造商与某零售商进行一项在销售淡季经销电器的谈判。零售商的目的是通过淡季购买享受价格上的优惠、提高产品的价格竞争能力,而制造商则希望通过淡季销售回笼资金。对零售商而言,要想获得价格上的优惠,就必须在销售淡季向制造商购买商品。而制造商如果不在价格上提供优惠,零售商就不会购买他的产品,那么他也达不到资金回笼的目的。在这种情况下,双方利益的实现和需要的满足都依赖于对方,只有满足了对方的需要才能满足己方的需要,这就是双方在利益上相互依存的一面。但另一方面,双方在利益上又相互对立。这是因为零售商希望以尽可能低的价格购进,并且在价格以外的其他方面获得好处。而制造商则希望以较高的价格销售产品,以便尽可能地获得利润。在谈判中,任何一方获利的大小,又必然会直接影响到另一方的利益的满足。

在这个例子中,可以看到双方要获得利益首先必须给予对方利益,而一方取得利益的大小又直接取决于对方所得到的利益。商务谈判实质上反映了谈判双方利益既相互依存又相互对立的关系,谈判的过程就是双方寻求利益上的共同点、减少分歧的过程。

2. 商务谈判的特点

1) 商务谈判的目的以获取经济利益为主

谈判是具有鲜明的目的性的。通常来说,谈判不止一个目的,但不同类型的谈判都有自己的首要目的。例如,政治谈判关心的是政党、团体的根本利益,军事谈判的目的涉及双方的安全利益,虽然这些谈判都可能会涉及经济利益,但其重点并不在经济利益。而商务谈判的首要目的则是以获取经济利益为主,在满足经济利益的前提下才涉及其他非经济利益。当然,各种非经济利益也会影响到商务谈判的结果,但其最终目的仍是经济利益。例如,购销谈判中,供方希望把价格定得尽量高一些,而需方则希望尽量压低价格;在借贷谈判中,借方总是希望借款期限长些、利息低一些,而贷方则希望利息高一些、期限短一些。所以,人们通常以获取经济利益的大小来评价一项商务谈判的成功与否。

2) 价格谈判是商务谈判的核心环节

有人把商务谈判称为讨价还价,这是因为商务谈判所涉及的因素很多,但其核心还是价格。这主要是双方经过谈判,最后经济利益的划分主要通过价格来表现出来,双方在其他利益上的得失,或多或少都可以折算为价格,并通过价格的升降反映出来。例如,在购销谈判中,买方可以加大购买量来诱使卖方降低价格,这是数量因素在价格上的折算。另外,产品质量、付款条件等因素都可以影响最终的价格。但是,有些情况下这种折算是行不通的。例如,卖方提供的产品质量低于买方的最低心理标准,这时候,即使卖方大幅降低价格,买方也可能会退货,甚至提出索赔。

了解了这一点之后,在商务谈判中,一方面要以价格为中心,坚持自己的利益;另一方面又不能仅仅局限于价格,应该拓宽思路,设法从其他利益因素上争取应得的利益。因为,与其在价格上与对手争执不休,还不如在其他利益因素上使对方在不知不觉中让步。这是从事商务谈判的人需要注意的。

3) 商务谈判注重合同条款的严密性与准确性

商务谈判的结果是由双方协商一致的协议或合同来体现的。合同条款实质上反映了各方的权利和义务，合同条款的严密性与准确性是保障谈判获得各种利益的重要前提。有些谈判者在商务谈判中花了很大气力，好不容易为自己获得了较有利的结果，对方为了得到合同，也迫不得已作了许多让步。这时谈判者似乎已经获得了这场谈判的胜利，但如果在拟订合同条款时掉以轻心，不注意合同条款的完整、严密、准确、合理、合法，结果被谈判对手在条款措辞或表述技巧上引进陷阱，不仅把到手的利益丧失殆尽，而且还为此付出惨重的代价。这种例子在商务谈判中屡见不鲜。因此，在商务谈判中，谈判者不仅要重视口头上的承诺，更要重视合同条款的准确性和严密性。

4）商务谈判更讲求时效性

与其他政治、军事类谈判相比，商务谈判更注重时效性。这是因为商场上竞争激烈、商机稍纵即逝，错过了时机，即使在谈判中取得了胜利，也会使谈判的结果失去了价值和意义。例如，在零售购销谈判中，错过了销售旺季就只能大打折扣或不计成本销售了。所以，商务谈判中，谈判者都非常注重谈判的自身效率和合同履行的时间保证。

以上是商务谈判的个性特点。对于国际商务谈判，由于其业务是一种跨国界的活动，所以还具有一定的特殊性。其特殊性表现在政治性强，适用的法律以国际商法为准则以及由于经济体制和社会文化背景、人们的价值观、思维方式、风俗习惯、语言等不同，使得影响谈判的因素大大增加，造成谈判的难度加大。

相关案例

迈克曾代表一家大公司到德国买一座煤矿。该煤矿的主人是一个强硬的谈判者，他的报价为2600万美元，迈克还价为1500万美元，但矿主始终坚持2600万美元的原始报价不变。谈判在几个月的讨价还价中艰难地进行。迈克已将价格抬到了2150万美元，但矿主始终坚持2600万美元，拒绝退让。因此，谈判陷入僵局。迈克意识到这背后肯定有其他的原因，只有挖出这一信息，谈判才能进行下去。

迈克非常诚恳地与矿主交流，并邀请他打网球。终于，矿主被迈克的耐心和诚意所打动，向迈克说出了他的意图。他说："我的兄弟卖了2500万美元，外带一些附加条件。"迈克恍然大悟，矿主坚持原始报价的真正原因是要与他兄弟攀比，他要超过他的兄弟，这是矿主的特殊需求。

找到矿主的特殊需求后，迈克就去了解矿主兄弟的卖价及附加条件。然后采取了新的谈判方案，而矿主也作出了让步，双方终于达成了协议。最后的买价并没有超出预算，但付款方式及附加条件使矿主感到自己远远超过了他的兄弟。

资料来源：杨群祥. 商务谈判与推销[M]. 大连：东北财经大学出版社，2005.

7.1.2 商务谈判的类型

商务谈判分类的目的在于有的放矢地组织谈判、提高谈判人员分析问题的能力、增加自觉能动性、减少盲目性、争得谈判的主动权。商务谈判按照不同的标准可以分为不同的类型。具体分类结果见表7-1。

1. 按谈判的形式分类

1）横向谈判

所谓横向谈判，就是在谈判过程中，谈判者综合考虑所有的问题，其中关联的事情都搞清楚，全盘铺开。例如在涉及金融领域的许多谈判都是属于横向的。就横向式的谈判来讲，

表 7-1 商务谈判的分类

序 号	分 类 标 准	分 类 结 果
1	谈判的形式	横向谈判、纵向谈判
2	谈判双方所采取的态度	硬式谈判、软式谈判、原则式谈判
3	谈判的目标	不求交易结果的谈判、意向书和协议书的谈判、准合同和合同的谈判、索赔谈判
4	谈判地点	主场谈判、客场谈判、中立场谈判
5	交易地位	买方谈判、卖方谈判、代理谈判
6	谈判内容	商品贸易谈判和非商品贸易谈判

实际是一种综合的、全面铺开的一种谈判。

就金融领域而言,在谈一个金融产品交易的时候,要涉及方方面面的情况,例如,金额、利率、期限等。其中币种变了,显然利率、显现期限甚至保证担保都会发生变化,因此是牵一发而动全身,不得不用一种横向的谈判解决。

2) 纵向谈判

所谓纵向谈判,就是指谈判当事人在确定谈判所涉及的主要问题后,开始逐个讨论谈判涉及的每个问题和条件,讨论一个问题,解决一个问题,依次进行谈判,一直到谈判结束。例如,像商品贸易这个问题,可能必须要讨论价格、要货条件、付款条件和质量、装船等问题,讨论完了一个,才能再讨论一个。这个就是一种典型的纵向的谈判。

横向谈判对于人的素质要求比纵向要高一些。换句话说,从事横向谈判的过程,一定要有把握全局,能够以俯瞰的形式搞清楚各个局部,最后形成一个全局,全盘铺开。有把握全局的能力,这样才可以比较轻松地进行横向的谈判。而纵向谈判,正好相反,尤其是一个问题解决了再解决另外一个问题,这时候对人的素质要求并不一定高,但对于他所要解决的问题则一定要熟悉。两种谈判各有千秋,谈判人员可根据情况具体应用,也可以将两种方式结合起来运用。

2. 按谈判双方所采取的态度分类

1) 硬式谈判

硬式谈判又叫立场式谈判,这种谈判最大的特点就是谈判者认为谈判是一场意志力的竞赛和搏斗。当事方往往顽固地坚持自己的立场,而否认对方的立场,忽视双方的谈判目的和双方在谈判中真正需要什么,甚至使立场凌驾于利益之上,为了立场宁肯放弃利益,从而使谈判极容易陷入误区和僵局。在这种情况下,谈判的结果肯定是情绪的对立,你不尊重对方,对方也不会尊重你,因此往往是两败俱伤。这种谈判的方式是不可取的。在国际经济和国际政治中间经常出现这种情况,不是考虑利益,而是考虑市场,以至于双方根本没有办法达成某种协议。

2) 软式谈判

软式谈判又称让步式谈判,即谈判者准备随时为达成协议而作出让步,回避一切可能发生的冲突,追求双方满意的结果。持这种态度参与谈判的人,更看中的是双方友好合作关系的建立与维持,而比较看轻利益获取的多少。在谈判双方关系较好,并有长期而稳定的业务关系的情况下,采取让步式谈判可能会取得较为满意的谈判结果,同时也能节省谈判成本、提高谈判效率。可是，如果遇到的是利益型对手，采用让步式谈判态度就会吃亏上当。从产生软式谈判的条件上说，往往是双方的需求不对称。这种不对等，就造成一方的地位弱一点；另一方的地位强一点，弱的一方想硬也硬不起来。

3）原则式谈判

原则式谈判又称价值式谈判。在这种类型的谈判中，谈判者坚持谈判原则、注重谈判的本质，注重与对方保持良好人际关系的同时，尊重对方的基本需求、寻求双方利益上的共同点，积极设想各种使双方都有所获的方案。原则式谈判者认为，在双方对立面的背后，存在着共同性的利益和冲突性的利益，而且共同性的利益大于冲突性的利益。如果双方都能认识到共同性利益，冲突性利益也可以很好地解决。原则式谈判强调通过谈判取得经济和人际关系上的双重价值，是一种既理性又富有人情色彩的谈判，是目前商务谈判人员普遍追求的谈判类型。

在谈判实践中，究竟会采取硬式谈判、软式谈判还是原则式谈判，是受很多种因素影响的。例如，如果本方想与对方保持长期的业务关系，并且具有这样的可能性，那么就不能采取硬式谈判，而要采取价值式谈判；如果是一次性的、偶然性的业务关系，则可适当考虑立场型谈判法；再者，如果本方的人力、财力、物力等方面的支出受到比较大的制约，谈判时间过长，必然难以承受，应考虑软式谈判或价值式谈判。除了以上这些因素外，具体采用何种谈判方式还受到诸如双方的谈判实力和地位、交易的重要性、谈判人员的个性和风格等因素的影响。另外，在实践中，往往不是单独采用一种谈判方式，而是几种谈判方式相混合，例如软式谈判和原则式谈判相混合的谈判方式。

3. 按谈判的目标分类

1）不求交易结果的谈判

这种谈判是指谈判不为达成交易或该次谈判不为达成交易。这种谈判有3种表现形式。

（1）预备性会见。这种会见可发生在谈判的初期，也可发生在谈判的中期，主要是交易双方人员相互拜会。这种会见的作用在于传递双方的信息、试探谈判的意向、准备议程等。

（2）技术性交流。这种交流是指谈判各方就谈判标的所涉及的技术问题进行的交谈和沟通，以便更好地为下一步的谈判作准备。参与这种谈判的人员中，一般都有各方的技术人员。对于简单的标的，交流地点可设在买方所在地；而对于复杂的标的，则交流地点可设在卖方所在地，可以使买方更详细地了解技术资料以及考察现场。技术性交流的表现形式也很丰富，有报告会、讨论会、演示或展示等。

（3）封门性会谈。这种会谈是指对于不可能成交的谈判对手所采取的一种礼貌收场的谈判形式。在这种会谈中，言语都具有外交的委婉性，让对方一方面明白交易不可能进行，另一方面也不觉丢面子。例如，在封门性会谈中，为了不伤及与对方的友谊，谈判人在封门时，常常做远期的、有条件的许诺，如"这次我们的交易不成功，但留下双方真诚的合作愿望、理解和友谊，相信以后我们会有合作机会的"。这种承诺虽非实诺，但安慰了对方的情绪。

2）意向书和协议书的谈判

这种谈判是指交易人在谈判时为了明确双方交易的愿望，保持谈判的连续性、交易的可靠性而提出要求签订意向书或协议书。这种谈判可能一开始即已明确完成意向书或协议书，也可能在谈判之后才提出。不论在谈判前还是谈判后，性质都是相同的。意向书是一种简单的意向声明，也有人称之为备忘录或谅解备忘录，主要说明签字各方的某种愿望，或某个带先决条件的、可能的承诺。协议书是谈判各方对特定时刻双方立场的系统概括的文件，比起意向书来，其内容更丰富，表述双方的态度与立场更深入、更具体，表示双方共同点也多了，但本质上两者仍同属一类，对签字人并不构成一种合同义务。但如文件中包括了"明显的许诺"，即对合作或交易标的、价格条件、实施期限比较具体地予以规定时，文件的性质就具有契约性，且具有约束力。尤其是协议书，更具有两重性。

3）准合同与合同的谈判

准合同是带有先决条件或保留条件的合同。准合同的格式、内容和合同完全相同，全面反映交易双方的意愿，也具备了合同成立的所有要件。但由于准合同的保留性及先决条件的限制，其中往往有"该文件仅为草本，待××条件达成后，双方再正式签约"的条款。在先决条件丧失时，准合同自动失效，而不需承担任何损失责任。这种准合同的谈判应该注意要限定完成保留条件的时间。同时，保留是客观需要，也是主观需要，应善于利用保留的权利来保护自己，如争取时间考验谈判结果，或向有关领导、专家汇报，以求指导、审核。

合同的谈判是为实现某项交易并使之达成契约的谈判。所谓合同，是一个汇集交易各方权利和义务，受法律保护，并由法律强制执行的契约。它应具有最基本的要件，包括商品特性、价格、交货期。倘若不是商品买卖，那么广而概之，可理解成"标的、费用、期限"。一旦就这几个要件达成一致意见，合同的谈判也就基本上结束了。

准合同与合同谈判的特点主要为：谈判的议题十分明确，谈判者均会直奔目标；对于利益的追求有明显分歧，谈判争议力强；谈判者为达到目标会采取各种谈判策略，手法多变，来赢得尽可能多的利益。

4）索赔谈判

索赔谈判是在合同义务不能或未能完全履行时，合同当事双方进行的谈判。在合同的履行中，经常会碰到因种种原因而违约的情况，于是就产生了索赔谈判。在索赔谈判中，由签约人之间直接交涉，对违约造成的损失或损害采取补救办法的谈判形式，称之为直接索赔谈判；而由中间人出面协调当事人各方解决因违约造成的损害赔偿问题的谈判称为间接索赔谈判，它有3种表现形式，即调解、仲裁和诉讼。无论是直接索赔谈判还是间接索赔谈判，均应注重"四重"原则，具体如下：

（1）重合同。即以合同约定为依据来判定违约责任。合同已明确的，只要与法律不相违背，就是判定是非责任的标准；合同未明确的问题，才引证惯例与相关法律。

（2）重证据。违约与否除了依合同规定外，许多时候需要提供证据来使索赔成立。如质量问题，需要权威部门出具的技术鉴定证书；数量问题，要商检的记录；双方的往来函件也可以成为证据。证据是确立索赔谈判的重要法律手段。

（3）重时效。即注重索赔期。索赔应及时，应在合同规定的时效范围内进行索赔，超过了该期限，交易人则可不负责任。任何合同签定时，都要注意合同中应有时效的明确规定。时效可以用时间表示，如索赔期应在交货后×天之内；也可以用地点表示，如货交×地之后等。如果合同无实时效规定，谈判难度就大，结果的变数也多。

（4）重关系。即索赔谈判时应注重利用、保持关系。利用双方当事人或与相关第三者之间的关系，可以加快谈判的速度，促进谈判朝着良好结局发展；保持关系，则可以兼顾双方当前与长远的利益。

4. 按谈判的地点分类

1) 主场谈判

主场谈判是指在自己所在地进行的谈判。自己所在地包括居住的国家、城市及办公场所等。主场谈判给主方带来不少的便利条件，无论是谈判时间、谈判材料的准备，问题的磋商和请示还是各种风俗习惯、生活方式，甚至法律法规自己都比较熟悉和适应，主方会有极大的方便。因此，主场谈判在谈判人员的自信心、应变能力及应变手段上，均占有天然的优势。如果主方善于利用主场谈判的便利和优势，往往会给谈判带来有利影响。当然，作为东道主，谈判的主方应当礼貌待客，做好谈判的各项准备。

2) 客场谈判

客场谈判是指在谈判对手所在地进行的谈判。由于对环境的不熟悉，客场谈判会给客方带来很多困难和条件的限制，其行为往往较多地受到东道主一方的影响。因此，客方应该注意以下几点：

(1) 风俗习惯。要了解各地的风土人情，避免出现伤害对方感情的事情，使谈判出现尴尬或僵局。

(2) 语言问题。各地的方言都有很大差别，特别是在国外进行谈判时，该问题尤其突出，所以在谈判时应带好翻译。

(3) 沟通和决策问题。客方在信息的沟通、问题的请示方面会受到很多限制。因此，客场谈判人员面对谈判对手时必须审时度势，正确运用和调整自己的谈判策略，发挥自己的优势，争取满意的谈判结果。

为了平衡主客场谈判的利弊，如果谈判需要进行多轮，通常安排主客场轮换。在这种情况下，谈判人员也应善于抓住主场的机会，使其对整个谈判过程产生有利的影响。

3) 中立场谈判

中立场谈判是指在谈判各方所在地以外的地点进行的谈判。由于主场谈判或客场谈判造成谈判双方身份上的差异，这种差异使得双方的谈判环境条件不对等。为了体现公平原则，避免主、客场对谈判的影响，为谈判提供良好的环境和平等的气氛，一些重要的商务谈判会在中立地进行。

总之，由于谈判地点的不同，谈判者的身份也有所差别，谈判者应采取灵活的策略和技巧，利用在谈判中的身份和条件，争取主动、实现谈判目标。

5. 按交易的地位分类

1) 买方谈判

买方谈判系指为求购商品而进行的谈判。买方谈判的特点如下：

(1) 情报性强。买方对所需商品及商品提供人的了解是求购谈判的基础。买方是掏钱方，要确定所购商品是否物有所值就应当重视情报的采集，对商品的技术性能、制作条件、市场现状、商品提供人的经济状况、信用情况都要有足够的了解，以便明确自己的谈判目标。同时，这种情报的搜集工作不仅是在谈判的准备阶段做，还应贯穿于谈判的各个阶段，在谈判之前、之中不断补充、修正所获信息。

(2) 度势压人。买方是上帝，买方在谈判时往往会有"有求于我"的优越感，甚至盛气凌人。同时，买方常常以挑剔者的身份参与谈判，对所购商品品头论足，使卖方处于纠错的压力之下。不过，当卖方处于奇货可居的地位时，往往买方的谈判优势就会下降，压人就应度势而行。

(3) 极力压价。买方搜集情报、度势压人，其最终目的是为了获得物美价廉的商品。因此，买方在谈判中会想尽办法压低价格，即使是老商品、老供货渠道，买方也总是以种种理由追求更优惠的价格。

2) 卖方谈判

卖方谈判系为销售物品而进行的谈判。卖方谈判的特点如下：

(1) 主动性强。作为卖方，为了加快销售货物，一般都采取积极主动的态度。如：主动登门拜访；与买方建立良好的关系，宣传自身的形象；调动各种潜在因素促使对方保持谈判交易的积极性等。

(2) 紧疏结合。为了应付买方谈判者的重压，卖方的谈判常表现为一时"紧锣密鼓"，似急于求成；一时又"偃旗息鼓"，观察动静，然后再恢复谈判。采取这种打打停停、停停打打的形式，有利于卖方克服买方的压力，加强自身的谈判地位，通盘考虑谈判方案和谈判细节，争取谈判的成功。

(3) 虚实相应。谈判中卖方的表现往往一时态度诚恳，表现出对交易的极大兴趣和关切；一时又对交易条件立场强硬；介绍情况时，为了拉住对方，介绍些实情又掺点水分，让对方不能掌握谈判的全局，对防止对方压价很有利。

3) 代理谈判

代理谈判指受人委托参与某项交易或合作的谈判。代理有两种情况：只有谈判权而无签约权的代理和全权代理。两种代理谈判不同之处在于其谈判目标不同，前者仅到成交为止，后者则直奔成交签字，故两者谈判的能动性和冲击力不同。两种代理谈判共同的主要特征如下：

(1) 由于不是交易的所有者，谈判地位超脱、客观。

(2) 谈判人权限观念强，一般都谨慎和准确地在授权范围内行事。

(3) 由于受人之托，为表现其能力和取得佣金，谈判人的态度积极、主动。

6. 按谈判的内容分类

1) 商品贸易谈判

商品贸易谈判是指商品买卖双方就商品的买卖条件所进行的谈判，包括国内商品买卖的洽谈和国际货物进出口业务的谈判。具体来说是买卖双方就买卖商品本身的有关内容，如数量、质量、货物的运输方式、时间、买卖的价格条件、支付方式以及交易过程中谈判各方的权利、义务和责任等问题所进行的谈判。

商品贸易谈判在整个业务洽谈中所占的比例最大，是企业业务活动中较为重要的一部分，也是提高企业经济效益的重要途径。

2) 非商品贸易谈判

非商品贸易谈判是指除商品贸易之外的其他商务谈判，包括技术买卖谈判、工程项目谈判、劳务合作谈判、租赁业务谈判、资金谈判。

(1) 技术买卖谈判。该类谈判是指技术的转让方和技术的接受方就转让技术的形式、内容、质量规定、使用范围、价格条件、支付方式以及双方在转让中所承担的一些权力、责任和义务等问题所进行的谈判。技术买卖不同于一般的商品买卖，在谈判中，要涉及技术产权的保护、技术风险等问题，远比商品贸易谈判复杂得多，这就要求谈判者要有很好的谈判素质和修养。

（2）工程项目谈判。该类谈判是指工程的使用单位与工程的承建单位之间的商务谈判。工程项目谈判十分复杂，这不仅仅是由于谈判的内容涉及广泛，还由于谈判通常是有两方以上的人员参加，即使用方、设计方、承建方等。

（3）劳务合作谈判。该类谈判是指劳务合作双方就劳务提供的形式、内容、时间、劳务的价格、计算方法、劳务费的支付方式以及有关合作双方的权力、责任、义务关系等问题所进行的谈判。劳务合作作为经济合作的重要组成部分，已经得到国内外的普遍关注和重视。目前，我国的国际劳务合作已经成为我国出口创汇的重要途径。

（4）租赁业务谈判。租赁是指出租人按照协议将物件交付给承租人临时占有或使用，并在租期内向承租人收取租金的一种商业行为。租赁业务谈判主要是指我国企业从国内或国外租用机器和设备而进行的谈判。它要涉及机器设备的选择、交货情况、维修情况、租期到期后的处理、租金的计算即支付方式以及租赁期内租赁者与承建者双方的责任、权利、义务关系等问题。

（5）资金谈判。该类谈判是资金供需双方就资金的借贷或投资内容所进行的谈判。资金谈判的主要内容有货币、利率、贷款、保证条件、还款、宽限期、违约责任等。

商务谈判的类型还可以从其他角度进行划分。例如，从参加谈判的利益主体的数目可划分为双边谈判和多边谈判；根据谈判的时间可划分为马拉松式谈判和"闪电"式谈判。

相关案例

有两个人在图书馆里争吵，一位想要开窗，另一位想要关窗。他们为了是否应该打开窗户以及应该开多大而争吵不休，没有一种办法能使双方满足。这时候，图书管理员进来了，她问其中的一位为什么希望开窗户，对方回答说：使空气流通。她又问另一位为什么希望关上窗户，对方回答说：想避免噪声。管理员思考了一会儿后，走到对面的房间将那里的窗户打开，这样既可以使空气流通，又能避免噪声，双方的需求都能得到满足。

图书馆中争吵的双方之间进行的是一场硬式谈判，各方都只注意自己要打开窗户和关上窗户的立场，忽视双方在谈判中真正需要，这样就会导致情绪的对立，无法真正解决问题。如果避开立场，而看看对方的需要是什么，能否将双方的需要统一起来，找到能满足双方需要解决的方案，那么问题就比较容易解决。

资料来源：彭庆武．商务谈判［M］．大连：东北财经大学出版社，2008．

7.2 商务谈判的语言技巧

商务谈判的过程是谈判者的语言交流过程。语言在商务谈判中有如桥梁，占有重要的地位，它往往决定了谈判的成败。因而在商务谈判中如何恰如其分地运用语言技巧，谋求谈判的成功是商务谈判必须考虑的主要问题。本章主要介绍商务谈判语言、有声语言和无声语言技巧。

7.2.1 商务谈判语言的类型

商务谈判语言各种各样，从不同的角度可以分出不同的语言类型。

(1) 按语言的表达方式分为有声语言和无声语言。有声语言是指通过人的发音器官来表达的语言，一般理解为口头语言。这种语言借助于人的听觉交流思想、传递信息。无声语言是指通过人的形体、姿势等非发音器官来表达的语言，一般解释为行为语言。这种语言借助于人的视觉传递信息、表示态度。在商务谈判过程中巧妙地运用这两种语言，可以产生珠联璧合、相辅相成的效果。

(2) 按语言表达特征分为专业语言、法律语言、外交语言、文学语言、军事语言等。

① 专业语言。它是指有关商务谈判业务内容的一些术语，不同的谈判业务，有不同的专业语言。例如，产品购销谈判中有供求市场价格、品质、包装、装运、保险等专业术语；在工程建筑谈判中有造价、工期、开工、竣工、交付使用等专业术语，这些专业语言具有简单明了、针对性强等特征。

② 法律语言。它是指商务谈判业务所涉及的有关法律规定用语，不同的商务谈判业务要运用不同的法律语言。每种法律语言及其术语都有特定的含义，不能随意解释使用。法律语言具有规范性、强制性和通用性等特征。通过法律语言的运用可以明确谈判双方的权利、义务、责任等。

③ 外交语言。它是一种弹性较大的语言，其特征是模糊性、缓冲性和幽默性。在商务谈判中，适当运用外交语言既可满足对方自尊的需要，又可以避免失去礼节；既可以说明问题，还能为进退留有余地。但过分使用外交语言，会使对方感到缺乏合作诚意。

④ 文学语言。它是一种富有想象的语言，其特点是生动活泼、优雅诙谐、适用面宽。在商务谈判中恰如其分地运用文学语言，既可以生动明快地说明问题，还可以缓解谈判的紧张气氛。

⑤ 军事语言。它是一种带有命令性的语言，具有简洁自信、干脆利落等特征。在商务谈判中，适时运用军事语言可以起到坚定信心、稳住阵脚、加速谈判进程的作用。

7.2.2 商务谈判中语言技巧的作用

商务谈判的过程是谈判双方运用各种语言进行洽谈的过程。在这个过程中，商务谈判对抗的基本特征，如行动导致反行动、双方策略的互含性等都通过谈判语言集中反映出来。因此，语言技巧的效用往往决定着双方的关系状态，以至谈判的成功。其作用主要表现在以下几个方面。

(1) 语言技巧是商务谈判成功的必要条件。美国企业管理学家哈里·西蒙曾说，成功的人都是一位出色的语言表达者。同时成功的商务谈判都是谈判双方出色运用语言技巧的结果。在商务谈判中，同样一个问题，恰当地运用语言技巧可以使双方听来饶有兴趣，而且乐于合作；否则可能让对方觉得是陈词滥调，产生反感情绪，甚至导致谈判破裂。面对冷漠的或不合作的强硬对手，通过超群的语言及艺术处理，能使其转变态度，这无疑为商务谈判的成功迈出了关键一步。因此，成功的商务谈判有赖成功的语言技巧。

(2) 语言技巧是处理谈判双方人际关系的关键环节。商务谈判对抗的行动导致反行动这一特征，决定了谈判双方的语言对彼此的心理影响及其对这种影响所作出的反应。在商务谈判中，双方人际关系的变化主要通过语言交流来体现，双方各自的语言都表现了自己的愿望、要求，当这些愿望和要求趋向一致时，就可以维持并发展双方良好的人际关系，进而达到皆大欢喜的结果；反之，可能解体这种人际关系，严重时导致双方关系的破裂，使谈判失败。因此，语言技巧决定了谈判双方关系的建立、巩固、发展、改善和调整，从而决定了双方对待谈判的基本态度。

（3）语言技巧是阐述己方观点的有效工具，也是实施谈判技巧的重要形式。在商务谈判过程中，谈判双方要把己方的判断、推理、论证的思维成果准确无误地表达出来，就必须出色地运用语言这个工具，同样，要想使自己实施的谈判策略获得成功，也要出色地运用语言技巧。

> **相关案例**
>
> 中国的"入世"谈判是一次规模巨大、综合性极强的谈判。从1986年7月10日，中国正式提出申请恢复关贸总协定缔约方地位到1995年5月7日至19日，外经贸部部长助理龙永图率中国代表团赴日内瓦与缔约方就中国复关进行非正式双边磋商。再到1995年6月3日，中国成为世贸组织观察员。一直到2001年中国入世，谈判整整进行了15年。在此期间，大大小小的谈判不计其数。一位参与整个谈判过程的负责人回忆说，去瑞士世贸总部的次数，在这15年中不下50次，也就是每年平均去3次之多，其中卡塔尔的多哈谈判、西雅图谈判以及乌拉圭谈判除外。可以想象，谈判是一个非常烦琐、非常漫长、非常艰苦的过程。在每一轮谈判中，谈判的人员都非常缜密地分析了谈判过程中可能出现的问题，在谈判中运用针对性、专业性的语言是成功的关键。
>
> 资料来源：http://stock.hexun.com/2008-11-20/111470462.html.

7.2.3　商务谈判中语言技巧的运用

1. 商务谈判中语言要求

在商务谈判中，想正确使用语言技巧使谈判获得成功，不仅要求谈判人员具有较强的语言功底，而且必须遵循商务谈判中特定的语言要求。

1）谈判语言必须客观

谈判语言的客观性是指在商务谈判中，运用语言技巧表达思想、传递信息时，必须以客观事实为依据，并且运用恰当的语言向对方提供令人信服的依据。这是一条最基本的原则，是其他一切原则的基础。离开了客观性原则，即使有三寸不烂之舌，或者不论语言技巧有多高，都只能成为无源之水、无本之木。

坚持客观性原则，从供方来讲，主要表现在：介绍本企业情况要真实；介绍商品性能、质量要恰如其分，如可附带出示样品或进行演示，还可以客观介绍一下用户对该商品的评价；报价要恰当可行，既要努力谋取己方利益，又要不损害对方利益；确定支付方式要充分考虑到双方都能接受、双方都较满意的结果。

从需方来说，谈判语言的客观性主要表现在：介绍自己的购买力不要水分太大；评价对方商品的质量、性能要中肯，不可信口雌黄、任意褒贬；还价要充满诚意，如果提出压价，其理由要有充分根据。

如果谈判双方均能遵循客观性原则，就能给对方真实可信和"以诚相待"的印象，就可以缩小双方立场的差距，使谈判的可能性增加，并为今后长期合作奠定良好的基础。

2）谈判语言必须具有针对性

谈判语言的针对性是指根据谈判的不同对手、不同目的、不同阶段的不同要求使用不同的语言。简言之，就是谈判语言要有的放矢、对症下药。提高谈判语言的针对性，要求做到以下几点：

(1) 根据不同的谈判对象，采取不同的谈判语言。不同的谈判对象，其身份、性格、态度、年龄、性别等均不同。在谈判时，必须反映这些差异。从谈判语言技巧的角度看，这些差异透视得越细，洽谈效果就越好。

(2) 根据不同的谈判话题，选择运用不同的语言。

(3) 根据不同的谈判目的，采用不同的谈判语言。

(4) 根据不同的谈判阶段，采用不同的谈判语言。如在谈判开始时，以文学、外交语言为主，有利于联络感情、创造良好的谈判氛围；在谈判进程中，应多用商业法律语言，并适当穿插文学、军事语言，以求柔中带刚，取得良效；谈判后期，应以军事语言为主，附带商业法律语言，以定乾坤。

3) 谈判语言必须具有逻辑性

谈判语言的逻辑性是指商务谈判语言要概念明确、谈判恰当，推理符合逻辑规定，证据确凿、说服有力。

在商务谈判中，逻辑性原则反映在问题的陈述、提问、回答、辩论、说服等各个语言运用方面。陈述问题时，要注意术语概念的同一性，问题或事件及其前因后果的衔接性、全面性、本质性和具体性；提问时要注意察言观色、有的放矢，要注意和谈判议题紧密结合在一起；回答时要切题，一般不要答非所问，说服对方时要使语言、声调、表情等恰如其分地反映人的逻辑思维过程。同时，还要善于利用谈判对手在语言逻辑上的混乱和漏洞，及时驳倒对手，增强自身语言的说服力。

提高谈判语言的逻辑性，要求谈判人员必须具备一定的逻辑知识，包括形式逻辑和辩证逻辑，同时还要求在谈判前准备好丰富的材料，进行科学整理，然后在谈判席上运用逻辑性强和论证严密的语言表述出来，促使谈判工作顺利进行。

4) 谈判语言必须具有规范性

谈判语言的规范性是指谈判过程中的语言表述要文明、清晰、严谨、准确。

(1) 谈判语言必须坚持文明礼貌的原则，必须符合商界的特点和职业道德要求。无论出现何种情况，都不能使用粗鲁的语言、污秽的语言或攻击辱骂的语言。在涉外谈判中，要避免使用意识形态分歧大的语言，如"资产阶级""剥削者""霸权主义"等。

(2) 谈判所用语言必须清晰易懂。口音应当标准化，不能用地方方言或黑话、俗语与人交谈。

(3) 谈判语言应当注意抑扬顿挫、轻重缓急，避免吞吞吐吐、词不达意、嗓音微弱、大吼大叫或感情用事等。

(4) 谈判语言应当准确、严谨，特别是在讨价还价等关键时刻，更要注意一言一语的准确性。在谈判过程中，由于一言不慎导致谈判走向歧途，甚至导致谈判失败的事例屡见不鲜。因此，必须认真思索、谨慎发言，用严谨、精练的语言准确地表述自己的观点、意见。

上述语言技巧的几点要求，都是在商务谈判中必须遵守的，其旨意都是为了提高语言技巧的说服力。在商务谈判的实践中，不能将其绝对化，单纯强调一个方面或偏废其他原则，须坚持上述几个原则的有机结合和辩证统一。只有这样，才能达到提高语言说服力的目的。

2. 商务谈判中的语言技巧

1）陈述技巧

在商务谈判的各个阶段都离不开陈述。在谈判过程中，语言技巧贯穿在整个陈述过程之中。陈述大体包括入题、阐述两个部分。

（1）入题技巧。谈判双方在刚进入谈判场所时，难免会感到拘谨。尤其是谈判新手，在重要谈判中，往往会产生忐忑不安的心理。为此，必须讲求入题技巧，采用恰当的入题方法。

① 迂回入题。为避免谈判时单刀直入、过于直露，影响谈判的融洽气氛，谈判时用迂回入题的方法，如先从题外话入题，介绍一下季节或天气情况或以目前流行的有关社会新闻、旅游、艺术、社会名人等作为话题；从介绍己方谈判人员入题，简略介绍自己一方人员的职务、学历、经历、年龄等，既打开了话题、消除了对方的忐忑心理，又充分显示了一方强大的阵容，使对方不敢轻举妄动。

② 从"自谦"入题，如果对方是在我方所在地谈判，可谦虚地表示各方面照顾不周，也可称赞对方的到来使我处蓬荜生辉，或者谦称自己才疏学浅、缺乏经验，希望通过谈判建立友谊，等等。

③ 从介绍自己一方的生产、经营、财务状况入题，可先声夺人，提供给对方一些必要资料，充分显示己方雄厚的财力、良好的信誉和质优价廉的产品等基本情况，从而坚定对方谈判的信心。总之，迂回入题要做到新颖、巧妙，不落俗套。

④ 先谈细节，后谈原则性问题。围绕谈判的主题，先从洽谈细节问题入题，条分缕析，丝丝入扣，到各项细节问题谈妥之后，也便于自然而然地达成原则性的协议。

⑤ 先谈一般原则，后谈细节问题。一些大型的经贸谈判，由于需要洽谈的问题千头万绪，双方高级谈判人员不应该也不可能介入全部谈判，往往要分成若干等级，进行多次谈判，这就需要采取先谈原则问题，再谈细节问题的方法入题。一旦双方就原则问题达成一致，洽谈细节问题也就有了依据。

⑥ 从具体议题入手。大型商务谈判，总是由具体的一次次谈判组成，在具体的每一次谈判会议上，双方可以首先确定本次会议的商谈议题，然后从这一具体议题入手进行洽谈。

（2）阐述技巧。

① 开场阐述。谈判入题后，接下来便是双方进行开场阐述，这是谈判的一个重要环节。开场阐述的要点：一是开宗明义，明确本次会谈所要解决的主题，以集中双方注意力、统一双方的认识。二是表明我方通过洽谈应当得到的利益，尤其是对我方至关重要的利益。三是表明我方的基本立场，可以回顾双方以前合作的成果，说明我方在对方所享有的信誉；也可以展望或预测今后双方合作中，可能出现的机遇或挑战；还可以表示我方可采取何种方式为双方共同获得利益做出贡献等。四是开场阐述应是原则的，而不是具体的，应尽可能简明扼要。五是开场阐述的目的，是让对方明白我方的意图，以创造协调的洽谈气氛。因此，阐述应以诚挚和轻松的方式来表达。

② 让对方先谈。在商务谈判中，当我方对市场态势和产品定价的新情况不很了解，或者尚未确定购买何种产品，或者无权直接决定购买与否的时候，一定要坚持让对方首先说明可提供何种产品，产品的性能如何，产品的价格如何等，然后再审慎地表达意见。有时即使对市场态势和产品定价比较了解，心中有明确的购买意图，而且能够直接决定购买与否，也不

妨先让对方阐述利益要求、报价和介绍产品。然后，再在此基础上提出自己的要求。这种先发制人的方式，常能收到奇效。

③ 坦诚相对。谈判中应当提倡坦诚相见不但将对方想知道的情况坦诚相告，而且可以适当透露我方的某些动机和想法。坦诚相见是获得对方同情和信赖的好方法，人们往往对坦率诚恳的人有好感。不过，应当注意，与对方坦诚相见难免要冒风险。对方可能利用你的坦诚，逼你让步，你可能因为坦诚而处于被动地位。因此，坦诚相见是有限度的，并不是将一切和盘托出，应以既赢得对方信赖，又不使自己陷于被动、丧失利益为度。

2）提问技巧

提问是商务谈判中经常运用的语言技巧，通过巧妙而适当的提问可以摸清对方的需要、把握对方的心理状态，并能准确表达己方的思想，其目的是了解情况、启开话题、以利沟通。不同的目的，提出不同的问题；对同一问题，也可以用不同的方法、从不同的角度进行发问。

（1）引导性提问：是指对答案具有强烈暗示性的问句。这一类问题几乎令对手毫无选择地按发问者所设计的答案作答。这是一种反义疑问句的句型，在谈判中，往往是使对方与自己的观念产生赞同反应的表示。例如：

"讲究商业道德的人是不会胡乱提价的，您说是不是？"

"这样的算法，对你我都有利，是不是？"

"成本不会很高吧，是不是？"

（2）坦诚性提问：是指一种推心置腹友好性的发问。这一类问题，一般是对方陷入困境或有难办之处，出于友好，帮其排忧解难的发问。这种发问，能制造出某种和谐的气氛。例如：

"告诉我，你至少要销掉多少？"

"你是否清楚我已提供给你一次很好的机会？"

"要改变你的现状，需要花费多少钱？"

（3）封闭式提问：是指足以在特定领域中带出特定答复（如"是"或"否"）的问句。这一类问题可以使发问者获得特定资料或确切的回答。例如：

"你是否认为'上门服务'没有可能？"

"贵公司第一次发现食品变质是什么时候？"

"你们给予××公司的折扣是多少？"

"我们能否得到最优惠的价格？"

这类发问有时会蕴含相当程度的威胁性，如上述第三句便是。但如果改用"是非问"的句型，语气就大不一样，效果就好多了，如上述第四句。

（4）证实式提问：是针对对方的答复重新措辞，使其证实或补充（包括要求引申或举例说明）的一种发问。这一类问题，不但足以确保谈判各方能在述说"同一语言"的基础上进行沟通，而且可以发掘较充分的信息，并且以示发问者对对方答复的重视。例如：

"您刚才说对目前所进行的这笔买卖可以作取舍，这是不是说您拥有全权跟我进行谈判？"

"您说贵方对所有的经销点都一视同仁地按定价给予30%的折扣，请说明一下，为什么不对销售量较大的经销点给予更大折扣作鼓励？"

（5）注意提问四要素。在谈判中适当地发问，这是发现需要的一种手段。一般应该考虑

4个主要因素：提出什么问题；如何表述问题；何时进行发问；对方将会产生什么反应。具体的注意事项如下：

① 注意发问时机。应该选择对方最适应答复问题的时候才发问。

② 按平常的语速发问。太急速的发问，容易使对方认为你是不耐烦或持审问态度；太缓慢的发问，容易使对方感到沉闷。

③ 事先应拟定发问的腹稿，以便提高发问的效能。

④ 对初次见面的谈判对手，在谈判刚开始时，应该先取得同意再进行发问，这是一种礼节。

⑤ 由广泛的问题入手再移向专门性的问题，将有助于缩短沟通的时间。这样，可以在对方回答广泛问题的时候，注意其所提供的有关专门性问题的答案。

⑥ 所有的问句都必须围绕一个中心议题，并且尽量根据前一个问题的答复构造问句。

⑦ 提出敏感性问题时，应该说明一下发问的理由，以示对人的尊重。

⑧ 杜绝使用威胁性的发问和讽刺性的发问，也应该避免盘问式的发问和审问式的发问。

3) 应答技巧

商务谈判中，需要巧问，更需要巧答。谈判由一系列的问答所构成，巧妙而得体的回答与善于发问同样重要。掌握应答的基本技巧与原则是谈判者语言运用的具体内容。

在谈判的整个问答过程中，往往会使谈判的各方或多或少地感到一股非及时答复不可的压力。在这股压力下，谈判者应针对问题快速反应，作出有意义、有说服力的应答。应答的技巧不在于回答对方的"对"或"错"，而在于应该说什么、不应该说什么和如何说，这样才能产生最佳效应。具体应遵循的原则如下：

（1）谈判之前应作好充分准备，预先估计对方可能提出的问题，回答前应给己方留有充分的思考时间，特别是多假设一些难度较大的棘手问题来思考，并准备好应答策略。

（2）对没有清楚了解真正含义的问题，千万不要随意回答，贸然回答是不明智的。

（3）对一些值得回答的问题或一些不便回答的问题，决不"和盘托出"。

有些擅长应答的谈判高手，其技巧往往在于给对方提供的是一些等于没有答复的答复。例如：

"在答复您的问题之前，我想先听听贵方的观点。"

"很抱歉，对您所提及的问题，我并无第一手资料可作答复，但我所了解的粗略印象是……"

"我不太清楚您所说的含义是什么，请您把这个问题再说一下。"

"我的价格是高了点儿，但是我们的产品在关键部位使用了优质进口零件，增加了产品的使用寿命。"

"贵公司的要求是可以理解的，但是我们公司对价格一向采取铁腕政策。因此，实在无可奈何！"

第一句的应答技巧，在于用对方再次叙述的时间来争取自己的思考时间；第二句一般是属于模糊应答法，主要是为了避开实质性问题；第三句是针对一些不值得回答的问题，让对方澄清他所提出的问题，或许当对方再说一次的时候，也就寻到了答案；第四句和第五句用"是……但是……"的逆转式语句，让对方先觉得是尊重他的意见，然后话锋一转，提出自己的看法，这叫"退一步而进两步"。

> **相关案例**

美国华克公司承包了一项建筑工程,要在一个特定的日子之前,在费城建一座庞大的办公大厦。开始计划进行得很顺利,不料在接近完工阶段,负责供应内部装饰用的铜器承包商突然宣布无法如期交货。这样一来,整个工程都要耽搁了!要付巨额罚金!要遭受重大损失!

于是,长途电话不断,双方争论不休。一次次交涉都没有结果,华克公司只好派高先生前往纽约。

高先生一走进那位承包商办公室,就微笑着说:"你知道吗?在布洛克林巴,有你这个姓氏的人只有一个。哈!我一下火车就查阅电话簿想找到你的住址,结果巧极了,有你这个姓的只有你一个人。"

"我从来不知道。"承包商兴致勃勃地查阅起电话簿来。"嗯,不错,这是一个很不平常的姓。"他很有些骄傲地说:"我这个家庭从荷兰移居纽约,几乎有200年了。"

他继续谈论他的家族及祖先。当他说完之后高先生就称赞他居然拥有一家这么大的工厂,承包商说:"这是我花了一生的心血建立起来的一项事业,我为它感到骄傲,你愿不愿到车间参观一下?"

高先生欣然前往。在参观时,高先生一再称赞他的组织制度健全、机器设备新颖,这位承包商高兴极了。他声称这里有一些机器还是他亲自发明的呢!高先生马上又向他请教:这些机器如何操作?工作效率如何?到了中午,承包商坚持邀请高先生吃饭,他说:"到处都需要铜器,但是很少有人对这一行像你这样感兴趣的。"

到此为止,你一定注意高先生一次也没有提起此次访问的真正目的。

吃完午餐,承包商说:"现在,我们谈谈正事吧。自然,我知道你这次来的目的,但我没有想到我们的相会竟会如此愉快。你可以带着我的保证返回费城去,我保证你们要的材料如期运到。我这样做会给另一笔生意带来损失,不过我认了。"

高先生轻而易举地获得了他所急需的东西。那些器材及时运到,使大厦在契约期限届满的那一天完工了。

这个例子说明,迂回入题,发自肺腑地赞美对方,能产生意想不到的奇效。

资料来源:http://www.lantianyu.net/pdf30/ts082006_5.html。

7.3 商务谈判的策略

在商务谈判中,一般运用较多的策略有报价策略、让步策略、拖延策略、拒绝策略、"最后通牒"策略和签约策略。

7.3.1 报价策略

1. 报价的原理

商务谈判中的报价,通常是谈判者所要求条件的总括,包括价格、交货期、付款方式、数量、质量、保证条件等。报价直接影响谈判的开局、走势和结果,事关谈判者最终获利的大小,是关系到商务谈判能否成功的关键问题之一。要取得谈判的成功,必须讲究报价的方式和技巧。

报价是价格谈判过程中非常关键的一步，它将给谈判双方带来第一印象是能否引起对方兴趣的前奏。报价得当与否，对实现自己的经济利益具有举足轻重的意义。报价分寸掌握得好，就会把对手的期望值限制在一个特定的范围内，在以后的讨价还价过程中占据主动地位。从而直接影响到谈判的最后结果。所以，在报价时要持慎重的态度。

报价水平的高低不是由报价的一方随心所欲就可以决定的，要考虑对方对这一报价的认可程度，即报价的有效性。在报价时应掌握的基本原则是：通过反复分析与权衡，尽量从己方所得物质与报价被接受可能性之间的最佳组合点作为报价的依据；尽可能精确地估计对方可接受的报价范围，并围绕这一范围，根据不同情况运用具体的报价策略。

2. 报价时机的选择

价格谈判中，报价时机也是一个策略性很强的问题。有时，卖方的报价比较合理，但并没有使买方产生交易欲望，原因往往是此时买方正在关注商品的使用价值。所以，价格谈判中，应当首先让对方充分了解商品的使用价值和为对方带来的实际利益，待对方对此发生兴趣后再来谈价格问题。经验表明，提出报价的最佳时机，一般是对方询问价格时，因为这说明对方已对商品产生了交易欲望，此时报价往往水到渠成。

有时，在谈判开始的时候对方就询问价格，这时最好的策略应当是听而不闻。因为此时对方对商品或项目尚缺乏真正的兴趣，过早报价会徒增谈判的阻力。应当首先谈该商品或项目能为交易者带来的好处和利益，待对方的交易欲望已被调动起来再报价。当然，对方坚持即时报价，也不能故意拖延，否则，就会使对方感到不尊重甚至反感，此时应善于采取建设性的态度，把价格同对方可获得的好处和利益联系起来。

在商务谈判中，由谁先报价是一个微妙的问题，报价的先后在某种程度上对谈判会产生实质的影响。就一般情况而言，先报价有利也有弊。

1) 先报价的有利之处

进行谈判时，一般希望谈判尽可能按我方意图的轨道来执行，首先就要以实际的步骤来树立我方在谈判中的影响。先报价对谈判的影响较大，它能先行影响制约对方，它实际上等于为谈判划定了一个框架和基准线，最终协议将在这个范围内达成。例如，卖方报价某种计算机每台1000美元，那么经过双方磋商之后，最终成交价格一定不会超过1000美元这个界线的。另一方面，先报价如果出乎对方的预料和设想，往往会打乱对方的原有部署，甚至动摇对方原来的期望值，使其失去信心。例如，卖方首先报价某货物1000美元/吨，而买方心里却只能承受400美元/吨，这与卖方报价相差甚远，即使经过进一步磋商也很难达成协议，因此，只好改变原来部署，要么提价，要么告吹。总之，先报价在整个谈判中都会持续地起作用，因此，先报价比后报价的影响要大得多。

2) 先报价的弊端

对方听了我方的报价后，可以对他们原有的想法进行最后的调整。由于我方的先报价，对方对我方的交易条件的起点有所了解，他们就可以修改原先准备的报价，获得本来得不到的好处。假设，卖方报价每台计算机1000美元，而买方原来准备的报价可能为1100美元一台。这种情况下，很显然，在卖方报价以后，买方马上就会修改其原来准备的报价条件，于是其报价肯定会低于1000美元。那么对于买方来讲，后报价至少可以使他获得100美元的好处。另一方面，先报价后，对方还会试图在磋商过程中迫使我方的按照他们的路子谈下去。其最常用的做法是：采取一切手段，集中力量攻击我方的报价，逼迫我方一步一步地降价，而并不透露他们究竟肯出多高的报价。

3) 何时先报价利大于弊

一般来讲，要通过分析双方谈判力的对比情况来决定何时先报价。

如果准备充分、知己知彼，就要争取先报价；如果己方的谈判力强于对方，或者与对方相比，在谈判中处于相对有利的地位，那么己方先报价就是有利的。尤其是当对方对交易的行情不太熟悉的情况下，先报价的利益更大。因为这样可为谈判先划定一个基准线，同时，由于本方了解行情，还会适当掌握成交的条件，对己方无疑是利大于弊。自由市场上的老练商贩，大都深谙此道。当顾客是一个精明的家庭主妇时，他们就采取先报价的技术，准备着对方来压价；当顾客是个毛手毛脚的小伙子时，他们多半先问对方"给多少"，因为对方有可能报出一个比商贩的期望值还要高的价格。如果通过调查研究，估计到双方的谈判力相当，谈判过程中一定会竞争得十分激烈，那么，同样应该先报价，以便争取更大的影响。

反之，如果实力弱于对方，缺乏经验下让对方先报，观察调整以静制动。

3. 常见的报价技巧

1) 开价技巧

俗话说："漫天要价，就地还钱"，就是说要价很高、还价很低。这句通俗的话道出了商务谈判中的开价技巧。因为这种要价高、还价低的报价技巧是合乎常理的。从心理学的角度看，谈判者都有一种要求得到比其预期得到的还要多的心理倾向；从对策论的角度看，谈判者在开始提出自身的利益要求时，一般都含有策略性虚报的部分。实践证明，若卖方开价较高，则双方往往能在较高的价位成交；若买方出价较低，则双方可能在较低的价位成交。

2) 报价表达技巧

报价无论采取口头或书面方式，表达都必须十分肯定、干脆，似乎不能再作任何变动和没有任何可以商量的余地。而"大概""大约""估计"一类含糊其辞的语言在报价时的使用都是不适宜的，因为这会使对方感到报价不实。另外，如果买方以第三方的出价低为由胁迫时，卖方应明告诉他："一分价钱，一分货"，并对第三方的低价毫不介意。只有在对方表现出真实的交易意图，为表明至诚相待，才可在价格上开始让步。

报价时对价格不过多解释和说明，因为对方肯定会提出质疑，对方未提主动解释会提醒对方最关心的问题，有些对方根本未考虑，因此不过多解释。

要报零头价格，报价均要有零头，给人以精确计算过的感觉。

3) 报价差别策略

同一商品，因客户性质、购买数量、需求急缓、交易时间、交货地点、支付方式等方面的不同，会形成不同的购销价格。这种价格差别，体现了商品交易中的市场需求导向，在报价策略中应重视运用。例如，对老客户或大批量需求的客户，为巩固良好的客户关系或建立起稳定的交易联系，可适当实行价格折扣；对新客户，有时为开拓新市场，亦可给予适当让价；对某些需求弹性较小的商品，可适当实行高价策略；对方"等米下锅"，价格则不宜下降；旺季较淡季，价格自然较高；交货地点远程较近程或区位优越者，应有适当加价；支付方式，一次付款较分期付款或延期付款，价格须给予优惠等。

4) 报价对比策略

价格谈判中，使用报价对比策略，往往可以增强报价的可信度和说服力，一般有很好的效果。报价对比可以从多方面进行。例如，将本企业商品的价格与另一可比商品的价格进行对比,以突出相同使用价值的不同价格;将本企业商品及其附加各种利益后的价格与可比商品不附加各种利益的价格进行对比,以突出不同使用价值的不同价格;将本企业商品的价格与竞争者同一商品的价格进行对比,以突出相同商品的不同价格等。

5) 报价分割策略

这种报价策略,主要是为了迎合买方的求廉心理,将商品的计量单位细分化,然后按照最小的计量单位报价。采用这种报价策略,能使买方对商品价格产生心理上的便宜感,容易为买方所接受。

4. 应对报价的策略

(1) 认真倾听,注意完整、准确、清楚地把握对方内容。有时间可提问、复述,力求全面。

(2) 不急于还价,让对方对价格作出解释(构成依据、计算方法等),找出问题。

(3) 要求对方让步价格。在对方报价的过程中,总是会出现一些破绽,可能会透露出要求对方让步的价格。

相关案例

日本某电机公司出口其高压硅堆的全套生产线,其中技术转让费报价2.4亿日元、设备费12.5亿日元,包括备件、技术服务(培训与技术指导)费0.09亿日元。谈判开始后,营业部长松本先生解释:技术费是按中方工厂获得技术后生产的获利提成计算出的,取数是生产3000万支产品,10年生产提成10%,平均每支产品销价5日元;设备费按工序报价,清洗工序1.9亿日元,烧结工序3.5亿日元,切割分选工序3.7亿日元,封装工序2.1亿日元,打印包装工序0.8亿日元;技术服务分批计算培训费,12人每月的日本培训费250万日元,技术指导人员费用10人每月的培训费650万日元。

背景介绍:

(1) 日本公司技术有特点。但不是唯一公司,是积极推销者,该公司首次进入中国市场,也适合中方需要。

(2) 清选工序主要为塑料槽、抽风机一类器物;烧结工序主要为烧结炉及辅助设备;切割分选工序主要为切割机,测试分选设备;封装工序主要为管芯和包装壳的封结设备和控制仪器;打印包装工序主要为打印机及包装成品的设备。此外,有些辅助工装夹具。

(3) 技术有一定先进性、稳定性,日本成品率可达85%,而中方仅为40%左右。

卖方的解释较好,讲出了报价计算方法和取数,给买方评论提供了依据,使买方满意。由于细中有粗,给自己谈判仍留了余地,符合解释的要求。卖方采用的是分项报价,逐项解释的方式。

资料来源:张煜. 商务谈判[M]. 成都:四川大学出版社,2005.

7.3.2 让步策略

1. 让步的原则

在商务谈判的过程中,在准确理解对方利益的前提下,努力寻求双方各种互利的解决方案是一种正常渠道达成协议的方式,但在解决一些棘手的利益冲突问题时,如双方就某一个利益问题争执不下时，恰当地运用让步策略是非常有效的。

人们认为，在利益冲突不能采取其他的方式协调时，客观标准的让步策略的使用在商务谈判中会起到非常重要的作用。成功让步的策略和技巧表现在谈判的各个阶段。但是，要准确、有价值地运用好让步策略，总体来讲必须服从以下原则。

1) 目标价值最大化原则

应当承认，在商务谈判中的很多情况下的目标并非是单一的一个目标，在谈判中处理这些多重目标的过程中不可避免地存在着目标冲突现象，谈判的过程事实上是寻求双方目标价值最大化的一个过程，但这种目标价值的最大化并不是所有目标的最大化，如果是这样的话就违背了商务谈判中的平等公正原则，因此也避免不了在处理不同价值目标时使用让步策略。不可否认，在实际过程中，不同目标之间的冲突是时常发生的，但是在不同目标中的重要价值及紧迫程度也是不相同的，所以在处理这类矛盾时所要掌握的原则就需要在目标之间依照重要性和紧迫性建立优先顺序，优先解决重要及紧迫目标，在条件允许的前提下适当争取其他目标。其中的让步策略首要就是保护重要目标价值的最大化，如关键环节——价格、付款方式等。成功的商务谈判者在解决这类矛盾时所采取的思维顺序是：①评估目标冲突的重要性、分析自己所处的环境和位置，在不牺牲任何目标的前提下是否可以解决冲突；②如果在冲突中必须有所选择的话，区分主目标和次目标，以保证整体利益的最大化，但同时也应注意目标不要太多，以免顾此失彼，甚至自相混乱，留谈判对手以可乘之机。

2) 刚性原则

在谈判中，谈判双方在寻求自己目标价值最大化的同时也对自己最大的让步价值有所准备，换句话说，谈判中可以使用的让步资源是有限的。所以，让步策略的使用是具有刚性的，其运用的力度只能是先小后大，一旦让步力度下降或减小，则以往的让步价值也失去意义。同时，谈判对手对于让步的体会具有"抗药性"，一种方式的让步使用几次就失去效果，也应该注意到谈判对手的某些需求是无止境的。必须认识到，让步策略的运用是有限的，即使你所拥有的让步资源比较丰富，但是在谈判中对手对于你的让步的体会也是不同的，并不能保证取得预先期望的价值回报。因此，在刚性原则中必须注意到以下几点。

(1) 谈判对手的需求是有一定限度的，也是具有一定层次差别的，让步策略的运用也必须是有限的、有层次区别的。

(2) 让步策略的运用的效果是有限的，每一次的让步只能在谈判的一定时期内起作用，是针对特定阶段、特定人物、特定事件起作用的，所以不要期望满足对手的所有意愿，对于重要问题的让步必须给予严格的控制。

(3) 时刻对于让步资源的投入与所期望效果的产出进行对比分析，必须做到让步价值的投入小于所产生的积极效益。在使用让步资源时一定要有一个所获利润的测算，需要投入多大比例来保证所期望的回报，并不是投入越多回报越多，而是寻求一个两者之间的最佳组合。

3) 时机原则

所谓让步策略中的时机原则，就是在适当的时机和场合作出适当、适时的让步，使谈判让步的作用发挥到最大、所起到的作用最佳。虽然让步的正确时机和不正确时机说起来容易，但在谈判的实际过程中，时机是非常难把握的，常常存在以下几种问题。

(1) 时机难以判定，例如认为谈判的对方提出要求时让步的时机就到了或者认为让步有一系列的方法，谈判完成是最佳的时机。

(2) 对于让步的随意性导致时机把握不准确，在商务谈判中，谈判者仅仅根据自己的喜好、兴趣、成见、性情等因素使用让步策略，而不顾及所处的场合、谈判的进展情况及发展方向等，不遵从让步策略的原则、方式和方法。这种随意性导致让步价值缺失、让步原则消失，进而促使对方的胃口越来越大，在谈判中丧失主动权，导致谈判失败，所以在使用让步策略时千万不得随意而为之。

4）清晰原则

在商务谈判的让步策略中的清晰原则是：让步的标准、让步的对象、让步的理由、让步的具体内容及实施细节应当准确明了，避免因为让步而导致新的问题和矛盾。常见的问题有：①让步的标准不明确，使对方感觉自己的期望与你的让步意图错位，甚至感觉你没有在问题上让步而是含糊其辞；②方式、内容不清晰，在谈判中你所作的每一次让步必须是对方所能明确感受到的，也就是说，让步的方式、内容必须准确、有力度，对方能够明确感觉到你所作出的让步，从而激发对方的反应。

5）弥补原则

如果迫不得已，己方再不作出让步就有可能使谈判夭折的话，也必须把握住"此失彼补"这一原则。即这一方面（或此问题）虽然己方给了对方优惠，但在另一方面（或其他地方）必须加倍地，至少均等地获取回报。当然，在谈判时，如果发觉此问题己方若是让步可以换取彼处更大的好处时，也应毫不犹豫地给其让步，以保持全盘的优势。

在商务谈判中，为了达成协议，让步是必要的。但是，让步不是轻率的行动，必须慎重处理。成功的让步策略可以起到以局部小利益的牺牲来换取整体利益的作用，甚至在有些时候可以达到"四两拨千斤"的效果。

2. 让步的方式

谈判的让步原则，强调要正确地控制让步的次数、步骤与程度，即采用正确的让步方式，不可使让步过多、过快、过大。而在实际谈判中，其"量"的概念是无法具体规定的，让步方式也不可能有成规可循。因为让步方式是受到交易物特性、市场需求状况、谈判策略、经营计划、客观环境等一系列因素制约和影响的。作为谈判人员，应根据具体情况灵活选择和应用各具特点的有效的让步方式。下面运用抽象分析的方法列举一例，介绍 8 种具有不同特点的让步方式，供谈判人员参考。假设买卖双方在原有讨价还价的基础上，预计让步尺度还有 60 元。且需要经过 4 次反复让步才能达成协议，其对让步方来说，有 8 种不同方式可供选择，见表 7-2。

表 7-2 让步的方式

让步方式	让步尺度	第一次让步	第二次让步	第三次让步	第四次让步
1	60	0	0	0	60
2	60	15	15	15	15
3	60	8	13	17	22
4	60	22	17	13	8
5	60	26	20	12	2
6	60	49	10	0	1
7	60	50	10	-1	1
8	60	60	0	0	0

1)（0　0　0　60）强硬型的让步方式

它开始给人以立场坚定、态度强硬、缺乏合作与成交的诚意之感，但最后让步一次到位，"先苦后甜"，又必然会使对方兴高采烈。这种方式的采用者可能自恃实力雄厚、交易地位优越。但是，采用这种方式，又必须解决好两个可能存在的问题：①对方在再三要求让步而均遭拒绝的情况下，可能等不到最后，就会离开谈判桌；②最后让步虽然很晚，但幅度过大，往往会鼓励对方进一步纠缠，而且进攻可能会更猛烈。

2)（15　15　15　15）均值型的让步方式

这种均值型的让步，是为了使让步"细水长流"，均匀地满足对方的要求与需要，并获取对方的好感。但是，采用这种方式，必须要对方意识到最后的让步已使价格降至谷底。否则它将鼓励对方争取进一步的让步。因为在无任何暗示和让步余地较大的情况下不再让步，较难说服对方，从而有可能使谈判陷入僵局。

3)（8　13　17　22）刺激型的让步方式

这种方式的让步幅度呈增值型，可能开始是为了使让步的口子开得小一点，以后充分显示成交的诚意。但是，其存在一个明显的问题，就是会刺激对方要求进一步让步的胃口，而且胃口可能越来越大，使对方感到"令人鼓舞的日子就在前头""光明将会普照谈判桌上"。最终会使谈判难以收场，导致僵局，起码会使对方感到不满意。

4)（22　17　13　8）希望型让步方式

这种方式的让步幅度呈下降型，显示出让步方的立场愈来愈强硬，防卫森严，并且让步行为也较符合常理。但是，由于最后的让步数额仍然不少，还有让步的余地，这就会使对方存有希望，进一步施加压力。如果最后不再让步，可能会造成不愉快的局面。

5)（26　20　12　2）稳妥型的让步方式

这种方式表现出强烈的妥协性和艺术性。它一方面告诉对方，我们已尽了最大努力，表示出了极强的合作愿望；另一方面，又暗示对方，让步的幅度越来越小，并且最后让步已基本到了尽头，不可能再进行让步了，最后成交的时机已经来。一般来说，这是一种符合常理的常见的让步方式。

6)（49　10　0　1）风险型的让步方式

这种让步方式的风险是在前两次让步幅度太大，势必会大大提高对方期望值，而在第三次让步时，又变成零，使对方难以理解和接受。尽管最后又给予对方小小的让步，表达了成交的某种"诚意"，但难以满足对方过高的期望，很可能会形成僵局。

7)（50　10　-1　1）虚伪型的让步方式

这种方式在前两次就使让步达到了极限，表现出极大的热情与诚意，一定会使对方暗喜。但在第三次该让步的情况下，却诡称成本或其他数字计算有误，提高报价，可谓给对方当头一棒，对方显然不会接受，甚至会引起对方的误解和气愤，使谈判气氛紧张。第四次又纠正"错误"，给对方一个小小的让步，可能会使对方得到一点安抚。但实践证明，靠诡称计算有误来向对方施加压力，对一个有经验的谈判者来说是难以奏效的，只会使自己的"虚伪性"暴露出来。

8)（60　0　0　0）坦诚型的让步方式

这种方式一开始便把所有的让步幅度给了对方，其用意显然是为了谋求尽快地达成协议、提高谈判效率、争取时间。但是，在谈判中坦诚是会带来风险的，它会使对方怀疑你是否真是坦诚，会使对方更猛烈地向你发起进攻，逼迫你再作让步。否则，就很容易引起僵局和谈判的破裂。当然，如果这种方式已成为交易中的惯例，或者谈判对象是老客户，彼此非常熟悉、无猜，也未必不可。

> **相关案例**
>
> 有一家大型知名超市在北京开业，供应商"蜂拥而至"。王某代表弱势品牌的机械厂家与对方进行进店洽谈，谈判异常艰苦，对方要求十分苛刻，尤其是60天回款账期实在让厂家难以接受，谈判进入了僵局并且随时都有破裂的可能。一天，对方的采购经理打电话给王某，希望厂家在还没有签订合同的情况下，先提供一套现场制作的设备，能够吸引更多的消费者。王某知道刚好有一套设备闲置在库房里，但却没有当即答应，他回复说："陈经理，我会回公司尽力协调这件事，在最短的时间给您答复，但您能不能给我一个正常的货账账期呢？"最后，他赢得了一个平等的合同，超市因为现做现卖吸引了更多的客流，一次双赢的谈判就这么形成了，这其中当然不能忽视让步的技巧所起到的作用。

谈判是双方不断地让步，最终达到利益交换的一个过程。让步既需要把握时机，又需要掌握一些基本的技巧，也许一个小小的让步会涉及整个战略布局，草率让步和寸土不让都是不可取的。

7.3.3 拖延策略

1. 拖延原理

"争分夺秒"有它的优点，"拖延时间"也有它的用处。日本企业对谈判的时间概念有独特的理解，他们似乎把会晤和交谈以谋求共识所用的时间看作是一种无限资源。因此，在讨论问题时总喜欢作长时间的思考，尤其是在回答对方提问或要求时似有一种惊人的耐久力，甚至在较长时间处于沉默思考之中。这种把谈判的时间拖延得足够长，往往容易使对方变得急躁而作出原来不该有的让步。或许这才是日本人的真正用意所在，是一种谈判策略。

商务谈判中的拖延战术，形式多样、目的也不尽相同。由于它具有以静制动、少留破绽的特点，因此成为谈判中常用的一种战术手段。

2. 拖延策略

1) 清除障碍

这是较常见的一种目的。当双方"谈不拢"造成僵局时，有必要把洽谈节奏放慢，看看到底阻碍在什么地方，以便想办法解决。

例如，美国ITT公司著名谈判专家D.柯尔比曾讲过这样一个案例：柯尔比与S公司的谈判已接近尾声。然而此时对方的态度却突然强硬起来，对已谈好的协议横加挑剔，提出种种不合理的要求。柯尔比感到非常困惑，因为对方代表并非那种蛮不讲理的人，而协议对双方肯定是都有利的，在这种情况下，S公司为什么还要阻挠签约呢？柯尔比理智地建议谈判延期，之后从各方面收集信息，终于知道了关键所在：对方认为ITT占的便宜比己方多多了！价格虽能接受，但心理上不公平的感觉却很难接受，导致了协议的搁浅。结果重开谈判，柯尔比一番比价算价，对方知道双方利润大致相同，一个小时后就签了合同。

在实际洽谈中，这种隐性阻碍还有很多，对付它们，拖延战术是颇为有效的。不过，必须指出的是，这种"拖"绝不是消极被动的，而是要通过"拖"得的时间收集情报、分析问题、打开局面。消极等待，结果只能是失败。

2) 消磨意志

人的意志就好似一块钢板，在一定的重压下，最初可能还会保持原状，但一段时间以后，就会慢慢弯曲下来。拖延战术就是对谈判者意志施压的一种最常用的办法。突然的中止、没有答复（或是含糊不清的答复）往往比破口大骂、暴跳如雷令人不能忍受。

此外，拖延战术作为一种基本手段，在具体实施中是可以有许多变化的，例如一些日本公司就常采取这个办法：以一个职权较低的谈判者为先锋，在细节问题上和对方反复纠缠，或许可以让一两次步，但每一次让步都要让对方付出巨大精力。到最后双方把协议已勾画出了大体轮廓，但总有一两个关键点谈不拢，这个过程往往要拖到对方精疲力竭为止。这时本公司的权威人物出场，说一些"再拖下去太不值得，我们再让一点，就这么成交吧"。此时对方身心均已透支，这个方案只要在可接受范围内，往往就会一口答应。

3) 等待时机

拖延战术还有一种恶意的运用，即通过拖延时间，静待法规、行情、汇率等情况的变动，掌握主动，要挟对方作出让步。一般来说，可分为两种方式。

(1) 拖延谈判时间，稳住对方。例如，香港特别行政区一个客户与东北某省外贸公司洽谈毛皮生意，条件优惠却久拖不决。转眼过去了两个多月，原来一直兴旺的国际毛皮市场货满为患，价格暴跌，这时港商再以很低的价格收购，使我方吃了大亏。

(2) 在谈判议程中留下漏洞，拖延交货（款）时间。据记载，1920年武昌某一纱厂建厂时，向英国安利洋行订购纺纱机2万锭，价值20万英镑。当时英镑与白银的兑换比例为1∶2.5，20万英镑仅值白银50万两，英商见银贵金贱，就借故拖延不交货。到1921年年底，世界金融市场行情骤变，英镑与白银兑换比例暴涨1∶7。这时英商就趁机催纱厂结汇收货，50万两白银的行价一下子成了140万，使这个厂蒙受巨大损失。

总的来说，防止恶意拖延，要做好以下几点工作：

(1) 要充分了解对方信誉、实力，乃至实施谈判者的惯用手法和以往事迹。

(2) 要充分掌握有关法规、市场、金融情况的现状和动向。

(3) 要预留一手，作为反要挟的手段。如要求金本位制结汇、要求信誉担保、要求预付定金等。

4) 赢得好感

谈判是一种争论，是一个双方都想让对方按自己意图行事的过程，有很强的对抗性。但大家既然坐到了一起，想为共同关心的事达成一个协议，说服合作还是基础的东西。因此凡是优秀的谈判者，无不重视赢得对方的好感和信任。

有一位谈判"专家"，双方刚落座不久，寒暄已毕、席尚未温，此君就好客了："今天先休息休息，不谈了吧，我们这儿的风景名胜很多的。"当谈判相持不下、势成僵局，此君忽然又好客了"不谈了，不谈了，今天的卡拉OK我请。"于是莺歌燕舞之际、觥筹交错之间，心情舒畅了、感情融洽了、僵局打破了，一些场外交易也达成了。此君奉行的这一套，据说极为有效，许多次谈不下的业务，经他这么三拖两拖、不断延期，居然不长时间就完成了。

平心而论，场外沟通作为拖延战术的一种特殊形式，有着相当重要的作用。心理学家认为，人类的思维模式总是随着身份、环境的不同而不断改变，谈判桌上的心理肯定和夜光杯前的心理不一样，作为对手要针锋相对，作为朋友促膝倾谈则肯定另是一番心情。当双方把这种融洽的关系带回到谈判场中，自然会消去很多误解、免去很多曲折。

但是，任何形式的融洽都必须遵循一个原则：私谊是公事的辅佐，而公事决不能成为私利的牺牲品，这关系到一个谈判者的根本素质，这种素质也正是中国谈判者需要培养的素质之一。

相关案例

硅谷某家电子公司研制出一种新型集成电路，其先进性尚不能被公众理解，而此时，公司又负债累累、即将破产，这种集成电路能否被赏识可以说是公司最后的希望。幸运的是，欧洲一家公司慧眼识珠，派3名代表飞了几千英里来洽谈转让事宜。诚意看起来不小，一张口起价却只有研制费的2/3。

电子公司的代表站起来说："先生们，今天先到这儿吧！"从开始到结束，这次洽谈只持续了3分钟。岂料下午欧洲人就要求重开谈判，态度明显"合作"了不少，于是电路专利以一个较高的价格进行了转让。

施压有两个要点：一是压力要强到让对方知道你的决心不可动摇；二是压力不要强过对方的承受能力。硅谷代表估计到欧洲人飞了几千英里来谈判，决不会只因为这3分钟就打道回府。这3分钟的会谈，看似打破常规，在当时当地，却是让对方丢掉幻想的最佳方法。

资料来源：http://www.jqwp.com/bencandy.php?aid=538&page=2.

7.3.4 拒绝策略

1. 拒绝的含义

谈判中不仅充满了让步，同时也充满了拒绝。如果说没有让步就没有谈判的话，那么没有拒绝不仅没有了让步，同时也就没有了谈判。首先，让步的本身也就是一种拒绝，因为让步是相对的，也是有条件或有限度的。试想难道会有人愿作无条件、无限制的让步吗？所以，一方的让步既说明他答应了对方的某种要求，同时也意味着拒绝了对方更多的要求。其次，拒绝本身也是相对的。谈判中的拒绝并不是宣布谈判破裂、彻底失败。拒绝只是否定了对方的进一步要求，却蕴涵着对以前的报价或让步的承诺。而且谈判中的拒绝往往不是全面的，相反，大多数拒绝往往是单一的、有针对性的。所以，谈判中拒绝某些东西，却给对方留有在其他方面讨价还价的可能性。

谈判中的拒绝，说是"技巧"也好，"艺术"也好，是指拒绝对方时，不能板起脸来，态度生硬地回绝对方；相反，要选择恰当的语言、恰当的方式、恰当的时机，而且要留有余地。这就需要把拒绝作为一种手段、一种学问来探究。下面介绍几种商务谈判中常见的拒绝策略。

2. 常见的拒绝策略

1) 问题法

所谓问题法，就是面对对方的过分要求，提出一连串的问题。这一连串的问题足以使对方明白你不是一个可以任人欺骗的笨蛋。

无论对方回答或不回答这一连串的问题，也不论对方承认或不承认，都已经使他明白他提的要求太过分了。

例如，在一次中国关于某种农业加工机械的贸易谈判中，中方主谈面对日本代表高得出奇的报价，巧妙地采用了问题法来加以拒绝。中方主谈一共提出了4个问题。

(1) 不知贵国生产此类产品的公司一共有几家？
(2) 不知贵公司的产品价格高于贵国某某牌的依据是什么？
(3) 不知世界上生产此类产品的公司一共有几家？
(4) 不知贵公司的产品价格高于某某牌(世界名牌)的依据又是什么？

这些问题使日方代表非常吃惊。他们不便回答也无法回答。他们明白自己报的价格高得过分了。所以，设法自找台阶，把价格大幅度地降了下来。

所以运用问题法来对付上述这种只顾自己利益、不顾对方死活而提出过分要求的谈判对手，确实是一副灵丹妙药。

2) 借口法

现代企业不是孤立的，它们的生存与外界有千丝万缕的联系。在谈判中也好，在企业的日常运转中也好，有时会碰到一些无法满足的要求。面对对方或者来头很大；或者过去曾经有恩于你；或者是你非常要好的朋友、来往密切的亲戚，如果你简单地拒绝，那么很可能你的企业会遭到报复性打击，或者背上忘恩负义的恶名。对付这类对象，最好的办法是用借口法来拒绝他们。

3) 补偿法

所谓补偿法，顾名思义是在拒绝对方的同时给予某种补偿。这种补偿往往不是"现货"，即不是可以兑现的金钱、货物、某种利益等；相反，可能是某种未来情况下的允诺，或者提供某种信息(不必是经过核实的、绝对可靠的信息)、某种服务(例如，产品的售后服务出现损坏或者事故的保险条款等)。这样，如果再加上一番并非己所不为而乃不能为的苦衷，就能在拒绝了一个朋友的同时，继续保持和他的友谊。

4) 条件法

赤裸裸地拒绝对方必然会恶化双方的关系。不妨在拒绝对方前，先要求对方满足你的条件：如对方能满足，则你也可以满足对方的要求；如对方不能满足，那你也无法满足对方的要求。这就是条件拒绝法。

这种条件拒绝法往往被外国银行的信贷人员用来拒绝向不合格的发放对象发放贷款。这是一种留有余地的拒绝。银行方面的人决不能说要求借贷的人"信誉不可靠"或"无还款能力"等。那样既不符合银行的职业道德，也意味着断了自己的财路，因为说不定银行方面看走了眼，这些人将来飞黄腾达了呢？所以，银行方面的人总是用条件法来拒绝不合格的发放对象。

拒绝了对方，又让别人不朝你发火，这就是条件法的威力所在。

5) 不说理由法

苏联时期，外长葛罗米柯是精通谈判之道的老手。他在对手准备了无可辩驳的理由时，或者无法在理论上与对手一争高低时，或者不具备摆脱对方的条件时，他的看家本领是不说明任何理由，光说一个"不"字。

6) 幽默法

在谈判中，有时会遇到不好正面拒绝对方，或者对方坚决不肯减少要求或条件时，你并不直接加以拒绝，相反全盘接受。然后根据对方的要求或条件推出一些荒谬的、不现实的结论来，从而加以否定。这种拒绝法，往往能产生幽默的效果。

3. 拒绝的注意事项

1) 要明白拒绝本身是一种手段而不是目的

这就是说，谈判的目的不是为了拒绝，而是为了获利或者为了避免损失，一句话，是为了谈判成功。这一点似乎谁都明白，其实不然。纵观谈判的历史，尤其在激烈对抗的谈判中，不少谈判者被感情所支配，宁可拒绝也不愿妥协、宁可失败也不愿成功的情况屡见不鲜。他们的目的似乎就是为了出一口气。

2) 不要害怕拒绝别人

有的谈判者面对老熟人、老朋友、老客户时，该拒绝的地方不好意思拒绝，生怕对方面子下不来。其实，该拒绝的地方不拒绝，不是对方没有面子，而是你马上就可能没有面子了。因为你应该拒绝的地方，往往是你无法兑现的要求或条件。你不拒绝对方，又无法兑现，这不意味着你马上就要失信于对方，马上就要没有面子了吗？

7.3.5 "最后通牒"策略

1. "最后通牒"原理

所谓最后通牒，是指商务谈判在陷入僵局时，一方向另一方亮出最后的条件，如价格、交货期、付款方式以及规定谈判的最后期限等，表示行则行，不行则罢，迫使对方作出让步，以打破僵局的策略。

在商务谈判中，谈判主体总是想象将来可能给己方带来更大的利益，表现出对未来的希望和对现实不肯舍弃的矛盾情绪，不肯作最后的判断的选择。此时打破僵局、击败犹豫的对手，最有效的手段就是采用最后通牒的策略。

2. 运用最后通牒的条件

（1）己方处于强有利的地位，对方只有我方这个交易对象。
（2）使用其他方式均无效。
（3）对方所持立场是己方最低要求或达不到最低要求。
（4）我方的建议和交易条件在对方的接受范围之内。

使用最后通牒策略，要做到令对方无法拒绝，使对方无力还手。

3. 运用最后通牒的技巧

（1）最后通牒的态度要强硬、语言要明确，应讲清正、反两方面的利害。
（2）最后通牒最好由谈判队伍中身份最高的人来表达，发出最后通牒的人的身份越高，其真实性也就越强。当然改变的难度也就越大。
（3）用谈判桌外的行动来配合最后通牒，如酒店结账、预订回程车、船、机票等，以向对方表明最后通牒的决心，准备谈判破裂后打道回府。
（4）实施最后通牒前必须同我方的上级主管通气，使他明白为何实施最后通牒，是出于不得已，还是作为一种谈判策略。

4. 破解最后通牒的对策

如果对方使用最后通牒，我方采取对策最重要的一点是提高解决问题的灵活度。最好办法是改变交易的性质，如增加或减少订货；改变对品质的要求；要求更多或更少的服务；要求更慢或更快的送货；改变产品、种类的比例等，然后再和对方谈判底价。这实际上已改变了交易的内涵。

> **相关案例**

美国一家航空公司要在纽约建立大的航空站,想要求爱迪生电力公司提供优惠电价。这场谈判的主动权掌握在电力公司一方,因为航空公司有求于电力公司。因此,电力公司推说如给航空公司提供优惠电价,公共服务委员会不批准,而不肯降低电价,使谈判相持不下。

这时,航空公司突然改变态度,声称若不提供优惠电价,它就撤出这一谈判,自己建厂发电。此言一出,电力公司慌了神,立即请求公共服务委员会给予这种类型的用户以优惠电价,委员会立刻批准了这一要求。但令电力公司惊异的是航空公司仍然自己建厂发电,电力公司不得已再度请求委员会价格。到这时候,电力公司才和航空公司达成协议。

在这一案例中,谈判态势之所以产生如此大相径庭的变化,原因在于航空公司在要求对方让步的过程中,巧妙地使用了最后通牒的策略。

资料来源:王若军.谈判与推销[M].北京:清华大学出版社,北京交通大学出版社,2007.

7.3.6 签约策略

1. 签约前争取最后利益

在签约前,可利用最后的时间争取己方利益。

1) 场外交易

绝大多数分歧取得一致时,个别问题可在酒宴上或游乐场所轻松取得,缓和紧张局面,但要注意对手习惯,有些国家商人酒桌上不谈生意。

2) 最后让步

假如,最后遗留了一两个问题无法解决,只好由高级领导最终出面,但问题不能太大或太小。问题太小微不足道,不符领导身份;太大则让步太多,领导会责备手下,要求继续谈判。

3) 不忘最后获利

即将签约时,精明的人员会去争取最后一点收获(小小请求,对方再让一点)。

4) 注意为双方庆贺

谈判结束庆贺时,强调双方共同努力结果,切不可沾沾自喜、喜形于色、嘲讽对方,否则对方可能卷土重来,寻机停止签约。

5) 慎重对待协议

法律形式的记录与确认,要完全一致,不能有误差,实际上常有人在时间数字上做文章,所以不能松懈,做好协议文本,最终确认无误后签字。

2. 签约的注意事项

事前防范胜于事后补救,力争将风险扼杀在合同签订之初。合同签订是最容易出问题的环节,一旦对我方不利的合同签字盖章生效,想再补救或变更、解除就十分困难。

1) 审查签约对方的主体资格及资信情况

为防范合同欺诈、减少交易风险,应严格审查交易对方的主体资格、履约能力、信用情况等。主体资格方面:①若其是独立企业法人,应当要求对方提供营业执照复印件和企业参加年检的最新的证明资料,不能仅凭其名片、介绍信、工作证、公章、授权书等证件予以认定。对方是事业法人的,如政府机关下属的出版单位,也应提交证明其独立事业法人资格的有关材料。还有一种情况是委托印刷方系出版物的承包经营单位,而非出版单位,应要求出版单位作为丙方在合同上一并签字盖章,此时出版单位承担连带保证责任。②若其不是独立法人,应明确其上级独立法人主管单位,也就是明确责任承担者。签署方为单位内部职能部门或分支机构的,一般应有上级独立法人的明确授权或委托。

除了严格审查签约方主体资格之外,还要审查对方企业的商誉及财产情况,可以自行调查也可以委托专业商业咨询公司进行调查,以了解对方是否有履行偿还能力,在出现风险时我方的利益有否保证。

2) 审核签约对方代理人的委托权限

在合同签订中,由业务员或其他人员在法人代表的授权范围内签订合同是非常普遍的。在授权范围内,代理人所签订合同的权利义务应由被代理人来承受。对于委托方业务员或经营管理人员代表其单位订立的合同,应注意了解对方的授权情况,包括授权范围、授权期限、所开立介绍信的真实性,对非法定代表人的高级管理人员,如副总经理、副董事长等,应了解其是否具有代表权及其权限。

3) 注意合同条款中双方权利义务的对等性,尤其是违约责任

合同是当事人之间设立、变更、终止权利义务的协议,《中华人民共和国合同法》明确规定当事人应当遵循公平原则确定各方的权利义务,一方享受权利,必须承担义务,合同条款的对等性是公平原则的重要内容。不要签义务多、责任重、权利少这类一边倒的合同,例如合同只规定我方违约要如何处理而无对方违约如何处理的内容,或约定我方承担的责任过重而对方的责任却很轻。同样,也不要签订权利多、义务少、责任轻的合同,否则另一方可能以该合同违背公平原则对合同的有效性提出抗辩。

4) 注意签约地点的选择

对于合同纠纷案件的管辖,《中华人民共和国民事诉讼法》有明确的规定:①被告住所地法院;②合同履行地法院;③当事人约定管辖地法院。建议约定合同履行地法院管辖,一般而言,合同履行地为我方所在地,在无形中隐藏对我方有利的杀手锏,以便依靠本地的司法部门及时高效挽回损失。

5) 合同签约时双方签字盖章应同时具备

《中华人民共和国合同法》规定当事人采取合同书形式订立合同的,自双方当事人签字或者盖章时合同成立。签字盖章对合同具有重要意义,企业之间签合同时,往往是由各自的代理人(经办人)完成的,在这种情况下,经办人的签字和单位的印章应同时具备。若受印刷时间限制,或在实际签约过程中通过传真形式签订的,则建议要求对方在盖公章后先传真予我方,随后再将合同原件寄给我方,且一定要保管好合同原件。

6) 签约不宜急于求成

合同签订中,不要急于订立合同争取到订单,委托方往往会抓住这一心理,强加一些不合理条款,甚至设下陷阱,为避免风险宁肯有所放弃,也不能接受不合理条款或者费用。

签订合同一般应采用格式文本,如对方不同意,要求按照其拟定文本签署,则经办人员应在公司法律部门或律师审核意见范围内据理力争,尽可能争取有利条件。如对方态度坚决,不愿对其拟定合同进行更改,而从商业角度考虑,我方又不愿失去此客户单位,则经办人可以据此决定是否采纳法律部门或律师的审核意见。但我方在履行过程中必须更加谨慎,

严格按合同履行，并密切关注对方合同履行及资信情况，及时采取必要手段和措施确保我方的权益不受损害。

【案例讨论】

谈判专家的技巧

美国有个谈判专家想在家中建个游泳池，建筑设计的要求非常简单：长 30 英尺，宽 15 英尺，有水过滤设备，并且在一定时限内做好。谈判专家对游泳池的造价及建筑质量方面是个外行，但这难不倒他。在极短的时间内，他不仅使自己从外行变成了内行，而且还找到了质量好价钱便宜的制造者。

谈判专家先在报纸上登了个想要建造游泳池的广告，具体写明了建造要求，结果有甲、乙、丙 3 位承包商来投标，他们都交给他承包的标单，所提供的温水设备、过滤网、抽水设备和付款条件都不一样，总费用也有差距。

接下来的事情是约这 3 位承包商来他家商谈，第一个约好早上 9 点钟，第二个约 9 点 15 分，第三个则约在 9 点 30 分。第二天，3 位承包商如约而至，他们都没有得到主人的马上接见，只得坐在客厅里彼此交谈着等候。

10 点钟的时候，主人出来请第一个承包商甲进到书房去商谈。甲一进门就宣称他的游泳池一向是造得最好的，好的游泳池的设计标准和建造要求他都符合，顺便还告诉谈判专家承包商乙通常使用陈旧的过滤网，而承包商丙曾经丢下许多未完的工程，并且他现在正处于破产的边缘。接着同承包商乙进行谈话，从他那里了解到其他人所提供的水管都是塑胶管，他所提供的才是真正的铜管。承包商丙告诉谈判专家的是，其他人所使用的过滤网都是品质低劣的，并且往往不能彻底做完，而他则是绝对做到保质保量。

谈判专家通过静静的倾听和旁敲侧击的提问，基本上弄清楚了游泳池的建筑设计要求及 3 位承包商的基本情况，发现承包商丙的价格最低，而乙的建筑设计质量最好。最后他选中了乙来建造游泳池，而给乙的价格为丙所提供的价格。经过一番讨价还价之后，谈判终于达成一致。

讨论：

谈判专家在谈判过程中运用了哪种谈判技巧？试结合案例分析运用此种谈判技巧应注意些什么问题？

【沟通游戏】

产品供货合同条款和索赔谈判

谈判 A 方：A 工厂（卖方）

谈判 B 方：B 工厂（买方）

B 和 A 工厂是两个长期的合作伙伴，A 是 B 的模具供应商，他的模具供给量占 B 工厂的使用模具的 80%。但是，A 的模具最近一直有质量问题，给 B 工厂造成了大量的额外损失。当初两厂签订的协议中规定：A 提供的模具合格率达到 95%以上便可。但是这是一条有歧义的条款，既可以理解为每套模具各个零件的合格率达到 95%以上，也可以理解为所有模具的总体合格率达到 95%以上。

前一种理解比较有利于 B 工厂，后一种理解比较有利于 A 工厂。而实际上正是由于 A 生产的所有模具中的那不合格的 5%造成了 B 工厂巨大的损失。B 知道自己一下子不可能完全抛开这个供应商，A 当然也不想失去 B 这个大客户。B 提出，先前由于 A 的次品导致的损失必须由 A 承担。而 A 坚持认为 B 的质检部门在接受 A 工厂的模具时就应该看清楚，如果是次品可以退货，而不是等到进了工厂投入使用以后才发现有问题，因而他们拒绝承担损失。双方交涉多次都没有达成协议，最后导致双方的高层领导都开始过问此事。B 采购部和 A 销售部的经理迫于压力约定本周末碰面，准备通过谈判对此事作一个了断。而且双方谈判代表都非常清楚，如果这次谈不成，回去肯定会受到领导斥责。

谈判目标：

1. 确定对 95％以上合格率这一条款的理解。
2. 商议 A 赔偿 B 工厂损失的事宜。

谈判的程序要求见表 7-3。

表 7-3 谈判的程序要求

参 与 人 员	全体人员；分组：5 人一小组；每轮 2 组
第一部分：开场介绍	双方介绍，代表哪个集团的利益
第二部分：陈述演讲	一方首先上场，利用演讲的方式，充分展示己方对谈判的前期调查结论，谈判案例题理解，切入点，策略 提出谈判所希望达到的目标 本方对谈判案例题的理解和解释 对谈判的问题进行背景分析，初步展示和分析己方的态势和优劣势 小组人员分工：一方演讲之后退场回避，另一方上场演讲。每一方演讲时间不得超过 3 分钟
第三部分：进入谈判	1. 开局阶段（6 分钟） 此阶段为谈判的开局阶段，双方面对面，但一方发言时，另一方不得抢话或以行为进行干扰。开局可以由一位选手来完成，也可以由多位选手共同完成 ① 入场、落座、寒暄都要符合商业礼节。相互介绍己方成员 ② 简略地向对方介绍己方的谈判条件 ③ 试探对方的谈判条件和目标 ④ 对谈判内容进行初步交锋 ⑤ 不要轻易暴露己方底线，但也不能隐瞒过多信息而延缓谈判进程 ⑥ 在开局结束的时候最好能够获得对方的关键性信息 ⑦ 可以先声夺人，但不能以势压人或者一边倒 ⑧ 适当运用谈判前期的策略和技巧 2. 谈判中期阶段（10 分钟） 此阶段为谈判的主体阶段，双方随意发言，但要注意礼节。一方发言的时候另一方不得随意打断，等对方说完话之后己方再说话。既不能喋喋不休而让对方没有说话机会，也不能寡言少语任凭对方表现 ① 对谈判的关键问题进行深入谈判 ② 使用各种策略和技巧进行谈判，但不得提供不实、编造的信息 ③ 寻找对方的不合理方面以及可要求对方让步的方面进行谈判 ④ 为达成交易，寻找共识 ⑤ 获得己方的利益最大化 ⑥ 解决谈判议题中的主要问题，就主要方面达成意向性共识 ⑦ 出现僵局时，双方可转换话题继续谈判，但不得退场或冷场超过 1 分钟 ⑧ 双方不得过多纠缠与议题无关的话题或就知识性问题进行过多追问 ⑨ 注意运用谈判中期的各种策略和技巧 3. 休局（5 分钟） 在休局中，双方应当：总结前面的谈判成果；与队友分析对方开出的条件，可能的讨价还价空间；与队友讨论休局阶段的策略，如有必要，对原本设定的目标进行修改

续表

第三部分：进入谈判	4. 谈判（冲刺）阶段 此阶段为谈判最后阶段，双方回到谈判桌，随意发言，但应注意礼节 本阶段双方应完成以下几点： ① 对谈判条件进行最后交锋，必须达成交易 ② 在最后阶段尽量争取对己方有利的交易条件 ③ 谈判结果应该着眼于保持良好的长期关系 ④ 进行符合商业礼节的道别，对方表示感谢
第四部分：教师提问	教师针对每个小组谈判中出现的问题提出一两个问题，要求提问和回答的时间不超过 2 分钟

简答题

1. 商务谈判的类型有哪些？
2. 商务谈判有哪些特点？试分析我国申奥谈判的特点。

1. 国庆节期间，某公司要购买大量的鲜花布置前厅，如果派你去和花店谈判，应该从哪些方面与花店老板进行沟通？
2. 试分析在求职中如何运用谈判中的语言技巧。

第8章
求职沟通
QIUZHI GOUTONG

【学习目标】

1. 了解求职沟通的概念和原则。
2. 了解如何做好求职前的准备。
3. 灵活运用求职沟通的语言技巧。
4. 掌握求职沟通中的策略技巧。

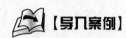【导入案例】

吴同学准备参加研究生考试,但又担心研究生考不上再找工作可能会失去好的工作机会,于是便随着众多同学参加了校园招聘会,走到某大型台资企业的摊位前递上了自己的简历。对方问吴同学:"带协议书没有?"吴同学拿出协议书交给负责招聘的小姐并说:"我很希望得到此份工作。"对方在协议书盖上了公司公章。本来签了就业协议是件快乐的事情,可吴同学怎么也高兴不起来,原因是吴同学对该签约公司认真了解后,感觉此公司并不适合自己。

毕业生在求职过程中,除了一方面展示自己的才华,另外一个很重要的方面就是要了解用人单位的一些基本情况,做到双向沟通,不要与用人单位签了协议后悔约,这时你就十分被动,在整个求职过程中,理智和沟通是一条永远不变的线贯穿你的整个求职过程。

8.1 求职沟通概述

沟通是人类社会交往的基本行为过程,人们具体沟通的方式、形式也多种多样。美国学者的一项研究结果表明:对于什么是沟通,各家有各家的说法,关于沟通的定义竟然达一两百种之多。应该说,每种定义都从某个角度揭示出了沟通的部分真理。

《大英百科全书》认为,沟通就是"用任何方法彼此交换信息,即指一个人与另一个人之间用视觉、符号、电话、电报、收音机、电视或其他工具为媒介,所从事之交换消息的方法"。

《韦氏大辞典》认为,沟通就是"文字、文句或消息之交通、思想或意见之交换"。

拉氏韦尔认为,沟通就是"什么人说什么,由什么路线传至什么人,达到什么结果。"

"决策学派"管理学家西蒙认为,沟通"可视为任何一种程序,组织中的一成员,将其所决定意见或前提传送给其他有关成员"。

中国学者苏勇在其编著《管理沟通》中,从管理的角度,特别是从领导工作职能特性的要求出发,吸收了信息学的研究成果,将沟通定义为"是信息凭借一定符号载体,在个人或群体间从发送者到接收者进行传递,并获取理解的过程"。他说的沟通实际上是一般沟通。

而美国学者桑德拉·黑贝尔斯、里查德·威沃尔在其最新的《有效沟通》一书中,则将沟通进一步定义为"沟通是人们分享信息、思想和情感的任何过程。这种过程不仅包含口头语言和书面语言,也包含形体语言、个人的习气和方式、物质环境——即赋予信息含义的任何东西。"

8.1.1 求职沟通的概念

对于一般沟通的定义,纵观上述定义,最后一个定义比较全面、确切和具有代表性。一般沟通原则上完全可定义为:用任何方法或形式,在两个或两个以上的主体(如人或电脑)传递、交换或分享任何种类的信息的任何过程,就叫作沟通。如果传递、交换、分享成功,则沟通成功,该沟通是有效沟通;如果传递、交换、分享失败,则沟通失败,该沟通是无效沟通。在组织内外部,沟通存在着正式形式与非正式形式,也存在着不同的沟通层次和内容。沟通的内容、形式、载体和渠道都是多种多样的。

以沟通的渠道或信息载体为例。它既可以是以语言为载体,又可以是以非语言为载体。语言载体又可以细分为口头语言载体和书面语言载体。而口头语言载体又可以分成更多的具体形式，如演说、私人谈话、正式会谈、小组讨论、捎口信、口头命令、电话、电话会议、录音带、可视电视对话等。书面语言为载体又可以分成备忘录、信件、内部刊物、布告、文件等。随着通信和电子技术的发展，更出现了幻灯片、投影、VCD、DVD、CD、电子邮件、电子会议等诸多新的沟通途径。

上述的还仅仅是语言沟通。在现实生活中，更大量的存在的是非语言沟通。一个眼神、一个细小的动作、一个简单的身体姿态、一件衣服、一个特别的位置、一件物体等，诸如此类的众多非语言途径，都能构成沟通。

相关案例

有一位家庭主妇在菜市场买了一个橘子回家，两个女儿都抢着要这个橘子，但是母亲只有一个，应该怎么办呢？为了公平起见，妈妈将橘子"一刀两半"，一人一半。两个女儿拿着自己分到的橘子回自己的房间了。过了一会儿，这位主妇去小女儿的房间，发现小女儿已经吃了橘子，躺在床上睡着了，橘子皮被扔在垃圾桶里。母亲轻轻离开房间，又进了大女儿的房间，却发现大女儿躺在床上做面膜，橘子肉被剥出来放在桌子上，橘子皮已经被榨成糊状做面膜了。

资料来源：彭庆武．商务谈判[M]．大连：东北财经大学出版社，2008．

通俗地讲，沟通的本意是通过信息的交流，拉近彼此之间的距离和增加彼此之间的了解，双方在对某种观点和对事物的认识上达成统一，从而和谐进行发展，在这个过程当中不断监控、总结、反省、再发展的一个过程。

关于求职技巧，网上随便一搜就能有千千万万，其实所有的求职技巧都是为了告诉你如何展现自己、展现自己出色的职业能力、展现自己坚定的信念。展现的关键在于沟通，有些人有很强的职业能力，为什么还是没有找到理想的工作呢？沟通欠佳就是一个方面，当然，沟通能力会随着职业成熟度的提高而变化，提升职业成熟度，为你铺下通往成功的大道。

求职沟通，顾名思义，就是在求职的过程中，实现和用人单位的双向沟通的过程。在这个过程中既要了解企业所需要的人才特性，也要让用人单位了解到自身的优势，达到双赢的目的。在求职过程中能够让自己展示沟通机会的面试是最关键的，所以把握面试机会是求职沟通的关键。求职者有的是刚走入社会的大学生，还有一些已经拥有多年的工作经验再次求职者，这里主要阐述的是刚走入社会的大学生的求职沟通。

求职，沟通能力是关键。求职时，表现出自己有良好的沟通能力，是顺利通过面试的一个重要的关键。现在企业每个部门都是相互关联着的，企业希望聘请的是一些能够与每个企业员工都互助合作的人。因而，充分地表现自己的交际能力往往能让自己在应聘中增加获胜的把握。人们常会说"三个臭皮匠胜过一个诸葛亮"。为什么三个臭皮匠就能够胜过那个聪明绝顶的孔明呢？显而易见，他们靠的并非一个人的力量，而是通过三个人的沟通、协作，汇集了三个人的想法。现在，每个人生活、工作都必须与别人去沟通，不可能只生活在自己的世界里。在企业中，每个岗位都是相互联系着的，学会如何去沟通，让工作伙伴了解、知道你工作上的困难，在适时给予适当的帮助，往往能让你顺利地完成工作，达到事半功倍的效果。相反，如果你不与别人沟通，别人永远都不会知道你需要什么。如果这三个臭皮匠之间没有很好沟通的话，可能还不如一个臭皮匠呢。与别人沟通并非只是将自己的思想让别人知道，同时也是吸取别人好想法的方式。特别是在工作上，自己有时会钻进一个死胡同里，而这时最需要的就是与别人沟通、听取别人的意见，帮助自己走出这个工作上的小迷宫。

人际关系对中国人来说是日常工作和生活，很重要的一门学问。有些人缘好的人，就是因为他对和自己有不同的人是抱着试图理解的态度去交往的，这样他总能发现别人身上闪光的东西，并进行学习，从而求同存异；相反，不能发现他人身上的优点的人，往往会让自己固步自封、停留在原地，阻碍自己的学习与成长。

8.1.2 求职沟通的原则

求职沟通能力，正是一种能证明和让求职单位发现你具有社会工作能力的能力。表面上看来，它只是一种能说会道的能力，可实际上它却包罗了一个人从穿衣打扮到言谈举止等一切行为的能力。一个具有沟通能力的人，可以将自己所拥有的专业知识及专业能力进行百分之百的发挥，并能迅速地给对方留下"我最棒""我能行"的印象。

1. 求职沟通的原则

沟通是双向的，但实际工作中经常会出现一种现象，一个瞎子同一个聋子的沟通景象，尽管瞎子讲的满头大汗、口干舌燥可是对方却是无动于衷，因为这种沟通是单向的。沟通一定是双向的，而且使双方共同的意愿达成，这样才可能实现双赢。

求职沟通中恰当的方法会达到事半功倍的效果，反之适得其反，会使沟通不欢而散，得不到录用，所以在求职沟通中要坚持以下几个原则。

（1）公平对等。沟通的双方必须在平等的前提和氛围下，才能顺畅进行达到预期效果，否则就会使沟通双方无法达到沟通的目的。位置低的一方在讲话时会有所顾忌、不讲真话，所有的语言都会有"艺术"加工；位置高的一方会居高临下，使另一方不舒服，信息传递会大打折扣，沟通达不到预期效果。

（2）认真倾听。沟通双方，其中一方就某一问题发表意见时，另一方一定要认真倾听，不要打断或插话，更不要评论。要听清楚对方的观点，必要时笔录要点。在对方讲完时，口述核对，得到对方认可后，阐述自己的观点和看法。这样会使对方感觉到你是尊重他的，沟通的气氛会更融洽。

（3）先肯定再否定。在求职过程中如果发现考官在某些问题和看法上是你所不认同的，那么首先肯定他的观点在某些意义上是对的，同时委婉指出对方观点中的不足，把焦点集中在问题本身，不卑不亢。

（4）归纳总结。在求职过程中，每次沟通，在充分阐述自己的观点后，通过讨论求同存异、达成一致，一定要形成纪要，以便作为下次求职沟通过程中参考。

（5）沟通准备。机会总是给有准备的人。尤其是对求职者来说更是如此，应该对所应聘的公司的主要情况、提供职位的要求、自己的能力和优点，甚至将会与之沟通的考官的性格都要有所了解，才能够做到有效的沟通。

2. 求职沟通中的错误

在求职沟通中，如果沟通不得当，经常会走进一些误区，甚至出现一些错误。在求职沟通中要避免以下错误。

（1）总想表现应该我，而不是真实我。在面试中你想听什么，我就说什么；你想要什么样的人，我就是什么样的人。就是见人说人话，见鬼说鬼话，见神说神话。从心理学的角度说每个人都有3个我——实际我、应该我和理想我。不要试图去表现应该我，将真实的自我表现出来就可以。

（2）总担心别人误解自己。求职过程中，求职者总在心里问为什么不问最能表现我能力的问题？为什么哪壶不开提哪壶？能不能多给我点时间来表现？从心理学的角度讲，这种情况反映了应聘者的心态是力争成交而不是诚恳交流，要尽量避免这种心态。

（3）不注意非语言的沟通。一些非语言的沟通，例如，姿势、眼神、表情、语气等比言语沟通更难，而且比语言更难控制，它更能反映一个人的真实面目。但是这可以通过练习来提高。

（4）不注意沟通的气氛。人们在交谈后一般很快忘记交谈的内容，而只记得交谈的气氛。要充分把握相关的信息：谈话者怎样看自己，怎么看他的观众；听话者怎么看双方的关系。在尴尬的时候注意缓和气氛。

（5）被第一印象所左右。如果你去应聘的时候对公司或公司的员工的第一印象不是很好，而被第一印象左右就可能对你下一步的沟通造成麻烦。人们总是假定其他人有其与外显行为相一致的内在特点，其实外在行为是会受很多因素影响的，要避免这样的错误看法。

（6）不注意细节的行为。细节反映了一个人的教养和一个人的素质。例如敲门、握手、坐姿、送材料的方式、告别方式等都可以体现一个人的素质。在别的条件同等的情况下，细节是决定的因素。

（7）说话像背台词、不自然。说话要有一颗平常心，说平常话。这跟前面说的那种力图表现"应该我"是相关的，对自己平常说的话没有信心，希望自己是一个演员。

（8）说话过多地描述细节。有的求职者紧张或激动，说话忘了自己的主线和层次。当跟别人交谈的时候，需要的时候再谈细节。这就要练习回答问题的方式。

8.1.3 如何培养求职沟通的能力

求职者特别是应聘的大学生中，有不少人成绩的确优秀，可是在与人打交道时，却明显缺乏与人沟通的能力，这样的人是高分低能的人，企业往往不会重用甚至不会录取。

众所周知，"专业知识"是进入某个企业和某个行业的通行证，可是当大家都拥有这个通行证，都同时挤向一座桥、一道门的时候，谁才能成为最先通过的那个人？显然，答案只有一个，要想成为第一个冲过求职终点的人，你就得让对方发现你除了在专业知识上能拿高分之外，在社会工作中你一样能如鱼得水。

此外，一个人沟通能力的高低总是常常决定一个人在工作中能否正常发挥的重要因素。如果你是企业主管，面对着两个同样的求职者，你是愿意要那个适应企业变化，了解办公室生存方式，知道如何和上级、同事相处的人，还是那个"一问三不知，再问更摇头"的人呢？

沟通能力，对于求职者，不仅是一种给企业留下好印象的基本素质，而且还是一个人的组织协调能力和应变能力的外在表现。大学毕业生要想在就职的过程中表现出自己的比较强的沟通能力，必须要从求学阶段的一点一滴做起，在校园里主要从以下几个方面入手。

1. 参加社团活动

学校社团是培养沟通能力的最佳舞台。社团常常和企业或其他社会机构联合组织活动，像演出、义卖、知识竞赛等。大学生可以尝试活动组织、节目主持、广告宣传等多种角色，获得丰富的社会体验；还能和学校内外各个层面的人打交道，小到借用一间教室，大到去企业拉赞助，都要亲力亲为。此外，面对活动过程中的突发状况，还要学会灵活应付。通过这些细节，沟通能力能够得到全方位的锻炼。

2. 当志愿者

当今社会的开放程度日益提高，各种国际会展、商业演出、体育赛事频密，当志愿者是大学生锻炼沟通能力的又一途径。在国际艺术节、嘉年华、世博会、F1赛事上作为翻译、会场联络员、临时演员、组委会工作人员身份出现，可广泛接触世界各地的文化，学会和不同语言、不同国籍、不同行业、不同职业的人士沟通交流。

3. 公司实习

利用寒暑假去企业实习是培养沟通能力的传统方式。实习能使大学生熟悉公司文化，了解办公室的生存方式，知道如何和上级、同事相处，等于提前补上了社会大学的课程，有未雨绸缪的功效。

4. 勤工俭学

部分勤工俭学方式也能有效锻造沟通能力。做家教时，如何让学生听懂你讲的课？如何让家长认同你？在实现这些目标的过程中，大学生的沟通能力能得到提高。家教的缺点是只能接触到一个家庭的人，主要接触对象还是单纯的中小学生，这对认识和了解社会帮助不大。

市场调查和促销是较有挑战性的项目，因为它要求大学生能给人良好的第一印象、言辞富有说服力，这样大众才可能接受调查并购买产品。这种勤工俭学能有效打磨大学生的沟通能力和心理承受能力，使他们真正融入社会生活中去。

主持、礼仪也是个考验沟通能力的项目，它要求大学生有亲和力、组织能力和应变能力强，不过参与面较窄，只有少数形象气质好的大学生能够从事。

8.1.4 如何通过沟通成功求职

1. 给招聘者留下印象分

个人自我介绍是面试实战非常关键的一步，因为众所周知的"前因效应"的影响，这2～3分钟见面前的自我介绍，将是求职者所有工作成绩与为人处世的总结，也是接下来面试的基调，考官将基于求职者的材料与介绍进行提问；将在很大程度上决定其在各位考官心里的形象，形象良好，才能让面试官重视。

面试时，招聘单位对你的第一印象最重要。求职者要仪态大方得体、举止温文尔雅，要想树立起自己的良好形象，这就肯定要借助各种公关手段和方法。各种公关手段主要有言词语言公关、态势语言公关和素养公关。这些公关手段又包括数种方法，如幽默法、委婉法等。还应掌握一些公关的基本技巧，只有在了解有关公关的常规知识之后，才能顺利、成功地树立起自己的良好形象。如果求职者能使一个人对求职者有好感，那么也就可能使求职者周围的每一个人甚至是更多的人都对求职者有好感。往往是风度翩翩者稳操胜券，仪态平平者则屈居人后。

在人际交往中，人们常常用"气质很好"这句模糊其意的话来评价对某个人的总体印象，似乎正是其模糊性才体现出较高的概括力。然而，一旦要把这个具体的感觉用抽象的概念作解释，就变得难以表达了。其实言谈举止就反映内在气质，从心理学的角度来看，一个人的言谈举止反映的是他（她）的内在修养，如一个人的个性、价值取向、气质、所学专业等。不同类型的人，会表现出不一样的行为习惯，而不同公司、不同部门，也就在面试中通过对大学生言谈举止的观察，来了解他们的内在修养、内在气质，并以此来确定其是否是自己需要的人选。面试能否成功，是在应聘者不经意间被决定的，而且和应聘者的言谈举止很有关系。而这些内在素质，都会在平常的言谈举止中流露出来。

如果说气质源于陶冶，那么风度则可以借助于技术因素，或者说有时是可以操作的。风度总是伴随着礼仪，一个有风度的人，必定谙知礼仪的重要，既彬彬有礼，又落落大方，顺乎自然、合乎人情，外表、内涵和肢体语言的真挚融合为一，这便是现代人的潇洒风度。每个人都有自己的形象风格，展现自我风采的另外一个重要因素便是自信，体现出一种独特的自然魅力，自我风采便无人能挡。

2. 面试时提高情绪自控能力

自我控制是人主动定向地改变自我的心理品质、特征和行为的心理过程。有效地控制自我是健全自我意识，完善自我的根本途径。要使自我控制积极有效，应注意从以下几个方面着手。

（1）合理定位理想自我。理想自我是个人将来要实现的目标，在确立其内容时，要立足现实，从自身实际出发，既不好高骛远，也不唾手可得，而应是通过一定努力可以实现的适宜的目标。如果目标定得过高，就会使自我失去信心、失去斗志。

（2）培养健全的意志品质。意志健全的人，在行动的自主性、果断性、自制力和顽强性等方面都表现出较高的水平。而对自我的有效监督和控制离不开意志的力量，只有意志健全的个体才会做到对自我的有效控制，从而最终实现理想自我。因此，每个人都应从培养自我健全的意志品质做起，增强对挫折的承受力、提高自控能力。

总而言之，自我意识的健全需要付出艰辛的努力和沉重的代价，它是每个追求卓越的人的终生课题。认识自我、悦纳自我、激励自我、控制自我、完善自我、超越自我，这才是走向成功和卓越的自我。

3. 以诚信态度与主考官交流

（1）面试中，要注意用朴实简明的语言回答，这样会给面试的考官一种可信的感觉，加重求职者的诚信砝码。在回答问题时，列举的行为事件一定要是真实的，不要只靠形容词，诸如什么"重要""有创新""有较强的能力"等，要用最能体现这一问题的行为事件，用简洁的语言来叙述。

（2）要善于用肢体语言与面试考官交流，获取认可和欣赏。在面试中，疑惑的眼神和姿势的改变（拽衣角、揉鼻子意味着求职者有可能在说谎）都会向面试考官传达出求职者的不自信或者求职者在回答某一问题时不真实的信号。求职者要在回答时适时地用眼睛正视面试考官，并以端正的姿态显示求职者自信和诚恳的态度。当求职者能够用肢体语言很好地配合自己的讲述，那么就会轻松地从面试中脱颖而出。

（3）回答问题的态度诚恳，不宜过分客套和谦卑。不太明白主考人的问题时，应礼貌地请他重复；陈述自己的长处时，要诚实而不夸张，要视所申请职位的要求，充分表现自己有关的能力和才干；不懂得回答的问题，不妨坦白承认，给主考人揭穿反而会弄巧成拙。

（4）语调要肯定、正面，表现信心。尽量避免中、英文夹杂。尽量少用语气助词，避免给主考人一种用语不清、冗长、不认真及缺乏自信的感觉。讲错话要补救，在讲错话之后，求职者亦不要放弃，必须重新振作，继续回答其他问题。

4. 以巧妙的方式商谈薪水

相关案例

一家外资的数码公司招聘一名技术开发人员,在面试时考官直接对前来求职的小佟说:"你应聘我公司的那个职位,按照我们公司的薪金制度,基本工资每月只有1500元,有问题吗?"小佟笑了笑说:"尽管这个薪金不算太高,但据我所知,贵公司对高级人才有另一套薪金架构——每月奖金最高大概在500元左右,每年还可以发16个月的工资,工作一年后工资翻番。我本人拥有研究生学历,又有3年的工作经验,完全符合高级人才的标准,我希望自己能享受这套薪金制度的最高标准。如果那样的话,我非常愿意从事这项工作。"考官笑了笑说:"看来你是有备而来啊。我们的薪金制度的确是这样,你也符合高级人才的标准。欢迎你加盟本公司。"

小佟在前来面试之前已经了解了该公司的薪金制度,算是知道对方的情况,而对自身的情况,小佟更是了如指掌——自己有研究生学历、丰富的工作经验。这自然是自己与用人单位讨价还价的重要筹码,根据自己事先了解的该公司的薪金制度,小佟准确地提出了自己期望的待遇——高级人才的最高标准,虽然这个要求看似不低,但实际上也是符合公司规定和小佟自身情况的,对于这样一个睿智的人才,公司又怎能不喜爱?小佟得到满意的薪金也就在情理之中了。

资料来源:http://hi.baidu.com/hlove/blog/item/2789c2fd070e6441d6887d3e.html.

在大部分公司薪水问题都是一个很敏感的问题。很多企业的员工薪水是互相保密的,公司不允许互相打探对方的薪水。在求职面试时,薪水问题也是一个不好谈的问题,但这也是每个求职者必须面对的问题,但是机遇总是给有准备的人,做到知己知彼,百战不殆。首先要了解应试公司的基本薪酬,再视不同的情况采取不同的对策。

(1) 与大公司商谈薪水。假如求职者面试的公司是像IBM、联想这样的大公司,他们一般都有很严格的薪资管理制度,不同的岗位会有不同薪资标准,一般不会因为某个人而改变。对这种情况,求职者可以说:"我相信公司的薪酬制度会给我一个合理的报酬。"但在这种情况下,他们还是会问一个求职者的期望值,那么求职者可以在面试前搜集相关的资料,看看求职者申请的职位在大部分情况下是多少,然后报出一个价格。

(2) 与中小型公司商谈薪水。但大部分情况下是,面试的公司都是那些中型或小型的公司。在这种情况下,他们虽然也有一个薪酬制度,但如果求职者能证明求职者能创造更高的价值,这些公司一般也会给予求职者更高的薪水。例如,求职者申请的这个职位是软件工程师,那么求职者可以说自己熟练掌握VC++,而且要用做过的项目证明你的确是熟练掌握,求职者可以说说参与的某个项目,多大规模、在其中承担什么角色、积累了什么经验、完成项目用了多长时间。

(3) 与其他类型企业商谈薪水。别的类型的工作也是这个道理,如果申请的是一个高级销售代表的职位,那么必须用以前的销售业绩证明你的价值,而且要让面试的人相信自己的能力。如果求职者是一个应届毕业生,参加的项目不多,但应该把这些都详细地说出来,并且说出从这些项目或实践中得到的经验或教训,以显示自己是一个会学习的人。

5. 策略地介绍自己的优缺点

"人贵有自知之明",一个人对自己的看法能不能体现出真实性、准确性、客观性、全面性,是素质能力体现的一个重要因素。在对自己的评价中,首先要充分肯定自己,这样可以充分突出自己的竞争能力和竞争优势，也给考官们一个坚定、自信的良好印象。但是，要切记：在对自己评价的表述中要真实，不能虚假。考官一般都是人力资源或人事组织部门的专家。在面试之前或面试之中，根据掌握的信息基本上可以归纳出应试者的能力特征。如果应试者忽略了这一点，为了达到求职目标而夸夸其谈，可能会适得其反。在任何一场面试中，品格特征是考官们最为看重的。如果失去了真实，应试者努力也不会取得理想的结果。在对自己的评价中，要注意运用非语言交流技巧，最主要的是把肯定和炫耀区别开来。人不可能没有缺点，在谈及缺点的时候要概括集中，不要出现过多的缺点描述、过多地否定自己，即使是谦虚，也会影响考官的判断。谈及缺点时，除了说明现已清醒地认识到了不足，要特别着重表明有改变缺点的信心和方法。在对自己的评价中，不要泛泛而谈，最好用事实说明问题。当然优、缺点的介绍没有统一的答案，最关键的是介绍优、缺点的技巧，不能让考官觉得你真的是缺点太多，而是通过展示缺点来说明求职者诚恳、真实的一面。

(1) 你认为你自己有哪些优点？你认为你比较适合做哪些工作？

参考答案：该题没有标准答案，考生要根据自己的情况应答，以下几种回答仅供参考。

① 性格内向、办事认真，适合做文秘、财会工作。
② 性格外向、善于交际，适合做公关、营销工作。
③ 勤奋好学、善于总结，适合做教学、科研工作。
④ 责任心强、善于助人，适合做服务、保障工作。
⑤ 公正无私、处事公道，适合做执法、行管工作。
⑥ 吃苦耐劳、爱岗敬业，是做好一切工作的基础。
⑦ 和谐待人、服从领导，是做好一切工作的前提。
⑧ 专业过硬、学用结合，是做好一切工作的条件。
⑨ 适应环境、虚心好学，是做好一切工作的要素。

(2) 你有何特长？

参考答案：该题没有标准答案，考生要根据自己的情况应答，以下几种回答仅供参考。

① 我的性格较偏向文静、待人热情、彬彬有礼、办事稳重认真、有事业心。我觉得这个特长为做办公室、文秘等工作打下了基础。
② 我的计算机操作能力较强，通过了计算机二级（或其他级别）等级考试，喜欢编程，对计算机网络、办公自动化知识有所了解，我觉得这个特长是做好公务员工作必备的技能之一。
③ 我喜欢写作，文字写作基础扎实（如果发表过文章可以列出），写作是公务员的基本功之一。
④ 我在文体方面有特长（有什么特长，取得过什么级别及证书），车辆驾驶有什么级别的驾驶证，我觉得几个特长对做好公务员工作有所帮助。
⑤ 外语（或其他语种）有特长（取得过什么级别及证书），随着改革开放的进展，我的这个特长将来会有用武之地。
⑥ 我的语言表达能力强、普通话说得好，我觉得这是做好公务员工作必备的基本功之一。

(3) 能谈谈你的缺点吗？

参考答案：该题没有标准答案，考生要根据自己的情况应答，关键是回答缺点既要结合本人实际，又要回避本岗位的特点，把缺点转化为优点，以下几种回答仅供参考。

① 我不太善于过多的交际，尤其是和陌生人交往有一定的难度。这虽然是缺点，但是说明你交友慎重。

② 我办事比较死板，有时容易和人较真。这虽然是缺点，但是说明你比较遵守单位既定的工作规范，有一定的原则性。

③ 我什么知识或专业都想学，什么也没学精。这虽然是缺点，但是说明你比较爱学习，知识面比较广。

④ 我对社会上新兴的生活方式或流行的东西接受比较慢。这虽然是缺点，但是说明你比较传统，不盲目跟随潮流。

⑤ 我对我认为不对的人或事，容易提出不同意见，导致经常得罪人。这虽然是缺点，但是说明你比较有主见，有一定的原则性。

⑥ 我办事比较急，准确性有时不够。这虽然是缺点，但是说明你完成工作速度较快。

⑦ 对自己从事工作存在的困难，自己琢磨得多，向同事或领导请教得少。这虽然是缺点，但是说明你独立完成工作任务的能力较强。

8.2 求职前的准备

人社会中各种各样的职业，都要人去从事。然而任何一个人并非天生就能从事某种职业或承担某种职务，都需要或长或短的求职准备期。

8.2.1 求职准备的概念

求职准备也可以叫就业准备，有广义和狭义之分。

（1）广义的求职准备既包括从未求职者为了能从事某种职业或获得某种职位，在一个相当长的时期内所做的求职准备工作，也包括已就业者为了进一步做好本职工作，或改换职业所进行的准备工作。

（2）狭义的求职准备是指未就业者为了能从事某种职业或获得某种职位，在一定阶段内所做的准备工作。大学生的求职准备是属于狭义的，主要指大学生进入毕业学年或毕业学期，为求职而作的各种准备。它是大学生就业的基础和前提，因而是非常重要的。

一方面，求职准备是大学生求职择业的基础。大学生只有进行了必要的求职准备，才可能产生相应的求职择业行为；做好了充分的求职准备还有助于大学生选择一个理想、合适的职业，实现就业目标。另一方面，求职准备是社会发展的客观需要。随着社会经济的繁荣、科技的进步，社会职业对从业者的身体素质、心理素质、思想素质、科学文化素质等提出了新的要求。这就决定了大学生只有做好充分的求职准备，才能适应社会发展对人才的客观需要，更好地为社会做贡献。

8.2.2 求职的心理准备

求职心理准备是就业前一种发自内心的职业训练活动。

这种心理活动一般从学习专业课时便开始了，通过对专业课的学习，学生从所学专业的内容、服务对象等方面，逐步认识到自己今后所要从事的职业性质、职业特征，逐步树立牢固的专业思想，把学习的焦点集中在有关专业课上，为今后求职作准备。这些努力，就是求职前的心理准备过程。有了这个过程，才能主动地去了解社会、认识社会，增强自身在求职时的竞争实力。

对于一名毕业生来说，了解毕业就业政策、澄清模糊认识、调整好择业心态、做好充分的心理准备、勇敢地迎接挑战，在择业过程中是非常重要的。

1. 客观评价自己，树立良好心态

每个人都有自己的优点和长处，也都有自己的缺点和短处，这就是人们常讲的"尺有所短，寸有所长"。所以每个毕业生对自己和自身能力都应有客观和正确的认识，都应该明了自己能干什么和不能干什么，这就是所谓"知人者智，自知者明"。只有这样，每个毕业生才能树立良好心态，在求职中抓住机遇，从而避免盲目和减少失败。

良好的择业心态主要表现在：①确定适当的择业目标；②避免从众心理；③避免理想主义；④克服依赖心理。

2. 正确认识社会，寻找最佳位置

选择职业，就是选择未来。每个毕业生，如果正确地选择了职业，就是为未来的成功奠定了良好的基础。为此，毕业生要把握好机遇、迎接挑战，争取迈好走向社会的第一步。那么，如何迈好这第一步呢？首先需要对所处的社会环境进行比较全面的了解和认识，弄清当前毕业生面临的就业形势如何。

美国次贷危机引发的世界金融危机，使全球经济发展面临严峻挑战，对我国经济发展也造成一定影响。就业，从来都与宏观经济的发展紧密相连。尤其是近几年的就业形势日益严峻。因此，毕业生不要把就业期望值定得太高，即使热门专业的毕业生，也同样要不断调整自我的期望值，使自己的理想更加切合实际，这样才能在激烈的职业竞争中掌握主动权，从而找到理想的工作。

3. 努力转变求职择业观念

广大大学毕业生应该主动适应社会主义市场经济的要求，努力克服自身的心理障碍，进一步解放思想，转变观念，勇敢地面对社会的选择。

1) 要改变一次就业的观念

一次就业定终身的事，不仅在社会主义市场经济条件下难以做到，就是在计划经济体制下也不可能完全做到。随着社会对人才要求的更新和提高，人才资源总是在不断的交换和流动中得到优化配置、有效利用。科学技术的突飞猛进和知识的快速更替、用人制度的改革和人才市场的建立，必将使失业和就业成为今后大学毕业生一生中经常遇到的事情。因此，每个大学生在一生中，都要有多次就业的思想准备。

2) 要改变一步到位的观念

大学毕业生择业一般很难一下子就找到理想的工作，因此在就业问题上要树立逐步到位的观念，勤奋务实、努力上进、专心致志、勇于创新、正确处理人际关系、正确对待事业挫折，在曲折的工作经历和多次的工作更替中，实现自己的人生抱负。

4. 努力克服求职择业中的心理障碍

择业是大学生人生中一次重大选择、一次转折，因此，给大学生带来很大思想、心理压力，背上沉重精神负担，成为困扰莘莘学子的一大难题，也使部分学生产生这样或那样的心理障碍，这既不利于就业，又影响了大学生的工作和学习。

心理障碍是由心理压力与心理承受力相互作用使人失去应有心理平衡的结果。大学生在择业中出现的心理障碍多属轻度心理障碍。

1) 焦虑

焦虑是一种常见的神经官能症，是以发作性或持续性情绪焦虑、紧张、恐惧为基本特征的一种病态心理。适度的焦虑可以使人产生一种压力，增强积极向上、主动参与竞争的能力；过度的焦虑，则会干扰人的正常活动，造成较严重的心理障碍或疾病。毕业前夕，绝大多数大学生都会产生各种焦虑心理。担心自己的理想能否实现，能否找到适合发挥特长、利于自己成长的单位和工作环境；害怕被用人单位拒之门外，十年寒窗付之东流，"无颜见江东父老"；担心自己的选择是否正确等。

消除焦虑心理的方法如下：

(1) 分析焦虑的原因。

① 看清事实，找到我到底在担忧什么？我为什么而焦虑？

② 分析事实，问题的起因是什么？我能怎么办（烦躁没有用，只有冷静、沉着的情况下才能找到解决问题的办法）？

③ 择优作出决定，立即按照决定去做。

(2) 接受最坏的情况。首先问问自己，可能发生的最坏的情况是什么？如果你不得不如此，你就做好准备接受它。最后想方设法改善最坏的情况。

(3) 把握真实的今天。生活在"一个完全独立的今天"，不要为昨天而懊悔，因为那已经成为过去，你无力改变；也不以为明天担忧，因为那还不确定。

(4) 让自己忙碌起来，不给焦虑时间。

2) 幻想

幻想是由心理冲突或害怕挫折引起的。在择业中，有些大学生渴望竞争，希望能找到理想的单位、职业，但由于害怕面对严酷的竞争结果或屡屡遭受挫折后，而采取的一种逃避态度。幻想不用参与竞争，"天上就能掉下馅饼"，如愿以偿找到理想工作；更有甚者，陷入自我欣赏、自我陶醉的深渊，幻想用人单位能主动找上门来，哪个单位录用自己是其荣幸、"慧眼识金"等。有这种心理的大学生，很容易脱离现实、幻想代替现实、不思进取、整日处于幻想状态中、恍恍惚惚，使自己的择业目标与现实产生很大的反差，很难能找到理想职业、如愿以偿。

3) 自卑

自卑是由于受到暂时性挫折而产生的一种心理障碍。大学生在择业前，往往踌躇满志、跃跃欲试，很想一显身手、大展宏图；而一旦受到挫折后，有时容易产生自卑心理，自信心大大减弱、自尊心受损伤，对自己全盘否定，感到一种空前的失败和愧疚；从此自己看不起自己、自惭形秽，总是过低估价自己，这个不行，那个也不行；在择业中，往往缺乏自信心和勇气，不敢面对竞争。这在性格内向或有生理缺陷的学生身上表现得较为明显。自卑不仅使一些学生悲观失望、不思进取、错失良机，也有碍自身才能的正常发挥。过度自卑，还会产生精神麻木不振，心灵扭曲、孤独、丧失生活信心等心理现象。

正确地分析认识自己，是每一位毕业生都应该认真思考的。具体而言，要化解自卑，可以从这几个方面入手：① 要充分发挥自身的主观能动性；② 对自身条件的客观评价；③ 对自身的成败要有客观的评价；④ 对自己要求严格但不苛求；⑤ 做一个有原则的人；⑥ 重要的是把握好今天。

4) 怯懦

怯懦在毕业生面试中表现尤为明显。面试前，如临大敌、紧张不安、手忙脚乱，大有

"丑媳妇见公婆"之态；面试中，面红耳赤、语无伦次、支支吾吾、答非所问、手足无措，辛辛苦苦准备的"台词""腹稿"一急之下，都抛到九霄云外，忘得一干二净；有的谨小慎微，担心说错一句话，一个问题答不好，影响自己的"第一印象"，以致缩手缩脚，影响正常水平的发挥。为克服上述弱点，就要求毕业生平时要加强面试技巧的训练，培养自己的应变能力和语言表达能力，以便给用人单位留下良好的"第一印象"，从而帮助自己顺利就业。

数年潜心探索、几载寒窗苦读，每一位大学生，心中都描绘着今后的生活蓝图，构筑事业的大厦。对将来从事的职业各有不同的理想，想找到一份称心如意的职业。但是，社会生活现实往往与人们的主观愿望之间存在一定的差距，对此应有充分的思想准备。

8.2.3 求职的知识准备

一个人的科学文化水平的高低、知识结构是否合理，决定其在求职择业时的成功率和相应的职位层次。要想今后在社会上有所作为，大学生应该在入学时，就确定今后就业的目标，自觉地把大学学习同今后的就业紧密地联系起来，建立起合理的知识结构、培养科学的思维方式、提高自己的实践技能，以适应将来在社会上从事职业岗位的要求。

用人单位在考核、挑选毕业生时，不仅重视应聘者的专业水平，而且还十分重视应聘者基础知识面的广泛性、计算机水平和外语水平，甚至还有应聘者的社会知识等。所以大学毕业生要想在激烈的人才竞争中获胜，就必须注重择业前的知识准备。

扎实地掌握宽厚的基础知识，不仅可以提高对事物的分辨能力，而且可以按照自身生理、心理规律的特点，更好地完成学业。专业知识是从事岗位工作最直接的知识。随着科学技术进步，知识在不断地更新，应加倍努力学习；注意本专业学科发展脉搏，及时了解和努力掌握最新动态，使所学专业知识保持在学科专业的前沿。

1. 结构合理的理论知识

知识结构是指一个人经过专门学习培训后所拥有的知识体系的构成情况与结合方式。合理的知识结构是担任现代社会职业岗位的必要条件，是人才成长的基础。现代社会的职业岗位，所需要的是知识结构合理，能根据当今社会发展和职业的具体要求将自己所学到的各类知识科学地组合起来的，适应社会要求的人才。因此大学生应该充分认识知识结构在求职择业中的重要作用，根据现代社会的发展需要，塑造自己、发展自己，建立起合理的知识结构，使之适应现代社会就业的要求。

2. 知识结构要适应现代社会职业岗位的要求

现代社会职业岗位对求职择业者的知识结构、文化素质的要求越来越高，用人单位为适应现代社会发展的需要，为在市场经济的激烈竞争中求得生存和发展，就必须要合理配置自身企业的人力资源。因此，就知识结构而言，一方面对知识结构的多样性要求越来越多；另一方面，对知识结构的实用性的要求也越来越强。

3. 知识准备的步骤

（1）知识积累。知识积累是大学毕业生的优势，同社会上其他人员相比，大学毕业生具有更为坚实的基础知识、较精深的专业知识和广博的社会知识，所以才得到了社会的欢迎。临近毕业，尤其是随着就业目标的确定，大学毕业生要通过毕业实习、毕业论文、毕业设计、社会实践等活动，进一步查找自己在知识积累、掌握和运用等方面的薄弱环节，抓紧时间充实和完善自己的基础知识和专业知识。同时，还要根据社会需要来调整自己的知识结构、拓宽知识面，以增强自己的适应能力。

（2）知识的结构化和系统化。大学毕业生要将多年积累起来的零散知识进行分类和整理，围绕自己既定的就业目标，对自己所掌握的知识进行合理组合、恰当调配，使其形成一个有层次的、可协调发展和更新的动态结构。

（3）尽可能地将理论知识运用于实际。只有这样，才能使自己的知识积累转变为解决问题的能力。毕业生还可利用高等院校有利的学习环境，不断对自己的知识体现进行补充和更新，以增强自己的竞争能力。

走出校门的各类大学毕业生，虽然有了一定的知识积累，但并不等于有了各类职业岗位所需要的应用能力。知识不能和适用能力完全画等号，所以大学生在完成学习任务的情况下，应争取更多地培养一些适用社会需要的实际应用能力。在某种意义上说，能力比知识更重要，大学生只有将合理的知识结构和适用社会需要的各种能力统一起来，才能在求职择业中立于不败之地。

8.2.4 就业信息的准备

1. 就业信息的内容

就业信息的内容十分广泛，作为初次择业的大学毕业生应主要了解以下 3 个方面的就业信息。

1) 就业政策

（1）了解国家就业方针、原则和政策。就业政策是根据国民经济发展战略和人才培养、使用目的的客观要求而提出的，是根据各个不同时期的政治、经济任务而制定的。随着国家整体政治、经济任务的变化而变更，它是毕业生就业的出发点和归宿，是不能违背的。大学毕业生只能在国家就业方针、原则和政策所规定的范围内，根据个人的情况选择职业。

（2）了解相关的就业法律法规。国家通过法律法规来管理调节和规范组织的活动和个人的活动、排除组织之间的纠纷、制裁违法行为。法律法规既赋予组织和个人进行各项活动的权利，又赋予了组织和个人同一切侵犯自己合法权益做斗争的有效手段。如果依法办事，不仅可以取得合法权益，而且可以捍卫自己的正当权利，减少不必要的损失。由于我国人才市场机制尚不完善，因此出现了不少违纪犯规现象，作为大学毕业生来说就必须清楚地了解就业法规、法令，学会用法律来保护自己。目前已出台和施行的有《中华人民共和国劳动法》《中华人民共和国反不正当竞争法》《中华人民共和国劳动合同法》等。

（3）地方的用人政策。各地区、各单位根据国家的有关规定，结合本地区、本单位的情况，对毕业生的引进、安排、使用、晋升、工资、待遇等制定了一系列更为具体的规定，如北京市关于外地生源在北京地区就业的规定等。不少地区为了吸引人才，还制定了许多优惠政策，这是大学毕业生应该了解的。

（4）学校的有关规定。为了调动学生学习的积极性、保证毕业生就业的顺利进行，学校一般会根据国家的政策要求制定若干补充规定，这也是毕业生应该了解和遵守的。

2) 就业方法

（1）就业体制。毕业生应该清楚毕业生的就业由国家的哪个部门或哪个机构来负责管理指导，地方各省、市、区的哪个部门或哪个机构来负责管理指导，学校的哪个部门或哪个机构来负责管理指导。这样，当毕业生在求职过程中遇到了困难和问题时，就可以随时向有关的机构咨询。

(2) 就业范围。目前，学校管理体制是国家、地方两级管理，因而培养出来的学生将在不同的范围内就业。例如，国家教育部所属院校培养的毕业生一般可在全国范围内就业，地方省、市、自治区所属院校培养出来毕业生，一般只能在本省、市、自治区范围内就业。另外，定向生、委培生、享受专业奖学金的毕业生的就业范围也都有明确规定。

(3) 就业程序。什么时间开始和终止联系单位；签订就业协议必须履行哪些手续；在学校规定的时间内没有同用人单位签订就业协议，户口和档案将转到何处；调整改派的程序和手续等问题，毕业生都要搞清楚。

3) 供求信息

(1) 了解国家政治经济建设方针、任务和发展战略，了解产业的分类与结构以及随社会发展，产业结构的调整和变化趋势；了解职业的分类与结构以及该职业发展的趋势，使自己总揽全局，更好地把握自己，在国家建设的大背景下找到自己的正确位置。

(2) 当年毕业生总的供求形势，即：与自己同时毕业的学生全国有多少，而用人单位的需求有多少，是供大于求，还是求大于供，或者两者基本平衡；哪些专业紧俏，哪些专业供大于求等问题。

(3) 本专业培养目标、发展方向、适用范围，对口单位的情况。

(4) 同自己专业直接对口或相关的行业、部门和单位的现状和发展趋势。

(5) 用人单位的信息。在大学生选择单位时，往往会出现这样一些错误：对用人单位情况不甚了解，又没有一定的对比，于是在择业时带有很大的随意性和盲目性，如只挑选大城市而不问用人单位的性质、业务范围；盯着有"关系"的单位，企图靠"关系"得到提拔和重用，还有的只图单位名称好听就盲目拍板等，这些都是片面的。那么如何避免一些假象，做到对用人单位有个比较客观的评价？关键在于掌握用人单位的信息。

2. 获取信息的渠道

1) 学校的毕业生就业工作主管部门

学校的毕业生就业工作主管部门，是学校对毕业生进行就业政策咨询和就业工作指导的职能部门。多年来，它们与各部委、各省市的毕业生就业计划部门和调配部门以及各用人单位，都保持着密切的、长期的工作联系，掌握着很多用人单位的资料介绍和社会需求信息。而用人单位对他们有信任感和依赖关系，在长期合作的实践中已经形成了稳定而可靠的供需信息网络。因此，从学校的毕业生就业工作主管部门得来的信息，一般都具有较强的针对性和可靠性，是毕业生获取社会需求信息的主要渠道。

2) 院系分管毕业生就业工作的老师

他们是具体负责本院系毕业生就业工作的，同一定范围内的相关用人单位有着广泛的接触，就业指导经验也比较丰富。一般来说，学校的就业工作主管部门所收集到的社会需求信息也会及时通报到他们那里，因此他们也是毕业生获取社会需求信息的主要途径之一。

3) 报纸、杂志、广播、电视等传播媒体

各级各类企事业单位、三资企业、民办企业等用人单位常常通过报纸、杂志、广播、电视等新闻媒体传播自己对毕业生的需求信息。教育部高校学生司、全国高校毕业生就业指导中心、中央各部委的人事部门、各省市的毕业生就业工作主管部门（包括计划部门和调配部以及地方或用人单位的人事部门等）也经常通过各种媒体发布本系统、本地区或本单位对毕业生的需求信息，这些都是毕业生收集需求信息的有效渠道。

4）人才市场和毕业生供需见面会

目前，我国的人才市场（含大学毕业生就业市场）且初具规模，各用人单位实行信息联网，他们把自己的人才需求信息输入计算机网络，为高校毕业生提供信息服务与咨询。此外高校举办的供需见面会也为用人单位和毕业生提供了直接见面的机会，使双方可以互相选择并达成协议。通过这种途径得到的信息或签订的协议比较直接和准确，用人单位和毕业生双方都比较满意，所以成功率通常比较高。

5）亲朋好友及家人

对于在校生而言，个人的接触总是有限的，拓宽社交范围会得到许多有价值的信息。亲朋好友及家人统称为"人脉"，是最直接的社交范围。由于家长、亲友与毕业生的特殊亲情关系，在帮助了解就业信息或推荐就业时会更加主动、热情并不遗余力。因此在毕业生不妨经常与他们保持良好的关系，经常联系，并设法让他们了解自己的求职方向，以便让他们向你提供更准确更适合你的就业信息。这种方法虽然有一定的盲目性，但也不妨试一试。

6）网上求职

随着网络时代的到来，网上求职已成为毕业生求职的一种时尚。所谓网上求职，简单地说就是指通过电脑上互联网，一方面可以了解社会职业需求和用人单位情况；另一方面也可以发布个人求职信息，建立供需双方联系，最终获得职业岗位的过程。有条件的同学应该对这一渠道给予更多的重视。

国内各大招聘网站、各大公司的网站都是可获取招聘信息的来源。大家应该多注意、多浏览的网站有中华英才网（http://www.chinahr.com）、前程无忧网（http://www.51job.com）、智联招聘网（http://www.zhaopin.com）、应届生求职网（http://www.yingjiesheng.com）以及各大院校的就业网和BBC、各大公司的官方网等。

8.2.5 着装礼仪的准备

1. 服饰选择

应聘者的外在形象是给主考官的第一印象。外在形象的好坏在一定程度上会影响到能否被录用。面试时，一定要注意，恰当的着装能够弥补自身条件的某些不足，树立起自己的独特气质，使你脱颖而出。

1）男生

（1）春、秋、冬季，男士面试最好穿正式的西装。夏天要穿长袖衬衫，系领带，不要穿短袖衬衫或休闲衬衫。

（2）西装的色调要用给人稳重感觉的深素色为主，如藏青色、蓝色、黑色、深灰色等。

（3）配套的衬衫最好的选择是白色。

（4）领带应选用丝质的，领带上图案可以根据自己的爱好选择，最好是单色的，它能够和各种西装和衬衫相配；单色为底，印有规则重复的小型图案的领带，格调高雅，也可用；斜条纹的领带能表现出你的精明。领带在胸前的长度以达到皮带扣为好。如果一定要用领带夹，应夹在衬衫第三个和第四个扣子中间的位置。

（5）深色的袜子、黑色的皮鞋。皮带要和西装相配，一般选用黑色。皮鞋、皮带、皮包颜色一致，一般为黑色。

（6）眼镜要和自己的脸型相配，镜片擦拭干净。

(7) 钢笔一定不要插在西装上衣的口袋里，西装上衣的口袋是起装饰作用的。

2）女生

(1) 面试时的着装，要简洁、大方、合体。职业套装是最简单，也是最合适的选择。

(2) 裙子不宜太长，这样显得不利落，但是也不宜穿得太短。

(3) 低胸、紧身的服装，过分时髦和暴露的服装都不适合面试时穿。

(4) 春秋的套装可用花呢等较厚实的面料，夏季用真丝等轻薄的面料。衣服的质地不要太薄、太透，薄和透有不踏实、不庄重的感觉。

(5) 色彩要表现出青春、典雅的格调。用颜色表现你的品位和气质，不宜穿抢眼的颜色。

(6) 丝袜一定要穿，以透明近似肤色的颜色最好。要随时检查是否有脱线和破损情况。

(7) 穿样式简单、没有过多装饰的皮鞋，后跟不宜太高，颜色和套装的颜色一致，如果你不知道如何配色，最简单的办法就是穿黑色的皮鞋。在面试时不宜穿凉鞋。

(8) 如果习惯随身携带包，那么包不要太大，款式可多样，颜色要和服装的颜色相搭配。

(9) 佩戴饰物应注意和服装整体的搭配，最好以简单朴素为主。

2. 仪表

仪表指人的外表，包括人的容貌、姿态、服饰和个人卫生等方面，是人精神面貌的外观。仪表在人际交往的最初阶段，往往是最能引起对方注意的，人们常说的"第一印象"产生多半就是来自一个人的仪表。

在面试之前，除了要做好面试所需要的各项准备，如果还能够利用 5 分钟对自己的仪表进行检查的话，保持良好的仪表，可使自己的心情轻松、充满信心，也可使其他人感到舒畅。

1）男生

(1) 短发，清洁、整齐，不要太新潮。

(2) 精神饱满，面带微笑。

(3) 每天刮胡须，饭后洁牙。

(4) 短指甲，保持清洁，定期修剪。

(5) 领带紧贴领口，系得美观大方。

(6) 西装平整、清洁；西裤平整，有裤线。

(7) 西装口袋不放物品。

(8) 白色或单色衬衫，领口、袖口无污迹。

(9) 皮鞋光亮，深色袜子。

(10) 全身 3 种颜色以内。

2）女生

(1) 发型文雅、庄重，梳理整齐，长发不应披散，要用发夹夹好或束辫，不能染鲜艳的颜色。

(2) 化淡妆，面带微笑；如果抹香水，应用香型清新、淡雅的。

(3) 嘴巴、牙齿：清洁、无食品残留物。

(4) 指甲不宜过长，并保持清洁。若涂指甲油，须自然色。

(5) 着正规套装，大方、得体；若穿裙子，长度要适宜。

(6) 肤色丝袜，无破洞。

(7) 鞋子光亮、清洁。
(8) 全身3种颜色以内。

8.2.6 书面材料和物件的准备

1. 书面材料准备

书面资料包括毕业生推荐表、求职信、简历、成绩单及各种证书，已发表的文章、论文、取得的成果等。这些是求职前必备的材料，多复印几份，用文件夹归类，这样就避免忘记把某些资料遗漏了。

准备一个求职申请记录文档。应届毕业生一般会投出很多简历，为了避免忘记和混淆，可准备一个小本子记录下已投递简历单位的情况。求职申请记录的内容可包括已申请的公司名称、职位、申请时间等，还可以将笔试、面试的一些情况记录下来，作为自己总结思考的材料，使自己不断进步。如果愿意还可将这些材料发布到网上与别人交流，积攒人品。面试前再翻看求职记录本，充分了解这次面试岗位的情况。面试前带齐如身份证、毕业证、获奖证书等所有可能用到的资料。

2. 物件准备

面试前，要准备好面试中可能需要用到的物件，包括公文包、求职记录笔记本、多份打印好的简历、面试准备的材料、个人身份证、登记照等，所有准备好的文件都应该平整地放在一个牛皮纸的信封里。

1) 公文包

求职时带上公文包会给人以专业人员的印象。公文包不要求买很贵重的真皮包，但应看上去大方典雅，大小应可以平整地放下 A4 纸大小的文件。

2) 笔记本

笔记本里面应记录有参加过求职面试的时间、各公司名字、地址、联系人和联系方法，面试过程的简单记录、跟进记录等。求职记录本应随时带在身边，以便记录最新情况或供随时查询。

3) 其他物件

还应准备好笔、简历、身份证、个人登记照、学历证书、所获奖励证书等备查文件的正本和复印件。如果面试时公司人事主管提出查看一些文件的正本而面试者又没有带的话，是非常尴尬和不礼貌的，这是面试礼仪中最应该避免的疏漏。

8.3 求职沟通中的语言技巧

语言艺术是一门综合艺术，包含着丰富的内涵。一个语言艺术造诣较深的人需要多方面的素质，如具有较高理论水平、广博的知识、扎实的语言功底。如果说外部形象是面试的第一张名片，那么语言就是第二张名片，它客观反映了一个人的文化素质和内涵修养。谦虚、诚恳、自然、亲和、自信的谈话态度会让你在任何场合都受到欢迎，动人的公关语言、艺术性的口才将帮助你获得成功。面试时要在现有的语言水平上尽可能地发挥口才作用，对所提出的问题对答如流、恰到好处、妙语连珠、耐人寻味，又不夸夸其谈、夸大其词。

8.3.1 求职沟通中语言技巧的重要性

1. 良好的语言沟通是双向交流的关键

大学毕业生在谋职过程中与用人单位形成的关系是一种双向交流关系,应试者既要向用人单位推销自己,同时也要主动认识了解和评估用人单位;不仅要回答问题,还要向招考人提出问题;你如果能提出有深度的问题,不仅能证明你有诚心做这份工作,还能证明你有较强的能力。

2. 摸清用人者心理,使沟通具有针对性

毕业生与用人单位进行语言沟通时,要考虑对方的背景。要针对机关事业企业等单位工作性质的不同特点来进行交流,即要考虑具体交际对象的特点情况,考虑不同的用人者"择才"的不同角度。

3. 突出"特"字

在语言沟通中,求职者要达到理想的交流效果,应该使语言表达体现自己的特色和个性风采。几乎所有的用人单位都希望录用有良好个性的人,特别是充满热情和活力的毕业生。

8.3.2 求职电话的语言技巧

见到心仪职位后如何与公司方进行电话联系?面试后如何打电话询问结果?突然接到公司打来的电话面试怎样从容应对?接到猎头电话如何巧妙对答?如今,电话作为最为便捷的通信工具之一,被频繁地运用于应聘双方的初次沟通上。"会打电话",求职者要非常关注和学习的一课。

1. 刚刚看到求职广告后拨打电话的技巧

> **相关案例**
>
> 小王下午 5 点多在报摊上买了份招聘类报纸,查阅到了一个心仪职位。为在第一时间与招聘方联系,就立刻拨通了对方电话:"喂,请问是××公司吗?我看了报纸,想来应聘……"还没等她说完,对方就表示人力资源部负责人正在开会,并且下班时间快到,没空细聊,但还是记下了她的手机号码,表示第二天会联系她。
>
> 小王没有在合适的时间找到合适的人,主动致电变为了被动等候,是一次很失败的电话应聘。

(1)选择恰当的通话时间。一般来说,电话求职应该在对单位较为了解的情况下使用,例如,自己曾经实习过的单位、曾经发送过求职简历的单位或曾经有过联系的单位。这样的单位自己比较了解,容易掌握更多的信息,尤其是人事部门的信息,也能够找到更多的话题沟通。打电话的时间一般应选在上午 9~10 点比较合适(周一一般不打电话),最好不要刚上班就打电话,要给对方一个安排工作的时间。下午 4 点以后也不宜再打电话。

(2)找到合适的人。求职者要注意广告上的联络人姓名,避免转接或误接,甚至给人留下糊涂的印象。

（3）找到安静的环境。不要在喧嚣的马路或吵闹的环境下打电话，避免漏听、重复叙述的情况发生。

（4）尊称和礼貌用语。电话接通后第一件事就是有礼貌地问候"老师您好"。"老师"被当作一个广泛的称谓，不一定特指学校里的老师。此称呼适用于初次打电话，在不了解受话人的身份的情况下表示对对方的尊重。但当得知对方的职务、身份、姓氏以后，则应该改称对方的职务，如××主任等。

（5）通话的时间不宜过长。要注意控制双方的通话时间，尤其是要控制自我介绍的时间，力争在2分钟内将自己的情况向用人单位介绍清楚。

（6）准备通话要点。虽然是简单应聘，但还是需要准备好问题，以免遗漏。如职位要求、招聘人数。简单概括出自己符合职位的特长和擅长的技能，简明扼要地介绍自己的经验。询问招聘流程、面试时间、上岗时间等。

（7）拉近与用人单位的距离。如"我是××学校××专业的应届毕业生，听说咱们单位需要一个××专业的毕业生"很有代表性，一个小小的"咱"字拉近了彼此的距离，当然类似的技巧一定要根据实际情况灵活运用。但如果是师兄师姐介绍你去他们所在的单位应聘，最好事先弄清师兄师姐同你电话联系对象的关系，如果两人较生疏甚至有矛盾，最好不要在对方面前表示你和师兄师姐的关系特别好之类，万灵的办法是一般校友关系。

2. 突然的电话面试技巧

相关案例

小王正在逛街，突然接到某公司的电话面试。此时周围有商场背景音乐和人群的嘈杂声，对面试不利。于是小王非常礼貌地告诉对方："不好意思，我正在外面，环境比较吵闹，是否能过10分钟给您打回去？"对方应允，并留下电话。

资料来源：http://www.ce.cn/district/zfzx/wnfw/200604/30/t20060430_6863527.html.

很多企业在收到简历后，为节约时间，会先通过电话面试做初步筛选。电话面试会准备几个目的性问题，用以核实求职者的背景，考察求职者的语言表达能力。通话时间一般在15~20分钟。不管企业是否有电话面试环节，为获取胜率，求职者最好还是做好充分准备以备不时之需。这样当突然接到来电时就可顺畅对话。若接电话时正好有事，上面这位求职者的做法值得借鉴，同时也可利用"时间差"来理清思路。"喂，您好""请问""谢谢"等礼貌的电话用语能给自己加印象分。此外，电话面试还应做好以下几点：

（1）拿着简历回答问题。若接电话时正好手边有简历，记住一定要把它拿出来，对照着回答问题。一般来说，面试方会进行常规的简历信息核实。对于一些跳槽多次、工作经验复杂的求职者，对照着简历可以避免错报数次以及跳槽时间等内容，免得留下"不诚实"的印象。

（2）在手边准备纸和笔。有时公司会出一些小技术题或逻辑题请应聘方回答，手边有纸笔可方便记录和计算。

（3）注意语速。人的语速有很大差别，注意尽量配合面试官的语速。若面试官语速相对较慢，你就该放弃一贯快速的说话方式，转为和对方语速同步。同时注意不要抢话，要等对方提问完毕后才回答。另外，回答时不要滔滔不绝，也不能只答"是"或"好"。

（4）控制语气语调。在通话时要态度谦虚、语调温和、语言简洁、口齿清晰，并且语气、态度也应该配合对方，这样有利于双方愉快地交流。

8.3.3 自我介绍的语言技巧

自我介绍一般应注意以下几个方面：

（1）要突出个人的优点和特长，并要有相当的可信度。特别是具有实际管理经验的要突出自己在管理方面的优势，最好是通过自己做过什么项目这样的方式来叙述一下，语言要概括、简洁、有力，不要拖泥带水、轻重不分。重复的语言虽然有其强调的作用，但也可能使考官产生厌烦情绪。因此重申的内容，应该是浓缩的精华，要突出你与众不同的个性和特长，给考官留下几许难忘的记忆。

（2）要展示个性，使个人形象鲜明。可以适当引用别人的言论，如老师、朋友等的评论来支持自己的描述。

（3）坚持以事实说话，保持自然。少用虚词、感叹词之类；事例要符合常规，介绍的内容和层次应合理、有序地展开。要注意语言逻辑，介绍时应层次分明、重点突出，使自己的优势很自然地逐步显露。

（4）标准用语。尽量不要用简称、方言、土语和口头语，以免对方难以听懂。当不能回答某一问题时，应如实告诉对方，含糊其辞和胡吹乱侃会导致失败。

8.3.4 面试中的语言技巧

1. 谦虚谨慎

面试和面谈的区别之一就是对方往往是多人，其中不乏专家、学者，求职者切不可自以为是、不懂装懂，讲话要留有余地。在参加"集体式、讨论式"面试时，要正确发表自己的观点，不要随意攻击他人，以抬高自己，因为这样做也是不谦虚的表现，只能减少自己的面试分数。

2. 扬长避短

性格外向的人往往容易给人留下热情活泼、思维敏捷但不深沉的印象，这类性格的人在面试时讲话的节奏要适当放慢，语言组织得当，要注意给人以博学多才、见多识广的良好印象；性格内向的人则容易给人留下深沉有余、反应迟缓的印象，在面试时这类性格的人要力争早发言，并就某一重大观点展开论述，以弥补自己性格上的不足。

3. 避免表达含糊和有歧义

如有考生叙述大学期间某次期中考试期间，他以学生会干部的身份发起了一次"考试不作弊"的活动。该考生用，"中考"来指"期中考试"造成考官们误以为初中毕业升高中的考试。这就是一个很典型的歧义用语。

4. 指代清楚

口语不同于书面语，后者可以大量使用代词，而读者有足够的视觉空间容纳上下文，因此，代词使用得多没关系。而口语速度快，如果代词用得太多，考官难以根据上下文（根本无下文）来分清指代关系。尤其是"他""她""它"在口语中是分不清的，因此考生在考场上为了避免指代不清造成的误解，可以少用人称代词，能用姓名的地方尽量用姓名。

5. 情节叙述需提供确切信息

有些考生回答问题不紧扣题意，泛泛而谈，例如，被问到对过去的某件过失怎样认识时，考生回答："有一次我做错了一件事情，我觉得……"这样的回答由于未提供足够的信息,是没有意义的。

6. 避免使用语义含糊的词语或句式

有些词语本身就语义含糊,一些句式也是这样,如"可能""也许""如果必须作出结论的话……"等。

7. 不要随意省略主语

日常生活中人们的口语可能很随便,经常在谈话的双方都明白时省略主语,如"昨天去哪了?"对方不会听不懂。但考场上即使双方都能理解的情况下,也最好不要随意省略主语。面试考场上应使用较正式的口语,尤其是必须注意对考官的称呼不能省略,如考生询问"我的观点对吗?"就不如"刘处长您认为我的观点对不对?"的说法好。

同样的道理,日常口语中顺序颠倒的说法也不应该省,如"来了,您!"应该说:"您来了!"

8. 语言比例

与考官的语言比例最好是6:4。

面对不同考官的面试技巧

(1) 喜标新立异的提问者——大多好卖弄学问。

他们的兴趣是把你逼入"死角",因此会提出一些不着边际的问题,以此难倒求职者。对此,你最好尽快"认输",否则,会遇到更大的难题。

(2) 喜欢大谈本单位者——最容易对付。

他们对本单位有浓厚的"敝帚自珍"感,总想让求职者了解自己的成功之处,因此,总是在"推销"自己的单位。对此,你只要多吹捧,大多能成功。

(3) 激将式——这是面试官用来淘汰大部分应聘者的惯用手法。

采用这种手法的面试官,往往提问之前就会用怀疑、敏锐、咄咄逼人的眼神逼视对方,先令对方心理防线步步溃退,然后猝不及防地用一个明显不友好的发问激怒对方。①"你的经历太单纯,而我们需要社会经验丰富的人。"——"我确信如果有缘加盟贵公司,我将会很快成为社会经验丰富的人,我希望自己有这样一段经历。"②"你的性格过于内向,这恐怕与我们的职业不合适。"——"据说内向的人往往具有专心致志、锲而不舍的品质;另外,我善于倾听,因为我感到应把发言机会多多地留给别人。"③"我们需要名牌院校的毕业生,你并非毕业于名牌院校。"——"听说比尔·盖茨也未毕业于哈佛大学。"

(4) 诱导式——面试官往往设定一个特定的背景条件,诱导对方作出错误的回答。

你的回答就需要用模糊语言来表示。如"依你现在的水平,恐怕能找到比我们企业更好的公司吧?"如果你的答案是"Yes",那么说明你也许正脚踏两只船,"人在曹营心在汉";如果你回答"No",又会说明你缺少自信,或者你的能力有问题。对这类问题可以先用"不可一概而论"作为开头,然后回答:"或许我能找到比贵公司更好的企业,但别的企业或许在人才培养方面不如贵公司重视,机遇也不如贵公司多;或许我能找到更好的企业,我想,珍惜已有的最为重要。"把一个"模糊"的答案还给了面试官。与此类似的还有一种误导式,面试官早有答案,却故意说出相反的答案。若你一味讨好,顺着面试官的错误答案往上爬,面试的结论一定是:此人无主见,缺乏创新精神。

8.4 求职沟通中的策略技巧

求职，谁都想一次成功，但在一般情况下都不能如此，因此，求职者就应有不怕失败的韧性准备。

在求职的路要讲究一定的策略，才能在众多的应试者面前脱颖而出。

相关案例

松下电器创始人松下幸之助，原本家里很穷，全靠他一人养家糊口。他去一家大电器厂求职，身材瘦小的他来到厂人事部，说明来意，请求安排一个工作最差、工资最低的活给他。人事部主管见他个头瘦小又很肮脏，不便直说，随便找了个理由：现在不缺人，过一个月再来看看。人家原本是推托，没想到一个月后的一天，松下真的来了。人事部主管推辞说没空。过了几天，松下又来了。如此反复多次，人事部负责人说："你这样脏兮兮的进不了厂"。于是松下回去借钱买了衣服，穿戴整齐地来了。人事部负责人看没办法，便告诉松下："关于电器的知识你知道得太少，不能收"。两个月后，松下又来了，说"我已学了不少电器方面的知识，您看哪个方面还有差距，我一项项来弥补"。人事部主管看他看了半天才说："我干这项工作几十年了，今天头一次见到你这样来找工作的，真佩服你的耐心和韧性"。松下终于打动了人事主管，如愿以偿地进了工厂，并经过不懈努力，成为经营之神。

资料来源：余世维. 有效沟通：管理者的沟通艺术[M]. 北京：机械工业出版社，2006.

8.4.1 差异性求职策略

1. 讲故事策略

不会讲故事的人是不懂求职技巧的人。

在实际的招聘过程中，许多求职者都习惯于按传统的方式对自己进行介绍，按照个人信息、成绩、成就、品德和性格描述、能力介绍等内容一是一、二是二地陈述。每天面试官面临求职者如出一辙的自我表白，很难会有什么良好的感觉。但如果能在招聘的过程中，听到一点新鲜的事情，听到一两个生动感人的求职者的故事，对故事的主人公一定会产生与其他人不同的感觉。

讲故事一定要真实、真诚、投入，要真正进入到自己的故事中，要讲发生在自己身上的故事，讲自己最有感触的故事，讲述最能体现自己优良品德的故事。但讲故事不能编造、不能移植。编造故事渲染和衬托自己的人，一定会心虚。求职者要根据自己的真实经历，总结和升华自己身上正面的、积极的因素，真诚而投入地向面试官讲出来。

凡是能投入地讲过自己故事的人都能给人留下深刻的印象。有的故事虽然很平凡，但只要可信、真诚，他就很容易取得面试官的好感。有一位同学作自我介绍讲到自己在大学里的收获时，讲述了一个他参加学校运动会的故事。他说，有一次，他参加了学校的长跑，中途不小心摔倒在地上，当时，膝盖流了不少的血，同学们扶起他，劝他下场。但他说，我不光是为我自己在跑，我还是为集体、为我们的团队在跑，我不能中途退场。于是他坚持跑完了剩下的几百米，全体观看的同学们都为他鼓掌，他感到一种集体的荣誉感在驱动着他，是学校坚强自立的精神在鼓舞着他，他认为这是他在大学里学到的最重要的东西之一。

当他真诚、投入地讲完他的故事时，面试官们都在认真而仔细地倾听，并不时地点头。他不用告诉面试官，我是一个有强烈集体荣誉感的人，是个坚强的人，讲故事就可以代替苍白无力的、让人听过就忘的自我表白，使人更相信、记忆更深刻。

在求职中讲故事是一个求职者懂得求职技巧与否的一个重要标志。讲故事更能吸引面试官的注意，引起面试官的思考，获得面试官的信赖。我们要牢牢地记住一点：获得面试官的信赖是求职成功的关键，尤其是初级岗位的工作，只要面试官信赖你了，获得聘用是再简单不过了。

相关案例

宝洁的求职表是全英文的，问得特别详细，小王花了整整一个晚上翻英文词典逐栏填写。他知道宝洁希望通过这份表考查求职者的团队协作精神，哪怕一件小事仿佛都要写明来龙去脉。

大学时小王参加过各种社团活动和社会调查，但真正体现团队合作精神的不是很多，绞尽脑汁用漂亮的英语把自己装饰了一番，一个多星期后如愿以偿接到了面试通知。第一次的面试，宝洁面试方没有提令人措手不及的问题，问题都是围绕着简历内容。那份求职表特别烦琐，当时小王是把它当做作文来填写的，有些细节自己都不很清楚。毕竟没有真正经历过，光靠编造没有很深的印象。招聘的人不放过任何一个细节，让列举证明我的团队精神，小王开始现场编故事讲故事，故事中的每个环节都好像被提到很高的重视程度被反复询问。毕竟是"做贼心虚"，小王的思维开始混乱，手里都是凉汗，后来干脆不去看招聘的人。结果可想而知。

没有过的经历最好少写不写，被人追问的感觉真不好受。多参加一些面试，可以帮助你增强自信，获得更多的面试经验。

资料来源：http://gz.job128.com/news-govjob-102092.html.

2. 资料策略

一个好的销售人员每次拜访顾客时，都会给顾客带点什么东西。一条信息、一条建议、一份小礼物、一份资料，无论什么，每次都能给顾客一点。带一点有用东西的销售人员比什么都不带的销售人员，交易的成功率要高70%。求职也是一种销售，给你的顾客——面试官带点东西会增加把自己成功推销出去的几率。

相关案例

有一位同学去应聘当地一家有名的矿泉水生产企业，他应聘的是这家企业在本地的批发销售主管。面试前，他花了一周左右的时间，把这家企业在本地的各个批发点以及竞争对手在这个城市的批发点一一调查清楚。根据调查的结果，他把这家企业的批发点与竞争对手的批发点一一标在地图上，给这份地图命名为××矿泉水敌我战况分布图，并根据自己的调查分析，写了一份××矿泉水市场调查报告的文章。面试时，他将这两份资料和个人简历一同递给了负责招聘的营销副总，这位老总从头到尾、认认真真读了他的两份资料，没有同他说任何问题，只是告诉他3天后直接到他的办公室来。第三天，他到公司后，副总直接将他安排到了营销部，从事批发销售主管工作，没有对他进行任何面试，也没有提任何的问题。实际上，这位面试官已经不需要提什么问题了，两份资料说明了一切问题，这是一位负责、认真、有心的人。

知己知彼，百战不殆，充分准备应聘单位的战略信息，为自己和企业都提供了市场机会。

资料来源：李晓.沟通技巧[M].北京：航空工业出版社，2006.

在面试前，如果你对应聘企业做了深入的调查和研究，你就应该将你的调研成果向面试官展示出来，你可以带给他这些东西：①一份企业客户调查报告；②一份竞争对手调查报告；③一项企业市场分析报告；④一份行业发展趋势的摘要报告；⑤一份企业市场促销活动的建议报告；⑥一份消费者评价调查报告。

你还可以根据自己的应聘岗位与企业的具体情况，写出各种你认真思考、深入研究的，与企业密切相关的各类文章、建议等。带着你的东西，在与面试官面谈时给他，向他们展示你认真投入的、让企业有所收获的材料，面试官一定会被你打动。这些材料马上就会让你与众不同、脱颖而出，立刻让面试官牢牢记住你。

3. 心理策略

求职就是打心理战。在求职过程中，让面试官获得各种积极、正面、良好的心理感受，求职就成功了。

有一位同学在面试前，专门到鲜花店买了几束鲜花，他把鲜花带到了面试室，在进入面试室开始谈话前，他给几位面试官分别献上一束鲜花，他说，今天，我很高兴，也很兴奋，我希望我所尊重的人能同我分享我的感受，所以我把花献给你们，希望你们今天的招聘能很愉快。

对于这些面试官而言，可能有人从未得到过别人送的花，最起码从未在招聘现场得到过鲜花，这一定是一件令他难以忘怀的事，甚至是他一生中都不会忘记的事。实际上，当这位同学把鲜花给面试官的时候，面试官就已经欠下了他的人情，求职者就已经鹤立鸡群，与众不同，让面试官牢记在心了。

在进门与面试官开始正式谈话前，求职者可以有各种方式吸引面试官的注意力，如制作一份你自己独具个性的小名片等。总之，求职者在进门这一环节必须采取有效的措施，引起面试官的注意和兴趣，为实现求职目标打下良好的基础。

引起面试官的注意和兴趣，我们一直强调应该是正面的、积极的和良好的感觉，不要用有可能会产生负面影响的形式，如怪异的打扮、性感妩媚的装束等。这些的确能引起注意，但结果却可能会影响求职者达到自己的目标。

4. 共鸣策略

人与人的交流和沟通有多种形式，但一般情况下，不会涉及自己的过去，也很少会谈起从前的时光。但一旦交流和沟通中有了对过去美好时光的某种回忆，对过去难忘岁月的感慨，交流者之间就有了共鸣，也就容易打开对方的心扉，心理距离也会因此进一步拉近。在求职中，求职者如果对面试官做了深入的调研、了解面试官的过去，如在艰难条件下取得成就等，应该有意识地从自己谈起，自然提及面试官难忘的日子、人物和事件，让面试官回忆起年轻时代的他，并与你产生共鸣，你们就会有共同语言。

相关案例

有一位食品公司的小店业务员，他的工作就是拖着一车货物沿街边小店进行小店铺货和销售，一天上午他来到一家小店门前，还未开口店老板就指着他说，"你不要过来，我不会买你的货，我还没开张，不要烦我。"最后，当他离开这个小店时，店老板把一车货全买下了，他是如何做到的呢？

他对店老板说:"我有点累了,能不能在你店前歇口气,稍微休息一下就走?"他第一个阶段的目标就是要缩短双方的距离、争取沟通的机会,店老板无奈同意了他的要求,第一阶段的目标实现了。接着他开始了自述:"其实我也真的不想做这个工作,每天遭人白眼、被人拒绝、日晒雨淋的。但真的是没办法,下岗半年多了,老婆最近也下岗了,生活真的艰难",他真情实意地与老板谈起自己的艰难、自己的苦处。过了约10分钟,他收起东西准备离开时,店老板说话了,"你有多少钱的货?"他说有500元左右的货,老板说把货全部留下来吧,连价格、品种都没有多问,就花500元钱把货买下来了。老板告诉他:"我也是下岗不久才来做这个小店的,大家同是天涯沦落人。"这位业务员勾起了店老板的回忆,引起了店老板的情感共鸣,有了情感的沟通,交易就变得简单和顺利多了。求职也一样,我们要记住,共鸣是人与人沟通最好的催化剂。

资料来源:邱训荣. 推销技巧[M]. 南京:东南大学出版社,2004.

8.4.2 自荐求职策略

"毛遂自荐"的故事几乎家喻户晓,现代人常常把自荐求职比作毛遂自荐。但是今天的自荐求职与毛遂当年的情形已截然不同。毛遂自荐于君王困难之时,君王有求于人,毛遂的举动是为君王分忧,君王心中当然非常感动;而现代人自荐求职,则是有求于人。因此,自荐求职不管是口头还是书面,除了要有毛遂自荐的勇气,还应讲究策略。

(1) 要有谦虚的态度。自荐求职,不可避免地要谈到自己的能力和成绩,这时,一定要有谦虚的态度。古语道:自谦者人愈服之,自夸者人愈疑之。从心理上讲,对那些自高自大、自吹自擂的人,人们很难产生好感。领导和同事总是喜欢那些谦虚的人。因此,保持谦虚的品质,不仅是出于礼貌的需要,而且还能体现出一个人为人处世的品质。如果把能力都说成是自我奋斗的结果,把过去工作的成绩都说成是自己一个人干出来的,领导很可能会认为你在抢别人的功劳。假如使用了你,有朝一日你也会把大家做出的成绩说成是你的功劳,而这恰恰是领导和同事都不愿意接受的。事实上,一个人再有能力,也离不开老师或领导的培养;一个人取得了再大的成绩,也不可能完全是自己一个人干出来的。即使自己有某方面的专长,也要感激领导给予了你施展这种能力的机会。

因此,自荐时如果谈到自己的能力和成绩,不要只突出自己,而应把领导和同事摆在一定的位置。例如,说能力时,要强调是领导严格要求并给了机会,才使自己培养了这种能力;说工作成绩时,要强调这是靠领导的指导和同事们的协作取得的。这说明你心中装着别人,是一个谦虚而且能与别人和谐相处的人。而对这样的人,领导和同事是极为欢迎的。

(2) 要把自己的本事交代清楚,自荐求职,即推销自己。推销自己最有说服力的,就是自己的本事。用人单位选人肯定选用那些有能力、能干事的人。因此,在态度谦虚的同时,一定要把自己的能力和经历交代清楚,凭实力吸引对方,赢得对方的好感和信任。

交代自己的能力和工作经历,要做到"三要三不要":①要实事求是,不要言过其实;②要清楚明白,不要含含糊糊;③要突出重点,不要面面俱到,着重介绍最能体现自己才能的方面,如自己具备何种能力,适合做哪些方面的工作,曾经在哪方面取得过任何成绩。

(3) 对拟从事的工作能谈出独特的见解。自荐求职一般都有一定的意向,即你心中打算从事什么工作。如果能对想从事的工作谈出你的见解,有助于对方增强对你的印象、了解你的本事。为了避免出现偏差、增强效果,不要漫无目地泛泛而谈,更不要对别人熟悉的东西大发议论,自己的见解要具有独特性和深刻性,谈到点子上,使别人能认可。总之,要谈自己拿得准的见解，否则会有班门弄斧之嫌，并且还可能出现漏洞，甚至闹出笑话。例如，向电子公司自荐，而你的专业技术一般，最好不要对别人谈技术问题，而要在其他方面另辟蹊径，如果你在电子产品经营策略、市场分析、法律纠纷的解决等方面拿得准，就可以谈谈自己的看法。

（4）要学会适当地自曝弱点。俗话说："金无足赤，人无完人。"人都有自己的缺点和不足，因此，在大胆表现自己才能和成绩的同时，不妨也适当自曝弱点和不足。这样不但能体现出自己的谦虚和诚实，有时还能激起用人单位的好感。

有名大学毕业生在给用人单位领导的自荐信末尾这样写道："我是一名学生，来自农村，没有丰富的社会阅历，处理人际关系态度耿直，有时也喜欢感情用事，缺点和不足较多，恳请在您的指导下不断进步、完善自我。"后来，领导谈及此事时，对那名大学生自曝弱点的做法予以了肯定。

当然，自曝弱点要选好时机、把握尺度，弱点只是能力和成绩的点缀，不可说得过多，更不能夸大其词，否则会给人留下自卑和不可信赖的印象。

8.4.3 "研究对方，面陈其'过'"策略

通常情况下，求职应试总是要说恭维话，说用人单位怎么怎么好，以引起对方的好感而达到谋职的目的。但一味说好也未必能打动人，而说用人单位存在的不足，也未必不能不如愿。说不足说得有理有据，说得对方口服心服，常常也能达到求职的目的。南大天文学系一名女毕业生曾在参加宝洁公司主考官最后一轮面试时，大胆指出宝洁公司的不足并列举国外的事例加以佐证，使对方不得不折服，结果她被首先选中。

面陈其"过"之所以能胜过别的求职者，不仅是因为技巧新，而且表明：你已经在关心该单位、研究该单位，并且投身于该单位未来发展之路的探索了；你想到这个单位来工作是认真的、是目标专一的，而不是抱着"进得了再说，进不了拉倒"的心态来随便试试看的。此外，你说得令人信服，还表明你研究之深、水平之高。这些都能帮助你获得求职的成功。

8.4.4 "'入乡不随俗'，坚持主见"策略

求职应聘不附和、不随俗、不从众，是有主见的表现，这也是胜过别的应聘者的长处。有一家公司招聘办事处人员，老总对每位通过初试者都说了这样一句话：如今像我们这样好条件的单位不多，你运气真好，已经跨进了一只脚。结果所有赞同此话的应聘者均被淘汰，只有一位持不同意见者反倒入选。她说："其实我并不觉得贵公司条件有多好，只是感到比较适合我的专业，而且觉得最后能不能入选，关键在实力而不在运气"。老总对此大加赞赏，认为像这样有主见、敢于提出不同看法的表现，非常难能可贵。

8.4.5 "迂回前进，侧面进攻"策略

许多人对自己所学专业不以为然，但却对业余爱好如痴如醉，总企盼有一天能将自己的职业生涯与兴趣爱好统一起来，但凭自己的业余爱好和兴趣求职，从来具有相当的难度。正因为如此，王伟达在求职时如果正面求职十之八九会碰壁，于是他改变了策略，来了个迂回前进，侧面进攻，以一叠人像和风景艺术照片来展示自己具备了从事专业摄影工作的能力，利用总经理的出言不慎，迫使其满足了自己的求职愿望。

> **相关案例**

王某上的是师范大学,在学校里他是一个"超级"摄影爱好者,曾当了两个学期的大学摄影协会的副会长。临毕业时他不想当教师,而要在摄影天地里一展身手,于是他看中了一家台资艺术及广告公司后,就登门求职了。

见到了公司总经理,王某开诚布公地表达了求职的愿望。总经理看着履历表上的"专业:教育学"一栏时,露出了一丝无奈且有些藐视的笑容。这时,王某及时拿出一叠彩色人像和风光照片,请总经理欣赏,并附言道:"这些照片的摄影艺术是不是不错?起码达到了摄影的一般要求,如果稍加提高,那么一定会深受摄影爱好者的喜爱。"总经理此时深感赞同地点了点头说:"可以说这些摄影照片的作者的技术还是不错的,你若能达到这个水平,我们可以考虑聘用你。""既然总经理先生这样看重这些作品,那么,我就不谦虚地说,这些摄影作品的作者就是我。"王某顺势抢口说道。总经理惊愕了,于是"君子一言,驷马难追",王某如愿以偿。

采取正面求职,或许会遭到直接拒绝,有的时候采用迂回进攻,或许会得到意想不到的结果。

资料来源:红霞. 面试技巧[M]. 北京:中国科学技术出版社,2006.

8.4.6 "学历不在高,有能力则灵"策略

举例说明。有个外贸单位要招聘几位整理货单的报单人员。因为是外贸单位,应聘的人员众多,其中有大专学历的,也有中专毕业生和职校毕业生,他们都在学校里学过一些外贸知识,也懂一点外文。

不少应聘人员认为报单一般只要能弄清上下道工序、单据的流程,能看得懂单据上的英文就行了。当然,这个岗位的基本要求也确实如此。经过面试大约有十余名应聘者进入面试,其中有大专生,也有中专生、职校生。面试的结果,大多数应聘者均被告知回家等待通知,却有一名职校生小李被外方经理当场宣布录用。

原来,小李在参加面试时,能用一口流利的英语与主考的外方经理交谈,而且对答如流,相互沟通十分融洽。在其他业务水平相仿的情况下,外方经理发觉这是一位不可多得的人才。因为在公司工作的所有员工中,能用一口流利的英语与别人交谈并能交流业务上的有关问题的人还很少,哪怕是具备很高学历的员工也很难做到这一点。所以,外方经理决定优先录用小李。

工作业务技能是与所从事的工作紧密相关的业务技术和能力,它不同于高学历的标准。所以,要谋求某份工作,一定要力求在这一工作上有胜人一筹的业务技能。尽管是通才,尽管是高学历,但在某一工作上的业务技能较低,仍然不具备求职竞争的决定性优势。

胜人一筹的业务技能是付出比别人更大努力才能具备的。小李之所以能在应聘中取胜,其秘诀就在于当他在职校读书时,就已经暗下决心把英语学好,而且不是一般地按学校的要求学习常用口语之类的,而是要熟练地掌握英语,能用英语和别人流畅地交谈。为此,他读托福,争取各种机会学习口语。所以,在他应聘时,尽管他是职校毕业生,却以过人的英语运用能力脱颖而出。

求职的谋略和技巧远非以上这些,而且需要注意的是求职的谋略和技巧要在特定的环境或者一定的条件下才能使用,并不是无条件的。这需要求职者多方的观察和收集够多的求职信息,肯开动脑筋、虚心学习,才能找到更多更好的、适合自己的求职谋略和技巧。

【案例分析】

博士低调策略求职

有一位留学美国的计算机博士,毕业后在美国找工作,结果接连碰壁,许多家公司都将这位博士拒之门外。这样高的学历、这样吃香的专业,为什么找不到一份工作呢?

万般无奈之下,这位博士决定换一种方法试试。他收起了所有的学位证明,以一种最低身份再去求职。不久他就被一家电脑公司录用,做一名最基层的程序录入员。这是一份稍有学历的人都不愿去干的工作,而这位博士却干得兢兢业业,一丝不苟。没过多久,上司就发现了他的出众才华:他居然能看出程序中的错误,这绝非一般录入人员所能比的。这时他亮出了自己的学士证书,老板于是给他调换了一个与本科毕业生对口的工作。过了一段时间,老板发现他在新的岗位上游刃有余,还能提出不少有价值的建议,这比一般大学生高明,这时他才亮出自己的硕士身份,老板又提升了他。

有了前两次的经验,老板也比较注意观察他,发现他还是比硕士有水平,对专业知识的广度与深度并非常人可比,就再次找他谈话。这时他拿出博士学位证明,并叙述了自己这样做的原因。此时老板才恍然大悟,毫不犹豫地重用了他,因为对他的学识、能力及敬业精神早已全面了解。

讨论:

该博士运用了哪些求职策略和技巧?

【沟通游戏】

求职服饰礼仪

1. 目的

使学生掌握化妆技法;掌握西装穿着的规范、领带的系法以及上下、里外色彩的搭配。通过仪态的习练,纠正不正确的姿态,掌握正确的、高雅的仪态。

2. 参与成员

全体学生。

3. 要求

(1) 要求有西装的男生穿西装、系领带。

(2) 要求女生穿一套自认为色彩搭配最协调的服装,包括从里到外、从上到下。

(3) 同学之间可进行服装调配。

(4) 要求同学在课堂上先听清正确姿态的基本要领。

(5) 根据基本要领进行训练。

(6) 改正不正确的姿势。

(7) 要求同学在平时也能尽量做到姿势正确,以改正不正确的姿态。

求职举止礼仪

1. 目的

通过演练,纠正不正确的见面礼,掌握正确、优雅的见面礼和交际礼仪。

2. 参与成员

全体学生。

3. 要求

(1) 预习握手、介绍、鞠躬、递名片的正确姿势。

(2) 鞠躬礼要求个人训练。

(3) 握手、递名片两人一组训练。
(4) 介绍三人一组训练。

练习题

一、简答题

1. 如何培养求职沟通的能力？
2. 在面试中如何通过沟通成功求职？

二、实训题

1. 实训目的

很多职场新人都经历过这样的阶段：被安排在不受重视的部门，干着打杂跑腿的工作，得不到必要的指导和提携，时常还会面临无端的批评、指责，代人受过。心理学将这种职业状态称之为职场蘑菇。如何顺利地度过这个阶段，是每一个刚入职场的年轻人必须面对的课题。本次实训的安排正是为了帮助毕业生做好心理准备，更好地走出"蘑菇期"。

2. 实训名称

如何走出"蘑菇期"？

3. 实训内容

(1) 分小组调查 5 名工作一两年的大学毕业生，了解他们刚毕业时从事什么样的工作，目前在什么岗位，工作内容与自己的兴趣、特长是否吻合，重点调查工作中他们是否经历过职场"蘑菇期"，他们是如何应对这个特殊时期的。对调查结果做好记录。

(2) 整理并分析调查结果，确定一个顺利度过或不能度过"蘑菇期"典型的事例。

(3) 对于顺利度过"蘑菇期"的案例，分析其成功的原因；对于不能度过"蘑菇期"的案例，制定出相关的对策。

4. 实训指导

(1) 帮助学生了解并掌握几种常见的沟通方式。
(2) 指导学生根据调查目的确定调查内容。
(3) 指导学生分析、归纳调查结果。

5. 组织实施

(1) 分组调查并做好记录。
(2) 整理、分析调查结果，推举代表作小组发言。
(3) 总结归纳如何快速高效地走出"蘑菇期"的方法和对策。

6. 考核方式及成绩评定

(1) 实训小组个人的分工及表现，考核占 40%。
(2) 以"如何走出职场'蘑菇期'"为主题的小组发言，考核占 60%。

思考题

1. 不同的行业的主考官求职的准备材料是否相同？请举例说明。
2. 在求职过程中影响与主考官沟通的因素有哪些？请举例说明。

模块四

商务沟通中的礼仪和文化

第 9 章

商务沟通中的礼仪

SHANGWU GOUTONG ZHONG DE LIYI

【学习目标】

1. 掌握商务沟通的 6 项基本礼仪。
2. 掌握服饰礼仪、宴请礼仪的基本原则。
3. 理解宴会席位安排的类型。
4. 了解庆典礼仪。

【导入案例】

郑某是一家大型国有企业的总经理。有一次，他获悉有一家著名的德国企业的董事长正在本市进行访问，并有寻求合作伙伴的意向。于是他想尽办法，请有关部门为双方牵线搭桥。

让郑总经理欣喜若狂的是，对方也有兴趣同他的企业进行合作，而且希望尽快与他见面。到了双方会面的那一天，郑总经理对自己的形象刻意地进行一番修饰，他根据自己对时尚的理解，上穿夹克衫、下穿牛仔裤、头戴棒球帽、足蹬旅游鞋。

然而事与愿违，郑总经理自我感觉良好的这一身时髦的"行头"，却偏偏坏了他的大事。郑总经理的错误在哪里？他的德国同行对此有何评价？

根据惯例，在涉外交往中，每个人都必须时时刻刻注意维护自己的形象，特别是要注意自己正式场合留给初次见面的外国友人的第一印象。郑总经理与德方同行的第一次见面属国际交往中的正式场合，应穿西服或传统中山服，以示对德方的尊敬。但他没有这样做，正如他的德方同行所认为的：此人着装随意，个人形象不合常规，给人的感觉是过于前卫，尚欠沉稳，与之合作之事当再作他议。

资料来源：金正昆. 涉外礼仪教程[M]. 北京：中国人民大学出版社，2005.

 9.1 着装礼仪

英国著名作家莎士比亚曾说过："一个人的穿着打扮，往往就是一个人的身份、地位与教养的最形象的写照。"服饰在一个人的个人形象里居于重要地位。在日常生活和交往中，尤其是在正规的场合，穿着打扮的问题越来越引起现代人的重视。从这个意义上讲，服饰礼仪是人人皆须认真去考虑、面对的问题。

9.1.1 服饰礼仪的原则

1. "TPO"和"五应"原则

国外有人提出了服饰的"TPO"原则。"TPO"是英文"Time"（时间）、"Place"（地点）、"Occasion"（场合）3个单词的缩写。"TPO"原则是指人们的穿着打扮要兼顾时间、地点、场合，并与之相适应，也就是要使自己的服饰应时、应景、应事、应己、应制。这是服饰礼仪的"五应原则"。

（1）应时。所谓服饰的应时，含有以下三重意思：

① 服饰应当与时代进步的主流风格保持一致，不宜复古，也不宜追时髦、赶"前卫"。

② 服饰应当随四季变化而更替变换，不宜打破常规、标新立异。

③ 服饰应该顾及每天早、中、晚的时间变化，适当调换。

（2）应景。服饰应充分考虑自己即将出现或主要活动的地点。尽量使自己的服饰与面临的环境保持和谐与一致。例如，把牛仔服、网球裙穿进办公室、社交场合都是与环境不相协调的。

（3）应事。服饰应当根据自己所处的场所不同而有所变化。处理一般类型的公务，服饰应当力求庄重、高雅；在国外，按礼仪规范，应穿一般礼服、社交礼服；在我国，一般是穿着中山服、西服套装、旗袍；在节日、喜庆场合，服饰要时尚、鲜明、明快一些。

（4）应己。所谓应己，就是服饰要合乎自己的自身条件和特点。

① 勿忘自己的年龄。老年人应当素洁、中年人应当稳重、青年人应当活泼。

② 与肤色在色彩上应协调。这已经成为近几年来人们研究的主要问题。

③ 着装时勿忘自己的形体。如果一位高瘦型男士穿一件较肥的西服，或一位较胖的女士偏要穿高弹紧身的健美裤，是有损自身形象的。

(5) 应制。所谓应制就是身为社会工作人员，参加社会活动的服饰，要做到制度化、系列化、标准化。制度化，就是符合有关部门制定的参加社交活动或执行公务的着装规定；系列化，就是要使帽、衣、包、裤、鞋、袜等在一个"主题"内，基本协调；标准化，就是要按照各种服装的穿着标准着装，例如，穿制服，不允许敞怀，穿中山服，要扣上全部衣扣。

2. 整体性原则

正确的着装，能起到修饰形体、容貌等作用，形成和谐的整体美。服饰的整体形象，由人的形体、内在气质和服饰的款式、色彩、质地、工艺及着装环境等构成。服饰美就是从这多种因素的和谐统一中显现出来。

3. 个性化原则

着装的个性化原则，主要指依个人的肤色、年龄、身材、爱好、职业等要求着装，力求反映一个人的个性特征。选择服装因人而异，着重点在于展示所长、遮掩所短，显现独特的个性魅力和最佳风貌。现代人的服饰正呈现出千人千面的趋势，每个人都希望独树一帜，穿出自己的风格、突出个人的气质，越来越强调表现个性。

4. 整洁原则

服装不一定追求高档时髦，但要庄重整洁、避免邋遢。整洁原则要求：①整齐，不折不皱；②清洁，勤换勤洗；③完好，无破损、无补丁。

5. 文雅原则

服饰是人类文明生活不可缺少的内容，是人的内在美与外在美的统一，文明原则要求着装文明大方，符合社会的传统道德和常规作法，忌穿过露、过透、过短、过紧的服装，一般人也不宜一味追求怪异。

9.1.2 人与服饰色彩

就像自然界的许多生物都有自己的颜色一样，我们身体也是有颜色的。颜色有与生俱来的，也有人工附着的。人们的体内与生俱来就有着决定人们是什么颜色的色素，它们分别是：核黄素——呈现黄色；血色素——呈现红色；黑色素——呈现茶色。

核黄素和血色素决定了肤色的冷暖，而肤色的深浅明暗是黑色素在发生作用。人们的眼珠色、毛发色等身体特征也都是因体内的这3种色素的不同组合而呈现出来的结果。

因为决定人体特征的3个因素在每个人体内都有无法更改的不同比例组合，因此，在看似相同的外表下，每个人之间在色彩属性上是有差别的。人们与生俱来的东西中除了血型、指纹等以外，还有"色彩属性"。即使晒黑了、脸上长了些瑕疵或者皮肤随着年龄的变化逐渐衰老，每个人也不会跳出既定的"色彩属性"。而每个人的"色彩属性"决定着他穿某些颜色是漂亮的，而穿某些颜色则不太好看。

1. 色彩三要素

色彩的三要素为色相、明度和纯度。

（1）色相。色相是色彩本身的固有颜色。每个颜色都有一个名称，称为色相名，例如，阳光通过三棱镜分解出来的赤、橙、黄、绿、青、蓝、紫这7种颜色就是7种色相。

（2）明度。明度是指色彩的鲜明度，其实就是俗话所说的颜色深浅问题。色彩深浅一般用明度来表示。例如，无彩色中白色的明度高，而黑色的明度低。

（3）纯度。纯度也叫彩度，是指色彩的浓淡、灰纯、强弱程度。色强的叫"高纯度"；色弱的叫"低纯度"。

在明度、纯度、色相3个要素中，某种因素起主导作用，可以称为某种色调。色调是指色彩外观的基本倾向。以色相划分，有红色调、蓝色调；以纯度划分，有纯色调、浊色调、清色调；把明度与纯度相结合后，有淡色调、浅色调、中间调、深色调、暗色调等。

颜色最饱和时即纯度最高的色叫纯色，属鲜亮色调。纯色中加白色后，出现亮调、浅色调和淡色调；加黑色会出现深色调和黑暗色调。

 知识链接

色彩的意义

红色：代表热情、奔放、喜悦；

黑色：代表严肃、夜晚、沉着；

黄色：代表高尚、富有、灿烂；

白色：代表纯洁、简单、朴素；

蓝色：代表天空、清爽、悠远；

绿色：代表植物、生命、生机；

灰色：代表平静、和谐、朴实；

紫色：代表高雅、浪漫、神秘；

棕色：代表土地、坚实、含蓄。

2. 和色彩交朋友

其实穿衣配色与其他事情一样，只有找到规律才能游刃有余。色彩的种类可分为以下两种：

（1）无彩系。黑色与白色以及黑白相混形成的各种灰为无彩系。无彩只有明度概念。

（2）有彩系。赤、橙、黄、绿、青、蓝、紫为基本色，相互混合产生出千千万万个有彩色，通称为有彩系。

冷暖基调的区别：把人的身体色特征区分为两大基调——冷色调和暖色调，然后根据冷暖基调的不同来选择相应的衣服。

3. 服饰色彩的搭配

没有不美的颜色，只有不美的搭配。不同的色彩搭配会显出不同的格调。从服饰美学角度讲，服饰色彩搭配与组合的基本方法大体有4种。

1）同色系服饰搭配

这是运用同一色系中各种明度不同的色彩进行搭配的方法。假定选用灰色系色彩将自己的外套、套裙和衬衫进行搭配与组合，可采用"由深入浅"的方法，即外套选深灰色、套裙选中灰色、衬衫选浅灰色；或者反过来亦可采取"由浅入深"的搭配方法。"色彩要少，款式要新"，这是世人公认的服饰高品位的一个标志。

2) 相似色服饰搭配

这是用色谱上相邻的颜色进行搭配的方法。如红配黄、黄配绿、绿配蓝、白配灰等。运用相近的色彩配色，自由度比较大，难度也比较大，但只要匠心独运，就会使身上的服饰颜色既丰富多彩又柔和协调。运用相近色彩搭配，应遵守服饰礼仪的"三色原则"，即在正式场合，所使用的服饰配色包括西装套装、衬衫，从视觉上讲，服饰的色彩在 3 种以内比较协调，而不应该超过 4 种颜色。

3) 对比色服饰搭配

各种色彩都有与之相对应的色彩，如红与绿、黄与蓝、黄与紫、绿与紫、黑与白等，都是常见的对比色。从本质上讲，一对对比色实际上是由两种相互排斥的色彩组成的。如运用得当，可以相应生辉，给人以清爽、明快、耳目一新的感觉。

4) 主色调服饰搭配

这种配色方法首先要决定整套服饰的基调是偏冷还是偏暖，其次选择某一色作为主色。主色应与整套服饰的基调一致。暖色调的服饰，主色选暖色；以冷色为基调的服饰，主色应选冷色。

上述 4 种方法只是服饰色彩搭配的基本方法，在服装制作和选择中可以根据需要和可能派生出许多其他搭配方法。但无论采用哪种方法，都应掌握一个基本原则：和谐。和谐就是美。一般来说，黑、白、灰是配色中的几种"安全"色，因为它们比较容易与其他各种色彩搭配，而且效果也比较好。

9.1.3 服饰色彩的象征意义

俗话说："衣服是穿给别人看的。"别人看什么呢？首先是看色彩，其次才是看款式、质地和线条。色彩是人类生活中的美神，它具有多重感情意义，并能直接表达人们的兴趣爱好和格调。不同的色彩有不同的象征意义，也有不同的礼仪效应。

红色象征着热烈、活泼与浪漫，它使穿者更显现出朝气与活力，开朗外向的人常常穿红色衣服。在我国，它还是革命与喜庆的象征，被称为喜色。

黄色是亮度最高的色，黄色的灿烂、辉煌，有着太阳般的光辉和金色的光芒，因此又象征着财富和权威。

蓝色给人以高远、清晰、深邃之感，使人联想起蓝天、海洋，它象征着宁静、深远与永恒，它是大多数人成年以后喜欢的颜色。

橙色具有健康、温暖、幸福的象征意义，是一种明快、富丽的色彩，它使人联想到成熟的果实。

紫色给人以华贵、典雅、娇艳和忧郁之感，是高贵和财富的象征。

白色是纯洁、高尚、坦荡的象征。按中国传统，白色为丧服色；而在欧美，白色却是婚礼服的色彩，表示爱情的纯洁和坚贞。

黑色是一种庄重、肃穆的色彩，它能使人产生高贵、威严、阴森、恐怖等不同的感觉。黑色象征严肃、庄重与高雅，在西方上层社会的男性穿着中颇受重视。

灰色象征着庄重、大方与朴实，是一种彻底的中性色彩，本性随和。

9.1.4 不同场合的着装要求

1. 喜庆场合

喜庆场合大都具有气氛热烈、情绪昂扬、欢快喜庆的特点，所以要求人们在服饰上也相应地热烈一些、明快华丽一些。例如,男性衣着西装、中山装或自己民族的服装。聚会、游园等可以着各种便装,如夹克、牛仔服、两用衫等,但要穿得大方、整洁。一般来说,除婚礼外,主人的穿着以素雅为宜,不要太华丽、太暴露。女性的服装则以轻松洒脱、色彩鲜艳的裙子、套装、旗袍为宜,也应该适当化妆,佩戴一些美丽、飘逸的饰物。但如出席婚礼,不宜过于出众、耀眼,以免喧宾夺主,也不要打扮得过于怪异。

2. 庄重场合

庄重场合主要是指除了喜庆场合以外的庆典仪式、正式宴会、会见外宾等场合。这种场合的服饰要以庄重、高雅、整洁为基调。如果请柬上规定来客一律要穿礼服,那么男女宾客都应服从,而不可别出心裁。一般不宜穿着夹克、牛仔裤等便装;进入室内除女士的薄纱手套、帽子、披肩、外套允许穿戴外,男士进入室内场所均应摘帽、脱去大衣、围巾、风雨衣;不要当众解开衣扣或脱下上衣,如果室温很高,经主人同意,可以宽衣。男士女士进入室内都不要戴墨镜;在室外遇有隆重仪式或迎送场合,也不应戴墨镜。如有眼疾需戴墨镜应向主人说明并致歉。在与主人握手、说话时应将墨镜摘下。

3. 悲哀场合

悲哀场合主要是指殡葬仪式、吊唁活动、扫墓等场合。这种场合的气氛比较悲哀、肃穆,所以要求人们在服饰上应注意以下几点:

(1) 服装的颜色要以黑色或其他深色、素色为主。

(2) 服饰的款式要尽量选择比较庄重、大众化一些的,不要穿各类新潮时髦、显得怪异和轻佻的服装。

(3) 男性在举行追悼仪式时不要忘了脱帽、不要散漫随便、不要大声说话、不要议论与悲伤气氛不相宜的话题。女性不宜过分打扮、不宜抹口红和戴装饰品。

9.1.5 西服的选择与穿着

西服又称西装、洋装,起源于欧洲,是一种国际性服装。一套合体的西装可以使穿着显得潇洒、精神、风度翩翩、英武矫健,又不失稳重。

 知识链接

西装与领带、领结的起源

西装起源于100多年前的欧洲,据说是由渔民发明的。它原流行于西方国家,以庄重舒适、挺括美观而风靡于世,现已成为世界各国普遍认同和喜爱的男士服装。

据说最原始的"领带"来自古时候山林里的日耳曼人,是他们系在脖子为使兽皮不致脱落的草绳。而真正使领带成为上流社会时尚的是法国国王路易十四。有一天,他看到一位大臣上朝时,在脖子上系了一条白绸巾,还在前面打了一个领结,显得十分漂亮。路易十四极为赞赏,当即宣布以领带为高贵的标志。

1. 西服的选择

1) 面料

作为一种正装,西装制服面料的选择应为高档。一般情况下,毛料应为西装首选面料。目前,以高档毛料制作的西装大都具有轻、薄、软、挺4个方面的特点。

2）色彩

西装制服的色彩必须庄重、正统，而不要过于轻浮和随便。一般来说，在工作场合穿着的西装制服应该色彩单一。西装制服首选色彩是藏蓝（青）色，这种颜色不仅适合男士，还适合女士，是比较庄重又不落伍的一种色彩。

3）图案

西装制服所推崇的是庄重、简单、大方，所以西装一般应该是没有任何图案的。不要选择自行在西装上刺绣图案、标志、字母、符号等。

4）款式

与其他任何服装一样，西装也有自己的不同款式。区别西装的具体款式主要有如下两种最常见的方法：①按照西装的件数来划分，西装有单件与套装之分；②按照西装上衣的纽扣数量来划分，西装上衣有单排与双排扣之分。

5）尺寸

穿着西装制服，一定要大小合身、宽松适度。

2. 西装的着装

（1）要排除衣袖上的商标。从商场刚买回的新西装，其上衣左边袖子上的袖口处，通常会缝有一块商标。在正式穿西装之前，切勿忘记先将它拆除。

（2）要熨烫平整。在穿着西装的时候，除要定期对西装进行干洗外，还要在每次正式穿着之前对其进行认真的熨烫，使西装显得平整而挺括、线条笔直。

（3）要系好纽扣。穿西装制服的时候，上衣的纽扣都有一定的系法，系法讲究较多。

一般而言，站立之时特别是在工作场合，西装上衣的纽扣应当系上，以示郑重其事。但单排两粒扣的第二粒或三粒扣的第三粒扣都是样扣，可以不扣。在内穿背心或羊毛衫，外穿单排扣上衣时，可允许站立之际不系上衣的纽扣。就座之后，西装上衣的纽扣则大都要解开，以防其"扭曲"走样。

通常，系西装上衣的纽扣时，讲究"扣上不扣下"，即只系上边那粒纽扣。系单排三粒扣式的西装上衣的纽扣时，正确的作法则有：要么只系中间那粒纽扣，要么系上面两粒纽扣，此时最下面一粒纽扣为样扣，可以不扣；而系双排扣式的西装上衣的纽扣时，可以系上的纽扣一律都要系上。

（4）要不卷不挽。穿西装时，一定要强调的是：无论如何，都不可以将西装上衣的衣袖挽上去。

（5）要慎穿毛衫。要将一套西装穿得有"型"有"味"，那么除了衬衫与背心之外，在西服上衣之内，最好就不要再穿其他任何衣物。在冬季也宜穿一件薄型"V"领的单色羊毛衫或羊绒衫。

（6）要巧配内衣。西装的标准穿法是衬衫之内不穿棉纺或毛织的背心、内衣。至于不穿衬衫，用T恤衫直接与西装搭配的穿法，则更不符合工作场合规范的要求。

（7）要少装东西。要保证西装制服在外观上不走样，在西装的衣袋和裤袋里不宜放太多的东西，显得鼓鼓囊囊，也不要把两手随意插入衣袋和裤袋里。

除此之外，在穿西装制服时要注意如下几点：

（1）在工作场合穿西装，要精心选择衬衫和领带。

衬衫的领子要挺括，系扣。衬衫的下摆要放进西服裤腰里束好。衬衫与西装的颜色要协调。

在工作场合，穿西装都应系领带。系领带时，衬衫的第一个纽扣要系好，如果使用领带夹，领带夹一般在第四个和第五个纽扣之间。

(2) 西装袖子的长度以到手腕为宜，衬衫的袖长应比西装袖子长出 1~2 厘米。

(3) 袜子颜色一般应与裤子、鞋子是同类颜色或比之更深的颜色。

(4) 穿西装一定要穿皮鞋，一般是深色或其他单色皮鞋，皮鞋要上油擦亮。

(5) 穿西装不系领带的时候，衬衫的第一粒纽扣不要扣上。

9.1.6 套裙的选择与穿着

套裙是西方套裙的简称，主要包括一件女士西装上衣、一条半截式裙子。在正规的公务场所，女士往往穿着套裙制服，这样会让人看起来精明、干练、成熟、洒脱，而且可以显示出女性的优雅、文静、庄重、大方。

套裙主要分为两种类型：随意型套裙；标准型套裙。

随意型套裙是用女士西装上衣与随便的一条裙子所进行的自由搭配形成的套装；标准型套裙是女士西装上衣和与之同时穿着的裙子为成套式设计、制作而成的套装。一般来说，企业员工应选用标准型套裙作为制服。

1. 套裙的选择

1) 面料的选择

套裙所选用的面料最好既是纯天然质地的面料，又是质地上乘的面料，上衣、裙子以及背心等应当选用同一种面料。

2) 色彩的选择

套裙色彩方面的基本要求是应当以冷色调为主，借以体现出着装的典雅、端庄与稳重。藏青、炭黑、烟灰、雪青等稍冷一些的色彩，都可予以考虑。

3) 图案的选择

套裙讲究的是朴素而简洁，因此考虑其图案时必须注意这一点。在工作岗位上穿着套裙，可以不带有任何图案，以单一色为最佳。在某种情况下，采用以方格为主体图案的格子呢制成的套裙穿在女士身上，可以使人静中有动、充满活力。

4) 款式造型的选择

套裙的造型，具体是指它的外观与轮廓。从总体上讲，套裙的选择可以大致分为"H"型、"X"型、"A"型、"Y"型 4 种类型。可根据自身条件选择合适的款式。

2. 套裙的着装

在公务场合要想显得衣着得体、端庄、静雅，穿着一定要得体。

1) 长短适宜

通常套裙中的上衣最短可以齐腰，而其裙子最长则可以达到小腿中部。

2) 穿着到位

在穿套裙时要注意：上衣的领子要完全翻好，衣袋的盖子要拉出来盖住衣袋，上衣的衣扣须全部系上。

3) 考虑场合

与任何服饰一样，套裙自有适用的特定场合。礼仪着装规定：职业女士在各种正式的活动之中，一般以穿着套裙为好。

4）协调搭配

（1）套裙要考虑与衬衫、内衣及鞋袜等的搭配。从面料上来说，与套裙配套的衬衫应该轻薄而柔软；从色彩上来说，衬衫应与套裙色彩相协调；从款式上来说，衬衫不必过于精美，领型等细节上也不宜十分新奇夸张。

在穿着的时候，要注意几点：①衬衫的下摆必须放入裙腰之内，不得任其悬垂于外或者将其在腰间打结；②衬衫的纽扣要一一系好，除最上端一粒纽扣按惯例允许不系外，其他纽扣均不宜随意解开，以免显示不雅之态。

（2）与鞋袜配套。与套裙配套的鞋子，宜为皮鞋，以黑色为正统；袜子以肉色、黑色、浅灰浅棕等几种单色袜子为最佳。

在穿着鞋袜时，要注意几点：①鞋、袜、裙三者之间的色彩要协调；②鞋子和袜子的图案与装饰均不宜过多，免得"喧宾夺主"；③鞋子宜为高跟、半高跟船式皮鞋或盖式皮鞋；④长筒袜与连裤袜，则是与套裙的标准搭配；⑤鞋袜应当完好无损。鞋子如果开线、裂缝、掉漆、破残，袜子如有洞、跳丝、挂破，均应立即更换，不要打了补丁后再穿；⑥鞋袜不可当众脱下，也不可让鞋袜处于半脱状态，因为这是极不雅观的行为；⑦袜口不可暴露在外。袜口暴露在外，是一种公认的既缺乏服饰品位又失礼的表现。同时，在穿着开衩裙走路时，不应让袜口现于裙衩之外。

9.1.7 服装配饰佩戴要求

从狭义上说，饰品的具体品种主要有耳环、项链、挂件、领针、胸针、手镯、手链和戒指等；从广义上说，饰品指的是与服装同时使用的、发挥装饰作用的一切物品，包括帽子、眼镜、领带、手表、手套、手帕、包袋、钢笔、袜子和鞋子等。

1. 饰物的搭配

所谓配饰，就一定要"配"，否则不但不能锦上添花，反而会"画蛇添足"。配饰的选择是不可忽略的，一对精美的耳环、一条别致的项链、一双时髦的鞋子、一个色彩新颖的包都会为人增色几分，所谓搭配的独具匠心和女性的品位往往就在这里得到彰显。重视饰物之间的协调以及与人、环境、服装色彩间的协调，才能使饰物与人、衣、色相得益彰。

2. 首饰的佩戴

首饰泛指宝石、戒指、耳环、项链及挂件、手镯、手链、脚链、胸针等饰物，它是服装美感的一种延伸。适当佩戴首饰，会锦上添花。首饰是一种无形的语言，能在一定程度上体现佩戴者的阅历、教养和审美情趣；也是一种暗示，人们可以借此了解佩戴者的身份、财富和婚恋信息。因此，略知"首饰语言"，就可避免首饰佩戴的不当。

（1）戒指。戒指通常应戴在左手。戒指戴在不同的手指上所传递的语意是不同的。戒指戴在食指上表示无偶并有寻求恋爱对象或求婚的意向；戴在中指上表示正在恋爱之中；戴在无名指上，表示名花有主，或佩戴者已订婚或结婚；而戴在小指上，则暗示自己是一位独身自主者，将终身不嫁(娶)；拇指通常不戴戒指。修女的戒指则戴在右手的无名指上，意味着她已把爱献给了上帝。穿白纱手套时戴戒指，应戴于其内，只有新娘不受此限制。在社交场合，男士可在右手无名指戴结婚戒指或在左手小指戴图章戒。

（2）手镯与手链的规矩相似。一般已婚者在左手腕或左右两手腕同时佩戴；如仅在右手腕佩戴，表示自己是自由不羁的人。一般情况下男、女士均可戴手链，但仅戴一条，且戴在左手腕上。在一只手上戴多条手链或双手同时戴手链、手链与手镯同时戴，都是不适宜的。手链、手镯也不能同时与手表同戴于一只手上。

（3）项链。项链男女均可佩戴，但仅限一条，且男士所戴的项链一般不外露。戴项链还应考虑脖子的长短、粗细，因人而异。

（4）耳环。耳环仅为女性使用，并要成对佩戴。耳环的选用与佩戴要与自己的脸型相协调。长脸形宜佩戴浅色的大耳环、贴耳式耳环、短坠耳环，有利于人们对长脸形的印象的改变。圆脸形则宜佩戴有坠耳环，可以利用耳环的垂挂所形成的纵长度使圆脸形的轮廓有所改变。

 知识链接

月份、花、宝石的象征意义

1月，铃兰，石榴石，希望、忠诚；
2月，樱草，紫晶石，善良、真挚；
3月，芦荟，蓝宝石，诚恳、勇敢；
4月，勿忘我，绿宝石，同情、纯洁；
5月，豌豆花，绿宝石，清纯、长久；
6月，郁金香，珍珠，热情、富有；
7月，睡莲，红宝石，体贴、高尚；
8月，虞美人，橄榄石，幸运、和谐；
9月，向日葵，蓝宝石，慈祥、崇拜；
10月，波斯菊，欧珀石，追忆、吉祥；
11月，菊花，黄玉，友情、友爱；
12月，菖蒲，绿松石，成功、胜利。

 ## 9.2 仪表礼仪

仪表即人的外表，包括容貌、姿态、身材、体型、服饰、装饰等。仪容即容貌，由面容、发式以及身体所未被服饰遮掩的肌肤等要素构成，是个人仪表的基本内容。

仪表美包括3层含义：①指人的容貌、形体、体态等的协调优美，如体格健美匀称、五官端正秀丽、身体各部分比例协调、线条优美和谐，这些先天的生理因素是仪表美的基本条件；②指经过修饰打扮及受后天环境的影响形成的美；③指一个人纯朴高尚的内心世界和蓬勃向上的生命力的外在体现。外在的仪表美要以内在的德行为本，有诚敬之心，才会有庄重、恭谨之色。

仪表美就是自然美、修饰美和心灵美三者的和谐统一。不单是指人的物质躯体的外壳，而且往往反映人的性格气质、思想感情、道德情操、文化修养乃至社会文明的发展程度。天生丽质这种幸运不是每个人都能拥有的，但仪表美却是每个人都可以去追求和塑造的。

仪容修饰的重点在人的头部与面部。但不是要求人们去"变更"自己的先天性容貌，去隆鼻、纹眉、割双眼皮、改变脸型等，而是要求人们秀外慧中，二者并举，使自己显得端庄大方。

9.2.1 面部的修饰

面部是一个人的"门面",在社会交往活动中,面部是最容易受到别人注意的地方。正是这样,社会活动中的每个人由于都要直接与交往对象打交道,甚至会与外国人打交道,必须对自己的面部修饰高度重视,认真做好面部的修饰工作。这不仅是现代社会活动交往的需要,也是对他人的一种尊重和礼貌。

1. 基本要求

一般来说,面部修饰主要有两个要求:形象要求端正;平常要勤于修饰。

1)形象端正

形象是否端正是天生的,也是他的内在体现。那么什么是形象呢?一个人在日常生活和工作中给他人留的印象以及获得的社会评价,那就是他的形象。

2)注意修饰

(1)要求平时要注意经常修饰装扮自己的容貌,或者采取措施改善其不足之处,有意识地扬长避短。

(2)要求平时要自觉维护并保持自己经过修饰装扮或者改善的容貌状态。

2. 修饰规范

1)洁净

洁净是面部修饰最优先考虑的问题。如果一个人的面部带有污物,长得再漂亮也会让人觉得邋遢。那么洁净的标准是什么呢?

洁净就是要无灰尘、无泥垢、无汗渍、无分泌物、无其他一切被人们视为不洁之物的杂质。人们习惯早上和晚上洗脸,事实上,对于每一个人来说,经常洗脸是需要的。外出归来、午休完毕、流汗流泪、接触灰尘之后,均应及时洗脸,以保持脸部的洁净。

2)卫生

在进行个人面部修饰时应注意卫生,决不能给人邋遢的感觉。蓬头垢面、萎靡不振、浓妆过度都不会给人留下美好的印象,特别要防止由于个人不讲究卫生而使面部经常疙疙瘩瘩。一旦面部出现了明显的过敏性症状,或者长了疖子、痤疮、疱疹,症状比较严重的,务必要及时前往医院求治。切勿任其自然,或者自行处理。

3)自然

个人的面部修饰要达到和谐自然的标准,既要讲究美观,更要讲究合乎常情。每一个人都要按照其工作岗位性质的不同来进行自我的面部修饰,不能人云亦云跟风走。别人染黄发,我也染黄发;别人修细眉,我也修细眉;别人留胡子,我也留胡子。这种抹杀个性、追求前卫、标新立异的做法不太符合社会所有的行业标准,也严重违反了一般礼仪面部修饰规则的要求。

3. 局部修饰

1)眉部的修饰

如果一个人有漂亮的眼睛却没有与之相称的漂亮眉毛,这是非常令人遗憾的。眉部修饰的标准是清洁和美观。

(1)清洁。要经常注意检查自己的眉部是否清洁,有没有灰尘、死皮或者折断的眉毛粘在上面,一旦发现有异物粘在眉毛上,一定要把它清理掉,保持眉毛的清洁。

(2) 美观。大凡美观的眉形，不仅形态正常优美，而且应当又浓又黑。对于那些不够美观的眉形，诸如残眉、断眉、竖眉、"八字眉""倒八字眉"或者过淡、过稀的眉毛，必须时应采取措施，进行修饰。

对于形状不美观的眉毛，应该通过修眉或者画眉的方式来弥补，可先用拔眉镊或者削眉刀去掉多余部分的散眉，然后用眉笔添画，使眉毛的形状流畅而自然。

女性从18岁开始就可以修眉，修眉可以被认为是女性成年的标志，学会修眉也是女性的一项基本功。至于文眉如果不是万不得已，最好不要尝试。

对于稀疏或者色淡的眉毛，可以用眼影刷粘上一点蕉茶色（用黄、棕、黑三色调配），擦在稀疏的眉毛根底中间，然后用小手指轻轻揉匀。

总之，眉毛的形状应该自然、真实、大方，不宜显出过分修饰的痕迹。

2) 眼部的修饰

眼睛是心灵的窗户，是被别人注意最多的地方。一个人的眼睛是否有神，往往反映了他的精神状态。眼部修饰的标准是洁净、卫生和美观。

(1) 洁净。一定要做到保持眼部的洁净，尤其要注意及时清理眼角上不断出现的分泌物，不能有眼屎。

(2) 卫生。要注意眼病的防治，如沙眼、红眼病等。平时要让眼睛适时充分的休息，不要让眼睛因没有休息好而产生红血丝、浮肿等现象，应保持眼睛的神采。

(3) 美观。可能是由于疾病、睡眠不足、生活没有规律等原因，会使眼圈出现黑眼圈和眼袋，严重影响眼容的美观，所以要保持充足的睡眠、补充眼部营养、坚持眼部护理，也可以借助化妆品来掩饰，如在眼皮上抹些光粉。

一般情况下，社交中不能戴墨镜或者有色眼镜。

有些男士喜欢戴墨镜。墨镜主要适合在户外活动时佩戴，以防止紫外线损伤眼睛，在室内工作时不应佩戴墨镜。

对于眼睛近视的人来说，在佩戴眼镜的时候，一定要注意保持镜片的清洁。

眼镜的选择与个人的脸形非常有关系，在选择眼镜的时候，一定要根据自己的脸形不同，在佩戴感觉舒服的基础上挑选合适的型号。

3) 耳部的修饰

耳朵尽管不太起眼，但是耳朵的整洁与否也是非常重要的。

(1) 干净。务必每天进行耳部的除垢。不过，一定要注意，此举不宜在公共场所进行。耳朵的凹槽里不应该有积垢。

(2) 美观。少数的男士耳孔周围会长一些浓密的耳毛，应及时对其进行修剪，不然会很不美观。女士也不要随便去戴耳环，或打连排的耳钉。

4) 鼻部的修饰

鼻部是脸部的关键部位，在对自己的鼻部进行修饰时，重点应关注以下3点问题：

(1) 鼻涕的去除。切勿当众以手去擤鼻涕、挖鼻孔、乱弹或者乱抹鼻垢，一定要在没有人的地方清理，用手帕或纸巾辅助进行，还应当避免动作的声响太大。

(2) "黑头"的清理。在鼻部的周围，往往毛孔较为粗大处都长有一些"黑头"，对"黑头"的处理切勿乱挤乱抠，造成局部感染。较好的方法是：①平时对此处理要认真清洗；②可用专门对付它的鼻贴，将其处置掉。

(3) 鼻毛的修剪。注意修剪鼻毛，不要让它在外面"显露"，当然，也不要当众揪拔鼻毛。这样既不文雅，又不卫生。

5）口部的修饰

（1）牙齿。保持牙齿清洁。坚持每天早晚刷牙和饭后刷牙，每次刷牙的时间不应低于3分钟。应及时去除牙齿上的异物。如果牙齿上有不易去除的、很明显的牙垢，或者牙齿发黄，可以去医院或专业洗牙机构洗牙。如果长期吸烟或者喝浓茶，牙齿表面就会出现"烟渍"和"茶锈"，要防止牙齿发黄，应该不吸烟、不喝浓茶。

（2）口腔。清除口腔的异味，这也是不能疏忽的细节。尤其是在上岗位前或重要活动之前忌食蒜、葱、韭菜、萝卜、腐乳等会让口腔发出刺鼻气味的食物。口臭患者在与人交谈时一定要保持距离。发现自己口腔有异味，要及时去除。去除口腔异味的方法有两种：①用淡盐水漱口；②嚼口香糖。但是，一定不要在客人面前嚼口香糖。

（3）嘴唇。注意嘴唇的修饰与维护，不要让嘴角起泡，嘴唇干裂、脱皮。护唇的最好方法就是多吃水果，每天早晚、饭后在嘴唇上涂抹唇膏。

（4）胡子。男士如果没有特殊的宗教信仰和民族习惯，应养成每天修面剃须的好习惯。胡子应该刮干净或修整齐，一般不允许留长胡子，不留八字胡或其他怪形状的胡子。有些女性如果嘴唇上的汗毛颜色过浓，也应注意修饰。

9.2.2 头发的修饰

头发是人体的制高点，是别人第一眼关注的地方。所以，在社交场合，个人形象的塑造一定要"从头做起"。

头发的功能不仅仅是表示出人的性别，更多的是反映着一个人道德修养、审美水平、知识层次以及行为规范。因而，对每个人来说，其头发的修饰不能仅仅讲究美观时尚，更要注重行业和工作的要求，遵守行业的特殊规定。

1. 头发的整洁

1）避免不洁

有3点需要重点注意：注意清洁、注意修剪、注意梳理。

2）自觉修整

修整头发的基本要求就是保证头发干干净净、整整齐齐、长短适合。

干干净净：就是勤洗头、勤理发，努力使自己的头发保持清洁卫生；每周至少要洗两三次。

整整齐齐：就是必须把头发梳理到位，不允许蓬松凌乱。关键是在如下时间对头发进行梳理：出门之前、换装上岗前、摘下帽子时、其他必要时。

长短适合：就是头发要常修剪，尤其是短发，每月应修剪一至两次。留长发的女士应将枯黄、开叉的发梢剪掉，保持头发的美观。

在梳理自己的头发时，应注意几点：①不当众梳理头发；②不直接用手梳理头发；③不乱扔理下来的头发和头屑。

2. 发型的选择

所谓发型，就是头发的造型，指的是头发在经过一定的修饰之后呈现出来的形状。发型对一个人的整体形象塑造有重要的作用。发型的样式很多，在公务场所主要以选择庄重、简洁、大方的发型为主。

1) 长短适合

根据礼仪规范的一般要求，职业人员的头发应该长短适中，不允许留过长的头发，也不宜剃光。因此，应该定期对自己的头发进行修剪，保持长短适中的头发。

（1）男性头发的长短标准。男士头发以 6cm 左右为佳，有 3 个指标：前发不覆额、侧发不掩耳、后发不触领。

（2）女士头发的长短标准。女士头发前面不应挡住眼睛，后面不宜长于肩膀。对于女士来说，短发的应经常修剪，保持头发的整齐；留长发的也应该经常修剪，保持头发长短适中。

头发不宜长于肩膀并不是女士不能留长发，而是要求在公务场所把长发盘起来、束起来、编起来，或者置于工作帽之内，不可以披头散发。除此之外，在一些卫生要求较高的岗位上工作的女性不允许留过长的头发，通常还与其特定岗位的要求直接相关。

对于社会上一些新潮的女性剃光一头青丝的做法自然不必大惊小怪。但一般职业女性在其工作岗位上是不准许剃光头发的，那会显得不伦不类，很难给对方好感。

2) 风格庄重

在选择头发的造型时，应该简单大方、朴素典雅；要求所选的发型应当传统一些、规范一些，要考虑自己的工作性质。头发不宜挡住眼睛，不宜随意披散。若非从事发型设计或美发工作，职业人员通常不宜使自己的发型过分的时髦，尤其是不要标新立异，有意选择极端前卫的发型。

3. 头发的美化

最常见的方法有护发、染发、烫发、佩戴假发以及佩戴帽子、发饰等。根据一般礼仪规范标准，在美化自己的头发时，应当注意如下几点。

1) 护发

头发的健康标准是：清洁无头屑、光润有弹性、疏密适中、梳理整齐、没有斑白或杂色混杂。头发健美贵在日常护理，主要做法有梳头、按摩、洗发和修剪。

（1）选好护发用品。一定要考虑自己的发质，根据自己的发质选择不同类型的护发用品。当前，比较流行并广泛被接受的护发用品是焗油或营养精华液。

（2）采用正确的护发方法。定期在美容院为头发做焗油精华液的保养，是既省时省力又简单易行、效果显著的办法。尤其对于干性发质或烫染后发质受损的人，若能定期作这样的护理，对头发是大有益处的。如果在家里护发，可按照护发用品说明书进行。

2) 染发

一般来说，非从事发型设计或美发工作的职场人员不允许随便染头发。如果出现白发，可以根据自己皮肤的颜色把头发染成所需要的颜色。不提倡为了追赶时髦把自己的头发染成艳丽的颜色。一般的职场人士都不宜染彩发。

3) 烫发

在选择烫发的具体造型时，不要将头发烫得过于繁乱、华丽、美艳。尤其需要指出的是，当前正在流行的在头上烫出大型花朵或者烫出图案、文字的做法，不应该随便选择。

4) 假发

为了弥补掉发或者秃发的缺憾，可以佩戴假发。假发应该简洁、整齐，不宜过分时髦前卫。

5）发饰

发饰主要是女性用以"管束"自己的头发，而不是意在打扮，只宜选择颜色庄重且无任何花色图案的发卡、发箍、发带，不宜刻意添加过分花哨的发饰。

9.2.3 肢体的修饰

肢体，有时人们将其称为四肢。具体来讲，它指的就是人们手臂和腿脚。在日常生活中，手臂和腿脚是动作最多的部分，因此，一定要重视肢体的修饰。

1. 手臂的修饰

手臂被称为社会交往中的"第二枚名片"。人们在修饰自己的手臂时，需要高度重视的问题主要有以下4个。

1）手臂的保养

手臂往往是人们运用最频繁的身体部位，一定要高度重视保养自己的手臂，尤其要保养好自己的双手。保养自己的手部，要经常用护手霜，保持手部润滑细腻。一般情况下，不要让自己的手臂上总是很粗糙、皲裂、红肿、生疮、长癣或者创伤不断。

2）手臂的保洁

与洗脸相比，双手要洗得更勤一些，通常在以下6种情况下应该清洗自己的双手：上岗之前；手脏的时候；打扫过卫生后；接触精密物品或入口之物前；上完洗手间；下班之前。

3）手臂妆饰

（1）不要蓄长指甲。应养成勤剪手指甲的好习惯，男士指甲必须修剪到位，即指甲不宜长过手指；女士的指甲长度略有些宽裕，允许有3～5mm的长度。

（2）不要涂艳丽的指甲油。出于养护指甲的目的，允许平时使用无色指甲油。但是若非专业的化妆品营销人员，一般不允许将指甲涂抹彩色指甲油，或者在指甲上进行艺术绘画。同时，在手臂上刺字、文身等也是不允许的。

4）手臂防病

手臂是生活中经常要用到的身体部位，因此，要注意防止手臂出现伤病，还应当注意及时剪除指甲周围的死皮。它们的出现，实际是手部接触肮脏之物后的结果。

2. 腿脚的修饰

在人际交往中，人们常常有"远看头，近看脚"的观察他人的习惯。由此可知，一个人的下肢尽管不是其个人形象的主要代表，但也绝对不可以任其自然。腿部的修饰主要从以下3个方面着手。

1）下肢的清洁

在进行个人保洁时，不仅不应该对下肢有所忽略，而且应该认认真真地加以对待。特别要强调：勤洗脚、勤换袜子、勤换鞋子。

2）下肢的遮掩

在日常生活中，需要以自己的服装和鞋袜，适当地对自己的下肢进行必要的遮掩。一般情况下要做到"四不"。

（1）不光腿。下肢如直接暴露在他人的视线之内，则最好不要光腿。如果天气太热或工作性质比较特殊而需要光腿的话必须注意选择长于膝盖的短裤或裙子。

（2）不光脚。根据礼仪规范，不允许赤脚穿鞋，而一定要穿上袜子。

(3) 不露趾。在公务场所，不论是否穿袜子，趾部都不应该露在鞋外。因而，在公务场所不要穿露脚趾的凉鞋或拖鞋。

(4) 不露跟。在公务场所，要是露出自己的脚后跟，也会显得过于散漫。因此不要穿露脚后跟的鞋子。

3) 下肢的美化

(1) 注意腿毛。少数女性由于各种因素的影响，也会长出一些腿毛，甚至还会出现腿毛浓密的情况。假如碰上该种情况，而又要穿裙子，则最好将其去掉，或是选择色深而不透明的袜子。

(2) 修剪趾甲。我们要像经常检查、认真修剪手指甲一样，去修剪自己的脚趾甲，最好每周修剪一次，以保证脚趾甲长度适中、外形美观干净。

(3) 忌画彩妆。现在，一些时尚的女性会在自己的脚部画彩妆，即在脚趾上涂抹彩色趾甲油，这是一种流行方式。但是，在比较庄重的公务活动场所是不宜采用的。

  相关案例

日本的著名企业家松下幸之助从前不修边幅，企业也不注重形象，因此企业发展缓慢。一天，理发时，理发师不客气地批评他不注重仪表，说："你是公司的代表，却这样不注重衣冠，别人会怎么想。连人都这样邋遢，他的公司会好吗？"从此，松下幸之助一改过去的习惯，开始注意自己在公众面前的仪表仪态，生意也随之兴旺起来。现在，松下电器的种类产品享誉天下，与松下幸之助长期率先垂范，要求员工懂礼貌、讲礼节是分不开的。

资料来源：蒋一凤．酒店管理180例[M]．上海：东方出版中心，1997．

9.3 接待礼仪

迎来送往是社会交往接待活动中最基本的形式和重要环节，是表达主人情谊、体现礼貌素养的重要方面。尤其是接待，是给客人留下良好印象的重要工作。在现代社会高速发展的今天，接待工作早已成为企业和政府组织对外联系的纽带和桥梁。通过接待工作，企业可以展示实力、树立形象，可以积累丰富的关系资源，可以吸引投资、扩大合作，从而推动经济的快速发展。政府机关、各级组织则通过接待工作，密切联系人民群众。接待工作是我国政治工作、经济工作和对外交流工作的一个重要组成部分。

9.3.1 来宾的接待

来宾的接待指的是接待如约来访的正式客人，尤其是较为重要的正式客人。作好来宾的接待工作，要注意接待计划、礼宾次序、迎送陪同3个方面的问题。

1. 接待计划

制订好尽可能完善的接待计划，可以使接待工作在具体操作时井井有条。正规的接待计划应包括以下8个方面的内容。

(1) 接待方针。从总体上讲，要提倡互相尊重、平等相待、礼待宾客、主随客便等；从具体上讲，在接待身份不同的来宾时，其着重点应各有侧重。例如，接待中央首长，应强调安全保卫；接待少数民族客人，应强调尊重其特有风俗习惯；接待宗教界人士，则应强调遵守党的宗教政策。

（2）接待日程。其基本内容应包括迎送、会见、谈判、参观、游览、宴请等。接待日程应完整周全，它的制订通常应由接待方负责，但亦需宾主双方先期有所沟通，并对来宾一方的要求充分予以考虑。接待日程一旦最后确定，应立即向来宾进行通报。

（3）接待规格。指的是接待工作的具体标准。它不仅事关接待工作的档次，而且体现出对来宾重视的程度。接待规格的基本内容有3个方面：①确定接待规模的大小；②接待方主要人员身份的高低；③接待费用支出的多少。

（4）接待人员。重要的接待工作应精选专负其责的接待人员。工作负责、年轻力壮、相貌端正、善于交际、具有经验、通晓接待对象语言或习俗、与接待对象民族或宗教信仰相同以及与接待对象相熟这些条件，都是选择接待人员时应予优先考虑的。

（5）接待费用。接待工作受制于接待费用。在接待工作的具体开销上，务必要严格遵守有关规定，提倡少花钱、多办事。某些需要接待对象负担费用的接待项目或需要宾主双方共同负担费用的接待项目，接待方必须事先告知接待对象或与对方协商，切勿单方面做主。

（6）饮食住宿。制订接待计划时，对来宾的饮食住宿问题万万不可等闲视之。在这些具体细节问题上稍有闪失，便会败坏来宾的情绪，致使整个接待工作前功尽弃。安排来宾食宿时，大致应注意3点：①遵守有关规定；②尊重来宾习俗；③尽量满足来宾需求。

（7）交通工具。出于方便来宾的考虑，对其往来、停留期间所使用的交通工具，接待方亦须予以必要的协助。需要接待方为来宾联络交通工具时，应尽力而为；需要接待方为来宾提供交通工具时，应努力满足；而当来宾自备交通工具时，则应提供一切所能提供的方便。

（8）安保宣传。接待重要来宾或重要活动举办时，安全保卫与宣传报道两项具体工作通常也应列入计划之内。就安全保卫工作而言，一定要"谨小慎微"，不但需要制订预案，而且需要注重细节、从严要求；就宣传报道而言，则应注意统一口径、掌握分寸，并报经上级有关部门批准。有关的图文报道资料，一般应向接待对象提供，并应自己存档备案。

2. 礼宾秩序

礼宾秩序指的是在同一时间同一地点接待来自不同国家、不同地区、不同团体、不同单位、不同部门、不同身份的多方来宾时，接待方依照约定俗成的方式，对其尊卑、先后的顺序或位次所进行的具体排列。目前，我国官方活动中所执行的礼宾秩序的基本排列方式主要如下：

（1）按职务排列。按活动参加者的身份和职务高低安排礼宾秩序。

（2）按字母排列。依照参与方的国名或单位的字母顺序安排礼宾秩序。一般按英文字母顺序排列，有时也可以按其他语种的字母顺序安排礼宾秩序。

（3）按报名先后排列。按照参与方报名的先后顺序安排礼宾秩序。

（4）按到达时间排列。按照参与方到达时间的先后顺序安排礼宾秩序。

3. 迎送陪同

接待来宾时，迎送与陪同工作都必须高度重视、悉心以对，使来宾有宾至如归之感。

（1）来宾的迎送。接待正式来访的重要客人，有时可酌情为其安排迎接、送别活动，以示对对方的重视与礼遇。但在负责迎送活动时，需要注意以下两个问题：

① 根据接待礼仪简化的要求，有必要对迎送规模加以限制，在参加人数、主人身份、车

辆档次与数量上严格限制。

② 明确时间与地点。对于远道而来的客人一定要提前与对方商定双方会合的时间与地点。必要时，在来宾正式动身前，接待人员还须再次与对方进行确认。

(2) 客人的陪同。在来宾来访期间，东道主一方在必要时往往会指定专人负责陪同对方。一般来讲，陪同客人时的注意事项主要有3个方面：

① 照顾客人。在客人停留于东道主一方的整个期间，其陪同人员都要从始至终地对客人加以关注。在不妨碍客人个人自由的前提下，对对方的照顾要主动、周到。

② 方便客人。对于客人停留期间所提出的一切合理而正常的要求，陪同人员均应想方设法尽力加以满足，并主动为其工作、生活提供一切方便。

③ 坚守岗位。在任何情况下，陪同人员均须坚守岗位。平时，陪同人员不仅要做到随叫随到，还应自觉做到在规定时间之前到岗。陪同人员等待客人是正常的，而让客人等待陪同人员则是不应当的。

9.3.2 常见的接待礼仪

1. 接站礼仪

对于应邀前来访问、洽谈业务、参加会议、谈判、比赛等的宾客，主办方都应安排相应的人员前往接站。接站工作包括接站前的准备、见面后的献花、握手问候、相互介绍以及将客人送往住所等环节。

1) 接站前的准备

(1) 准备好接站的牌子。使用接站牌时，牌子要正规、整洁，字迹要大而清晰。不要随便用纸乱写，特别不要用白纸写黑字，让人感到晦气。迎接牌上面可写上"欢迎您，×××先生(女士)""××单位热烈欢迎来宾莅临指导"等字样。一块欢迎牌，既便于找到要接的客人，还可以使客人一下车就感受到热情友好的气氛。

(2) 事先安排好客人的食宿和交通工具。

(3) 确定客人到达时间，提前到站等候。

2) 接站时的礼仪

(1) 接到客人后要马上向其问候、致意并作自我介绍，还应向客人介绍己方相关人员。

(2) 对尊贵或重要客人可送上鲜花，表示欢迎。献花的时间，通常在参加迎送的主要领导与主宾握手之后将花献上。鲜花可以只献给主宾，也可向所有来宾分别献花。

(3) 如有与客人身份相应的主人没有去迎接客人，要向客人说明并表示歉意。

(4) 帮助客人运送行李。接待人员要主动问候客人行李是否随身携带，如果有托运的行李，要主动帮助客人办理提取手续，并为客人提携行李包。需要注意的是，客人的公文包和手提包有可能装着重要的或私人性物品，应由客人自己携带。

(5) 引导客人上车。乘坐轿车时，客人坐在司机后面，主人坐在客人的右侧。上车时，最好请主宾从左侧门上车，主人从右侧门上车，避免从主宾座位前穿过。遇到主宾先上车，坐到了主人的位置，则不必请主宾挪动位置。

乘坐中大型面包车时，则前座高于后座，右座高于左座；距离前门越近，座次越高。为客人关车门时，要先看清客人是否已经坐好，切忌过急关门，伤及客人。下车时，迎接人员要先下车，为客人打开车门，站在车门旁照顾客人下车。在车上，主人要与客人适当交谈，或介绍客人此次访问活动的日程安排，或介绍当地的气候、风俗、旅游景点，或谈及有关时事、娱乐、体育等轻松话题，使主客关系进一步融洽。

3）送客人至住所

如果没有特别的安排，应将客人送往住所。到达住宿地点后，帮助客人办理好住宿登记手续，并陪同客人进入房间。帮助客人安顿妥当后，一般不宜久留，应及时告辞，以免影响客人休息。分手前，要告诉与客人联系的方法，将活动日程安排告诉客人，约好下次见面的地点和时间。

相关案例

某公司要召开一个信息交流会，让小黄负责接待。小黄到火车站举个牌子，半天也没接到人，他沮丧地回到公司。刚刚坐下，电话就响了，是几位刚下火车的代表，因为火车晚点了30分钟。小黄没好气儿地说："我已经等你们半天了，你们自己打的来吧！"说完就挂上了电话。

小黄的做法违背了接待礼仪的要求。客人没有按时到达，他不仅没有与客人联系，了解事情真相，反而独自离开车站回去了。当客人打来电话说明是因为火车晚点才晚到时，他没有丝毫的内疚之情，也不马上再去迎接，而是怒气冲冲地要客人自己打的过来。这种工作态度和作风是十分错误的。

资料来源：杨眉. 现代商务礼仪[M]. 大连：东北财经大学出版社，2000.

2. 办公室接待礼仪

（1）有客人来访，应马上起来进行接待。可视来访者具体情况进行接待。如果来访者是事先约好的客人，要热情招呼，请客人入座、上茶、马上处理完手头的工作与其商谈。如果手头工作十分紧急，无法在短时间内完成，要向客人表达歉意，并介绍其他人接待。

如果来访者是上级领导或单位领导的亲戚朋友，应该热情地请其就座、上茶，可以说"您稍等一下，我看一下×××在不在"，并马上请示领导，再按照指示接待、安排。

如果来访者是来访群众、单位客户、推销员或投诉者，可以介绍他们去找相关部门的主管或人员交涉。来访者与相关部门事先有约的话，就应指引他们过去；如果没有预约，应先打电话给相关部门，得到同意后再向来访者指明该部门的名称、位置或引领客人过去。当来访者要求面见领导时，一定要先请示领导，由领导决定是否会见；如果来访者要等待与其见面的领导或同事，应该请其坐下，与其适当交谈或为其提供报纸杂志进行阅读。

（2）接待客人应面带微笑、语气亲切、态度和蔼、主动热情。

（3）来客较多时要按先来后到的顺序进行接待，不能先接待熟悉或自认为重要的客人。

（4）与来宾交谈时，务必要聚精会神，不要在招待来宾时忙于处理其他事务，如打电话、发传真、批阅文件、寻找材料、与其他同事交谈等。万一非得中途暂时离开一下，要向来宾表示歉意。

（5）当客人告辞时，接待人员应送到门口或电梯口，与其礼貌告别。

3. 来宾引导礼仪

来宾的引导指的是迎宾人员在接待来宾时，为之亲自带路，或者陪同对方一道前往目的地。在一般情况下，负责引导来宾的人多为接待单位的接待人员、礼宾人员，或者接待方单位的秘书及办公室人员。在引领来宾时，应注意以下情形。

（1）在宾主双方并排行进时，引导者应主动在外侧行走，而请来宾行走于内侧，"把墙让给客人"。若三人并行时，通常中间的位次最高、外侧的位次较低。

（2）在出入办公室、接待室、会议室、报告厅、宴会厅、娱乐厅等大门时，引导者要先行一步开门，用手示意来宾进入。待来宾都进门之后，再轻掩房门，赶上来宾。走到拐弯处、上楼梯、进电梯和房间时，要稍作停顿，并招呼客人说："请这边走。"

（3）出入无人控制的电梯时，引导者须先入后出，以操纵电梯。出入有人控制的电梯时，引导者则应后入先出，以示对来宾的礼貌。

（4）乘车时如果引导者与客人不同车，则引导者座车在前、来宾座车居后；宾主同车时，则大都讲究引导者后上车、先下车，来宾先上车，后下车。

（5）到办公室来的客人与领导或其他部门的人员会面，通常由办公室的工作人员引见、介绍。在进入领导或其他部门办公室之前，要先轻轻叩门，得到允许后方可进入。进入房间后，应先向房里的领导或同事打招呼，再把客人介绍给他们，并简单说明客人来意。

4. 会见礼仪

会见是组织对外交往的较为正式的接待方式。对于比较重要的来访者，单位一般都会安排身份相应的负责人来会见来宾。会见通常分为礼节性和事物性两种情况：礼节性的会见主要是为了沟通感情，话题较为广泛，时间通常在半小时以内；事务性的会见要预先商量会谈问题，准备相关资料，会见时间随会谈内容而定。无论是哪种会见，主办方在接待的各个环节都要注意礼节。会见的礼节通常体现在以下几个方面。

（1）会见场所的安排。比较正式的会见场所有办公室、会客室、贵宾室等。会见场所要保持空气清新、地面爽洁、墙壁无尘、窗明几净、陈设美观、用具干净，会见场所的布置要做到光线充足柔和、装饰淡雅和谐、温度舒适宜人、环境安静优雅。

（2）宾主相见的礼节。接待方的会见人员要在约定时间之前到达，并在会客室门口或会见地点大门口迎接客人的到来。主客双方见面礼毕后，进入会客室会谈。会谈时要注意座次的安排：通常主人和主宾并排而坐，遵照"右高左低"的国际惯例，应让主宾坐在主人的右边座位，以示对客人的尊重。其他人员按主客方的不同，分别坐在主人和主宾的两边，其座位是离主人或主宾越近，座次位置越高。如果有翻译或记录员，一般坐在主人和主宾的后边。宾主交谈时要认真专注、真诚坦率，使交谈气氛热烈、愉快、轻松、和谐、融洽。

（3）合影留念。为了加强双方的友谊，会见结束时往往会合影留念。合影的位置排列一般根据礼宾次序排列。通常的做法是：主人居前排中央，主宾在其右侧，其他人员依照礼宾次序由内而外、由前而后地安排。合影照片要尽快冲印，并交与来宾留作纪念。

要想搞好接待工作，除了要注意以上介绍的接待礼仪，还要做好诸如招待宴会、观看演出、参观游览、送别客人等礼仪工作。

9.4 洽谈礼仪

语言是社会交际的工具，是人们表达意愿、思想感情的媒介和符号。语言也是一个人道德情操、文化素养的反映。在与他人交往中，如果能做到言之有礼、谈吐文雅，就会给人留下良好的印象；相反，如果满嘴脏话，甚至恶语伤人，就会令人反感讨厌。

9.4.1 言之有礼，谈吐文雅

（1）态度诚恳、亲切。说话本身是用来向人传递思想感情的，所以，说话时的神态、表情都很重要。例如，当你向别人表示祝贺时，如果嘴上说得十分动听，而表情却是冷冰冰的，那对方一定认为你只是在敷衍而已。所以，说话必须做到态度诚恳和亲切，才能使对方对你的说话产生表里一致的印象。

（2）用语谦逊、文雅。如称呼对方为"您""先生""小姐"等；用"贵姓"代替"你姓什么"；用"不新鲜""有异味"代替"发霉""发臭"。如你在一位陌生人家里做客需要用厕所时，则应说："我可以使用这里的洗手间吗？"或者说："请问，哪里可以方便？"等。多用敬语、谦语和雅语，能体现出一个人的文化素养以及尊重他人的良好品德。

（3）声音大小要适当，语调应平和沉稳。无论是普通话、外语、方言，咬字要清晰，音量要适度，以对方听清楚为准，切忌大声说话；语调要平稳，尽量不用或少用语气词，使听者感到亲切自然。

总之，语言文明看似简单，但要真正做到并非易事。这就需要平时多加学习、加强修养，使中华民族"礼仪之邦"的优良传统能得到进一步的发扬光大。

9.4.2 说话不失"分寸"

（1）说话时要认清自己的身份。任何人，在任何场合说话，都有自己的特定身份。这种身份，也就是自己当时的"角色地位"。例如，在自己家庭里，对子女来说你是父亲或母亲，对父母来说你又成了儿子或女儿。如用对小孩子说话的语气对老人或长辈说话就不合适了，因为这是不礼貌的，是有失"分寸"的。

（2）说话要尽量客观。这里说的客观，就是尊重事实。事实是怎么样就怎么样，应该实事求是地反映客观实际。有些人喜欢主观臆测、信口开河，这样往往会把事情办糟。当然，客观地反映实际，也应视场合、对象，注意表达方式。

（3）说话要有善意。所谓善意，也就是与人为善。说话的目的，就是要让对方了解自己的思想和感情。俗话说："好话一句三冬暖，恶语伤人恨难消。"在人际交往中，如果把握好这个"分寸"，那么，你也就掌握了礼貌说话的真谛。

9.4.3 聆听别人讲话

在人际交往中，多听少说，善于倾听别人讲话是一种高雅的素养。因为认真倾听别人讲话，表现了对说话者的尊重，人们也往往会把忠实的听众视为可以信赖的知己。

聆听别人讲话，必须做到耳到、眼到、心到，同时还要辅以其他的行为和态度，不少社会学家和心理学家从人际关系角度进行研究，提出了以下聆听技巧：①注视说话者，保持目光接触，不要东张西望；②单独听对方讲话，身子稍稍前倾；③面部保持自然的微笑，表情随对方谈话内容有相应的变化，恰如其分地频频点头；④不要中途打断对方，让他把话说完；⑤适时而恰当地提出问题，配合对方的语气表述自己的意见；⑥不离开对方所讲的话题，但可通过巧妙的应答，把对方讲话的内容引向所需的方向和层次。

9.4.4 向人问询时的礼仪

在社会生活中，向人问询是经常发生的事。这种看似平常的一句问话，实际上却反映了一个人的修养和文明程度。

（1）选择合适的称呼语，如小姐、先生、师傅等。不能不加称呼，直接用"喂"来代替；也不能使用一些不礼貌的称呼，如老头、戴眼镜的等。

（2）应学会使用请求语，如请、麻烦您、劳驾等。问路时，可用"请问"开头；咨询政策法规或有疑惑的问题时，可以说我想请教一个问题；需要有劳别人时，可说麻烦您、劳驾您等。

（3）对方答复自己的询问时，应神态专注，不能目视左右、心有旁骛。问询完毕应向对方表示感谢。语气应恳切，态度要真诚。

在日常工作、生活中，经常会遇到别人来电或用其他方式来询问事情。怎样回答他人的询问，就体现了一个人的礼貌修养。

（1）应该本着互助的精神，热情回答他人的询问。如在路上遇到有人问讯时，应停下脚步，仔细听取别人的询问后进行答复；在办公室有人询问时，应暂时搁下手中的事情热情接待。

（2）回答问话应耐心、细致、周到、详尽。如果是外地人员问路，就应该用普通话告知，直到对方听明白为止。如果是询问公务上的事，应尽量做到详尽准确，决不能模棱两可、简单了事。

（3）当被问到不了解的情况时，应向对方表示歉意，或者帮助找其他人解答，决不可敷衍应付或信口开河。

9.4.5　得到关心、帮助时的致谢礼仪

关心、帮助有大有小，人们往往对大的关心、帮助会感激不尽，而常会忽略对日常生活中得到的细小帮助表示感谢。当有人为你递上一杯水、在街上为你指了路、捡起你掉下的东西时，你都应该及时向人表示谢意。对别人说声"谢谢"，这意味着你对别人提供的帮助表示肯定，是一种礼貌的行为。

得到别人的关心和帮助，表示感谢的方式多种多样，如口头致谢、书面致谢、电话致谢或由他人转达谢意，等等。口头致谢是应用最多的一种感谢方式，如果别人帮你解决了一些困难，表达感谢的语气要加重些，只有"谢谢"两字还不够。如"真得好好谢谢你，你帮我解决了一个难题""多亏你帮忙，不然我可没办法了"。因为口头致谢可以在任何时间、任何地点、任何场合使用，所以也是最直接最有效的方式。向人致谢不只是礼节上的客套，应是发自内心的感激，态度要真诚。说话时，微笑着目视对方，还可以和对方握握手，要让对方真切地体会他所提供的帮助的价值和意义。得到别人关心、帮助时，向人真诚地致谢，有助于形成乐于助人的良好社会风气。

9.4.6　向人表示歉意的礼仪

在日常工作和生活中，有时会因某种原因打扰别人、影响别人，或是给别人带来某种不便，在这种情况下，均应向人表示歉意。

表示歉意的词语通常有："对不起""请原谅""很抱歉""打扰了""给您添麻烦了"，等等。道歉能使人与人之间即将产生冲突的气氛缓和下来，使大事化小，小事化了，甚至化干戈为玉帛。

向人表示歉意时，首先要面对现实。道歉并非耻辱，而是一个人襟怀坦白、深明事理、

真挚诚恳和具有勇气的表现，体现了一个人的素质修养。所以道歉时决不能遮遮掩掩、扭扭捏捏，而应真心实意地表达歉意。其次，要注意方式。如因一些小事打扰别人或引起别人不快，应马上道歉；损坏别人的东西要主动提出赔偿。对于一些比较严重的误会或产生口角纠纷，事后感到自己有错，可以说一些婉转的话表示歉意，如"前些日子我误会了你，请不要放在心上""我太冲动了，你不要介意"，有时，通过主动打招呼、邀请对方一起娱乐，也可达到既表示了歉意也不失面子的效果。除了直接表达歉意外，还可以通过书信、第三者转达等方式向人道歉。这样同样可达到道歉的目的，又可免去一些难堪的局面。

有些过失是可用口头表示歉意并能奏效的，但有些过失不仅需要口头向对方表示歉意，而且还需要有改正过失的行动。因为改正过失的行动往往是最真诚、最有力、最实际的道歉。

9.4.7 学会做个"倾听"高手

倾听，也许是一名成功的管理者应该具备的最至关重要的素质。

倾听是一种技巧。"倾听"往往被认为当做"听见"，这是一种危险的误解，会导致"有效的倾听是一种与生俱来的本能"的错误看法。结果，管理者很少致力于学习发展倾听技巧，不知不觉地就忽略了这一重要的交流功能。平均而言，作为听者，人们只有35%的效率。有效倾听的缺乏往往导致错失良机，产生误解、冲突和拙劣的决策，或者因问题没有及时发现而导致危机。有效的倾听是可以通过学习而获得的技巧。认识自己的倾听行为将有助于你成为一名高效率的倾听者。按照影响倾听效率的行为特征，倾听可以分为3种层次。一个人从层次一成为层次三倾听者的过程，就是其沟通能力、交流效率不断提高的过程。

（1）层次一：在这个层次上，听者完全没有注意说话人所说的话，假装在听其实却在考虑其他毫无关联的事情或内心想着辩驳。他更感兴趣的不是听，而是说。这种层次上的倾听，导致的是关系的破裂、冲突的出现和拙劣决策的制定。

（2）层次二：人际沟通实现的关键是对字词意义的理解。在第二层次上，听者主要倾听所说的字词和内容，但很多时候，还是错过了讲话者通过语调、身体姿势、手势、脸部表情和眼神所表达的意思。这将导致误解、错误的举动、时间的浪费和对消极情感的忽略。另外，因为听者是通过点头同意来表示正在倾听，而不用询问澄清问题，所以说话人可能误以为所说的话被完全听懂理解了。

（3）层次三：处于这一层次的人表现出一个优秀倾听者的特征。这种倾听者在说话者的信息中寻找感兴趣的部分，他们认为这是获取新的有用信息的契机。高效率的倾听者清楚自己的个人喜好和态度，能够更好地避免对说话者作出武断的评价或是受过激言语的影响。好的倾听者不急于作出判断，而是对对方的情感感同身受。他们能够设身处地看待事物，询问而不是辩解某种形式。

9.5 宴会礼仪

宴请是为了表示欢迎答谢、祝贺、喜庆等举行的一种隆重、正式的餐饮活动，是最常见的社交形式之一。在现实生活中，人们常常要宴请有关人员，也免不了要接受别人的宴请。可以说懂得宴请礼仪的常识，学会怎样做主人的客人，是现代人必须具备的一种社交能力。

9.5.1 常见的宴请形式

1. 宴请

宴会按其隆重程度、出席规格，可分为国宴、正式宴会、便宴和家宴。按举行时间，又可分为早宴、午宴和晚宴。一般来说，晚宴较之早宴和午宴更为隆重。

（1）国宴。这是国家首脑或元首为国家的庆典，或为外国元首、首脑来访而举行的正式宴会，因而规格最高。宴会厅内悬挂国旗，安排乐队演奏国歌及席间乐。席间有致辞或祝酒。

（2）正式宴会。除不挂国旗、不奏国歌及出席规格不同外，其余的安排大体与国宴相同。有时亦安排乐队奏席间乐，宾主均按身份排列就座。

（3）便宴。即非正式宴会，常见的有午宴、晚宴，有时也有早上举行的早宴。这类宴会形式简便，可不排座位、不安排正式讲话，菜肴道数亦可酌减。便宴较为随便亲切，宜于日常友好交往。

（4）家宴。即在家中设宴招待客人，以示亲切友好，家宴往往由主妇亲自下厨烹调，家人共同招待。

2. 招待会

招待会是一种灵活简便、经济实惠的宴请形式。常见的招待会主要有冷餐会、酒会茶会和工作进餐4种。

（1）冷餐会。冷餐会又称自助餐，是一种例餐形式，不排座位。供应的食品以冷餐为主，兼有少量热菜。菜点十分丰盛，酒水饮料品种繁多。菜点连同餐具陈设在菜台上，供客人自取。参加人数可多可少，时间也较灵活，宾主间可广泛交际，客人也可自由走动、交谈。这种形式多为政府部门、企业、贸易界举行人数众多的盛大庆祝会、欢迎会、开业典礼等活动所采用。

（2）酒会。酒会又称鸡尾酒会，也是一种例餐形式。招待品以酒水、饮料为主，略备小吃。一般不设座椅，客人可随意走动。在时间上也比较灵活，宾客来去自由、不受约束，既可迟到也可早退。整个酒会气氛和谐热烈、轻松活泼、交际面广。近年来，庆祝各种节日、欢迎代表团访问或各种开幕、闭幕典礼以及文艺、体育招待演出前后等，往往都采用酒会这种形式。

（3）茶会。茶会是一种最简便的招待形式，多为社会团体举行纪念和庆祝活动所采用。茶会通常在客厅内举行，不用餐厅。厅内设茶几座椅，周围摆设花卉。入座时，有意识地将主宾同主人安排在一起，其他人随意就座。茶会是请客人品茶，因此对茶叶、茶具的选择要讲究，并具有地方特色。一般用陶瓷器皿，不要玻璃杯，也不用热水瓶。外国人出席，一般用红茶、咖啡和冷饮招待。

茶会期间，宾主共聚一堂、品茶叙谈，气氛和谐轻松，席间安排一些短小的文艺节目助兴。

（4）工作进餐。工作进餐是现代国际交往中经常采用的一种非正式宴请形式（有时有参加者各自付费）。利用进餐时间（早、中、晚均可）边吃边谈，省时简便。这种形式的宴请纯属工作性质，不请配偶。

9.5.2 宴请礼仪的基本原则

1. 4M 原则

4M 原则是在世界各国广泛受到重视的一条利益原则。其中的 4M，指的是 4 个以 M 字头的单词：菜单(Menu)、举止(Manner)、音乐(Music)和环境(Mode)，它们都是人们安排或参与宴请活动时应当注意的重点问题。这条原则的主要含义，就是在安排或者参与宴会活动时，必须优先对菜单、举止、音乐和环境 4 个方面的问题加以高度重视，并力求使自己在这方面的所作所为符合律己敬人的行为规范。

2. 适量原则

在宴请活动中，不论活动的规模、参与的人数、用餐的档次还是宴请的具体数量，都要量力而行。务求要从实际的需要和实际能力出发，进行力所能及的安排。切忌虚荣好强、炫耀攀比、铺张浪费、暴珍天物。从根本上讲，宴请适量原则所提倡的是厉行节约、反对铺张浪费的风气，是做人务实、不图虚荣的境界。

9.5.3 宴请的准备工作

1. 确定宴请对象、范围和形式

宴请对象确立的主要根据是主宾双方的身份，也就是说主客身份应该对等；宴请范围是指邀请哪些方面人士、请到哪一级别、请多少人、主人一方请什么人出来作陪。这都要考虑多方面的因素，如政治气氛、文化传统、民族习惯等。宴请采取何种形式，在很大程度上取决于当地的习惯做法。一般说来，正式、规格高、人数少的以宴会为宜，人数多则以冷餐会或酒会更合适，而女士的聚会多采用茶会形式。

2. 确定宴请的时间、地点

宴请的时间应对主、客双方都合适。驻外机构举行较大规模的活动，应与驻在国主管部门商定时间。注意不要选择对方重大节日、有重要活动或有禁忌的日子和时间。宴请的地点可分为两种情况：如是官方正式隆重的活动，一般安排在政府、议会大厦或宾馆内举行；其余单位宴请则按活动性质、规模大小、形式等实际可能而定。

3. 邀请

在一般情况下，邀约有正式与非正式之分。正式的邀约，既讲究礼仪，又要设法使被邀请者备忘，故此它多采用书面的形式。非正式的邀约，通常是以口头形式来表现的。相对而言，要显得随便一些。

凡精心安排、精心组织的大型活动与礼仪，如宴会、舞会、纪念会、庆祝会、发布会、单位的开业仪式等，只有采用请柬邀请嘉宾，才会被人视为与其档次相称。请柬信封上被邀请者的姓名、职务要书写准确。国际上习惯对夫妇两人发一张请柬，而我国如遇需凭请柬入场的场合则每人一张。正式宴会，最好能在发请柬之前排好席次，并在信封下角注上席次号。

请柬正文的用纸多用厚纸对折而成。以横式请柬为例，对折后的左面外侧多为封面，右面内侧为正文的行文之处；封面通常讲究采用红色，并标有"请柬"二字；请柬内侧，可以同为红色，也可以采用其他颜色。但民间忌讳用黄色与黑色；在请柬上亲笔书写正文时，应采用钢笔或毛笔,并选择黑色、蓝色的墨水或墨汁,红色、紫色、绿色、黄色以及其他鲜艳的墨水则不宜采用。

在请柬的行文中,通常必须包括活动形式、活动时间、活动地点、活动要求、联络人方式以及邀请人等内容。行文不用标点符号,其中人名、单位名、节日和活动名称都应采用全称。中文请柬行文中不提被邀请人姓名(其姓名写在请柬信封上),主人姓名或单位名放在落款处。

请柬一般提前一周至两周发出。已经口头约妥的活动仍应补送请柬,在请柬右上方或下方注上"To remind"(备写)字样。需安排座位的宴请活动,应要求被邀者答复能否出席,请柬上一般注上"R.S.V.P."(请答复)法文缩写字样,并注明联系电话,也可用电话询问能否出席。

4. 订菜

宴请的菜谱根据宴请规格,在规定的预算标准内安排。选菜不应以主人的喜好为标准,主要考虑主宾的口味喜好与禁忌。菜的荤素、营养、时令菜与传统菜的搭配,菜点与酒品饮料的搭配要力求适当、合理。不少外宾并不喜欢我国的山珍海味,地方上宜以地方食品招待,用本地名酒。菜单经主管负责人同意后即可印制,菜单一桌备两至三份,至少一份。

5. 席位安排

席位安排总的原则,既要按礼宾次序原则作安排,又要有灵活性,使席位安排有利于增进友谊和席间的交谈方便。

正式宴会一般均排席位,也可只排部分客人的席位,其他人只派桌次或自由入座。国际上习惯桌次高低以离主人的座位远近而定;外国习惯男女交叉安排,以女主人为准,主宾在女主人右手方,主宾夫人在男主人右手方;我国习惯按各人本身的职务排列,以便于谈话,如夫人出席,通常把女方排在一起即主宾坐男主人右手方,其夫人坐女主人右手方。礼宾顺序并不是排席位的唯一依据,尤其是多边活动,更要考虑到客人之间的政治关系,政见分歧大、两国关系紧张的要尽量避免安排在一起。此外还要适当照顾到各种实际情况。席位排妥后要着手写座位卡。我方举行的宴会,中文写在上面,外文写在下面。

下面通过图形直观地介绍宴席的座位排法和桌次的排法(1 最为重要,余次类推)。

(1) 中餐座位的排法。中餐座位的各种排法如图 9.1、图 9.2 和图 9.3 所示。

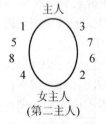
图 9.1 中餐座位排法一

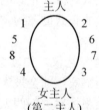
图 9.2 中餐座位排法二

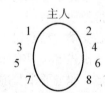
图 9.3 中餐座位排法三

(2) 西餐座位的排法。西餐座位的排法如图 9.4 和图 9.5 所示。

此种排法易使谈话集中,但一般不能把客人排在末端,而应由陪同人员坐在末端。

这种排法可避免客人坐在末端,同时可提供两个谈话中心。

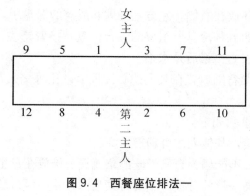

图 9.4　西餐座位排法一

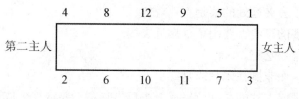

图 9.5　西餐座位排法二

（3）宴会桌次的排法。宴会桌次的 5 种排法如图 9.6 所示。

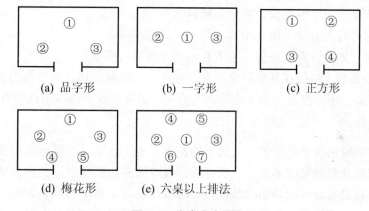

图 9.6　宴会桌次排法

6. 现场布置

宴会厅和休息厅的布置取决于活动的性质和形式。官方正式活动场所的布置，应该严肃、庄重、大方，不宜用霓虹灯做装饰，可用少量鲜花（以短茎为佳）、盆景、刻花做点缀。如配有乐队演奏席间乐，乐队不要离得太近，乐声宜轻。最好能安排几曲主宾家乡乐曲或他（她）所喜欢的曲子。

一般来说，宴会可用圆桌，也可以用长桌或方桌。一桌以上的宴会，桌子之间的距离要适当，各个座位之间也要距离相等。冷菜会的菜台用长方桌，而酒会一般摆设小圆桌或茶几。宴会休息厅通常放小茶几或小圆桌。

9.5.4　参加宴请的礼仪

1. 中餐用餐礼仪

中餐的餐具摆设，通常在前方是餐巾，在靠近自己一点的是放骨头鱼刺等残渣的器具，右方是调羹和筷子，玻璃杯放在右侧，左方是汤匙和放菜的深盘子，右前方是取菜的盘子。

第一道菜大部分是以四五种冷盘所组成的综合拼盘，接着是主菜，道数包括汤在内多为六、八的偶数，接下来是点心，最后是水果。

中餐大多使用圆桌，菜肴则放置在其上的旋转板上，让每个人都吃得到每一道菜。旋转板是以顺时针方向转动的。

用中餐时需要注意的事项如下：

(1) 必须等主客先动筷，其他人才可动筷。
(2) 一次拿适量的菜，不能因为自己爱吃的菜就夹一堆放在盘里。
(3) 进餐时从菜盘中夹一口的分量，不要将菜盘捧在手中以口就盘。
(4) 站起来伸长手去夹远处的菜是不礼貌的。
(5) 如果是汤汁多的菜肴，要用菜盘靠近去接。
(6) 取菜盘里的菜要吃完。
(7) 筷子应纵放，而非搁在碗缘或盘缘上。
(8) 若是大块的肉或大片的菜，应夹成一小口再吃，不要将整个放进嘴里大口咀嚼。
(9) 嘴里的骨头应用筷子取出，不要直接吐在桌上。
(10) 喝汤时不可以以口就碗，要使用汤匙。
(11) 一道菜配合一个取菜盘，避免美味打折扣。
(12) 吃面时可将面放置于汤匙中再食用，喝汤时不可以发出声音。
(13) 喝茶时，如果没有服务员，主人必须为所有客人倒茶。
(14) 不仅是宴请，包括在其他社交场合，不论天气如何炎热，都不得当众解开纽扣、拉松领带、脱下衣服。小型便宴，如主人请客人宽衣，男宾可脱下外衣搭在椅背上。

2. 西餐用餐礼仪

进入餐厅后，应由服务员带领并从椅子的左方入座。点菜时，需衡量用餐人数。选择单品的料理，需依照套餐的顺序来点菜。餐具的摆设应注意：摆在中间的称为装饰盘，用以盛装一般料理；装饰盘对面放的是用咖啡或点心时所用的刀叉和小汤匙；餐巾通常是放在装饰盘的上面或左方，盘子旁摆刀叉汤匙等；右前方摆设玻璃杯类的餐具，最大的是装水用的高脚杯，次大的是红葡萄酒所使用的玻璃杯，细长的玻璃杯为白葡萄酒专用，有时也会摆上香槟或雪梨酒所用的玻璃杯；左方是奶油刀和面包盘；而甜点所用的餐具多半是伴随食品一起送上。

1) 西餐的上菜顺序

西餐的上菜顺序为：开胃菜→汤和面包→鱼或肉→蔬菜沙拉或奶酪→甜食或水果→茶或咖啡。并非每道菜都有才是全餐，有时省略一道肉或冷冻食品，也称为全餐。

各式刀叉依出菜的顺序由外向内排开，依序每次各使用一副刀叉，假如是右边还摆放一把小型叉子，那是吃生牡蛎所用的餐具。使用刀叉时，右手拿刀，左手拿叉，以食指压着刀叉的背柄，如此才能使力。叉子不只可以压、叉食物，也可以用来舀豆类食品和米饭，此时可用右手。

2) 用餐姿势

进餐前，和中国人习惯不同的是，西方人认为弯腰、低头、用嘴凑上去吃是不礼貌的，而这恰好是中国人通常吃饭的方式。

吃西餐时，身体要坐直、坐端正，不要趴在桌上；手臂不要放在餐桌上，也不要张开妨碍别人，两个胳膊肘也不能架在桌上；不要跷腿，也不要靠在椅背上。正确的姿势是只有一只手放在桌上用餐。头要保持一定的高度、不能太低、不能过多地移动头部。

3) 几种主要西式食品的吃法

(1) 汤的吃法。在西方国家，喝汤时发出声音就是违反礼仪。西方国家认为汤是食物，是用来"食用"而非"饮用"的。

食用装在双把汤杯中的汤时，若是怕烫，可以使用小汤匙先试一口。如果太烫可以对着自己手中的小汤匙吹一下，凉了再喝。之后可将小汤匙放在离自己较近的底盘上，不要放在汤杯里。试过汤温度后，可以握着手把，直接把汤杯凑到口边饮用，汤中的食物则要用汤匙来舀食。

没有把手的汤盘，需使用大汤匙从里往外舀汤。放置汤匙必须以柄放在右方为原则，且汤匙凹陷的部分要向上。

(2) 面包的吃法。面包的位置一定是主菜的左方，如果一开始就有面包，要知道位于餐具左方的面包是属于自己的。

食用方式是用左手拿面包，右手把面包撕成小块涂抹奶油，特别需要注意的是应该把面包撕成小块后再涂奶油。调味酱如奶油若吃到一点都不剩，是对厨师的尊重。另外，要使用个人的奶油刀或公用刀，不可独占公用奶油刀。记住，绝不能用叉子来吃面包。

(3) 肉类的吃法。吃有骨头的肉时，可以用手拿着吃，但还是使用刀叉较为优雅。用叉子的背部将整片肉固定，再用刀沿着骨头把肉切开，一次切取一小块，边切边吃，不要全部切完再来吃。千万不要用叉子将整块肉夹至嘴边，一边咬一边咀嚼与吞咽。必须用手吃时，服务员会附上洗手水。当洗手水和带骨头的肉一起送上来时，表示"这得用手拿起来吃"，食用完毕，再将手指放入洗手水里洗净，切记洗手时要轻轻地洗。

平时若用餐把手弄脏了，也可以请服务员送洗手水来。

吃牛肉(牛排)时，由于可以按自己爱好决定生熟的程度，服务员会问你生熟的程度。

牛肉和所有的肉块一样，应该一边吃一边切，不要一口气都切成小块后再吃。

(4) 鱼、贝类、蜗牛食品的吃法。

① 鱼。食用时，鱼头朝左，用叉子压住鱼头，以刀沿着中间骨头至尾部划开。吃完上半部分的鱼肉后，不要翻动鱼身。先把鱼骨剔除、移开，再食用下半部分。

切食物的秘诀是：先将刀轻轻推向前，再用力回拉并向下切，这样就不会发出刺耳的声音了。

用来蘸取的酱汁或佐料，如沙拉酱等稠状调味汁，应倒在盘中的空位上，不要直接淋在菜肴上，注意不要把柠檬汁溅到别人身上。

如果嘴里有小鱼刺，应用手捏出放在盘子上，不能直接往盘子里吐，这是很不礼貌的。

② 炸虾。用手抓住留有壳的虾尾，把虾身浸过调味品后吃，吃完把虾壳放在盘子的一边。

③ 蜗牛。盛在热的金属器皿里端出，通常配有特别的夹具。左手用夹具压住壳，右手用挖蜗牛的食器或蚝叉把蜗牛肉取出来。

擦拭嘴巴时，一定要使用餐巾而非自己的手帕，用餐巾的内侧擦，而不要弄脏正面。手指洗过后也是用餐巾擦拭，若餐巾脏了，可请服务员更换一条。想整理餐具、倒酒、捡起掉落的刀叉等，都应由服务员代劳。

4) 就餐时各种餐具的使用及应注意的问题

(1) 餐巾的使用。西方人吃饭不能没有餐巾。西方人用餐第一件事就是拿餐巾、打开。要注意，不应折叠，而是平展开整个平铺在自己的膝盖上。不要用餐巾擦脸，它仅仅是用来擦嘴和手的。

最重要的是要记住，除了你起身离开桌子的那一刻外，你的餐巾始终是在腿上的，不应该放在桌上盘碟的下面。如果你出于什么原因要在进餐过程中离开桌子，应该把餐巾折起一点，放在你的位子上或盘子的旁边，并应趁着上菜的空当向同桌的人打招呼。用餐完毕，餐巾可随意叠放在桌子上（不用叠得很整齐），不过一定要避免"扔"这个动作。

女士把唇膏弄到餐巾上并不要紧，但在正规的宴会上不能这样做。所以，吃东西必须很小心。

(2) 刀叉的使用。吃西餐时应右手持刀、左手握叉。先用刀将食物切成小块，再用叉送入嘴里。正餐中刀叉的数目与上菜的道数相等，并按上菜顺序由外至内排列，刀口向内。取用刀、叉时亦应按照由外而内的顺序，吃一道菜，换一套刀叉。撤盘时，一并撤去使用过的刀叉。

如果想休息一下或和朋友聊天，或要喝口酒、喝口水时，请把刀叉放在盘两侧。千万不要在交谈时，手在空中挥舞刀叉。

暂停方法是：叉在左边，面朝下；刀在右边，摆成一个八字形，在盘中的顶部形成一个角。

用餐时，若有必须离席片刻的情形，也必须把刀叉以八字形摆放在餐盘上，并且向左、右邻座的人说："对不起，我很快就回来。"站起来就走，是非常没有礼貌的。用餐完毕后，刀和叉应并拢放在盘子的右边或中间。欧洲人的叉子是面向下的，但美国人不在意叉子朝上或朝下。当你这么做后，侍者就明白你用餐已结束。

(3) 牙签的使用。用过牙签可以放在托盘的边上，千万别把用过的牙签放回去。蘸过酱的牙签也不要再放进酱里蘸。如果附近没有烟灰缸、盘子或废物箱，就把用过的牙签放在纸巾里，把它交给服务员或放在他们的托盘里，或在离开以前丢进厨房或可用洗手间的废物箱里。

(4) 了解"洗指碗"。"洗指碗"通常在很正规的晚宴上才能看见。它比较普通地用在客人吃下列食品，如蜗牛、龙虾、蛤蚌、玉米棒或者小羊肉、小排骨、烤鸡时，服务员通常在上必须用手拿着吃的菜或甜点之前或者吃过某种让手指变脏的食品后，给你"洗指碗"。这是一个小碗，通常是玻璃做的，装有 3/4 的温水，有时还有一些小花做装饰物。服务员会把它放在盘的中央。你可以把每只手的手指放在碗中洗一下，然后用餐巾擦干。注意，这个动作不要太大，要优雅一点。

9.5.5 用餐交谈的礼仪

1. 交谈

参加任何宴会，每个人都应该而且要善于与同桌的人交谈，特别是与左右邻座。在宴会上一声不吭是不礼貌的。如果自己的性格内向，确实不善言谈，也可事前稍做准备，选择一些话题，以便在餐饮交谈之际见机插话。

餐饮桌上的交谈，主要应在自己左右两侧的邻座之间进行，因此，每桌座位应成偶数。

在整个宴会上，只是一味同自己熟识的一两个人交谈，或者只是对一侧的邻座无休止地交谈而背向另一位邻座，都是失礼的行为。

2. 话题

一般来说，男女共处的社交场合，不宜展开下述4种话题：仆人、疾病、宗教和政治。

在包括宴请的大多数社交圈子里，严格禁止谈论性的问题。

宴会上谈话，忌讳涉及对某一不在场者的恶语中伤、妄加菲薄或传播流言蜚语的话题，而且不宜当着主人的面对食品制作之缺陷等妄加评论。

如果一位客人对宴会或周围环境不加以愉快的赞赏，几乎可以视为失礼。所以在用餐时，不妨对周围的环境以及食物给予恰当的赞赏，相信宾主都会感到非常愉快。

9.5.6 用餐饮酒的礼仪

1. 祝酒

并非所有宴会均有祝酒程序。需要祝酒则应了解宴请性质，为何人、何事祝酒，以及对方的祝酒习惯，使祝酒的片言只语不失高雅并有针对性。碰杯时，主人和主宾先碰，人多时可同时举杯示意，一般视对方的眼鼻组成的三角区为佳。宴会上互相敬酒，可以活跃气氛，如不会饮酒，可事先言明喝饮料，切不可因饮酒过多而失言、失态。

2. 适当饮酒

在宴会上喝酒要适量，始终保持斯文的举止，这是各界人士应共守的礼节。

不加节制地饮酒除了对身体造成伤害，酒品不好的人更是有当众出丑的可能，人们常说："酒后乱性"。有些人喝了酒便喋喋不休、胡言乱语，甚至动手动脚的，像这样的情形可真是出尽洋相。所以自己要注意控制酒量，别只顾着享受酒的美味而忘了保持形象。

无论是出外应酬还是参加宴会，要懂得掌握饮酒的分寸，不要因为别人敬酒或为了表现自己的海量毫无节制地大量饮酒。若是因此误了大事或者影响了他人对自己的观感，那后悔可就晚了。

9.5.7 餐后告辞的礼仪

1. 在适当时机告辞

参加宴会或与人约好一起吃饭，迟到和早退都是十分不恰当的事，迟到既浪费了别人的时间，又得让别人饿着肚子等候，早退则影响大家的兴致。但如果必须提早离开，要懂得掌握适当的时机并说些告辞的话。

当有人离席时，整个气氛必会受影响，谈话也会被迫中止转而将视线集中在要离席的人身上。所以告辞时机的选择一定要注意，不要在大家谈天正热闹时或重要的事情还未宣布前离开，最好的时机是在大家都用餐完毕的时候，而接下来则有一些动作一定要记得做。

（1）说明提早离席的原因，不能一声不响就离开或说走就走。

（2）为了不影响他人，可以请同桌其他的人待久一点，继续刚才的话题，同时表示歉意，说明自己是真的有要事在身必须先告辞，不是故意要扫大家的兴。

（3）若是参加宴会，必须特地向主人致意，并说些表达感谢及称赞的话，如地点雅致、菜肴可口、参加这次宴会感到非常愉快之类的话，对于交情不深的人点头微笑示意就行了。

2. 告辞时的注意事项

（1）不要嘴里说要走，却依然坐在原位。那样主人就得顾着招呼，其他人也不能继续聊天，是很尴尬的。

（2）向他人致意时，该说的事交代完即可离开，不要说个不停。这样对方既无法做他自己的事，也不能招呼别人。

（3）如果一群人要一起离席，更要长话短说，不必要的客套话皆可省略，别耽搁他人太多时间。

（4）离席时应先和同性主人告别，也就是男性要先和男主人告辞，女性则先向女主人告辞，接着再向其他人致意。

（5）一般来说，主人先起身，其他人随着离席，而职位低以及年纪较轻的应礼让职位高和年长者先离开。

（6）感谢的措辞不可省，离席时一定不能忘了向主办人或东道主致谢，感谢他的辛苦费心。如果还注意到了其他可以赞赏的地方，别忘了提出来，且要真诚，切忌虚情假意。

相关案例

在丹麦哥本哈根召开联合国社会发展世界首脑会议上，出席会议的有近百位国家元首和政府首脑。会中，与会的各国元首与政府首脑合影。照常规，应该按礼宾次序名单安排好每位元首、政府首脑所站的位置。首先，这个名单怎么排，究竟根据什么原则排列？哪位元首、政府首脑排在最前？哪位元首、政府首脑排在最后？这项工作实际上很难做。丹麦和联合国的礼宾官员只好把丹麦首脑（东道国主人）、联合国秘书长、法国总统以及中国、德国总理等安排在第一排，而对其他国家领导人，就任其自便了。好事者事后向联合国礼宾官员"请教"，其答道："这是丹麦礼宾官员安排的。"向丹麦礼宾官员核对，其回答说："根据丹麦、联合国双方协议，该项活动由联合国礼宾官员负责。"

国际交际中的礼宾次序非常重要，在国际礼仪活动中，如安排不当或不符合国际惯例，就会招致非议，甚至会引起争议和交涉，影响国与国之间的关系。在礼宾次序安排时，既要做到大体上平等，又要考虑到国家关系，同时也要考虑到活动的性质、内容、参加活动成员的威望、资历、年龄，甚至其宗教信仰、所从事的专业以及当地风俗等。礼宾次序不是教条，不能生搬硬套，要灵活运用、见机行事。有时由于时间紧迫，无法从容安排，只能照顾到主要人员。

资料来源：马保奉. 外交礼仪浅谈[M]. 北京：中国铁道出版社，1996.

9.6 庆典礼仪

典礼是一种常用的和隆重的仪式。办一件事通过举行典礼仪式，会产生强烈的效果。一方面可以表示自己的郑重、庄严，渲染出与内容相应的浓烈气氛；另一方面可以引起社会各方面和广大群众的注意和重视，强化效果。

9.6.1 典礼的种类

1. 按性质分类

（1）政治性典礼。用于政治生活中的重大事项。如开国大典、国庆典礼、授勋典礼、揭幕典礼等。

（2）经济性典礼。用于企业单位经济活动中的重大事项。如开业典礼、落成典礼、周年典礼、签字典礼等。

（3）日常性典礼。用于机关、团体、企业、事业单位或社会团体日常工作的重大事项。如开幕典礼、开学典礼、奠基典礼、表彰典礼、誓师典礼等。

2. 按内容分类

（1）开始性典礼。指用于某一件大事开始的典礼。举行开始性典礼，显示出郑重、严肃，通过典礼的形式，对参加典礼的人进行宣传教育，使有关人员了解这件事项的目的、意义和作用，动员有关人员统一意志、振奋精神、开展工作或者让人给予关注、重视等，如开幕式、开学典礼等。

（2）结束性典礼。指用于某一件事结束的仪式。目的是对某项工作、活动的胜利结束表示庆祝，通过典礼对有关人员进行表彰，使整个工作、活动善始善终，如毕业典礼、竣工典礼等。

相关案例

这天是北方某市新建云海大酒店隆重开业的日子，酒店上空彩球高悬、四周彩旗飘扬，身着鲜艳旗袍的礼仪小姐站立在店门两侧，她们的身后是摆放整齐的鲜花、花篮，所有员工服饰一新、面目清洁、精神焕发，整个酒店沉浸在喜庆的气氛中。

开业典礼在店前广场举行。上午11时许，应邀前来参加庆典的有关领导、各界友人、新闻记者陆续到齐。正在举行剪彩之际，天空突然下起了倾盆大雨，典礼只好移至厅内，一时间，大厅内聚满了参加庆典人员和避雨的行人。典礼仪式在音乐和雨声中隆重举行，整个厅内灯光齐亮，使得庆典别具一番特色。

典礼完毕，雨仍在下着，厅内避雨的行人，短时间内根本无法离去，许多人焦急地盯着厅外。于是，酒店经理当众宣布："今天能聚集到我们酒店的都是我们的嘉宾，这是天意，希望大家能同敝店共享今天的喜庆，我代表酒店真诚邀请诸位到餐厅共进午餐，当然一切全部免费。"霎时间，大厅内响起雷鸣般的掌声。

虽然，酒店开业额外多花了一笔午餐费，但酒店的名字在新闻媒体及众多顾客的渲染下却迅速传播开来，接下来酒店的生意格外红火。

开业典礼是企业的大喜日子，是气氛热烈而又隆重的庆祝仪式，既表明企业对此项活动庄重、严谨的态度，又可借此扩大企业的社会影响，提高企业的知名度和美誉度。该酒店的经理借开业典礼之机请避雨的行人共享开业的喜庆，借此树立企业形象，收到了意想不到的效果。这一举动很好地体现了该酒店经理的组织能力、社交水平及文化素养，是企业发展的第一个里程碑。

资料来源：杨眉. 现代商务礼仪[M]. 大连：东北财经大学出版社，2000.

9.6.2 典礼的准备工作

准备工作是典礼活动组织工作的重要环节，可以说，准备工作做得充分、周密，典礼就等于成功了一半。

1. 明确规模

典礼的准备工作首先要确定规模大小。东道主主要根据典礼的需要精心拟定出席典礼人员的名单。邀请宾客应考虑周到，为使典礼显得隆重，一般要特别邀请几位身份比较高的贵宾参加。邀请宾客的多少，应根据需要与可能，即经济力量、场地条件和接待能力等来确定。

2. 组织分工

典礼活动所用的时间虽然不长，但事关重大，所以对典礼活动各项烦琐的准备工作，事无巨细，均不可疏漏。要请几位精干的人员进行统筹策划，做出明确分工。有的负责邀请和接待客人；有的负责典礼的程序和进行；有的负责后勤保障；有的负责全面领导和协调。全部工作人员各负其责、协调配合，保证典礼圆满成功。

3. 拟定程序

典礼程序是典礼活动的中心环节，典礼的效果如何主要由程序决定。拟定程序，要首先选好主持人，也称司仪。主持人应当精明强干、口才较好、有应变能力，并且熟悉各方面情况。因为主持人担负着掌握进程、驾驭全局、调节气氛、处理随时出现的问题的重任。

典礼程序一般由宣布典礼开始、公布贵宾名单、致辞、答词和礼成等几个项目组成。不同的典礼还要安排不同的有关项目，使整个典礼过程完整、协调。在拟定程序的同时，还要安排落实致辞人的人选，每个人的发言应当言简意赅，切忌冗长。

如有其他活动，也要事先落实人员，交代清楚各自的职责和要求。

4. 布置场地

要根据典礼的规模、时间、形式的要求来安排场地，并进行布置。不同的典礼布置的格调各有不同，要根据当地的风俗习惯安排。场地的音响设备要保持情况良好，有的还要安排锣鼓、鞭炮和乐队，以渲染气氛。

5. 后勤工作

典礼的后勤工作相当繁重，稍有不慎就会出现漏洞。所以，事先要有充分准备。对经济账务、所需物品、来宾的接待、食宿交通等，都要安排专人负责。

6. 发出通知

在确定了宾客名单之后，即可发出通知。通知的形式可以用书面形式——请柬，也可以用口头或电函形式。对重要的贵宾应当由东道主亲自出面邀请，并呈请柬。有的还可以用在报纸上刊登启事的形式发出邀请。

9.6.3 典礼过程中的礼仪

典礼开始以后，工作就应当按照事先的计划有秩序地进行，工作人员按照各自分工分头开展工作。

1. 接待宾客

宾客到来，接待人员应立即以礼欢迎，并引导到休息室。需要签到的应当让宾客在签到簿上签到。贵宾到来，由东道主亲自迎接，并陪贵宾交谈、休息，等待典礼开始。

2. 检查巡视

在典礼临近开始时，要检查一下各方面工作是否完备、重要的宾客是否到齐。发现问题及时处理。时间一到即请东道主、贵宾和有关人员入场就位。

3. 典礼进行

典礼由主持人宣布开始后按顺序进行。开始可用鸣炮、鼓掌或奏乐烘托气氛，然后宣布主要客人的名单，再依次致辞发言和其他活动，最后宣布礼成。

典礼结束后要及时欢送宾客、处理善后、结算账目、清理现场、慰问工作人员等，使典礼始终保持严密的组织、严格的纪律、完整的程序。

9.6.4 颁奖仪式

对先进个人和先进集体进行表彰和奖励，一般都要举行一个隆重的仪式，表示出郑重、严肃的态度。这既是对先进的肯定和鼓励，也是对群众进行宣传教育、树立榜样、扩大影响、振奋精神、推动工作的有效方式。

颁奖仪式，除了应当像本章第一节所述那样，做好一切准备工作之外，还应注意以下几点。

1. 会场

（1）会场应选在较大的场地进行。主席台上方要悬挂大红横额，写明"颁奖大会"。两旁还可悬挂相应的口号与标语或对联。主席台后面可悬挂彩旗、会标等。

（2）主席台上设供领导人就座的桌椅，桌上摆上写有领导人姓名的座次牌。可以另在正前方或侧前方设发言席。

（3）受奖人一般安排在观众席前排就座。

2. 程序

（1）宣布表彰典礼开始，这时可以播放欢快的音乐和燃放鞭炮，隆重的可以安排乐队演奏音乐。

（2）主要领导人讲话。

（3）宣布先进集体和先进个人名单。

（4）颁奖。

（5）先进集体或先进个人代表发言。

（6）群众代表发言。

（7）散会。

3. 主持人礼仪

主持人一般由本单位的负责人担任。

主持人应当熟悉仪式各个程序，事先作好安排、保证典礼准时开始。主持程序时，要精神饱满、热情洋溢。要顾及台上台下各个方面、审时度势、随机应变，使会议保持隆重热烈的气氛。

4. 报告人礼仪

(1) 衣着整洁、大方。

(2) 仪态自然、步履稳定。报告时，身体正直，稍前倾，不要趴在讲台上或靠在椅子背上。

(3) 讲话要有激情，注意节奏。

5. 颁奖

颁奖是仪式的高潮，但安排不当，常常发生混乱，应注意以下几点。

(1) 以受奖人上台的次序为依据，事先排好奖品和发奖人的顺序。发奖时，工作人员按事先分工专门递送，使发奖场面热烈、欢快而井然有序。

(2) 颁奖、受奖要用双手，颁奖人要主动与受奖人握手致意，表示祝贺。

(3) 如有新闻单位，或需要留影，则在全部颁奖后，受奖人排在前排，为摄影摄像提供方便。

6. 受奖人礼仪

(1) 着装整洁、大方、端庄、仪态自然。

(2) 上台受奖时要依顺序出入上下，不要左顾右盼，不要忸忸怩怩。

(3) 受奖时，要面带笑容、双手接奖，并表示谢意。然后转过身来，面向全场观众鞠躬行礼，并可举起奖品向观众致意，要及时走下主席台，使会议继续进行。

(4) 致答辞时，要注意对各方面评价得当，防止过于谦虚、过分客套。

9.6.5 开幕(开业)式礼仪

一个企业、一个组织的开幕、开工、开业，总希望第一次亮相便为自己创造一个良好的社会形象，扩大影响、提高知名度。举行隆重、热烈的开幕、开业典礼，是一个常用的形式。通过典礼，首次向社会展示自己的形象，表现出领导人的高度组织能力，社交水平和文化素养。典礼中的致辞，更可以宣传企业的宗旨、目标、地位和实力。第一次亮相在人们头脑所形成的第一印象是深刻的，不易磨灭的。所以，开幕、开业典礼都要精心筹划。

1. 宣布典礼开始

这时可以安排锣鼓、鞭炮或音乐，使典礼一开始便形成一个隆重、热烈、喜庆的气氛。

2. 宣读重要宾客名单

有关部门负责人、社会名人、同行领导、新闻单位的参加，会使企业增加知名度、显示自己的地位、为典礼增加光彩。

3. 上级领导致贺词

上级领导致贺词的内容包括对开幕表示祝贺，指出该企业的意义、作用，并提出要求等。

4. 东道主致辞

由开业单位的领导介绍本企业的情况、宗旨，对各位宾客的光临表示感谢，欢迎顾客惠顾等。

5. 剪彩

剪彩的目的是创造一个郑重、欢快的气氛。参加剪彩的除主方主要负责人外，还要事先邀请宾客中身份较高、有社会声望的知名人士共同剪彩。剪彩后可以安排群众喜闻乐见的民间文艺活动。

开幕典礼，形式不复杂，时间也不长，但一定要隆重热烈、丰富多彩，给公众留下美好难忘的第一印象。

9.6.6 交接仪式

当一项重要的工程竣工后，为了表示郑重严肃，施工单位和使用单位可以在交付使用时举行交接仪式。

1. 会场布置

(1) 交接仪式一般在现场举行，如果不方便，可以另选场地。在现场可以给人身临其境的感受，比较直观。

(2) 布置要隆重、热烈，又不铺张浪费。会场正面应悬挂"××交接仪式"横额。周围可以用标语、彩旗渲染气氛。还可以安排乐队，进行演奏。

(3) 主席台搭台子，可以因地制宜选择建筑物大门的台阶上；也可以搭在平整开阔的地面。

2. 人员安排

(1) 邀请来宾，要兼顾双方意见，除邀请双方上级、双方领导外，还要注意邀请对工程给予支持和帮助的单位和个人。

(2) 双方协商、明确落实组织者、主持人、现场分工、服务接待等。

3. 程序

(1) 介绍贵宾，宣布交接仪式开始。

(2) 奏国歌(一般性工程不奏)。

(3) 交接有关证件、文本、资料。

(4) 交付方讲话。

(5) 接受方讲话。

(6) 有关代表祝贺。

(7) 双方代表表示感谢。

(8) 剪彩。

4. 注意事项

(1) 仪式收到的贺信、花篮，应在主席台前展示。主持人还应宣布祝贺单位。

(2) 迎接、安排来宾要热情、礼貌。

(3) 要有始有终，特别是在结束后，要对来宾照顾周全。

(4) 结束后如有参观、文娱活动或宴请，应事先告知来宾，并安排好引导人员及时做好先导服务。

9.6.7 签字仪式

机关、团体、组织或企事业单位之间，经过协商，就某项事情达成协议，形成一个约定性文件，一般应举行签字仪式。

1. 准备工作

（1）文本。对即将签署的文件，要事先由双方定稿，并印刷、装订妥当，双方各备一份。

（2）签字人。视协议的性质确定，涉及面大的，应由主要负责人签字；涉及某一单项工作的，可由主管负责人签字。

（3）场地。选择宽敞的大厅，中间设长方形签字桌一张。桌面洁净，可铺深色台布，桌台放两把椅子，为签字人的座位。主方在左，客方在右（指其主观位置）。

文本可事先摆在双方桌面，也可由助签人或其他工作人员携带。

2. 签字程序

（1）双方人员进入签字厅。签字人行至本人座位前站立等候。双方其他人员分主客并按身份顺序站在本方签字人之后。双方主要领导居中。助签人站在签字人靠边的一侧，来宾和新闻记者站在桌子前边，留适当空间。

（2）签字开始。双方助签人拿出文本，翻开应签字的一页，指明签字的地方。签字人在本方保存的文本上签字，必要时助签人要用吸墨器吸去字迹上的水分，防止污染，然后双方助签人互相传递文本。签字人再在对方保存的文本上签字。随后双方签字人交换文本，相互握手。

这时站在后面的双方有关人员也依次握手祝贺。有的还准备有香槟酒，在签字后共同举杯祝贺。

（3）结束。签字后，双方相互握手庆贺，这时可以留影纪念，也可作简短讲话，然后结束。

3. 签字仪式现场

（1）签字桌。

（2）双方国旗。

（3）客方签字人。

（4）主方签字人。

（5）客方助签人。

（6）主方助签人。

（7）客方参加人员。

（8）主方参加人员。

（9）梯架。

（10）屏风。

【案例讨论】

礼仪不周，生意告吹

某公司新建的办公大楼需要一系列办公家具，价值数百万。该公司总经理做了决定，向Ａ公司购买办公用具。这天，Ａ公司销售负责人打来电话，要求上门拜访总经理。总经理打算等对方来了，就在订单上盖章，定下这笔生意。

不料A公司销售负责人比预定时间提前了1个小时，原来他听说这家公司的员工宿舍也要在近期落成，希望员工宿舍需要的家具也能在A公司购买。为了谈这件事，A公司销售负责人还带了一大堆资料，摆满了台面。总经理没料到对方会提前到访，刚好手边又有事，便请秘书让对方等一会。A公司销售负责人等了不到半个小时，就开始不耐烦了，一边收拾资料一边说："我还是改天再来吧。"这时，总经理发现A公司销售负责人在收拾资料准备离开时，将自己刚才递上的名片不小心掉在地上而没有发觉，走时还无意中从名片上踩了过去。这个不小心的失误，让总经理改变了初衷，使得A公司不仅没有机会与对方商谈员工宿舍家具的购买事项，而且连几乎到手的数百万价值办公用具的生意也告吹了。

资料来源：百度文库．

讨论：

A公司生意告吹的原因有哪些？

【沟通游戏】

撕　　纸

1. 形式

20人左右最为合适。

2. 时间

15分钟。

3. 材料

预备总人数两倍的A4纸（废纸也可）。

4. 适用对象

所有学员。

5. 活动目的

为了说明我们平时的沟通过程中经常使用单向的沟通方式，结果听者总是见仁见智，个人按照自己的理解来执行，通常都会出现很大的差异。但使用了双向沟通之后，又会怎样呢？差异依然存在，虽然有改善，但增加了沟通过程的复杂性。所以什么方法是最好的？这要依据实际情况而定。作为沟通的最佳方式要根据不同的场合及环境而定。

6. 操作程序

（1）给每位学员发一张纸。

（2）培训师发出单项指令。

① 大家闭上眼睛。

② 全过程不许问问题。

③ 把纸对折。

④ 再对折。

⑤ 再对折。

⑥ 把右上角撕下来，转180°，把左上角也撕下来。

⑦ 睁开眼睛，把纸打开。

培训师会发现各种答案。

（3）这时培训师可以请一位学员上来，重复上述的指令，唯一不同的是这次学员们可以问问题。

7. 有关讨论

（1）完成第一步之后可以问大家，为什么会有这么多不同的结果（也许大家的反映是单向沟通不许问问题所以才会有误差）？

（2）完成第二步之后又问大家，为什么还会有误差(希望说明的是，任何沟通的形式及方法都不是绝对的，它依靠于沟通者双方彼此的了解，沟通环境的限制等，沟通是意义转换的过程)？

一、填空题

1. 修饰并不是刻意夸张，而是注意（　）、（　）、（　）。
2. 在人际交往中，人们常常有（　）的观察他人的习惯。
3. 做好来宾的接待工作，要注意接待（　）、（　）、（　）共3个方面的问题。
4. 聆听别人讲话，必须做到（　）、（　）、（　），同时还要辅以其他的行为和态度。
5. 宴请是为了表示欢迎答谢、祝贺、喜庆等举行的一种（　）正式的餐饮活动，是最常见的社交形式之一。

二、选择题

1. 色彩的三要素不包括（　）。
   A. 明度　　　　B. 纯度　　　　C. 色相　　　　D. 色调
2. 口部的修饰包括（　）。
   A. 牙齿　　　　B. 口腔　　　　C. 嘴唇　　　　D. 胡须
3. 要让说话不失"分寸"，除了提高自己的文化素养和思想修养外，还必须注意（　）。
   A. 说话时要认清自己的身份　　　B. 说话要尽量客观
   C. 说话要有善意　　　　　　　　D. 礼貌说话
4. 宴会按其隆重程度出席规格分类，不包括（　）。
   A. 国宴　　　　B. 正式宴会　　C. 便宴　　　　D. 家宴

1. 商务人员服饰礼仪有哪些基本原则？
2. 一次大型宴会，出席宴会的人员共有10桌，宴会在面积 $70m^2$ 正方形的餐厅里举行。请你设计一份桌位的平面图。如果东道主有10人参加，他们的座位该如何安排？
3. 在举行宴会时应该注意哪些问题？

第10章

商务活动中的跨文化沟通

SHANGWU HUODONG ZHONG DE KUAWENHUA GOUTONG

【学习目标】

1. 掌握商务活动中跨文化沟通的主要因素。
2. 掌握有商务活动中跨文化沟通、涉外交往的原则。
3. 理解中西方国家的语言习惯。

【导入案例】

泛美公司非常想到沙特阿拉伯去做生意，于是就派了一位推销员飞到沙特阿拉伯首都利雅得，旨在开辟市场。他在星期一飞抵利雅得，找到了一家旅馆安顿下来，然后就开始拨电话。他打算先同那些最有可能成为客户的人取得联系。但是出乎他的意料，没有人愿意见面与他洽谈。这样，他在又羞又恼的窘境中熬过了3天，也就是到了星期四。这时他才发现，这里的人在星期四和星期五不办公。无可奈何，他只好等待，期盼下一星期能有好运气。时间一天天过去了，他好不容易找到了几位愿意同他洽谈生意的客商。但是，每一次同客商的洽谈都让他感到灰心丧气。无休止的等待，会谈缺乏宁静的环境，一杯又一杯地喝咖啡，然后就是"请改天再来"。使他特别难以忍受的是，阿拉伯人总是爱偏离正常的会谈目的，然后东拉西扯地说一些与会谈毫无相干的事情。尽管他非常真诚地向那些阿拉伯人宣扬自己公司良好信誉，推荐自己公司的精良产品，但似乎没有人被他的夸夸其谈所打动。

又过了一个月，他恰巧碰到了自己在部队服役时的一位老战友。两人攀谈起来，他的战友向他介绍了阿拉伯人的一些基本礼节，告诉他如何同阿拉伯人做生意。此时他才恍然大悟，原来自己已经屡屡冒犯了同自己洽谈的客商。如：自己在洽谈所表现出来的急躁情绪；拒绝饮用人家端来的咖啡；一坐下来就急于谈交易；不加掩饰，有时甚至是夸张的推销手段；递给人文件时用自己的左手；不时冒出来的诅咒之语；坐在地板上时露出自己的鞋底；更有甚者，竟敢在会谈之间谈论阿拉伯商人的妻子等。至今为止，他的差旅费用已高达13 000美元。可是，他在阿拉伯人心中留下的只是一个粗鲁、傲慢、不可信赖的美国商人形象。由于不懂当地的商务礼仪，他被碰得头破血流。如果他早些知道在沙特阿拉伯做生意的成功之道，他一定不会得到如此下场。在阿拉伯国家要想获得成功就必须要有耐心，逐步建立关系，还要充分尊重阿拉伯人的风俗习惯。

资料来源：刘园．国际商务谈判[M]．北京：对外经济贸易大学出版社，2002．

10.1 跨文化商务沟通概述

在将一种文化单元中的编码信息（包括语言、手势和表情等）传递到另一种文化单元的过程中，要经过解码和破译，才能被对方接受、感知和理解，当信息的发送者和接收者不属同一个文化单元时，他们之间的沟通就称之为跨文化沟通。这种跨文化沟通，不仅指在不同的文化环境内的沟通，还包括跨地域的沟通、跨时代的沟通和不同角色之间的沟通。

10.1.1 跨文化沟通的表现形式

1. 语言文字差异

语言文字差异是人类传递信息、交流思想、实现沟通的工具。在跨文化沟通中，语言文字的相通或相异，往往就是不同文化的共同性和差异性造成的。漠视语言文字的差异，就有可能遭受到意想不到的失败。例如，单词"makusatsu"在日语中有"考虑"和"注意到"两个意思。在第二次世界大战时，日本首相宣布政府愿意"考虑"同盟国对其敦促投降的最后通牒。可是日本通信社在对外广播时却翻译为"注意到"。据说美国就以此判断认为日本人不会投降，便决定在日本广岛和长崎投下两枚原子弹，酿成一场不可换回的悲剧。

语言文字的差异对跨国市场营销方面的重要性更是显而易见的。如在品牌的翻译上，我国民族品牌"芳芳"唇膏直译为"Fang Fang Lipstick"向美国出口，殊不知英文中"Fang

Fang"有"毒牙"和"犬齿"的意思。

身体语言方面，也处处体现着文化差异。点头在亚洲大多数国家是"是"或"同意"之意，而在希腊却是"不同意"之意。在美国，如果一个人在对别人说话或听别人说话时不看对方眼睛，则会引起人家的疑心，会认为他（她）"贼眉鼠眼"；在某些国家，盯住别人的眼睛会被认为是"放肆"。

不同文化对词汇使用也有较大差异。在美国，如果有人说他"搁置"了一项提案，意思是说他打算将这项提案的讨论推迟；但在英国"搁置"一词是"立即着手讨论某一件事"之意。跨国经营常常是这样：同样的一句话在不同人的耳朵里有不同的含义，必须用国际公众的语言文字来宣传组织形象、传达组织文化。有句行话，说的就是这个意思：你可以用任何语言来买东西，但是你必须用买者的语言来卖东西。

2. 宗教信仰差异

跨国经营很容易碰到宗教问题：①伊斯兰教的法典是《古兰经》。凡是《古兰经》未提及的事情都有可能被虔诚的伊斯兰教徒所摈弃。在伊斯兰教的斋月里，一切工作都要随之停止或调整。②在基督教国家，圣诞节前后的需求大有不同。节前一个月左右，商品零售额往往高出其他月份几倍，人们节前大多有大量采用各种用品的习惯。如果了解这个规律，就不会将节日商品错过节日，也不会在节后有大量进货而造成积压。③佛教的核心思想是四大皆空、感受清贫，在佛教国家经营高档消费品或服务的企业必须小心谨慎。④等级观念和家庭观念在印度教徒中根深蒂固，在印度教国家经营必须找准经营策略。⑤穆斯林对猪肉、印度教教徒对牛肉等的禁忌已广为人知，大家应谨记在心。对大到产品或服务、经营理念及策略，小到产品商标图案，都应小心为之，避免因冒犯他人的宗教信仰而造成不必要的损失。

3. 风俗习惯差异

风俗习惯带有强烈的地域性、乡土特征和浓重的感情色彩。它经过千百年来的流传、积淀和吸收后再生，深深地植根于国民心中。跨国经营者必须了解、尊重、适应当地风俗习惯。

1）交际习惯差异

例如，尼泊尔将杜鹃定为国花，而此花在国际社交场合却遭到忌用；郁金香在荷兰被尊为国花，在土耳其还被尊为安庆的象征，但在德国却被视为无情无义；到了墨西哥，在商人会谈中关切地问到了对方配偶和家庭的问题，这是极好的寒暄问候，但要是到了阿拉伯国家，这是很忌讳的；一些阿拉伯人还认为人的脚板是人身上最脏的一处，因而将自己的鞋底或脚底朝向别人是对别人莫大的冒犯；到了泰国、日本等亚洲国家，总是互赠一些小礼品或给点小费，然而在某些国家看来，这种做法是不合适的。

2）关于动物、色彩、数字的习俗差异

国际公众对动物的好恶差异极大。好客的泰国、印度客户把大象视为智慧、力量和忠诚的象征，但在英国，大象则是愚蠢、笨钝的化身；在东方人心目中，孔雀是美丽的象征，但在法国却被视为祸鸟；北非人忌用狗的图案为商标，但在欧美，狗是忠诚的信物而获宠爱。由于在世界范围难以找到一个人人皆喜欢的动物，因此在跨国公司品牌里难觅动物芳踪。

蓝色一般代表男性，本来给人豪华和深沉的感觉，在欧美多数国家较受欢迎，但在比利时人看来，蓝色是最不吉利的代名词，在埃及甚至视为恶魔；黄色给人尊贵之感，但在巴西等南美国家及巴基斯坦、叙利亚、埃塞俄比亚等地，黄色却因各种原因而被忌用；红色给人热烈和刺激的感觉,但在泰国,在丧事时用红色写逝者名字,让人认为是不吉利的,在法国红色也遭相似的命运,法国人认为红色代表妖魔和死亡;白色常给人纯洁和宁静之感,而在印度和摩洛哥则不太受欢迎,中国人也喜欢将丧事称之为"白事"。

基督教国家忌讳13人人皆知。电梯楼层号、门牌号、房间号等尽量避开13,尤其忌讳13号又是星期五。

思维方式和工作习惯的差异,美国人的思维方式比较直接,很少"急转弯";但日本人、中国人的思维方式经常崇尚迂回曲折,常有"卖关子"现象。有这样的一个比喻:用"下围棋"形容日本人的做事方式;用"打桥牌"形容美国人的工作风格;用"打麻将"形容中国人的办事作风。"下围棋"的方式说明从全局出发,为了总体利益和最终胜利可牺牲局部的某些棋子。"打桥牌"的风格则是与对方紧密合作,正对另外两家组成的联盟进行激烈竞争。"打麻将"的作风是孤军奋战,即所谓"看住上家,防住下家,自己和不了,也不让别人和。"

不同的习惯,也表现在工作中。如果告诉一个日本工人,某个部件可以允许的误差不超过±5mm,他肯定会主动将误差控制在接近零的极限;但如果向美国工人说允许的误差不超过±5mm,那么他们的制作将会在±5mm之间。不是美国工人技术差,而是他们有按标准范围做事的习惯,而日本工人则有提高标准做事的习惯。如果要求美国工人把误差控制到接近于零的极限,他们同样也能做到。跨国公司的主管们不无感慨地说,面对不同国家的工人的不同的习惯,就得采用不同的方法。

如果一个工人假日不休息,仍然坚持上班工作,在日本,人们会认为这个人对公司忠心耿耿,对工作兢兢业业,会给予赞扬和尊重;在美国,人们会说这个人的工作效率低,连假期也用于工作,会瞧不起他;在西欧,人们会认为这个人是傻瓜,不会享受假日的乐趣。显然,对于同一件事,日本、美国、西欧的观念是各不相同的。

10.1.2 影响跨国文化沟通的主要因素

1. 知觉错误

在跨文化沟通中,知觉错误会影响到双方的沟通。其中包括偏见、先入效应、刻板印象和晕轮效应。就拿偏见来说,由于政治背景与意识形态的不同,或是由于长期存在的隔阂,不少外国人对中国人缺乏深入了解,认为中国人都比较保守、思想不解放,甚至认为有排外情绪,因此在打交道时心存戒心。其实,自改革开放以来,中国人民十分愿意与不同国家、地区的人民友好相处。因此,在国际商务活动中,在越来越频繁的国际交往过程中,应该多宣传我国改革开放的政策,使那些不了解中国的外商抛弃偏见。

2. 价值观不同

不同的宗教信仰有着不同的价值观念、行为准则和清规戒律,因此会有不同的世界观、价值观和思维方式,不同的需求和消费方式,不同的工作态度和习惯。这对于商务组织的国际经营影响极大。

应该承认,东西方文化的价值观是有差异的。尽管由于世界经济一体化进程的加速,国际之间文化交流与合作的日益频繁,不同国家、地区之间的文化在各个层面上的相互渗透也更趋明显,但一些深层次的价值观仍然各具特性。例如,以美国为代表的西方文化,在价值观上主要表现为讲实用、讲效率,强调个人主义与隐私权,有强烈的竞争意识与冒险精神。

另外，西方人的等级观念较少，没有太多尊卑与贵贱的概念。

当然，不少西方人在价值观方面也是双重标准的。例如，隐私权，有些美国公司盛行窃取雇员的隐私。公司让保安人员在雇员不在时翻看他们的档案夹、台历本，打开录音电话，浏览电话自动记录卡，甚至打开计算机，将硬盘上的文件进行复制等。

因此，在跨文化人际沟通的过程中，双方要想达到理解与尊重，首先应理解和尊重对方的价值观。如在合资企业里，外方管理人员要想与当地的员工搞好人际沟通，以取得管理的成功和情感的协调，就必须在思想上树立起多元文化价值观的意识，要相互宽容和接纳，而不能相互排斥或抵制。

3. 语言习惯

中国人往往先说明请求的原因，然后才提出问题，西方人则恰好相反。例如，英、美国人接电话，先自报家门："这里是××公司，我能帮你什么忙？"对方说明了要与谁对话时才问："我可以知道你是谁吗？"而我们往往先"喂、喂，你是谁？"或者"你要找谁？"现在，我国越来越多的公司也要求其员工按西方的习惯接电话，但大多数场合还是做不到。

4. 翻译失真

在双方语言不通而必须借助翻译去完成沟通工作的情况下，翻译的作用很关键。不正确的翻译可能把双方原本没有的信息、情感增添进去了，还可能会因理解错误而导致词不达意，或由于语言习惯不同而出现误解。

10.1.3 有效的跨文化沟通

1. 跨文化沟通的原则

要在跨国经营和管理中努力成为一个有效的跨文化沟通者，就必须遵循一些最基本的原则。

1) 因地制宜

来自不同文化背景的商务人员能够携手工作，成功的窍门首先在于针对东道国的宏观环境，考虑组织的情况和员工的接受、适应能力，因地制宜地建立适合本组织的跨文化沟通模式。

2) 平等互惠

获取各自的经济效益和社会效益是合作各方的共同目的和合作的基础。不管是从保护各自的利益、保留发展自身文化的角度来看，还是从合作各方长远利益以及组织的前途来看，坚持平等互惠的原则是关键。

3) 相互尊重

相互尊重是合作中树立诚意和信誉的保证。对于合作方提出的任何疑问，都应尽快给予答复。不能立即答复的，也要说明理由。只有这样，才能促进双方相互之间的理解和沟通。当然，尊重有个前提，对于正确的，要尊重并接受采纳；对于不正确的或不合理的，要坚决予以制止。

4) 相互信任

相互信任是在合作双方相互了解、理解和相互尊重的基础上，在合作共事的过程中达成的。它可促成一种促进相互学习、共同工作的良好氛围。在一定程度上，相互信任是共同管理中最为重要的，相互信任与合作共事之间是相互促进、共同发展的。许多合资企业的管理都强调信任的重要性。一个合资企业的总经理提到："合作者相互信任的气氛比合资经营协议中的内容更为重要。"

5）相互了解

合作各方对对方文化背景、管理观念，甚至各方管理人员的家庭、经历、技能、爱好等情况都应有较深的了解。只有这样，才能在工作中更好地开展协作，并有利于开展因人而异、因势利导的工作。只有了解，才能理解，才能增进合作。

从更深的意义上来讲，这一原则还要求我们应该采取积极姿态来促进对方了解我们。相互了解，不仅是共同管理文化融合的要求，也是实际工作的要求。

6）共同发展原则

共同发展原则，即在平等互利的基础上，谋求各自的发展和共同的进步。当然，这样的过程是个相互接触、互相学习、相互促进和提高的过程。

2. 良好的跨文化沟通的环境条件

这里的环境条件主要指的是人文环境。所谓人文环境，主要是指社会制度、社会变迁、政府的方针和政策、民族的性格（国民性）、传统文化和观念、法制意识、风俗习惯、生活方式、思维方式和价值取向等。与商务组织的跨文化经营与管理有比较密切关联的人文环境主要有以下几方面。

1）语言环境

语言是人际沟通最基本也是最重要的渠道，但也往往会成为跨文化沟通中难以逾越的屏障。这种语言环境要求操各种语言的人之间要相互尊重，不歧视、不排斥对方，形成一个宽松的语言环境。

2）生活环境

生活环境的不同包括国度不同、地理位置不同、气候不同、自然和生态环境不同、生活方式和习惯不同、饮食不同、作息规律不同。对客商来说，面临太多的生活环境适应问题，跨文化沟通的难度较大。解决客商对生活环境的适应性问题，除了要求客商应入乡随俗，更重要的是作为东道国要积极创造条件、改善环境，精心为客商营造比较理想的生活环境。良好的生活环境能使人心情愉悦，给合作双方带来积极的心理响应，有利于发展有效的跨文化沟通。

3）精神环境

精神环境主要是指东道国员工与普通民众的精神风貌和道德水平。具体包括人员素质、观念水平、思想道德、工作作风、能力素质、环境意识、文化娱乐和遵纪守法等内容。这种精神环境对文化沟通的影响往往是内在的、潜移默化的、根本的。

4）人际环境

人际环境指的是合作各方应强调互尊互谅、真诚相待、心诚有信，还要彼此尊重对方的情感习惯，不适之处应给予宽容。例如，在异性交往方面，有些国家崇尚严肃和保守，有的崇尚自由和开放，如不注意宽容而"一刀切"，可能就会造成误会、纠纷甚至冲突，形成沟通阻碍，影响合作。

3. 消除成见，避免沟通失败

没有跨文化理解，也就谈不上跨文化合作，更谈不上跨文化沟通。跨文化理解具有两层含义。

1）理解自己的文化

对自己的文化模式，包括它的优、缺点及其演变的理解，多能促进与文化相关联态度的形成。这种文化的自我意识使得在跨文化交往中能够认识自己的文化、识别其他文化。

2）基于"文化移情"对其他文化的理解

"文化移情"要求人们必须在某种程度上摆脱本土文化的约束，从另一个不同的参照（他文化）反观原来的文化。另外，向其他文化学习借鉴的同时，又能对其采取一种超然的立场，而不是盲目地落到另一种文化俗套和框架之中。这是一个最为困难的过程。

为促进商务组织内部的跨文化理解，形成高效率的、有凝聚力的经营领导集体和组织，需要有意识地建立各种正式的和非正式的、有形的和无形的跨文化传播组织与渠道。

跨国经营中的跨文化参与及其融合，意味着通过跨文化沟通和跨文化理解，形成跨文化和谐的、具有东道国特色的经营管理模式。

要承认个人之间、不同文化之间存在许多差异。每个人、每种文化都有其优缺点，要站在对方的立场上来看待、处理事物，消除优越感和民族中心主义的偏见，消除自我和环境相分离的状态，以思想上的共识、情感上的宽容、行动上的协同来达到有效的跨文化沟通。

  相关案例

日本有一家著名的汽车公司在美国刚刚"登陆"时，急需找一家美国代理商来为其销售产品，以弥补他们不了解美国市场的缺陷。当日本汽车公司准备与美国的一家公司就此问题进行谈判时，日本公司的谈判代表路上塞车迟到了。美国公司的代表抓住这件事紧紧不放，想要以此为手段获取更多的优惠条件。日本公司的代表发现无路可退，于是站起来说："我们十分抱歉耽误了你的时间，但是这绝非我们的本意。我们对美国的交通状况了解不足，所以导致了这个不愉快的结果。我希望我们不要再为这个无所谓的问题耽误宝贵的时间了，如果因为这件事怀疑到我们合作的诚意，那么，我们只好结束这次谈判。我认为，我们所提出的优惠代理条件是不会在美国找不到合作伙伴的。"

日本代表的一席话说得美国代理商哑口无言，美国人也不想失去这次赚钱的机会，于是谈判顺利地进行下去了。

资料来源：杨眉. 现代商务礼仪[M]. 大连：东北财经大学出版社，2000.

10.2 商务活动中的涉外交往原则

涉外礼仪的基本原则，是根据礼仪原则与涉外交往活动实践，从整体性、普遍性高度加以概括形成的，对涉外交往具有普遍的意义。从事涉外工作的人员，必须在实际工作中认真贯彻以下基本原则。

10.2.1 维护形象

在国际交往中，人们普遍对交往对象的个人形象倍加关注，并且都十分重视遵照规范的、得体的方式塑造、维护自己的个人形象。个人形象往往是一个人、一个部门、一个企业甚至一个国家的内在素质和文明程度的反映，也是其对交往的对象重视和尊重程度的反映。

因此，在涉外交往中，每个人都必须时时刻刻注意维护自身形象，特别是要注意维护自己在正式场合留给初次见面的外国友人的第一印象。在涉外交往中的个人形象具体可以反映以下几方面的问题：

(1) 个人形象，能真实地体现他的个人素质和品位。
(2) 个人形象，可以客观地反映他的精神风貌与生活态度。
(3) 个人形象，能如实地展现他对交往对象的重视程度。
(4) 个人形象，是其所在单位的整体形象的有机组成部分。
(5) 个人形象，在国际交往中还往往代表其所属国家、所属民族的形象。

10.2.2　不卑不亢

不卑不亢是涉外礼仪的一项基本原则。它的主要要求是：每一个人在参与国际交往时，都必须意识到自己在外国人的眼里，是代表着自己的国家、代表着自己的民族、代表着自己的所在单位的，是事关国格、人格的大是大非的重要问题。因此，其言行应当从容得体、堂堂正正。在外国人面前既不应该表现得畏惧自卑、低三下四，也不应该表现得自大狂傲、放肆嚣张。

在涉外交往中，"事事非小事，事事是大事"。每一个中国人在外国人面前的一言一行、一举一动，都与中国和中华民族的形象联系在一起。在任何场合时刻不忘祖国的利益高于一切，坚决维护国家主权和民族尊严，决不做有损国格、人格的事情。在原则问题上，一定要坚定不移、毫不让步。

10.2.3　求同存异

由于历史、民族以及宗教等原因，世界各国的礼仪与习俗存在着一定程度的差异性。那么，在国际交往中应当如何对待中外礼仪与习俗的差异性呢？首先，对于中外语言习俗的差异性，应当予以承认；其次，在涉外交往中，对于类似的差异性，尤其是我国与交往对象所在国之间的利益与习俗的差异性，重要的是要了解，而不是评判是非、鉴定优秀。

在国际交往中，对于礼仪的选择，目前大体有3种主要的可行方法：①"以我为主"，即在涉外交往中基本上采取本国礼仪；②"兼及对方"，即在涉外交往中，在基本上采用本国礼仪的同时，适当地采用一些交往对象所在国现行的礼仪；③"求同存异"，是指在涉外交往中，为了减少麻烦、避免误会，最为可行的做法是，既对交往对象所在国的礼仪与习俗有所了解并予以尊重，更要对国际上所谓通行的礼仪惯例认真地加以遵守。

10.2.4　入乡随俗

入乡随俗是涉外礼仪的基本原则之一。它的含义主要是：在涉外交往中，要真正做到尊重交往对象，首先就必须尊重对方所独有的风俗习惯。之所以必须认真遵守"入乡随俗"的原则，主要是出于以下两方面的原因。

(1) 世界上各个国家、各个地区、各个民族，在其历史发展的具体进程中，形成各自的宗教、语言、文化、风俗和习惯，并且存在着不同程度的差异。这种"十里不同风，百里不同俗"的局面，是不以人的主观意志为转移的，也是世间任何人都难以强求统一的。

(2) 在涉外交往中注意尊重外国友人所特有的习俗，容易增进中外双方之间的理解和沟通，有助于更好地、恰如其分地向外国友人表达我方的亲善友好之意。

10.2.5　信守信用

作为涉外礼仪的基本原则之一，所谓"信守约定"的原则，是指在一切正式的国际交往中，都必须认真而严肃地遵守自己的所有承诺，说话务必要算数、许诺一定要兑现、约会必须如约而至。在一切有关时间方面的正式约定之中，尤其需要恪守。在涉外交往中，要真正做到"信守约定"，对一般人而言，尤其在以下 3 个方面要身体力行、严格要求自己。

（1）在人际交往中，许诺必须谨慎。

（2）对于自己已经作出的约定，务必要认真地加以遵守。

（3）万一由于难以抗拒的因素，致使自己单方面失约，或者有约难践，需要尽早向有关各方进行通报，如实地解释，并且要郑重其事地向对方致以歉意，主动地按照规定和惯例负担因此而给对方所造成的某些物质方面的损失。

10.2.6　热情有度

热情有度是涉外礼仪的基本原则之一。它的含义是要求人们在参与国际交往、直接同外国人打交道时，不仅待人要热情友好，更为重要的是，要把握好待人热情友好的分寸，否则就会事与愿违、过犹不及。在涉外交往中要遵守好"热情有度"这一基本原则，关键是要掌握好下列 4 个方面的"具体的度"：①要做到"关心有度"；②要做到"批评有度"；③要做到"距离有度"；④要做到"举止有度"。

还有，不必过于谦逊。其基本含义是：在国际交往中涉及自我评价时，虽然不应该自吹自擂、自我标榜、一味地抬高自己，但是也绝对没有必要妄自菲薄、自我贬低、自轻自贱，不宜过度地在外国人面前谦虚、客套。

10.2.7　尊重隐私

在涉外交往中务必要严格遵守"尊重隐私"这一重要原则。一般而论，在国际交往中，下列 8 方面的私人问题，均被海外人士视为个人隐私问题：①收入支出；②年龄大小；③恋爱婚姻；④身体状况；⑤家庭住址；⑥个人经历；⑦信仰政见；⑧所忙何事。

要尊重外国友人的个人隐私权，首先必须自觉地避免在与对方交谈时，主动涉及这 8 个方面的问题。为了便于记忆，它们亦可以简称为"个人隐私八不问"。

10.2.8　女士优先

所谓"女士优先"，是国际社会公认的一条重要的礼仪原则，它主要适用于成年的异性进行社交活动之时。"女士优先"的含义是：在一切社交场合，每一名成年男子都有义务主动自觉地以自己的实际行动，去尊重妇女、照顾妇女、体谅妇女、关心妇女、保护妇女，并且要想方设法、竭尽全力地去为妇女排忧解难。倘若因为男士的不谨，而使妇女陷于尴尬、困难的处境，便意味着男士的失职。

"女士优先"原则还要求在尊重、照顾、体谅、关心、保护妇女方面，男士们对所有的妇女都一视同仁。

10.2.9 以右为尊

正式的国际交往中，依照国际惯例，将多人进行并排排列时，最基本的原则是右高左低，即以右为上，以左为下；以右为尊，以左为卑。

大到政治磋商、商务往来、文化交流，小到私人接触、社交应酬，大凡有必要确定并排排列时的具体位置的主次尊卑，"以右为尊"都是普遍适用的。

10.2.10 不宜为先

"不宜为先"原则也被有些人称作"不为先"的原则。它的基本要求是，在涉外交往中，面对自己一时难以应付、举棋不定，或者不知道到底怎么做才好的情况时，如果有可能，最明智的做法是尽量不要急于采取行动，尤其不宜急于抢先、冒昧行事。也就是说，若有可能的话，面对这种情况时，不妨先按兵不动，然后再静观一下周围人的所作所为，并与之采取一致的行动。

10.2.11 爱护环境

作为涉外礼仪的主要原则之一，"爱护环境"的主要含义是：在日常生活中，每一个人都有义务对人类所赖以生存的环境，自觉地加以爱惜和保护。在涉外交往中，之所以要特别讨论"爱护环境"的问题，除了因为它是作为人所应具备的基本的社会公德之外，还在当今国际舞台上，它已经成为舆论倍加关注的焦点之一。

在国际交往中需要特别注意的问题有两点：①要明白，光有"爱护环境"的意识是远远不够的，更重要的是要有实际行动；②与外国人打交道时，在"爱护环境"的具体问题上要严于自律。中国人在涉外交往中特别需要在"爱护环境"方面注意下列 8 个细节问题：①不可毁坏自然环境；②不可虐待动物；③不可损坏公物；④不可乱堆乱挂私人物品；⑤不可乱扔乱丢弃废弃物品；⑥不可随地吐痰；⑦不可到处随意吸烟；⑧不可任意制造噪声。

10.3 商务活动中的涉外交往礼仪

迎来送往是常见的社交活动，也是整个涉外活动的一个重要环节，一个精心安排的欢迎仪式，能使来宾一踏上被访国就产生良好的第一印象；一个圆满的欢送仪式，又能给来宾留下一个难忘的回忆。在国际交往中，通常根据来访客人的身份和来访的性质，以及两国关系等因素，安排相应的迎送活动。

10.3.1 迎送的礼仪

迎送礼仪通常分为国际正式迎送礼仪和一般迎送礼仪两种。国际正式交际活动通常是指带官方性质的外交活动，由国家元首、政府首脑以及外交部、外交代表机关等进行的，诸如访问、谈判、交涉、发出外交文件、缔结条约、参加国际会议和国际组织等对外活动都属于国际正式交际活动。在国际正式交际活动中，有着一些在长期的国际交往中逐渐形成的，被世界各国所公认并共同遵守的礼仪形式，这就是所谓的国际交际礼仪惯例。许多国家在运用国际礼仪惯例时，往往会从本国的实际情况出发保留一些具有本国特色的礼仪形式。因此，在下面介绍时,将以我国外交活动的礼仪形式为主。

一般国际交往活动的交际礼仪,没有正式交际礼仪那样要求严格,但也决不可马虎从事,在许多方面也须参照国际交际礼仪惯例,做好迎送工作。

1. 确定迎送规格

对来宾的迎送规格各国作法不尽一致。确定迎送规格,主要依据来访者的身份和访问目的,适当考虑两国关系,同时要注意国际惯例,综合平等。主要迎送人通常都要同来宾的身份相当,但由于各种原因,不可能完全对等。遇此情况可灵活变通,由职位相当的人士或由副职出面,总之,主人身份要与客人身份相差不大,以同客人对口、对等为宜。当事人不能出面时,无论做何种处理,应从礼貌出发,向对方作出解释。其他迎送人员不宜过多。也有从发展两国关系或当前政治需要出发,破格接待,安排较大的迎送场面的。然而,为避免造成厚此薄彼的印象,非有特殊需要,一般都按常规办理。

2. 掌握抵达和离开的时间

必须准确掌握来宾乘坐飞机(火车、船舶)的抵离时间,及早通知全体迎送人员和有关单位。如有变化,应及时通知。由于天气变化等意外原因,飞机、火车、船舶都可能不准时,一般大城市,机场离市区又较远,因此,既要顺利地接送客人,又不过多耽误迎送人员时间,就要准确掌握抵离时间。

迎接人员应在飞机(火车、船舶)抵达之前到达机场(车站、码头);送行则应在客人登机(火车、船舶)之前抵达(离去时如有欢送仪式,则应在仪式开始之前到达)。如客人乘坐班机离开,应通知其按航空公司规定时间抵达机场办理有关手续(身份高的客人,可由接待人员提前代办手续)。

3. 献花

如安排献花,须用鲜花,并注意保持花束整洁、鲜艳,忌用菊花、杜鹃花、石竹花、黄色花朵。有的国家习惯送花环或者送一两枝名贵的兰花、玫瑰花等。通常由儿童或女青年在参加迎送的主要领导人和客人握手之后将花献上。有的国家由女主人向女宾献花。

4. 介绍

客人与迎送人员见面时,应互相介绍。通常先将前来的迎送人的人员介绍给来宾,可由礼宾交际工作人员或其他接待人员介绍,也可以由迎送人员中身份最高者介绍。客人初到,一般较拘谨,主人宜主动与客人寒暄。

5. 陪车

客人抵达后,从机场到住地,以及访问结束,由住地到机场,有的安排主人陪同乘车,也有不陪同乘车的。如果是小车,应请客人坐在司机后面。如是三排座的轿车,译员坐在主人前面的加座上;如是二排座,译员坐在司机旁边。上车时,最好客人从左侧门上车,主人从右侧门上车,避免从客人座前穿过。遇客人先上车,坐到了主人的位置上,则不必请客人挪动位置。

6. 迎送工作中的几项具体事务

(1) 迎送身份高的客人,事先在机场(车站、码头)安排贵宾休息室,准备饮料。

(2) 汽车,预定住房。如有条件,在客人到达之前将住房和乘车号码通知客人。如果做不到，可印好住房、乘车表或打好卡片，在客人刚到达时，及时发到每个人手中，或通过对方的联络秘书转达。这既可以避免混乱，又可以使客人心中有数、主动配合。

（3）指派专人协助办理入出境手续及机票（车、船票）和行李提取或托运手续等事宜。重要代表团，人数众多、行李也多，应将主要客人的行李先取出（最好请对方派人配合）及时送往住地，以便更衣。

（4）客人抵达住处后，一般不要马上安排活动，应稍作休息，起码给对方留下更衣时间。

10.3.2 礼宾次序

所谓礼宾次序，是指国际交往中对出席活动的国家、团体，各国人士的位次按某些规则和惯例进行排列的次序。一般来说，礼仪次序体现东道主对各国宾客所给予的礼遇；在一些国际性的集会上则表示各国主权平等的地位。礼宾次序安排不当或不符合惯例，会引起不必要的争执和交涉，甚至影响国家关系。礼宾次序看起来只是个先后排列的事，一旦出了问题，就是大事，所谓"外事无小事"就是这个意思。因此，在组织涉外活动时，对礼宾次序应给予高度的重视。

对于礼宾次序的排列，国际上已有一些惯例，各国也有自己的具体做法。有些排列顺序和做法已由国际法或国内法所肯定，如外交代表位次的排列，在《维也纳外交公约》中就有专门的规定。常见的礼宾次序有两大类：①要明确区分参与者的身份高低、上下、长幼等方面的关系，目的是给高者、上者、长者相应的尊重和礼遇，以表现主人的谦虚风度；②为了表示所有参与者在权力、地位上的平等。

礼宾次序的安排，国际上通常有3种方法：①按身份与职务的高低排列，主要以各国提供的正式名单或正式通知作为确定职务的依据，如按国家元首、副元首、政府总理（首相）、副总理（副首相），部长、副部长等顺序排列；②按字母顺序排列，这种排列方法多见于国际会议、体育比赛等；③按通知代表团组成的日期先后或其他方式排列，东道国对同等身份的外国代表团，按派遣国决定应邀请派遣代表团参加活动的答复时间先后排列。采用何种排列方法，东道国在致各国的邀请书中一般都加以明确注明。

在安排礼宾次序时所考虑的其他因素包括国家之间的关系，地区所在，活动的性质、内容和对于活动的贡献大小，以及参加活动人的威望、资历等。

例如，常把同一国家的、同一地区的、同一宗教信仰的，或关系特殊的国家的代表团安排在前面或排在一起。对同一级别的人员，常把威望高、资历深、年龄大者安排在前面。有时还考虑业务性质、相互关系、语言交流等因素。如在观礼，观看演出、比赛，特别是大型宴请时，在考虑身份与职务的前提下，将业务性质对口的、语言相通的、宗教信仰一致的、风俗习惯相近的宾客安排在一起。

10.3.3 涉外会见会谈

会见与会谈是外事活动中的重要事务之一，无论是正式访问、谈判，还是礼节性拜访，通常都要安排会见与会谈，以便双方加强了解与交流、增进友谊与合作。各国在长期的外事活动中，会见与会谈的一些礼节也具有一定的惯例性。

1. 会见

会见，在国际上一般称接见或拜会。如果是身份高的人士会见身份低者或主人会见客人，一般称为接见或召见；身份低的会见身份高者或客人会见主人，一般称为拜会。接见或拜会后的回访活动称回拜。我国一般不作上述区分，统称为会见。

会见按内容不同可分为礼节性的会见、政治性的会见和事务性的会见。其中，礼节性的会见时间较短，话题较为广泛；政治性的会见一般涉及双边关系、国际局势等重大问题；事务性的会见一般涉及外交、经贸、科技文化交流等业务方面的问题。

1) 会见的礼仪

会见时的介绍包括自我介绍和介绍他人两种。

自我介绍一般是指主动向他人介绍自己，或应他人的要求而对自己的情况进行简单的介绍。

自我介绍时应注意时间的把握和自我介绍的内容两个方面的问题。所谓时间的把握：①选择自我介绍的时机应该是于己于人都方便；②应把握好自我介绍的时间长度，注意宁短勿长，应把时间限定在一分钟甚至半分钟之内，切忌东拉西扯、滔滔不绝。

介绍他人通常指的是由某人为彼此素不相识的双方相互介绍、引见，有双向性和对等性的特点。

在涉外交往中介绍他人时通常应注意以下4个问题：①应注意介绍者的身份；②尊重被介绍者的意愿；③要遵守介绍时的先后次序；④要重视介绍时的表达方式。

2) 会见时的座位安排

会见一般都安排在会客室、会客厅或办公室，会见时的座次安排是会见礼节中的重要方面。

会见的座次安排各国礼仪不尽相同，有时宾主各坐一边，有时穿插坐在一起。我国习惯在会客厅安排会见，通常安排主人、主宾坐在面对正门的位置，来宾坐在主人的右侧，主宾席靠近主人席，翻译员和记录员安排坐在主人和主宾后面。主方陪同人员在主人左侧按身份高低依次就座。如果座位不够，可在后排加座。座位安排如图10.1和图10.2所示。

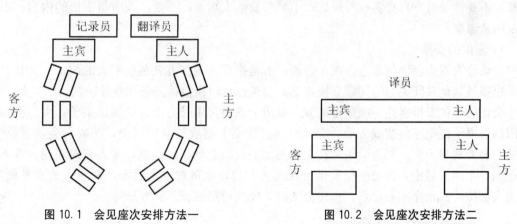

图 10.1　会见座次安排方法一　　　　　　图 10.2　会见座次安排方法二

2. 会谈

涉外人员应掌握的有关会谈的礼仪规范主要有：会谈的态度、称呼的使用、内容的选择、座位的安排4个问题。

1) 会谈的态度

会谈的态度是指一个人与别人会谈的整个过程中的基本表现，它主要涉及举止表情，以及由此而体现出来的个人修养和对待会谈对象的基本看法和态度。在涉外交往中，尤其是在与一个外国人初次交往中，会谈的态度会受到对方的特别关注。

会谈时，语态上要亲切友善、恭敬有礼；语音上要高低适度、富有感染力；语气上要平等待人、谦恭礼貌；语速上要快慢适中、舒张有度。

2) 称呼的使用

称呼是指人们会谈时所使用的、用以表示彼此关系的名称，有时被称为称谓。在涉外交往中，称呼的运用与对待交往对象的态度直接相关，因此丝毫不得马虎。

在涉外交往中，比较正式的场合，应当选用的称呼主要包括"先生""小姐""夫人""女士"等尊称；如果交往对象拥有在社会上备受关注的学位、学术头衔、军衔等，可称呼为"博士""教授""法官""将军"等荣誉性称呼；在公务活动中，一般可以直接以对方的职务相称，如"总理""部长""总裁"等职务性称呼；在一般性的外事活动中，也可以直接称呼他人的姓氏或姓名等一般性称呼；对王室成员或神职人员要使用专门的称呼，如"陛下""殿下""教皇""大主教""神父"等特殊称呼。

在涉外交往中自称或称呼他人，切忌使用容易产生误会的称呼如"同志""老人家"等，更不能使用歧视性的称呼如"老鹰""黑鬼"等。若与交往对象仅为一面之交，一般不宜直呼其名。

3) 内容的选择

所谓"言为心声"，即个人的所言所行可以反映其思想境界的高低。因此，在涉外交往中选择会谈内容时，要尽量选择高雅的话题，如哲学、历史、文学、音乐、绘画、建筑等。当然，在交谈之前，要对交谈对象有所了解，尽量选择交谈对象感兴趣的内容，切忌不顾对方的感受，自己口若悬河、夸夸其谈。不妨谈论一些欢快的内容，如体育、娱乐等，让交谈的气氛轻松愉快、亲切友好。在涉外交往交谈时还要特别注意内外有别、保守国家秘密。

在涉外交谈时要做到以下6个不要：不要对别国内部事务说长道短；不要涉及对方个人隐私；不要涉及对方自身弱点与短处；不要涉及他人短长；不要涉及庸俗下流的内容；不要涉及凶杀惨案。

4) 座位的安排

会谈分为双边会谈与多边会谈。会谈一般是指双方或多方就某些重大的政治、文化、经济、军事及其他共同关心的问题交换意见。会谈也可以指洽谈公务和业务谈判。

会谈的座位安排也是一项重要礼节。双边会谈通常用长方形或椭圆形桌子，多边会谈常采用圆形桌子或把座位摆成方形。会谈时，会谈桌上摆放与会国国旗，摆放与会者座位卡，以便与会者对号入座。双边会谈时宾主相对而坐，以会场正门为准，主人背对正门，客人面对正门；主谈人居中，译员座位安排可在主人右边，也可在主人后面，视主人的意见而定；其他人员按礼宾次序左右排列。多边会谈时，座位可摆成圆形、方形等。

10.3.4 参与会谈时注意事项

（1）要求会见的一方，应将要求会见人的姓名、职务以及会见什么人、会见的目的告知对方。接见一方应尽早给予回复，约妥时间。如因故不能接见，应婉言解释。

（2）作为接见一方的安排者，应主动将会见（会谈）时间、地点，主方出席人，具体安排及有关注意事项通知对方。作为前往会见一方的安排者，则应主动了解上述情况，并通知有关的出席人员。

（3）准确掌握会见、会谈的时间、地点和双方参加人员的名单，及早通知有关人员和有关单位作好必要安排。主人应提前到达。

（4）会见、会谈场所应安排足够的座位。如双方人数较多、厅室面积大、主谈人说话声音低，宜安装扩音器。会谈如用长桌，应事先安排好座位图，现场放置中外文座位卡，卡片上的字体应工整清晰。

（5）如有合影，应事先安排好合影图，人数众多应准备架子。合影图一般由主人居中，按礼宾次序，以主人右手为上，主客双方间隔排列。第一排人员既要考虑人员身份，也要考虑场地大小，即能否都摄入镜头。一般来说，两端均有主方人员把关。

（6）客人到达时，主人在门口迎候。可以在大楼正门迎候，也可以在会客厅门口迎候。如果主人不到大楼门口迎候，则应由工作人员在大楼门口迎候，引入会客厅。如有合影，宜安排在宾主握手之后，合影后再入座。会见结束时，主人应送至车前或门口，目送客人离去后再回室内。

（7）领导人之间的会见或是会谈，除陪见人和必要的译员、记录员外，其他工作人员安排就绪后均应退出。如允许记者采访，也只是在正式谈话开始前采访几分钟，然后统统离开。谈话过程中，旁人不要随意进出。

（8）会见时招待用的饮料各国不一。我国一般只备茶水，夏天加冷饮。会谈如时间过长，可适当上咖啡或红茶。

一般官员、民间人士的会见，安排大体上相同，也要实现申明来意，约妥时间、地点，通知来人身份和人数，准时赴约。礼节性的会见，一般不要逗留过久，半小时左右即可告辞，除非主人特意挽留。日常交往中，如客人来访，相隔一段时间后，应予回访。

【案例讨论】

谈判中的做戏

意大利与中国某公司谈判出售某项技术，谈判已进行了一周，但仍进展不快，于是意方代表罗尼先生在前一天作了一次发问后告诉中方代表李先生，他还有两天时间可谈判，希望中方配合在次日拿出新的方案来。次日上午中方李先生在分析的基础上拿了一方案比中方原要求（意方降价40%）改善5%（要求意方降价35%）。意方罗尼先生说："李先生，我已降了两次价，计15%，还要再降35%，实在困难。"双方相互评论、解释一阵后。建议休会下午2:00再谈。

下午复会后，意方先要中方报新的条件，李先生将其定价的基础和理由向意方作了解释并再次要求意方考虑其要求。罗尼先生又讲了一遍其努力，讲中方要求太高。谈判到4:00时，罗尼先生说："我为表示诚意向中方拿出最后的价格，请中方考虑，最迟明天12:00以前告诉我是否接受。若不接受我就乘下午2:30的飞机回国。"说着把机票从包里抽出在李先生面前显了一下。中方把意方的条件（意方再降5%）理清后，表示仍有困难，但可以研究。谈判即结束。

中方研究意方价格后认为还差15%，但能不能再压价呢？明天怎么答？李先生一方面与领导汇报，与助手、项目单位商量对策，一方面派人调查明天下午是否有2:30的航班。

结果该日下午2:30没有去欧洲的飞机，李先生认为意方的最后还价，机票是演戏，判定意方可能还有条件。于是在次日10点给意方去了电话，表示："意方的努力，中方很赞赏，但双方距离仍存在，需要双方进一步努力。作为响应，中方可以在意方改善的基础上，再降5%，即从30%降到25%。"

意方听到中方有改进的意见后，没有走。只是认为中方要求仍太高。

讨论：

1. 意方的戏做的如何？效果如何？它还有别的方式做戏吗？

2. 中方破戏的戏作什么评价？
3. 意方和中方在谈判的进取性上各表现如何？

【沟通游戏】

瞎子摸号

1. 游戏目的

让学员体会沟通的方法有很多，当环境及条件受到限制时，你是怎样去改变自己，用什么方法来解决问题的？

2. 形式

14~16 个人为一组比较合适。

3. 类型

问题解决方法及沟通。

4. 时间

30 分钟。

5. 材料及场地

摄像机、眼罩及小贴纸和空地。

6. 适用对象

参加团队建设练习的全体人员。

7. 操作程序

(1) 让每位学员戴上眼罩。

(2) 给他们每人一个号，但这个号只有本人知道。

(3) 让小组根据每人的号数，按从小到大的顺序排列出一条直线。

(4) 全过程不能说话，只要有人说话或脱下眼罩，游戏结束。

(5) 全过程录像，并在点评之前放给学员看。

8. 有关讨论

(1) 你是用什么方法来通知小组你的位置和号数？

(2) 沟通中都碰到了什么问题，你是怎么解决这些问题的？

(3) 你觉得还有什么更好的方法吗？

填空题

1. 跨文化沟通不仅指在不同的文化环境内的沟通，还包括跨地域的沟通、（　　）和不同角色之间的沟通。

2. 风俗习惯带有强烈的（　　）、（　　）和浓重的感情色彩。

3. 涉外礼仪的基本原则，是根据礼仪原则与涉外交往活动实践，从（　　）、（　　）高度加以概括形成的，对涉外交往具有普遍的意义。

4. 在涉外交往中务必要严格遵守（　　）这一涉外礼仪的重要原则。

5. 会谈时，语态上要亲切友善、恭敬有礼；语音上要（　　）、富有感染力；语气上要平等待人、谦恭礼貌；语速上要（　　）、舒张有度。

1. 请谈谈你对跨文化沟通的理解。
2. 如果你是商务人员，在商务活动中如何才能做到有礼有节、不卑不亢？
3. 如何进行有效的跨文化沟通？

参 考 文 献

[1] 刘维娅. 社交礼仪教程[M]. 武汉：华中师范大学出版社，2007.
[2] 梁莉芬. 商务沟通[M]. 北京：中国建材工业出版社，2003.
[3] 刘园. 国际商务谈判[M]. 北京：对外经济贸易大学出版社，2002.
[4] 赵春明. 商务谈判[M]. 北京：中国财政经济出版社，2000.
[5] 苏勇，罗殿军. 管理沟通[M]. 上海：复旦大学出版社，1999.
[6] [美]托马斯·D·兹韦费尔. 管理就是沟通[M]. 杜晓伟，译. 北京：中信出版社，2004.
[7] 陈春花. 管理沟通[M]. 广州：华南理工大学出版社，2001.
[8] 章哲，北风. 管理者的最基本能力：有效沟通[J]. 总裁，2002(09).
[9] 赵安民. 反沟通与有效沟通[J]. 社会，2004(01).
[10] 朱凯斌，刘美玲. 沟通对企业文化建设的影响作用[J]. 经济学研究，2005(02).
[11] 陈亮，林西. 管理沟通理论发展综述[J]. 中南大学学报，2003(12).
[12] 戚宏亮，刘颖. 探析管理沟通的本质[J]. 技术经济，2004(09).
[13] 余红华. 认识沟通改善沟通[J]. 引进与咨询，2005(04).
[14] [美]菲利斯·明德尔. 领导者沟通技巧[M]. 黄巍巍，张毅斌，译. 北京：电子工业出版社，2007.
[15] [美]莱夫顿，巴泽塔. 领导沟通力[M]. 马燕，译. 北京：华夏出版社，2005.
[16] 孙健敏，徐世勇. 管理沟通[M]. 北京：清华大学出版社，2006.
[17] 胡河宁. 组织沟通[M]. 合肥：中国科学技术大学出版社，2006.
[18] 于学卿. 论企业内部有效沟通[J]. 合作经济与科技，2006(02).
[19] 章波. 关于企业管理有效沟通的探讨[J]. 大众科技，2005(12).
[20] 兰红. 浅析企业管理中的有效沟通[J]. 石油教育，2007(01).
[21] 李云青. 企业管理中的有效沟通[J]. 青海经济研究，2006(02).
[22] 曹荣光，胡宏斌. 商务沟通——理论与技巧[M]. 昆明：云南大学出版社，2006.
[23] 王慧敏. 商务沟通教程[M]. 北京：中国发展出版社，2006.
[24] 钱炎. 商务沟通[M]. 上海：立信会计出版社，2006.
[25] 李晓. 沟通技巧[M]. 北京：航空工业出版社，2006.
[26] 余世维. 有效沟通：管理者的沟通艺术[M]. 北京：机械工业出版社，2006.
[27] [美]阿德勒，埃尔霍斯特. 商务传播：沟通的艺术[M]. 施宗靖，译. 上海：复旦大学出版社，2006.
[28] 冯章. 电话营销[M]. 北京：中国经济出版社，2005.
[29] 红霞. 面试技巧[M]. 北京：中国科学技术出版社，2006.
[30] 李成谊. 新编实用沟通与演讲[M]. 2版. 武汉：华中科技大学出版社，2013.

北京大学出版社第六事业部高职高专经管系列教材目录

适用方向	书 名	书 号	版次	主编	定 价
专业基础课	财经法规	978-7-81117-885-2	1-2	李萍，元文会	35.00
专业基础课	财经英语阅读	978-7-81117-952-1	1-3	朱琳	29.00
专业基础课	公共关系实务(第2版)	978-7-301-25190-4	2-1	李东，王伟东	32.00
专业基础课	管理心理学	978-7-301-23314-6	1-1	蒋爱先，杨元利	31.00
专业基础课	管理学基础	978-7-81117-974-3	1-3	李蔚田	34.00
专业基础课	管理学实务教程	978-7-301-21324-7	1-1	杨清华	33.00
专业基础课	管理学原理与应用	978-7-5655-0065-7	1-2	秦虹	27.00
专业基础课	经济法原理与实务（第2版）	即将出版	2-1	柳国华	35.00（估）
专业基础课	经济学基础	978-7-301-22536-3	1-2	王平	32.00
专业基础课	经济学基础	978-7-301-21034-5	1-2	陈守强	34.00
专业基础课	人力资源管理实务（第2版）	即将出版	2-1	赵国忻，钱程	35.00（估）
工商管理	ERP沙盘模拟实训教程	978-7-301-22697-1	1-1	钮立新	25.00
工商管理	连锁经营与管理（第2版）	即将出版	2-1	宋之苓	35.00（估）
工商管理	连锁门店管理实务	978-7-301-23347-4	1-1	姜义平，庞德义	36.00
工商管理	连锁门店开发与设计	978-7-301-23770-0	1-1	马凤棋	34.00
工商管理	秘书与人力资源管理	978-7-301-21298-1	1-2	肖云林，周君明	25.00
工商管理	企业管理实务	978-7-301-20657-7	1-1	关善勇	28.00
工商管理	企业经营ERP沙盘实训教程	978-7-301-21723-8	1-1	葛颖波，张海燕	29.00
工商管理	企业经营管理模拟训练（含记录手册）	978-7-301-21033-8	1-1	叶萍，宫恩田	29.00
工商管理	企业行政工作实训	978-7-301-23105-0	1-1	楼淑君	32.00
工商管理	企业行政管理	978-7-301-23056-5	1-2	张秋垄	25.00
工商管理	商务沟通实务(第2版)	978-7-301-25684-8	2-1	郑兰先，王双萍	36.00
工商管理	商务礼仪	978-7-5655-0176-0	1-2	金丽娟	29.00
工商管理	推销与洽谈	978-7-301-21278-3	1-1	岳贤平	25.00
工商管理	现代企业管理（第2版）	978-7-301-24054-0	2-2	刘磊	35.00
工商管理	职场沟通实务	978-7-301-16175-3	1-3	吕宏程，程淑华	30.00
工商管理	中小企业管理（第3版）	978-7-301-25016-7	3-1	吕宏程，董仕华	38.00
物流管理	采购管理实务（第2版）	978-7-301-17917-8	1-2	李方峻	30.00
物流管理	采购实务	978-7-301-19314-3	1-2	罗振华，等	33.00
物流管理	采购与仓储管理实务	978-7-301-23053-4	1-1	耿波	34.00
物流管理	采购与供应管理实务	978-7-301-19968-8	1-2	熊伟，等	36.00
物流管理	采购作业与管理实务	978-7-301-22035-1	1-1	李陶然	30.00
物流管理	仓储管理技术	978-7-301-17522-4	1-2	王冬	26.00
物流管理	仓储管理实务（第2版）	978-7-301-25328-1	2-1	李怀湘	35.00（估）
物流管理	仓储配送技术与实务	978-7-301-22673-5	1-1	张建奇	38.00
物流管理	仓储与配送管理	978-7-81117-995-8	1-4	吉亮	38.00
物流管理	仓储与配送管理实务（第2版）	978-7-301-24597-2	2-1	李陶然	37.00
物流管理	仓储与配送管理实训教程（第2版）	978-7-301-24283-4	2-1	杨叶勇，姚建凤	35.00（估）
物流管理	仓储与配送管理项目式教程	978-7-301-20656-0	1-1	王瑜	38.00
物流管理	第三方物流综合运营（第2版）	即将出版	2-1	施学良	35.00（估）
物流管理	电子商务物流基础与实训（第2版）	978-7-301-24034-2	2-1	邓之宏	33.00
物流管理	供应链管理（第2版）	即将出版	2-1	李陶然	35.00（估）
物流管理	进出口商品通关	978-7-301-23079-4	1-1	王巾，佘雪锋	25.00
物流管理	企业物流管理	978-7-81117-804-3	1-4	傅莉萍	32.00
物流管理	物流案例与实训（第2版）	978-7-301-24372-5	2-1	申纲领	35.00
物流管理	物流成本管理	978-7-301-20880-9	1-1	傅莉萍，罗春华	28.00
物流管理	物流经济地理	978-7-301-21963-8	1-1	葛颖波，等	29.00
物流管理	物流商品养护技术	978-7-301-22771-8	1-2	李燕东	25.00
物流管理	物流设施与设备	978-7-301-22823-4	1-1	傅莉萍，涂华斌	28.00
物流管理	物流市场调研	978-7-81117-805-0	1-3	覃逢，等	22.00
物流管理	物流市场营销	978-7-301-21249-3	1-2	张勤	36.00
物流管理	物流信息技术与应用（第2版）	978-7-301-24080-9	2-2	谢金龙，等	34.00
物流管理	物流信息系统	978-7-81117-827-2	1-2	傅莉萍	40.00
物流管理	物流信息系统案例与实训	978-7-81117-830-1	1-2	傅莉萍	26.00
物流管理	物流营销管理	978-7-81117-949-1	1-2	李小叶	36.00
物流管理	物流运输管理（第2版）	978-7-301-24971-0	2-1	申纲领	35.00
物流管理	物流运输实务（第2版）	即将出版	2-1	黄河	35.00（估）
物流管理	物流专业英语	978-7-5655-0210-1	1-2	仲颖，尹新	24.00
物流管理	现代生产运作管理实务	978-7-301-17980-2	1-2	李陶然	39.00
物流管理	现代物流概论	978-7-81117-803-6	1-2	傅莉萍	40.00
物流管理	现代物流管理	978-7-301-17374-9	1-2	申纲领	30.00
物流管理	现代物流概论	978-7-301-20922-6	1-1	钮立新	39.00

适用方向	书名	书号	版次	主编	定价
物流管理	现代物流基础	978-7-301-23501-0	1-1	张建奇	32.00
物流管理	物流基础理论与技能	978-7-301-25697-8	1-1	周晓利	33.00
物流管理	新编仓储与配送实务	978-7-301-23594-2	1-1	傅莉萍	32.00
物流管理	药品物流基础	978-7-301-22863-0	1-1	钟秀英	30.00
物流管理	运输管理项目式教程(第2版)	978-7-301-24241-4	2-1	钮立新	32.00
物流管理	运输组织与管理项目式教程	978-7-301-21946-1	1-1	苏玲利	26.00
物流管理	国际货运代理实务	978-7-301-21968-3	1-2	张建奇	38.00
物流管理	生产型企业物流运营实务	978-7-301-24159-2	1-1	陈鸿雁	38.00
市场营销	电子商务实用教程	978-7-301-18513-1	1-2	卢忠敏,胡继承	33.00
市场营销	电子商务项目式教程	978-7-301-20976-9	1-1	胡雷	25.00
市场营销	电子商务英语(第2版)	978-7-301-24585-9	2-1	陈晓鸣,叶海鹏	27.00
市场营销	广告实务	978-7-301-21207-3	1-2	夏美英	29.00
市场营销	广告原理与实务	978-7-5038-4847-6	1-2	郑小兰,谢璐	32.00
市场营销	商品学概论	978-7-5038-4855-1	1-3	方凤玲,杨丽	20.00
市场营销	市场调查与统计	978-7-301-22890-6	1-1	陈惠源	26.00
市场营销	市场调查与预测	978-7-301-23505-8	1-1	王水清	34.00
市场营销	市场调查与预测	978-7-301-19904-6	1-2	熊衍红	31.00
市场营销	市场调查与预测情景教程	978-7-301-21510-4	1-1	王生云	36.00
市场营销	市场营销策划	978-7-301-22384-0	1-1	冯志强	36.00
市场营销	市场营销理论与实训	978-7-5655-0316-0	1-1	路娟	27.00
市场营销	市场营销项目驱动教程	978-7-301-20750-5	1-1	肖飞	34.00
市场营销	市场营销学	978-7-301-22046-7	1-2	饶国霞,等	33.00
市场营销	网络营销理论与实务(第2版)	即将出版	2-1	纪幼玲	35.00(估)
市场营销	现代推销技术	978-7-301-20088-9	1-1	尤凤翔,屠立峰	32.00
市场营销	消费心理与行为分析	978-7-301-19887-2	1-3	王水清,杨扬	30.00
市场营销	营销策划(第2版)	978-7-301-25682-4	2-1	许建民	36.00
市场营销	营销策划技术	978-7-81117-541-7	1-2	方志坚	26.00
市场营销	营销渠道开发与管理	978-7-301-21214-1	1-3	王水清	34.00
经济贸易	报关实务	978-7-301-21987-4	1-2	董章清,李慧娟	35.00
经济贸易	报关与报检实务	978-7-301-16612-3	1-2	农晓丹	37.00
经济贸易	报检报关业务:认知与实操	978-7-301-21886-0	1-1	姜维	38.00
经济贸易	国际海上货运代理实务	978-7-301-22629-2	1-1	肖旭	27.00
经济贸易	国际结算	978-7-81117-842-5	1-1	黎国英	25.00
经济贸易	国际金融	978-7-301-21097-0	1-1	张艳清	26.00
经济贸易	国际金融实务	978-7-301-21813-6	1-1	付玉丹	36.00
经济贸易	国际贸易概论	978-7-81117-841-8	1-4	黎国英	28.00
经济贸易	国际贸易结算	978-7-301-20980-6	1-1	罗俊勤	31.00
经济贸易	国际贸易实务	978-7-301-22739-8	1-1	刘笑诵	33.00
经济贸易	国际贸易实务	978-7-301-20929-5	1-1	夏新燕	30.00
经济贸易	国际贸易实务	978-7-301-20192-3	1-3	刘慧,吕春燕	25.00
经济贸易	国际贸易实务	978-7-301-19393-8	1-3	李湘滇,刘亚玲	34.00
经济贸易	国际贸易实务	978-7-301-16838-7	1-1	尚洁,肖新梅	26.00
经济贸易	国际贸易实务操作	978-7-301-19962-6	1-2	王言炉,刘颖君	37.00
经济贸易	国际贸易与国际金融教程	978-7-301-22738-1	1-1	蒋晶,石如壁	31.00
经济贸易	国际商法实用教程	978-7-5655-0060-2	1-2	聂红梅,史亚洲	35.00
经济贸易	国际商务单证	978-7-301-20974-5	1-1	刘慧,杨志学	29.00
经济贸易	国际商务谈判(第2版)	978-7-301-19705-9	2-2	刘金波,王葳	35.00
经济贸易	国际市场营销项目教程	978-7-301-21724-5	1-1	李湘滇	38.00
经济贸易	国际投资	978-7-301-21041-3	1-1	高田歌	33.00
经济贸易	互联网贸易实务	978-7-301-23297-2	1-2	符静波	37.00
经济贸易	商务谈判	978-7-301-23296-5	1-1	吴湘频	35.00
经济贸易	商务谈判	978-7-301-20543-3	1-3	尤凤翔,祝拥军	26.00
经济贸易	商务谈判实训	978-7-301-22628-5	1-1	夏美英,徐姗姗	23.00
经济贸易	商务英语学习情境教程	978-7-301-18626-8	1-1	孙晓娟	27.00
经济贸易	外贸单证	978-7-301-17417-3	1-1	程文吉,张帆	28.00
经济贸易	外贸英语函电	978-7-301-21847-1	1-3	倪华	28.00
经济贸易	外贸综合业务项目教程	978-7-301-24070-0	1-1	李浩妍	38.00
经济贸易	新编外贸单证实务	978-7-301-21048-2	1-1	柳国华	30.00

相关教学资源如电子课件、电子教材、习题答案等可以登录扑六知识网(www.pup6.cn)下载或在线阅读。

扑六知识网有海量的相关教学资源和电子教材供阅读及下载(包括北京大学出版社第六事业部的相关资源),同时欢迎您将教学课件、视频、教案、素材、习题、试卷、辅导材料、课改成果、设计作品、论文等教学资源上传到该网,与全国高校师生分享您的教学成就与经验,并可自由设定价格,知识也能创造财富。具体情况请登录网站查询。

如您需要免费纸质样书用于教学,欢迎登录第六事业部门户网(www.pup6.cn)填表申请,并欢迎在线登记选题以到北京大学出版社来出版您的大作,也可下载相关表格填写后发到我们的邮箱,我们将及时与您取得联系并做好全方位的服务。

扑六知识网将打造成全国最大的教育资源共享平台,欢迎您的加入——让知识有价值,让教学无界限,让学习更轻松。

联系方式:010-62750667、sywat716@126.com 或 36021738@qq.com,欢迎来电来信咨询。